DIZER O TESTEMUNHO

Volume I

Textos da autoria de Dom Luciano Mendes de Almeida
publicados na *Folha de S.Paulo* de
28/04/1984 a 28/05/1988

Dom Luciano Mendes de Almeida

DIZER O TESTEMUNHO

Volume I

Organização:

José Carlos dos Santos
Lúcio Álvaro Marques

Dados Internacionais de Catalogação na Publicação (CIP)
(Câmara Brasileira do Livro, SP, Brasil)

Dizer o testemunho / Faculdade Arquidiocesana de Mariana, Dom Luciano Pedro Mendes de Almeida. – São Paulo : Paulinas, 2013.
– (Coleção memória)

Bibliografia.
ISBN 978-85-356-3435-8

1. Almeida, Luciano Mendes de, 1930-2006 2. Bispos - Brasil - Biografia I. Faculdade Arquidiocesana de Mariana. II. Série.

13-01597   CDD-282.092

Índice para catálogo sistemático:
1. Arcebispos : Igreja Católica : Biografia e obra   282.092

1ª edição 2013

Direção-geral:
Bernadete Boff

Editora responsável:
Vera Ivanise Bombonatto

Copidesque:
Cirano Dias Pelin

Coordenação de revisão:
Marina Mendonça

Revisão:
Sandra Sinzato

Projeto gráfico:
Wilson Teodoro Garcia

Capa e diagramação
Jéssica Diniz Souza

Foto da capa:
Marcos Vinícius Carvalho

Nenhuma parte desta obra poderá ser reproduzida ou transmitida por qualquer forma e/ou quaisquer meios (eletrônico ou mecânico, incluindo fotocópia e gravação) ou arquivada em qualquer sistema ou banco de dados sem permissão escrita da Editora. Direitos reservados.

Paulinas
Rua Dona Inácia Uchoa, 62
04110-020 – São Paulo – SP (Brasil)
Tel.: (11) 2125-3549 – Fax: (11) 2125-3548
http://www.paulinas.org.br – editora@paulinas.com.br
Telemarketing e SAC: 0800-7010081
© Pia Sociedade Filhas de São Paulo – São Paulo, 2013

Dados Internacionais de Catalogação na Publicação (CIP)

D536

Dizer o testemunho : Artigos de Dom Luciano Mendes de Almeida / José Carlos dos Santos e Lúcio Álvaro Marques : organizadores. Mariana : Faculdade Arquidiocesana de Mariana – FAM – MG, 2012

656 páginas

ISBN 978-85-6608001-8

1. Religião   2. Sociedade   3. Política   I. Marques, Lúcio Álvaro. II. Santos, José Caros dos.   III. Silva, Edmar José da.   IV. Silva, Robson Adriano Fonseca Dias.   V. Título.

CDD-301.58

Faculdade Arquidiocesana de Mariana
"Dom Luciano Pedro Mendes de Almeida"

Reitor:
Dom Geraldo Lyrio Rocha

Diretor-geral:
Ms. Pe. José Carlos do Santos

Revisão:
Edite Reis da Paciência e organizadores

Ficha catalográfica:
Marina de Oliveira Silva

Proibida a reprodução total ou parcial desta obra sem autorização expressa da FOLHAPRESS e da FAM/MG

**Faculdade Arquidiocesana de Mariana
"Dom Luciano Pedro Mendes de Almeida"**

Rodovia dos Inconfidentes, km 108
35420-000 – Mariana – MG (Brasil)
http://www.famariana.edu.br
Tel.: (31) 3558-1439
© Faculdade Aquidiocesana de Mariana
"Dom Luciano Pedro Mendes de Almeida

Autorização

A licenciante EMPRESA FOLHA DA MANHÃ S.A., pela sua agência de notícias FOLHAPRESS (CNPJ 60.579.703/0001-48, Inscrição Estadual 108.010.423.110) através da Gerente Comercial Juliana Laurino, estabelece com a licenciada FACULDADE ARQUIDIOCESANA DE MARIANA "DOM LUCIANO PEDRO MENDES DE ALMEIDA" (CNPJ 22.390.686/0007-00) um CONTRATO PARTICULAR DE FORNECIMENTO de "textos (que) serão de uso exclusivo no livro intitulado 'Dizer o testemunho', com tiragem de 2.000 (dois mil) exemplares e organização da Faculdade Arquidiocesana de Mariana 'Dom Luciano Pedro Mendes de Almeida'." Os textos referidos no Anexo I correspondem exata e somente aos textos apresentados no sumário desta obra, provenientes da autoria de Dom Luciano Pedro Mendes de Almeida, publicados pela "Folha de S. Paulo" entre 28/4/1984 e 28/05/1988. Os textos fornecidos têm valor total ISENTO, conforme contrato firmado em agosto de 2011.

A FACULDADE ARQUIDIOCESANA DE MARIANA "DOM LUCIANO PEDRO MENDES DE ALMEIDA" registra publicamente seus sinceros agradecimentos à FOLHAPRESS pelo CONTRATO PARTICULAR DE FORNECIMENTO com ela estabelecido. E compromete-se a cumprir o presente contrato em vistas de realizar um anseio da presente Faculdade de tornar público novamente o inestimável valor das reflexões daquele que é o patrono desta instituição. Particularmente, agradecemos a Juliana Laurino (Gerente Comercial) e a Weslley Tadeu de Oliveira (Assistente Administrativo) pela atenção dispensada e pela presteza no trato a todos os contatos estabelecidos.

À FOLHAPRESS e a todas as pessoas (Funcionários da Folhapress, Professores e Estudantes da Faculdade e às revisoras Edite Reis da Paciência, Helena Aparecida de Carvalho e Águida Assunção e Sá) envolvidas nesse projeto, os sinceros agradecimentos de toda a equipe encarregada do PROJETO DE PESQUISA "DIZER O TESTEMUNHO" da Faculdade Arquidiocesana de Mariana "Dom Luciano Pedro Mendes de Almeida".

Os Organizadores

Projeto de Pesquisa
"Dizer o Testemunho"

Grupo de Estudo "Religião segundo Dom Luciano Mendes"
Coordenadores: Robson Adriano Fonseca Dias Silva
e José Carlos dos Santos.
Alunos: Daniel Júnior dos Santos, Elder Alves Diniz,
Fabiano Milione Honório, Jhonatas Tadeu, José Tarcísio da Costa,
Lucas Germano Azevedo, Renato César Lima,
Rosemberg do Carmo Nascimento, Thiago Andrade de Castro
e Vicente de Paulo.

Grupo de Estudo "Sociedade segundo Dom Luciano Mendes"
Coordenador: Edmar José da Silva.
Alunos: Bruno Aparecido Nepomuceno, Daniel Fernandes Moreira,
Eduardo José de Oliveira, Fábio Avelar Salmen, Gustavo Moreira Mendes,
Harley Carlos de Carvalho Lima, João Gualberto Barbosa,
Ramon dos Santos Oliveira, Rosemar Marcos Condé
e Sidney de Paula Mendes.

Grupo de Estudo "Política segundo Dom Luciano Mendes"
Coordenador: Lúcio Álvaro Marques.
Alunos: Alex Cristiano dos Santos, Daniel Júnio Gonçalves da Silva, José
Geraldo Coura, Fabiano Alves de Assis, Lucas Henrique Pereira dos Santos,
Samuel José Santiago e Thiago Gandra do Vale.

Prefácio

A presente publicação, que reúne parte dos artigos escritos por Dom Luciano Mendes de Almeida em sua coluna semanal no jornal *Folha de S.Paulo*, é fruto do Projeto de pesquisa "Dizer o Testemunho". Esse projeto nasceu no contexto do ano sacerdotal, mais especificamente no dia em que o clero da Arquidiocese de Mariana fazia sua peregrinação ao Santuário de Nossa Senhora da Piedade, padroeira do estado de Minas Gerais.

Envolvidos pela mística de um ambiente tão sugestivo e refletindo sobre o ministério sacerdotal, sobre o dom e a riqueza dessa vocação, reportamo-nos a Dom Luciano e à celebração do quinto aniversário de seu falecimento. A proximidade da morte de Dom Luciano fez com que seu testemunho, que a providência permitiu que presenciássemos em tantas situações, continuasse ecoando fortemente. Dom Luciano esteve entre nós, como testemunha, entre 1988 e 2006.

Uma das preciosas marcas da presença de Dom Luciano como Arcebispo Metropolitano de Mariana foi a fundação, no ano de 2003, da "Faculdade Arquidiocesana de Mariana". Nesta cidade Dom Luciano encontrou um dos cursos de Filosofia mais antigos do Brasil, criado em 20 de dezembro de 1750 pelo primeiro bispo diocesano, o cisterciense Dom Frei Manoel da Cruz. Reconhecendo a tradição desta Arquidiocese no ensino e na educação, Dom

Luciano empenhou-se, pessoalmente, na criação da Faculdade. O seu desejo, expresso nos documentos apresentados ao Ministério da Educação, era o de "realizar o ideal de garantir a qualidade da formação com o compromisso de serviço à sociedade, especialmente aos mais carentes". Concretamente, Dom Luciano desejava que o mesmo esmero, dedicado à formação dos presbíteros, estivesse presente em uma instituição de ensino aberta a todos, especialmente à juventude, sob a ótica do conhecimento a serviço da promoção humana.

Este é o contexto do Projeto de pesquisa "Dizer o Testemunho". A releitura dos textos publicados por Dom Luciano é uma forma privilegiada de reencontro com o autor. Muitos pudemos presenciar o empenho, tantas vezes à custa de enorme e silencioso sacrifício, com que Dom Luciano manteve, ativa e atualizada, sua coluna semanal. A multiplicidade de formas de Testemunho daquilo que ele vivia e para que doava a sua vida tinha, na comunicação escrita, no que era dito, uma forma de encarnação e difusão.

Os artigos, em seu ritmo semanal, acompanham a trajetória de um dos homens mais lúcidos que o Brasil viu nascer. Inteligência rara, espiritualidade profunda, capacidade ímpar de entrega e doação. Poucos, ao longo dos tempos, o igualam na radicalidade com que assumiu o seguimento de Jesus Cristo. E é nesse contexto de uma vida vivida num ritmo alucinante que os artigos foram produzidos. É a realidade do Brasil e do mundo, que Dom Luciano viveu, assimilou e transformou em oração, que está refletida em seus escritos.

Durante o ano de 2011, celebrando o quinto aniversário de seu falecimento, foi apresentada, aos bacharelandos em Filosofia da Faculdade Dom Luciano, a proposta de um Projeto de Pesquisa. Tínhamos a riqueza dos artigos por ele escritos, cujos originais nos foram muito gentilmente oferecidos por sua secretária e revisora,

— Prefácio —

a Ir. Neusa Quirino Simões. A proposta era simples e objetiva: a releitura dos artigos, o confronto com sua mensagem, o reencontro com Dom Luciano. Aos jovens, muitos dos quais não puderam conhecê-lo, oferecemos a oportunidade de se enriquecerem com o seu testemunho, encarnado naqueles textos.

A acolhida por parte da comunidade acadêmica foi surpreendente. O projeto foi primeiramente apresentado ao Conselho de Ensino e Pesquisa, que é presidido por Dom Geraldo Lyrio Rocha, reitor da Instituição. Os conselheiros, unanimemente, viram na proposta uma inestimável riqueza, que ultrapassaria os limites da Instituição. Quanto aos estudantes, todos se inscreveram e puderam viver uma rica experiência de leitura, estudos, discussões e produção de textos. Na orientação aos grupos de estudos estiveram vários dos professores, aos quais o projeto é devedor.

Merece uma breve explicação a proposta de organização desta obra. Foi uma tarefa difícil, dada a amplitude e diversidade dos temas abordados nos artigos. Elegemos, então, um recorte temporal, que se encerra na chegada de Dom Luciano à Arquidiocese de Mariana. Esse fato é, inegavelmente, um divisor de águas em sua vida e ministério. A leitura dos textos revelou-nos a forma de agrupamento, por área, dos artigos, na organização deste livro: Religião, Sociedade e Política. Certamente há outras formas de disposição lógica dos textos, que poderiam ser hermeneuticamente tão ricas quanto a que foi objeto de nossa opção. Cada unidade temática é antecedida por um texto, que é resultado do trabalho de pesquisa realizado por alunos e professores da Instituição.

A Faculdade Arquidiocesana de Mariana sente-se imensamente feliz por colocar este rico material à disposição de todos. Aqui temos um tesouro, cujo conteúdo será lentamente descoberto. Muitas são as áreas de interesse e muitas serão as pessoas que dele se servirão, seja para o crescimento pessoal e espiritual, seja para atividades de ensino e pesquisa. Agradecemos, penhoradamente, ao professor Lúcio Álvaro Marques, que não somente idealizou, mas esteve à frente de todas as atividades. Especial gratidão expressamos à FOLHAPRESS, que tornou possível a realização deste projeto. Somos igualmente gratos a todas as pessoas que, de diferentes formas, ofereceram sua contribuição, dividindo os muitos trabalhos necessários à publicação deste livro. Desejamos que o testemunho de Dom Luciano, de sua vida, dos valores que defendeu e praticou, sejam referência definitiva para todos nós.

Pe. José Carlos dos Santos
Diretor-geral da FAM

Apresentação

Dom Luciano Mendes...
... uma vida em favor dos menos favorecidos do Reino.

Nascido no dia 5 de outubro de 1930, no Rio de Janeiro, vindo de família católica, filho de Cândido Mendes de Almeida e de Emília Mello Vieira Mendes de Almeida, Dom Luciano Pedro Mendes de Almeida, ainda jovem, aos 16 anos, entrou para a Companhia de Jesus, ordem religiosa de Santo Inácio, Jesuíta.

Estudou Filosofia em Nova Friburgo-RJ de 1951 a 1953 e, em Roma, fez seus estudos de Teologia de 1955 a 1958, quando, no último ano, foi ordenado padre. Terminou seus estudos na Europa com o grau de doutor em Filosofia no ano de 1965. Nomeado bispo auxiliar de São Paulo, recebeu a sagração episcopal no dia 2 de maio de 1976 por Dom Paulo Evaristo Arns.

Destacou-se no trabalho na CNBB como secretário-geral de 1979 a 1987 e como presidente de 1987 a 1994. Foi membro do Conselho Permanente dos Sínodos Episcopais desde 1987, membro da Pontifícia Comissão Justiça e Paz desde 1992, vice-presidente do CELAM (Conselho Episcopal Latino-Americano) de 1995 a 1998. Antes de receber a indicação para assumir o governo da Arquidiocese Igreja de Mariana, foi bispo auxiliar na Arquidiocese de São Paulo, na Região Leste I, de 1976 a 1988. Foi o bispo brasileiro que mais participou dos sínodos no Vaticano.

Outro grande destaque se refere às reformas sociais, as quais sempre defendeu, cobrando do governo a execução das que pudessem favorecer os mais pobres. Em suas falas firmes em relação às questões doutrinárias, rejeitou o aborto, criticou a campanha de combate à Aids, esboçou sua opinião contra o divórcio e sempre foi a favor da vida.

Dom Luciano organizou a Arquidiocese de Mariana em cinco Regiões Pastorais e teve especial atenção à formação do clero reestruturando o seminário arquidiocesano. Igualmente, priorizou a atuação dos leigos realizando assembleias pastorais, constituindo os Conselhos Arquidiocesanos, dinamizando as dimensões e pastorais, como Catequese, Liturgia, Pastoral da Criança e do Menor, Pastoral da Juventude, Pastoral das Vocações e Ministérios, Pastoral do Dízimo e Pastoral Familiar.

Sob sua orientação, a Arquidiocese investiu na comunicação, criando o Departamento Arquidiocesano de Comunicação (Dacom), modernizando a Editora Dom Viçoso. O patrimônio histórico, artístico e cultural (igrejas, museus, imagens etc.) também mereceu do arcebispo grandes investimentos, com destaque para a recuperação do Santuário Nossa Senhora do Carmo, destruído em incêndio no ano de 2001, e o Palácio dos Bispos, cuja restauração já está concluída.

A partir de então, sua vida social deslanchou em toda a Arquidiocese, onde pôde, por muitos anos, manter as casas e lares preparados para o acolhimento dos menos assistidos pelo governo e sociedade. Na luta, lado a lado com os militantes de vários movimentos sociais, Dom Luciano sempre marchou à frente, levantando a bandeira dos movimentos para que assim fizesse transpor as barreiras impostas nas ruas.

PARTE I
Religião

Deus é Bom!

Deus é Bom!! Esta expressão foi escrita por Dom Luciano (chamado por muitos do povo simplesmente como "o Dom") quando ele recobrou a consciência de um acidente automobilístico em 1990. Foi também a última que pronunciou pouco antes de falecer, em 9 de agosto de 2006. Depois desses dois fatos, esta expressão tornou-se uma espécie de "moto próprio" quando falamos de Dom Luciano. Contudo, tal expressão, que neste contexto de situação--limite nos coloca diante da atitude de um espírito "nobre", não deixa de resumir, como lemos alhures, sua própria vida: "[...] a doação de si ao outro, o amor gratuito a todos, a predileção pelos últimos, sem se esquecer de ninguém". Não sem razão, e com o peso de um testemunho autêntico e vivo, o ouvíamos repetir: "Nossa vida neste mundo é fazer o bem"!

Os artigos que aqui introduzimos, não obstante estejam circunscritos a momentos histórico-situacionais específicos, nos colocam numa ambiência espiritual que conjuga o mistério de um espírito de extrema sensibilidade e acuidade teológico-eclesial. Não obstante esses aspectos circunstanciais, emerge da leitura a compreensão de Dom Luciano acerca do amor de Deus e da dignidade profunda do ser humano imerso neste amor e somente por ele confirmada. Amor a Deus e ao próximo! Os dois aspectos ensinados por Jesus e que resumem a vida e a atitude de quem, como "o Dom", assumiu o amor a Deus e aos mais empobrecidos como expressão maior da liberdade que se define como a prática do bem! E isso numa sociedade que destinou à liberdade o efêmero partido do prazer que se pode obter quando o outro é transformado em mero objeto, e nossas relações na consequência utilitarista deste partido.

Os artigos confirmam, via reflexão ao mesmo tempo acessível e profunda, que a expressão – Deus é Bom! – esteve presente no coração de Dom Luciano por toda a sua vida e ministério, tanto sacerdotal quanto episcopal. E ele, que também guardava todas as coisas no coração, soube igualmente viver segundo essas mesmas coisas. Sendo consumido diariamente pelo amor, tratou de fazer o bem não como quem cumpre a obrigação de um bom cristão, mas como quem vê e assume o "dom de si" ao outro como a expressão mais autêntica, quiçá única, de amor ao Pai; nele, no qual vivemos, nos movemos e existimos (cf. At 17,28).

Para Dom Luciano, amar, na expressão concreta do bem realizado ao outro, é uma consequência natural para quem faz a experiência do amor de Deus e sua bondade efetiva em seu Cristo: "[...] a prática de dom de si está na raiz da nova sociedade à luz do Evangelho. Por que tão amados não amaríamos igualmente?" Dom Luciano via no "dom de si" ao outro a expressão concreta, a conjugação mais que perfeita do dom de Deus à humanidade em seu Cristo. Ser bom é a única forma de viver segundo o coração de Deus, que, sendo amor, revelou-nos sua bondade em Cristo. Assim, não poderia ser outro o seu lema episcopal: "In Nomine Iesu"! Viveu segundo o nome de quem, sendo a face humana da bondade divina, desvelou para o mundo a face divina da humanidade.

Deus é o único bom, conforme nos ensina Jesus, porque só Deus é amor em plenitude. Só assim podemos perceber que toda atitude verdadeiramente amorosa (que brota da gratuidade do amor) é uma atitude igualmente bondosa, ou seja, conjuga o amor em ação concreta em benefício a outrem. Dizer que Deus é bom não é esquivar-se da consciência de que ele seja também amor! Trata-se, antes, de garantir que a decisão de amar segundo o coração de Deus não seja confundida com mero sentimentalismo ou fechada a uma dimensão meramente subjetiva, ainda que altruísta. Deus é bom porque, sem necessidade alguma que lhe obrigasse assim, toma partido do ser humano, servindo-o em seu Cristo e santificando-o em seu Espírito.

Outrossim, das leituras dos artigos emerge, veementemente, um núcleo hermenêutico que afirma como que uma tríplice chave de leitura destes artigos. Tal chave desvela uma autêntica dimensão espiritual que nos revela muito de Deus e mais ainda do humano em Deus, compreendida por Dom Luciano. Propomo-la: o amor de Deus; sua bondade em Jesus Cristo; a afirmação de sua obra de santificação do humano. É dessa tríplice constatação, pela qual "somos convocados a acreditar na transcendência do amor de Deus por nós", que brota a esperança que jamais decepciona: "Deus caminha conosco à frente da história e nos confirma em nossa missão evangelizadora. Ele não nos abandona jamais", assevera Dom Luciano.

Nisso não haveria novidade alguma, não fosse a forma com que "o Dom" imprimiu vida à conjugação dessa tríplice chave. Viveu e ensinou viver segundo esta verdade: Deus ama profundamente a humanidade e anseia que em seu Cristo todos sejam santificados pela sua obra e a de seu Espírito.

> Pelo batismo formamos um só Povo de Deus, chamado à santidade, à participação da comunhão divina nos dias de hoje, e, empenhados em continuar a tríplice missão de Jesus Cristo: anunciar o Evangelho e dar testemunho de sua ressurreição, oferecer-se para que todos tenham a vida nova que deriva da redenção e participar da or-

denação deste mundo para Deus, superando os desvios provenientes do pecado.

Ora, em Cristo Dom Luciano nos ensina que o amor nos torna bons para, como filhos de Deus, fazermos igualmente o bem! Deus nos ama profundamente, e em seu Cristo nos oferece o melhor de si: vida em abundância já aqui neste mundo e a beatitude futura, pois o "centro da fé cristã está no amor de Deus, que em seu filho Jesus vence o pecado e a morte e nos assegura já nesta vida a superação do egoísmo e das faltas, e a destinação da felicidade eterna".

A conclusão a que chegamos não poderia sugerir-nos outra compreensão: só havendo um mediador entre Deus e a humanidade – Cristo – não haverá outro mediador entre Cristo e a verdadeira experiência transformadora de Deus em nossas vidas do que o cuidado com os "anawins" do Senhor, em todos os sentidos que o termo possa nos permitir compreender, mas, sobretudo, os mais empobrecidos e marginalizados. Foi com esta preocupação que ouvimos da boca de Dom Luciano, não poucas vezes, em sua paixão: "Não se esqueçam de meus pobres"! Essa certeza nos dispõe àquela necessária e urgente conversão que significa "opção pelos milhões de empobrecidos, para que tenham [...] amor e vida". Ou, dito ainda de outra forma, "temos que recuperar a razão profunda de nossa vida através do amor de Cristo que nos torna capazes de promover a dignidade de tantos irmãos desfavorecidos".

O esforço para tal processo de conversão passa por nós e nossa decisão, pessoal e social, mas temos plena consciência de que a obra é do Senhor! Somente nessa consciência nos subtraímos dos derrotismos e utopismos que nos impediriam de avançar rumo àquela "solidariedade que o Evangelho nos ensina e que está na raiz das soluções dos impasses econômicos e políticos que nos afligem". Contudo, tal projeto de Deus, que enquanto vida em abundância aqui neste mundo já é antegozo da beatitude futura, só acontece quando há "uma sincera conversão do coração, uma conversão pessoal do pecado individual e social".

Ora, dos artigos de Dom Luciano emerge também, por assim dizer, um "otimismo espiritual" conjugado com ativa confiança em Deus e laboriosa decisão em prol dos irmãos e irmãs. Eles apontam diretamente para o que Dom Luciano traduziu como uma "esperança inquebrantável na ação de Deus que atua no íntimo do homem fazendo-nos procurar não só o próprio bem, mas o bem do irmão". Pois, continua ele, "o mais importante não é o bem-estar pessoal, mas a capacidade efetiva de fazermos o bem por amor ao próximo. Esse dinamismo da graça de Deus que destrói e supera o egoísmo do pecado vem inspirando a renovação interior e constante da pessoa humana". Repousa aqui todo o sentido que o cristão deve imprimir à sua vida, pois "nossa vida neste mundo é fazer o outro feliz"!

Tal otimismo, porém, não impede Dom Luciano de olhar de forma realista para a humanidade e nela descobrir certo pivô de todo pecado, quer pessoal, quer social: o egoísmo! A conversão do coração passa, então, pela via contrária ao egoísmo, como já dito: o "dom de si" ao outro! Dom Luciano tinha consciência da necessidade de uma "mudança de mentalidade egoísta", deste egoísmo que consiste em usufruirmos dos dons da vida, da inteligência, do amor etc. a não ser em benefício próprio. É típico da mentalidade egoísta usar o outro como meio para os seus próprios fins. O amor, pelo contrário, no "dom de si" ao outro que a liberdade para o bem inspira, significa romper com as amarras de tal egoísmo: "[...] só o amor constrói e nutre a fraternidade e a paz. O desamor é o efeito e a causa do egoísmo, ódio e violências. É, portanto, necessário, resistir no amor autêntico que nos levará ao respeito pela vida, pela família e pela justiça"!

Nesses termos, a conversão do coração, que nos cura de toda mentalidade egoísta, atinge consequentemente o outro em sua dignidade mais profunda e efetiva. E exatamente aqui emerge também dos artigos de Dom Luciano o fundamento da dignidade humana: o saber-se e sentir-se amado por Deus e partícipe de seu plano salvífico, que afirma, não relativamente, mas absolutamente, a vida em abundância prometida por Cristo. Respeito a Deus e à dignidade humana! Dignidade que está fundada no amor de Deus pela humanidade comprovada em Jesus. É da tomada de consciência desse "amor dignificante" que o Espírito Santo de Deus encontra espaço em nós para operar o milagre do serviço e do amor aos irmãos, sobretudo aos mais necessitados, começando pelos menores! Não apenas à nossa promoção devem orientar-se nossos esforços, mas à promoção do bem, da realização, da felicidade do outro, pois é nesta atitude que habita a beatitude: fazer o outro feliz, como já mencionamos.

Dessa forma, vemos que a dignidade humana não funda tanto sua autenticidade na promoção individual, mas no valor da fraternidade universal em prol da justiça e do amor. Justiça e amor que garantirão a vida em abundância prometida pelo Cristo. Vida em abundância que não pode ser postergada somente para uma realidade paradisíaca futura, embora não deixemos de ver nela a condição de plenitude, mas que se efetiva já neste mundo, via transformação estrutural da sociedade, como uma espécie, por metafórica que seja, de antessala do céu.

Essa posição, por um lado, subtrai-nos de incorrermos em meros assistencialismos, pois a compreensão mais adequada do plano de Deus, anunciado por Cristo, faz-nos perceber que "não há só o mérito de quem reparte o pão e os recursos ao próximo, mas a necessidade mais forte de, por causa do Evangelho, procurar soluções a nível das estruturas da sociedade". Ou, ainda em outra expressão: "[...] temos que reaprender a solidariedade que o

Evangelho nos ensina e que está na raiz das soluções dos impasses econômicos e políticos que hoje nos afligem". Por outro lado, isso nos permite ver emergir uma consequente premissa eclesiológica confirmada pela "opção preferencial pelos pobres" e pela Eucaristia celebrada no seio da Igreja: a causa social. Elas, como nos faz ver "o Dom", "decorre, à luz da fé, da própria missão evangelizadora da Igreja". Igreja vocacionada a pôr-se no mundo como sinal profético de esperançosa transformação das estruturas sociais dominadas pelo egoísmo e seus pares.

É, pois, do mistério eucarístico que brota certa mística que faz o cristão abraçar o presente vivendo com os pés no chão, as mãos na obra da Evangelização, os olhos fixos em Jesus e seu Reino e o coração na certeza das promessas de Deus, que, fazendo sua morada em meio a nós, plantou aqui o seu Reino: "[...] nossa mística nasce da eucaristia, é a de quem aceita as situações da vida como elas são, faz-se forte na oração, confia no amor do Pai, mas não foge da tribulação". Pois "a eucaristia nos joga para dentro da realidade, sem privilégios e sem milagres. Jesus não mudou as articulações do mundo, mas mudou o nosso coração para viver no mundo". É com essa certeza que chegamos à conclusão de que "com Deus é possível o que nunca conseguiríamos por nossas próprias forças".

Por fim, a leitura dos artigos de Dom Luciano nos permite reafirmar nosso compromisso batismal assumindo, num engajamento eclesial que se devota à causa do Reino, o bem do outro como a máxima expressão da imagem paradisíaca do céu que tão claramente indicou Dom Luciano: "[...] há um tempo queria muito ver o céu, saber como é lá. Um dia subi no céu. Não pensei que era tão bonito, fiquei contente com tanta música, pessoas dançando na presença de Deus. Mas, de repente, percebi que estava escondido atrás de uma árvore. Descobri que o céu é ver os outros felizes"! Não há dúvida: "[...] temos que reaprender a solidariedade que o Evangelho nos ensina e que está na raiz das soluções dos impasses econômicos e políticos que hoje nos afligem"; "[...] que nossa Senhora nos ajude a voltar o coração para Deus, a superarmos a permissividade e os desmandos morais, a promover a vida e a justiça na sociedade".

Boa leitura!

A Campanha da Fraternidade – 1984

14/04/1984

Nas áreas rurais e periferias das grandes cidades, nas pequenas comunidades, nas paróquias e colégios reúnem-se inúmeros grupos para realizarem a Campanha da Fraternidade. Multiplicam-se os gestos simples e concretos de solidariedade. Pela TV e rádio apregoa-se a mensagem do ano: "Para que todos tenham vida." É a palavra do Cristo, apresentando sua missão (Jo 10,10).

A Campanha da Fraternidade incentiva atitudes de reconciliação no seio da família, nos grupos de rua, nas comunidades. Cada um procura em seu ambiente e conforme sua condição superar discórdias e ofensas. São pequenos gestos de perdão e fraternidade que vão antecipando e construindo uma nova sociedade.

A Campanha da Fraternidade não é só um esforço de amizade entre os homens.

É a preparação e o anúncio da ressurreição do Cristo. Num mundo sofredor e dividido por conflitos e guerras, pela injustiça e opressão, somos convocados a acreditar na transcendência do amor de Deus para conosco. Diante dos excessos da maldade humana e da intelectualidade da morte requer-se algo mais do que nossa boa vontade. É preciso a certeza de que podemos superar o pecado, o ódio, a vingança e a morte.

Esta é a mensagem de Cristo que veio "para que todos tenham vida e a tenham em plenitude".

A Campanha da Fraternidade proclama a vida nova que Cristo traz ao mundo. Deus ama os homens e nos oferece perdão e vida eterna para além das lutas fratricidas e das angústias do "Day After". É esta promessa que fundamenta a esperança bem dentro do drama da vida humana.

A certeza da vida eterna sustenta a coragem de viver e o compromisso histórico por uma sociedade mais solidária e fraterna, segundo o desígnio de Deus. Com efeito, quem acredita na palavra de Deus, na verdade de seu amor, na fraternidade entre os homens, filhos do mesmo pai, é capaz de assumir a tarefa de construir uma nova ordem social que anuncie e antecipe o reino de Deus. A comunhão plena de amor e paz.

Estamos ainda longe da civilização do amor. Numa época de progresso científico tão elevado, é incrível o desrespeito e desprezo à pessoa humana. A Campanha da Fraternidade-84 nos coloca diante desta realidade de injustiça e opressão e nos leva a redescobrir o valor inestimável da vida de cada irmão.

Diante da escalada da ganância e corrupção moral do aumento de violência, da redução dos valores ao material, da atração pela droga e alcoolismo, da exploração sexual e tantas formas de opressão, entendemos o apelo da Igreja, que denuncia as forças de morte e se empenha por uma estrutura de vida pessoal e social, segundo a justiça e a fraternidade.

É preciso assegurar a cada pessoa humana o desenvolvimento pleno da vida que de Deus recebe. A vida humana é dom sagrado. É inviolável desde o seu primeiro instante. A criança tem direito de nascer, crescer e realizar-se como pessoa. Temos que buscar uma distribuição mais equitativa da renda. É necessário ultrapassar o sistema econômico concentrador, assegurar a liberdade às populações indígenas, garantir a terra para o lavrador, trabalho para o operário e tudo o que proporcione condições dignas de vida ao nosso povo. É neste contexto que entendermos também o anseio atual de participação popular em todos os níveis da organização social, incluindo o exercício direto e livre do voto.

Mas, todo o esforço de construção da sociedade mais fraterna não se esgota na utopia do bem-estar intramundano. O programa da Campanha da Fraternidade – 84 nos projeta para além do pecado e da morte, para a ressurreição do Cristo, para a vida eterna. Somente no encontro definitivo com Deus e na reconciliação entre todos os irmãos é que se realizará a plenitude da vida.

Feliz Páscoa

21/04/1984

Quando um amigo viaja para longe, desejamos-lhe, com simpatia, que seja feliz, que faça uma Boa Viagem.

Na visão cristã, a saudação da Páscoa é algo semelhante: Feliz Páscoa!

Páscoa é "passagem". Viagem final do tempo à eternidade, da morte à Vida. Feliz ressurreição. Mas esta passagem deve dar-se desde agora, por uma profunda e contínua conversão do coração. Passamos do egoísmo ao amor, do individualismo ao serviço fraterno, do pecado à vida na graça, comunhão com Deus e os irmãos. E quem pode facultar esta conversão radical, a passagem à vida, esta viagem existencial e feliz?

É isto que a Semana Santa vem nos lembrar. Jesus Cristo, Deus e Homem, passando pela morte da cruz, venceu-a pela sua ressurreição. Provou que o pecado e a morte não são barreiras intransponíveis. Jesus Cristo é o perdão de Deus para o pecado. É o primeiro Homem a vencer a morte seu ato de obediência e amor ao Pai. É o pastor que vai à frente, atravessa a morte, abre caminho e conduz à vida. Faz da morte uma porta pela qual é possível passar. É o caminho verdadeiro para a Vida (cf. Jo 14,6). Agora, também nós podemos, pela força de Cristo, superar o pecado e passar pela morte. Para os homens de todos os tempos é possível a "feliz viagem".

Há outro aspecto que traduz a alegria da páscoa. O enfermo anseia pela saúde. E como fica feliz ao perceber que está superando sua doença, dores e angústias. Feliz Páscoa é augúrio e certeza para nós enfermos, de que a saúde interior vai sendo recuperada. A Ressurreição de Cristo é a prova de que a vida que Deus nos promete vence o pecado, a doença do egoísmo, da inveja e da injustiça. É saúde e vida para o mundo doente e sofredor. Feliz Páscoa. Fique feliz porque a doença não destrói mais, o pecado não domina o coração do homem, a morte não mata, a vida vai nascendo dentro de nós. Na humanidade brota uma força misteriosa que vence o ódio, as estruturas de opressão e abre para sinais cada vez mais evidentes da promessa de Deus.

Ao repetirmos "Feliz Páscoa", convidamos os demais a experimentar a alegria de quem já entrevê o efeito da Ressurreição de Cristo no mundo de hoje. Em nossa cidade, de assaltos, desemprego, crianças maltrapilhas, entrevemos sinais de vida. Dizendo "Feliz Páscoa" estamos afirmando nossa vontade comum de contribuir para que tudo isso se realize. Na intenção de Deus, a vida prometida em plenitude, deve verificar-se, já agora, como prova de que se realizará um dia. Mas para que isso se dê, cada um deve colaborar. "Feliz Páscoa" é, assim, palavra de compromisso fraterno para que suceda a felicidade da Páscoa, da passagem, da conversão interior, da superação das injustiças e renovação da sociedade. "Feliz Páscoa" é, ao mesmo tempo, esperança da Ressurreição e compromisso de anunciar, já agora, a vida plena pela construção de uma cidade sem ódio, sem violências e ganância, onde se aprende a partilhar e a promover a vida do próximo.

Nestes dias de crise, de impasse e desorientação política, de carestia e angústia, vale a pena repetirmos uns aos outros a mensagem da Ressurreição de Cristo, da vida que Deus promete e concede a humanidade. A esperança está aí, na certeza de que o mundo não está perdido nem abandonado à maldade dos homens.

Entre nós já atua a vida de deus, o amor entre os homens, os gestos de solidariedade, escondidos na poluição da grande cidade. Pensemos no trabalho e cansaço de milhões de pessoas de boa vontade. Pensemos na luta dos desempregados e subempregados por condições mais dignas de vida. Pensemos no serviço às crianças, aos idosos, aos enfermos. Pensemos nos esforços para que a inteira estrutura social seja transformada. Não basta estender a mão ao desempregado; é preciso que a Nação se organize e garanta trabalho para todos.

Deus vale pela vida dos homens. No meio dos telhados das favelas, das grandes chaminés e da roupa secando no varal dos cortiços, há de nascer, cada dia mais forte, o sol da Ressurreição de Cristo.

Feliz Páscoa para todos.

Assembleia fraterna de Itaici

05/05/1984

Cada ano reúnem-se por dez dias os bispos católicos do Brasil. Esta é a 22ª Assembleia Geral. Em Itaici, estavam presentes 270 bispos. Unia a todos a solicitude comum pelo bem da Igreja e do povo com nosso país, num ambiente de simplicidade, compreensão e franqueza.

Cresce o conhecimento recíproco entre os bispos da CNBB. Cresce o intercâmbio de ministérios e o empenho conjunto para discernir os sinais dos tempos e os apelos pastorais.

Quem observa de longe esta assembleia provavelmente se impressionará com os resultados mais aparentes do que se passou em Itaici: estudos, declarações e pronunciamentos.

Mas o importante é captar a natureza própria desse encontro de pastores e irmãos que procuram cumprir a missão de Cristo, evangelizar, ouvir o clamor do povo que espera a mensagem de vida que só Deus pode dar.

Assembleia de trabalho. Trabalho de legislar nos pontos em que o novo Direito Canônico requer uma disposição da Conferência Episcopal de cada país. Este trabalho inclui, também, um amplo Documento de 194 parágrafos sobre a formação dos presbíteros na

Igreja do Brasil. Trata-se de apresentar as orientações básicas para a formação dos que pretendem exercer o ministério presbiteral.

O segundo grande assunto foi o do "Nordeste, desafio a missão evangelizadora da Igreja no Brasil", focalizando a situação do Nordeste dentro da conjuntura da seca e da estrutura de injustiça. Ficou patente o problema que é para o Brasil, o enfretamento do largo e duríssimo período de seca com suas consequências dramáticas. No entanto, em períodos de fortes colheitas, infelizmente, perdurou a injustiça para com os pequenos lavradores relegados a condições sub-humanas de vida. Assim, a Assembleia impôs-se a tarefa não apenas de constatar a situação de fome e pobreza, por demais conhecidas, mas de refletir sobre suas causas, à luz da Palavra de Deus, à luz, também, das exortações do Santo Padre.

Em sua viagem ao Brasil e na encíclica "Laborem Exercens", lembra o Santo Padre que a Igreja é chamada, em força de sua missão, a se empenhar pela promoção integral da vida de todos os homens.

Os bispos assumiram o compromisso pastoral de maior solicitude para com o Nordeste. É compromisso que envolve a conversão do coração e a transformação dos hábitos de vida, para que, por dever da justiça, procuremos criar condições para a promoção das populações empobrecidas do Nordeste.

É preciso mostrar que é inadiável uma ação para erradicar as causas da situação através de medidas concretas que são conhecidas e viáveis. Esta ação depende de uma decisão política, a qual só será conseguida com uma mobilização da Nação. A igreja se compromete com esta mobilização.

Entre os outros assuntos tratados na Assembleia sobressaiu o pronunciamento sobre a família e a defesa da vida, numa rejeição consciente e convicta de todas as formas que atentam contra a vida dos nascituros, num repúdio ao crime hediondo do aborto.

Insiste, também, o documento em revelar, em denunciar a campanha contraceptiva que vem sendo largamente difundida no país e que revela uma mentalidade antinatalista.

Em telegrama enviado ontem à presidência do Congresso e aos líderes partidários, a Assembleia veementemente reagiu contra a emenda que pretende alterar o art. 175, caput, da Constituição, suprimindo a definição da família fundada pelo casamento. Isto viria agravar a desagregação crescente das famílias no Brasil.

O Episcopado elaborou a Mensagem da Paz para os países em conflitos, mas em especial aos países da América Central, marcando com clareza a necessidade de uma política de diálogo, de compreensão entre os povos e a superação da violência.

Três comunicações merecem especial destaque: a primeira a respeito da situação da Teologia, na América Latina, confiada a D. Aloísio Lorscheider, que representou o Brasil num recente Encontro de todas as nações sul-americanas, em Bogotá. A segunda foi sobre a situação sociopolítico-econômica nacional, descrevendo a gravíssima crise global do país, sugerindo caminhos de superação. Na última comunicação sobre a situação e angústia das populações indígenas ficou evidenciada, mais uma vez, a triste condição de milhares de índios cuja vida está em constante perigo.

Todos os trabalhos da assembleia realizam-se desde a manhã até a noite, num ambiente de oração, onde a Celebração Eucarística e a Liturgia das Horas ocupam o momento central do dia.

"A praça da Fé"

23/06/1984

Para a comunidade católica de São Paulo, a festa de Corpus Christi é a grande celebração da unidade. Reúnem-se na Praça da Sé, diante das escadarias da Catedral, os representantes das regiões episcopais da cidade.

Na véspera, as comunidades permaneceram em oração. No dia da festa, a liturgia começou em nove igrejas do centro da cidade. Cantos e leituras sobre a Eucaristia. Depois, é a procissão que parte. Belo mesmo é o espetáculo na entrada da praça destes grupos entre vivas e preces. O arcebispo de São Paulo acolhe a todos com entusiasmo. Sobem ao altar bispo e sacerdotes.

"Que todos sejam um." É a oração de Jesus antes de sofrer a Paixão e a Morte. A unidade nasce do amor que Cristo veio nos ensinar. A Eucaristia realiza e celebra este amor, através dos tempos.

Cristo dá a sua vida pela humanidade. É o sacrifício do Novo Testamento para o perdão dos pecados e a vida do mundo. Não só. Oferece seu corpo e sangue para alimento dos seus discípulos. Pão repartido para os que têm fome. Na celebração da Eucaristia, renovamos a fé no amor que Deus nos tem e nos comprometemos a amar como Cristo nos amou.

Na "praça da fé" viemos assumir, de novo, o compromisso da unidade e do serviço.

A liturgia ajudou o povo presente a perceber melhor os problemas, mas que afetam e afligem nossa cidade. Continua a crise e o desemprego. O drama da moradia se expressa nas favelas e em 120 mil cortiços. A situação do menor, carente e abandonado, desafia São Paulo. Os jovens sem oportunidade de trabalho são vítimas de drogas. A família se desagrega. Além disso, os meios de comunicação acentuam o consumismo, a permissividade moral e a violência. As comunidades cristãs percebem que são chamadas a oferecer formação religiosa mais profunda. Por tudo isso rezamos, pedindo perdão, nossa conversão e o auxílio de Deus.

Faixas e cartazes lembravam os desafios.

No final da liturgia, Dom Paulo Evaristo percorreu a praça em procissão solene e abençoando o povo.

A celebração se abriu, então, para a ação de graças e a esperança. Era preciso agradecer os esforços e as realizações que surgem em nossa cidade, demonstrando a presença e atuação de Deus: a vida das comunidades reunidas na fé, aprofundando a palavra de Deus, comprometidas com a defesa e promoção dos direitos do povo. A presença da Igreja, solidária com a organização pacífica dos trabalhadores e as justas reivindicações dos movimentos populares. O empenho na formação religiosa dos agentes de pastoral, atuantes, principalmente, nas áreas da pobreza, entre crianças e jovens.

Na tarde de quinta-feira passada, o povo na Praça da Sé estreitou os laços de fraternidade e renovou o compromisso da unidade em torno de Jesus Cristo, Único Senhor e Pastor. Reafirmou a esperança. Nas dificuldades da vida e em plena crise nacional, é preciso reforçar a fé em Deus, na vida eterna e na certeza de que podemos construir uma sociedade, marcada pelo amor que vence o ódio e a violência.

A Praça da Sé, sombria e fria, acordou com o repicar dos sinos, o entusiasmo dos cantos e a euforia do povo. Por três horas a festa aconteceu. Como na parábola de Jesus, os convidados que compareceram vieram, em grande parte, da periferia, simples e pobres. "Deles é o reino dos Céus". Repetiu-se o paradoxo. "Os últimos serão os primeiros."

Em poucos minutos, milhares voltaram para casa. Pequenos vendedores, artistas improvisados e curiosos ocuparam, de novo, seus lugares na praça...

Jejum e oração pelo Brasil

01/09/1984

Nesta semana, reuniram-se em Brasília os bispos que integram o Conselho Permanente da CNBB, órgão que se reveste da mesma autoridade da assembleia geral. Congrega, além da presidência e dos bispos responsáveis da pastoral em nível nacional, os representantes de 14 regionais.

Refletiram sobre o momento nacional, examinando com sofrimento, mais uma vez, a crise sem precedente pela qual passa nosso país. Escreveram, então, uma carta a todos os irmãos bispos para partilhar com eles as graves preocupações que angustiam nosso povo.

É mesmo grave a crise econômica que corrói os salários, gera desemprego e martiriza a população com uma inflação aterradora. A situação do Nordeste e as enchentes do Sul tornam-se mais penosas frente à ineficiência das medidas tomadas. O povo recorre a soluções inaceitáveis que denotam desespero. Sucedem-se invasões de terras, saques e greves anômalas.

Diante dessa situação dolorosa, notam os bispos que o povo, mergulhado no sofrimento, é obrigado a assistir estarrecido ao deprimente encaminhamento do processo político para indicação dos mandatários do País. Os gastos e desmandos da convenção machucaram profundamente o sentimento do povo. Grassa a corrupção impune e multiplicam-se os conchavos.

É preciso voltar os valores éticos que devolvam dignidade à Nação na defesa do nascituro, na moralização dos costumes e na superação da violência brutal e já quase incoercível.

É esta volta aos valores éticos que, segundo os pastores, permitirá a retificação do poder político, colocando-o decididamente a serviço do bem comum. O povo não pode ser mero espectador do seu destino, em que participar ativamente, através de formas que lhe assegurem o direito de escolha e decisão.

Relembradas estas verdades, afirmam os bispos que o "reencontro da dignidade nacional não se fará sem que os corações se deixem tocar e as consciências se renovem".

Isto só se realizará pelo recurso à oração e à penitência.

É a prece que atrai a luz e a força de Deus. O jejum evangélico demonstra a seriedade da conversão e da solidariedade com o mais pobre. Diante dos grandes impasses da vida temos que recorrer a Deus com humildade e confiança.

Convocam, assim, os bispos, a todas as comunidades e pessoas de boa vontade para um jejum de penitência, em especial, na vigília da festa de Nossa Senhora Aparecida.

Rezem as crianças, os enfermos e os simples. Rezemos nós também, apesar de nossas falhas. Rezem, todos os dias, as famílias e comunidades. Deus ouvirá nossa oração.

Na Festa da Padroeira, 12 de outubro, elevemos em toda a Nação, preces a Deus pela Pátria brasileira.

Na linha de mais autêntica tradição cristã intensifiquemos, desde agora, o jejum e as súplicas a Deus. Só assim hão de passar o egoísmo e a injustiça, a violência e a corrupção. Não bastam os projetos técnicos, nem as denúncias inflamadas. Só a graça de Deus abre os corações para o amor, a reconciliação, o compromisso com a justiça e o sacrifício pelo próximo. Só com a graça de Deus poderão os homens de boa vontade assumir suas responsabilidades políticas.

O texto termina com uma palavra de esperança: "Cremos em Deus e confiamos na sua presença no meio de nosso povo".

Aí está a mensagem. É o Evangelho de sempre.

Oração e jejum pela Pátria brasileira.

Teologia e libertação

08/09/1984

Nestes dias todos os jornais tratam da Teologia da Libertação, procurando tecer comentários, medir posições e tirar alguma lição da "Instrução da Congregação para a Doutrina da Fé".

Seja-nos permitido insistir na mensagem da última Campanha da Fraternidade.

Fraternidade, sim, violência, não.

A autêntica Teologia da Libertação, segundo o documento que citamos por capítulos e parágrafos, nasce do compromisso pela justiça voltada para os pobres e para as vítimas da opressão. É perfeitamente válida e centra-se no tema bíblico da libertação (3º, 3).

1. A violência infelizmente está aí.

O texto chama a atenção para a situação inaceitável de escândalo causado pelas gritantes desigualdades entre ricos e pobres, quer se trate de desigualdades entre países ricos e pobres ou de desigualdades entre camadas sociais do mesmo território nacional. De um lado a abundância jamais vista até agora, que favorece o desperdício, e de outro lado a situação de indigência, marcada pela privação de bens de primeira necessidade (1º, 6). Falta a equidade e o espírito de solidariedade (1º, 7) agravado pela absurda corrida armamentista, que ameaça sempre mais a paz e absorve somas enormes que deveriam ser aplicadas a promover as populações carentes (1º, 9).

2. Tudo isso é violação da dignidade da pessoa humana, que se encontra rebaixada e menosprezada por múltiplas opressões culturais, políticas, raciais e econômicas (1º, 2).

3. Esta situação intolerável e explosiva exige uma ação eficaz, que não pode ser adiada (7º, 2). O texto enumera fatores que despertam sentimento de revolta como o monopólio de riqueza por parte de proprietários desprovidos de consciência social, as carências de estado de direito, as ditaduras militares, o abuso do poder e as manobras selvagens do capital estrangeiro (7º, 12).

4. Mas a vontade de eficácia pode induzir ao erro pela utilização do instrumental da análise marxista sem o necessário exame crítico. Isto levaria a aceitar e assumir pressupostos ideológicos falsos incompatíveis com a concepção cristã do homem e da sociedade (7º, 8) como a relativização da distinção entre o bem e o mal, o amoralismo político e o imanentismo historicista e ateu (9º, 3).

Daí que o recente documento da Sé Apostólica alerta para consequências teológicas graves como a negação do sentido de pecado e da transcendência e gratuidade da libertação de Jesus Cristo (9º, 17).

Na ordem prática, o propósito de eficácia poderia arrastar para a derrubada, por meio da violência revolucionária, de estruturas geradoras de injustiças (9º, 10).

5. O texto mostra com evidência que o recurso à luta de classes violenta é um mito que impede a verdadeira reforma social (9º, 11), pois o combate e a luta pelos direitos vilipendiados devem respeitar a dignidade da pessoa humana (10º, 7), cujo fundamento é o reconhecimento da relação do homem com Deus (11º, 5). A

violência gera a violência (11º, 7) rebaixa dignidade das vítimas e avilta a dos que a praticam (11º, 7).

Hoje, milhões de homens, nações inteiras, sofrem terrível escravidão, privados das liberdades fundamentais por regimes totalitários e ateus que em nome da libertação do povo tomaram o poder por caminhos revolucionários e violentos (11º, 10). Violência, não.

6. Fraternidade, sim.

Se o caminho da violência é barrado para a consciência humana, que solução oferecer? É preciso escutar o clamor pela justiça (11º, 1) optar pelos pobres (11º, 5). É tarefa prioritária para a Igreja responder a este apelo (11º, 2).

Teologia da Libertação deve levar cada um a colaborar livremente e em solidariedade com os demais nas urgentes e necessárias mudanças que farão nossa geração crescer em humanidade. Isto exige profunda conversão interior para vencer a injustiça que se encontra no coração dos homens (11º, 8).

O Evangelho revela a vocação de filhos de Deus e suscita à exigência e vontade de uma vida fraterna, justa e pacífica (1º, 3). São estes os valores que hoje se procuram desenvolver nas comunidades eclesiais.

7. A violência terminará quando cada homem se libertar de seu egoísmo e der a vida por seu irmão. Esta é a fórmula teológica da libertação de Cristo. Difícil, mas eficaz.

Televisão e jejum

06/10/1984

Chama a nossa atenção a liberação recente de programas televisivos e a avalanche de revistas e publicações acintosamente lesivas aos valores morais. Isto é fruto da constante pressão exercida pela ganância de quem produz e divulga esse material. Denota, também, grave falha no critério dos que aprovam ou toleram esta situação. Pior, ainda, é quando se trata de programas televisivos em horários nobres e da ampla audiência.

Não é preciso refletir muito para perceber o mal que estes fatos podem acarretar. A televisão está ao alcance de crianças que merecem maior amor e respeito.

Há uma soma de fatores negativos em interação.

Revistas e programas que apresentam ídolos do espetáculo, aplaudidos quando praticam desmandos morais, só podem contribuir para confundir ainda mais a consciência do povo, já tão espoliado em seus direitos básicos. Que sentido pode ter esta subversão de valores, senão é, infelizmente, o alto lucro que as produtoras impunemente alcançaram?

O triste é que a perversão da consciência leva a supervalorizar o mero prazer, desequilibrando o critério moral e potenciando o egoísmo que usa e abusa das pessoas. Quem não é capaz de governar seus instintos e até os exacerba, termina, pouco a pouco, despertando dinamismos de dominação e violência contra os outros.

Quando nossa sociedade mais precisa de dignidade e respeito, intensificam-se, justamente agora, formas de alienação e desfibramento moral.

O programa televisivo de grande audiência deveria implicar uma responsabilidade mais séria por parte de seus produtores. A revista que atenta contra os costumes tem que ser comprada na banca. Mas o espetáculo de televisão entra, sem pedir licença, dentro de casa. Nem há como exigir que crianças e jovens possam precocemente discernir qual o programa que lhes convém.

Quem é autorizado a manter um canal de TV em funcionamento, compromete-se a servir a comunidade e não prejudicá-la. Será que não há código ético para os diretores de canais televisivos.

São lançados ao ar programas que atentam gravemente contra a dignidade do amor, da vida conjugal e familiar. Por vantagens econômicas superam-se todas as barreiras éticas. Desde que se alcance maior audiência e lucro, vale tudo.

Que mal se faz à Nação com essa irresponsabilidade profissional! Como soerguer nosso país, quando brutalmente se minam os fundamentos morais do povo?

É por isso que na última semana a CNBB "sentiu-se no dever de dizer uma palavra de alerta, denúncia e mesmo de protesto contra a crescente onda de violência e permissividade sexual que invadiu as bancas e livrarias e principalmente as transmissoras de televisão". Apelam os bispos para o senso ético dos responsáveis das programações televisivas, das editoras e das produtoras cinematográficas e dos órgãos competentes que têm a missão de defender a sociedade.

Todos concordaram com o lançamento de filmes nacionais, mas isto deveria ser estímulo para nossos artistas e produtores desenvolverem sua criatividade no pleno respeito à justiça e aos valores morais. Não se compreende o mau gosto de alguns artistas e escritores pelos palavrões e muito menos é aceitável o recurso fácil à dilapidação da dignidade moral e dos sentimentos religiosos do povo. Gostaríamos que fossem valorizadas outras expressões da arte e cultura nacionais que certamente não faltam e merecem apoio e aplauso.

Os próximos dias 11 e 12 de outubro são de jejum e oração pelo Brasil. A ocasião é propícia para refletirmos com seriedade sobre a volta aos valores éticos em nosso país.

O jejum penitencial é importante. Não é suficiente, porém, privarmo-nos de alimento. Temos que chegar à conversão da consciência, que corrija desvios e faltas e retifique o comportamento pessoal e social.

Sem isto não haverá verdadeira justiça.

Este é o jejum difícil que vale mais diante de Deus.

Festa do Belém

27/10/1984

Realiza-se na Vila Formosa, no Ceret. Todos estão convidados para amanhã, 28 de outubro.

Pode parecer curioso que num momento de crise nacional, quando tantos quase sucumbem ao desânimo que alguém venha, ainda, falar em festa. Podemos responder que o lazer é um componente indispensável da vida humana. Mas não é só isso. A festa do Belém tem algo de muito especial.

É dedicada aos menores.

As crianças são os principais convidados, para elas se destinam as distrações e folguedos. Os menores devem sentir que a festa é deles. Há grupos de jovens que, desde a manhã, procuram brincar com as crianças pelos parques e campos de jogo.

A iniciativa surgiu há quatro anos, por parte de pessoas da Pastoral do Menor preocupadas com o grande número de crianças abandonadas e carentes na região Leste de São Paulo. Era preciso fazer muito por ela. Mas como? Eram poucos a trabalhar e quase sem recursos.

Nasceu, então a ideia de despertar mais a consciência e atenção das comunidades para as crianças. Assim cresceria o número dos que se interessam pelos menores. Seria possível também obter meios de criar serviços para o atendimento à criança carente.

Aconteceu então a 1ª Festa do Menor em 1980, no Clube Recreativo dos Trabalhadores, Ceret, com dez alqueires de verde, espaço para esportes e recreação. A proposta, para surpresa dos organizadores, deu certo. No domingo de Belém compareceram mais de setenta mil pessoas. Nos dois anos seguintes o número ultrapassou duzentos mil, apesar da chuva fria e persistente.

Em que consiste mesmo essa festa?

1. Antes de tudo é mais um dia de amizade, de confraternização entre as comunidades da região Leste, desde o Brás e Pari até São Mateus e Sapopemba. São bairros populosos e modestos onde atuam cento e cinquenta paróquias e comunidades eclesiais. Durante meses, uma equipe abnegada convoca colaboradores, distribui serviços, organiza mais de cem barracas para distração e comestíveis. O importante é que o preço seja reduzido, para que todos se alimentem bem e barato. A família inteira pode passar o dia num ambiente de entrosamento e alegria simples.

Toda esta confraternização está voltada para a criança. No cartaz e dizeres de propaganda, nos enfeites das barracas, nas mensagens dos shows, o que aparece é o menor. Tudo contribui para focalizar sobre nova luz a realidade da criança e, em especial, dos menores carentes e abandonados que necessitam de dedicação constante e gratuita das comunidades.

2. As comunidades despertadas para a situação do menor tornam-se criativas e abrem espaço para as crianças nos locais da paróquia, nas salas e centros. É uma atitude nova de atenção e serviço à criança que vai surgindo no ambiente de Igreja. Em cada lar, a criança torna-se mais amada e compreendida.

A atenção à criança está na raiz da mudança de mentalidade social que deve ultrapassar o individualismo e abrir-se, cada vez mais, à solidariedade fraterna.

Depois da Festa do Belém, surgiram por parte das comunidades iniciativas valiosas: abertura de creches, reforço para recuperação de jovens vítimas de tóxicos, promoção de centros educacionais na periferia e cortiços, lares para deficientes. O que mais importa nessas promoções é o envolvimento e participação da comunidade, que aprende a dar seu tempo e carinho às crianças. Nestes três últimos anos organizaram-se mais de sessenta centros educacionais e creches nos bairros pobres da região. Surgiu em muitos a vontade de dedicar-se mais à criança carente e abandonada. Multiplicaram-se assim as atividades pedagógicas, recreativas, o reforço alimentar, a iniciação ao trabalho e à formação religiosa. São milhares de crianças atendidas.

É inegável a influência positiva e dinamizadora da Festa do Belém na promoção destas iniciativas.

3. A arrecadação da festa, embora modesta, é apreciável, uma vez que as barracas são montadas gratuitamente pelas paróquias e o fruto da festa é integralmente aplicado nas obras para as crianças. Dias depois de terminada a festa, a comissão apresenta ao povo um relatório completo do movimento financeiro, indicando claramente as quantias oferecidas a cada instituição, conforme os pequenos projetos por elas, anteriormente, elaborados: alimento, máquina para escola profissional, móveis e todo o necessário.

A Festa do Belém está na origem de muitos atos de abnegação e amor em prol do menor. Há um sonho que um dia deverá se realizar: construirmos juntos um novo tipo de sociedade cuja prioridade seja a pessoa humana, assumida em cada criança que nasce. Não haverá mais menores tristes e com fome. Quem acolhe a vida humana, criada a imagem e semelhança de Deus, acolhe o próprio Deus.

Venha, amanhã, participar da Festa do Belém. Passe um dia conosco. Quem vai sair ganhando é a criança. Sua presença aumentará a alegria e dinamismo dos que já trabalham em prol do menor. Mas você, também, sairá ganhando se descobrir como sentido de sua vida – a exemplo de Cristo – a gratuidade do amor: "Maior é a felicidade de quem dá" (At 20,35).

Tempo de conversão

08/12/1984

Por que tanta violência? Continuamos vivendo dias difíceis e duros, na cidade e no campo. A dignidade da pessoa humana é violentada a todo momento, num desrespeito constante de seus direitos mais fundamentais.

1. A consciência vai se pervertendo e se ofusca até falsear critérios, confundir valores e perder o verdadeiro sentido da vida.

Assim, é justo que nos preocupemos com o crescimento desregrado da população, mas não podemos atropelar os princípios éticos e controlar a natalidade por meios inaceitáveis. Pior ainda é a defesa do aborto provocado. Não há razão para justificar a interrupção direta da gravidez, eliminando a vida inocente e indefesa. E o que vemos? A última proposta para o Novo Código Penal incluía despenalizar o aborto nos casos em que se prevê prole defeituosa. Onde estamos? Quem tem direito de decretar a morte do nascituro?

2. Temos que repudiar fortemente as guerras, os roubos maquinados a sangue frio, a ação dos jagunços que queimam casas e expulsam posseiros, a morte brutal de Talita e de sua mãe, mas, também, o crime impune contra a vida no seio materno, o abuso na repressão policial e a covardia dos linchamentos. Tudo isso está errado. Errado mesmo. Assim não vai.

3. Todos desejamos uma sociedade diferente, onde a vida seja respeitada e eficazmente promovidos os direitos humanos.

No entanto, a violência continua crescendo de modo assustador. Há um ano, Joílson, no largo de São Francisco, foi espancado até a morte por causa de um furto insignificante. Temos por evidente que não se podem aprovar assaltos e furtos. Mas se é errado cometer assalto, também é perder a proporção das coisas, matar, e fazer justiça pelas próprias mãos. É preciso repetir isso, em alto e bom som. A sociedade, para coibir o erro, não pode coonestar e aplaudir a injustiça e a maldade.

4. Como superar a brutalidade e a cegueira da violência? É todo um esforço de reeducação que se requer. Educar-se para o respeito à vida e o reconhecimento da dignidade da pessoa humana. Perdemos não só a sensibilidade diante da injustiça, mas até a capacidade de ponderar e discernir o que é justo.

5. A reeducação para a justiça não é obra de um dia. Daí, a tentação de abreviar o caminho e recorrer a métodos aparentemente mais eficazes, para sustar a agressão aos próprios direitos. Revida-se na hora. Vale tudo. Não se procura mais corrigir quem erra. Não se acredita na recuperação de ninguém. O que importa é a desforra e eliminar o perigo de futuras agressões.

Com estas atitudes não conseguiremos nada. Crescerá o medo e a violência. Se não mudarmos as regras do jogo, vamos repetir o destino dos que nos precederam.

6. Natal vem aí, lembrado que somos filhos de Deus. Nosso destino, na intenção de Deus, é a comunhão entre todos.

Natal é anúncio de reconciliação e amor.

Enquanto as famílias se reúnem neste tempo de Advento, para ler a palavra de Deus, superar divisões e ressentimentos e acolher o Cristo que nasce, novos fatos contrastam brutalmente com a mensagem de paz que todos nós gostaríamos de ouvir.

7. Há poucos dias, no bairro da Sinhá na zona leste, mataram três jovens. Seus corpos ficaram desfigurados. Não há explicação até agora para esta crueldade. Em nome de quem policiais arrancam estes jovens de casa, levam-nos para longe e barbaramente os seviciam até morrerem?

Não podemos aceitar a posição dos que, até por programa de rádio, tentam justificar o uso da violência para eliminar, pelas próprias mãos, os que atentam conta a sociedade. É inaceitável. Isto mostra, no entanto, quão longe é o caminho que temos que andar para chegarmos a uma sociedade mais fraterna.

O primeiro passo é de reconhecermos o próprio erro. Erra quem assalta e quem rouba. Erra quem assassina jovens por causa de melancias. Erra a polícia quando exorbita e mata. Erra quem procura inocentar o erro e concita os outros à violência, confundindo-a com justiça. Erramos todos, sempre que desrespeitamos os direitos humanos e não corrigimos nossas faltas.

8. Natal é tempo de conversão.

Deus ama a vida.

As mortes de Talita e de Joílson demonstram, embora de modo diferente, a mesma violência. Mais do que nunca precisamos da mensagem de Cristo. Tomara que Natal chegue logo. Dentro de nós. De todos nós.

Presente de Natal

15/12/1984

Natal está aí. Brinquedos. Presentes. E a vida continua.

Quem conversa, fala de quê?

Luta pela vida. Emprego. Custo do leite e do pão. Inflação que ninguém segura. Preço do ônibus e do metrô. Aluguel, água e luz. E se não é disso, de que falamos? Da notícia do jornal de hoje: esporte e política. Páginas amarelas. Paixão e violência. Crime. Corrupção. Parecem até notícias importantes, lidas com sofreguidão. Mas de que valem? Haverá coisas menos atraentes do que o jornal de ontem. No entanto, é sobre isso e quase só disso que falamos.

Ninguém penetra no íntimo do próprio ser: nas alegrias e sofrimento do seu mundo interior. É aí que guardamos as dores recônditas, os momentos felizes, as mágoas e os sonhos de infância.

Mas quem quer nos ouvir falar sobre isso? As grandes emoções e sentimentos, descobertas e desencontros, tudo o que fere e faz sofrer, tudo o que alegra e faz viver, tudo fica aí, guardado no âmago do ser. Aí, onde cada um de nós é original, é idêntico a si mesmo.

Quando o amor nasce e cresce, quando as vidas vão coincidindo, há muito do segredo que flora e se faz palavra, intercâmbio, comunicação. Penetra-se um pouco no íntimo de cada um. Mas não é sempre assim. Nem toda riqueza interior pode fluir pela palavra. Não há tempo para contar tudo. Mesmo entre os que se amam, fica muito por dizer.

É por isso que cada um de nós conserva seu mistério, guarda sua identidade, ali onde o outro não consegue penetrar porque falta a palavra que introduz na vivência quente da partilha de vidas.

Assim, quando deixamos de lado a conversa superficial e entramos no interior de nós mesmo, percebemos que vamos ficando sozinhos, sem interlocutores. A descoberta do isolamento interior parece nos enclausurar na própria angústia e pequenez. No profundo de nosso ser, ali, onde os outros não conseguem penetrar, encontramo-nos com a impressão forte da solidão. E isto nos entristece.

Esta tristeza revela que cada um de nós é feito de abertura ao outro. Captamos, então, algo maravilhoso: somos feitos para a comunhão.

Na solidão, a tristeza. Na felicidade, o outro.

Mas que outro? Se no âmago de nosso ser não conseguimos introduzir ninguém? Estamos a um passo da descoberta maior. É que em nosso íntimo, de fato, não vivemos sozinhos. Eis a chave do mistério. Para além da solidão, feitos para comungar com o outro, descobrimos em nós a presença viva de Deus.

No íntimo só Deus penetra, reside e oferece comunhão plena.

Sem ele ninguém vence a solidão radical.

Para isso fomos feitos: para entender que a amizade e o amor humano valem muito. Aproximam as vidas que se doam e se completam. Mas não é tudo. Temos de descobrir, para além do amor humano que há algo imensamente maior: o encontro, já nesta vida, dentro de nós, com o próprio Deus que se faz presença.

Natal é Deus-Menino que nasce em Belém, no meio dos homens.

Dentro de nós, também.

Brinquedos. Gastos. Ilusões.

Natal, mais do que presentes, pode ser a descoberta, enfim, do Deus-Presente.

Ele não vem. Já está.

Auto de Natal

22/12/1984

A criança nasce pequenina, frágil. Não amedronta ninguém. Cria a seu redor um ambiente de ternura e paz. No Auto de Natal, o filho de Deus entra na história dos homens, escolhe ser criança. Não há teofanias grandiosas. É simplesmente criança.

Nestes dias os olhares da maior parte da humanidade convergem para essa criancinha recém-nascida nos braços de sua mãe, a Virgem Maria.

O mundo precisa, pelo menos por um momento, deixar de lado os gritos de ódio, as cenas de assalto e as explosões nucleares para contemplar Jesus-menino no Auto de Natal. Sua mensagem é de paz.

Paz para as nações que estão em guerra. Continuamos fabricando armas de absurdo poder destruidor. Para quê? Será possível sonhar com um mundo sem guerra nem guerrilhas, onde os conflitos se resolvem pelo diálogo e pela força da razão, onde, superadas a dominação e a ganância, vençam sempre a verdade e o direito? A questão Beagle entre Argentina e Chile demonstra que as nações, quando querem, podem se entender sem a violência das armas. Na palavra do profeta Isaías, Cristo veio para transformar lanças em arados.

Temos que acreditar numa civilização diferente da nossa. Na sua mensagem para a celebração do dia Mundial da Paz em 1985, o Papa João Paulo II lembra aos jovens que os valores, pelos quais optamos, são os que hão de determinar se no futuro estaremos ou não ainda sujeitos à tirania dos radicalismos ideológicos. Que prevalecerá? Continuará a dignidade da pessoa humana sendo sacrificada e subjugada por regimes em que Deus não conta? Não podem os jovens sentir-se satisfeitos com a herança de um passado de ódio e vingança que sufocam o amor e a reconciliação. Por quanto tempo continuaremos queimando em armas somas ingentes?

A paz que Cristo oferece ao mundo implica a aceitação mútua, o perdão, a confiança, a participação nas decisões da sociedade e a colaboração para a felicidade dos outros.

Paz também no seio da nação, entre facções, partidos e classes. Quantas tensões inúteis, fruto da competição e do egoísmo! É possível somar talentos e energias respeitando as exigências do bem comum, o sadio pluralismo e a vontade das minorias.

Natal é tempo de reconciliação. Dentro do lar também. Temos sempre que nos reeducar para o amor. Mais do que presentes mecanicamente trocados na rotina destes dias, valeria a pena experimentar a alegria profunda de perdoar e saber recomeçar tudo de novo. No Auto de Natal, o melhor presente somos nós mesmos.

A paz de Cristo deve acontecer em nosso íntimo, vencendo tudo que nos divide dos outros e separa de Deus. A misericórdia infinita de Deus faz-se criança em Jesus Cristo, para que não tenhamos receio de nos aproximarmos d'Ele, como os pastores de Belém.

Neste mundo, em meio a conflitos e tensões, violência e desespero, poderíamos todos representar um gigantesco Auto de Natal. Para isso, cada um de nós terá que deixar armas e ódios, ressentimentos e medo.

Entre cordeiros e cantos vamos todos viver, por um momento, as cenas de um mundo diferente, transformado em grande presépio.

Estrelas. Flores. Anjos. Pastores. Tudo é paz.

Vale o convite.

O importante é aprender bem e não esquecer mais o seu papel. Servirá depois para todos os dias da vida.

Bom sucesso, a todos os atores verdadeiros do Auto de Natal.

A Igreja e o Brasil de amanhã

09/03/1985

Deus não quer a miséria dos cortiços e das favelas, o abandono e a morte das crianças, a violência e a vingança entre os homens.

A Igreja tem a missão de anunciar e realizar o projeto de Deus sobre a humanidade. Quem crê em Cristo não pode aceitar um relacionamento entre os homens e as nações que tenha como consequência a injustiça e a fome para maior parte do povo. Crer em Deus é trabalhar para construir uma sociedade em que cada pessoa humana possa se realizar, pelo respeito e promoção de sua dignidade de filho de Deus.

O compromisso que nasce da fé leva à solidariedade efetiva com os irmãos, vítimas de modelos e de sistemas que geram mecanismos de marginalização crescente da pessoa humana.

O Brasil, que se dispõe a entrar numa fase nova de sua história, tem, com sabedoria, que escolher seu caminho. Podemos aprender muito da experiência de outros povos e nações, de nosso passado, para descobrir que caminhos levam à destruição ou à vida.

Há países que, ainda hoje, sofrem o drama de uma asfixia política, sem autodeterminação, reduzidos em suas liberdades básicas e obrigados a se submeter à dominação ideológica e militar do comunismo, que relativiza a pessoa ao poder discricionário do Estado. Por outro lado, nada temos a aprender com o capitalismo desenfreado que privilegia o lucro excessivo, aceita determinismos econômicos, subordina a autonomia de grupos e nações à pretensão de um bem-estar social que favorece apenas, a minoria, relegando muitos à condição de dependência.

Um e outro sistema sustentam a corrida armamentista, desviando verbas absurdas para o reforço do poderio militar, armazenando, em seus arsenais, explosivos capazes de destruir, muitas vezes, a vida em nosso planeta.

Neste clima de ideologias sem Deus e de tensão armada, crescem a competição e a violência, o temor e a desesperança.

Na escolha do caminho político de nosso país, a Igreja lembra que o Brasil deve voltar-se sempre mais para Deus, e reconhecer a falácia dos sistemas que vilipendiam a dignidade da pessoa humana. Temos, com humildade, que superar falhas graves que revelam quanto ainda estamos distante de uma sociedade justa e fraterna. Basta pensar nas injustiças no uso da terra e do solo urbano, na corrupção, no desemprego e achatamento salarial que reduziram a grande parte do povo a condições de miséria.

Os meios de comunicação social divulgaram nestes dias notícias a respeito de consultas feitas à hierarquia da Igreja sobre candidatos ao Ministério. Não devem os pastores indicar nem vetar nomes. Reconhecem a autonomia do Presidente. A missão da Igreja é contribuir, pelo anúncio das verdades religiosas e morais, para a formação da consciência, o respeito e a promoção de valores necessários à transformação de nosso país, para que sejam assegurados a todos os direitos e as garantias democráticas. Isto não se fará sem a devida participação de todos os segmentos da sociedade. É preciso que possamos colaborar para programas de governo que, sem demora, venham beneficiar as classes desfavorecidas.

A Igreja, dentro de sua missão específica, deve cooperar, conservando sadio espírito crítico, não só para aplaudir e apoiar medidas adequadas, mas para indicar e tentar corrigir eventuais falhas da sociedade, evitando legitimar injustiças na organização vigente

No dia 15 de março será dada posse ao presidente Tancredo Neves e seus ministros.

Vamos todos vivendo a expectativa de participar na construção de uma nação mais justa, sem miséria e violência. Temos que, à luz da experiência do passado, repensar nossos valores, nossa cultura, reunir as forças vivas do País. Todas. Deus permita que, no Brasil de amanhã, os homens não atirem nas crianças que roubam goiaba verde. Não haja mais menores cheirando cola na Praça da Sé, nem no porta-malas do camburão.

Que os caminhos do Brasil sejam caminhos de Deus.

O sino da posse

16/03/1985

Tudo estava rigorosamente preparado para a grande homenagem. As crianças fizeram bandeirinhas para saudar os novos dirigentes do Brasil. Aguardávamos ouvir o repicar, em Brasília, do sino histórico de São João Del Rey.

Durante a noite fomos surpreendidos pela notícia da operação a que se submeteu o Presidente eleito.

O homem põe e Deus dispõe.

O presidente Tancredo é um homem de fé. Ele sabe que tudo coopera para o bem dos que amam a Deus e Nele confiam.

O presidente Tancredo não pode ainda desfilar de sua casa até o Planalto para receber os aplausos entusiastas dos brasilienses. Mas esteja certo o Presidente de que conta com o carinho e o afeto do povo brasileiro, que aguarda para breve o dia de festejar a sua posse na Presidência da República.

O dia 15 de março foi, mesmo assim, a celebração da democracia. A festa foi sóbria e austera.

O poder supremo do País passou, na tranquilidade e respeito à Constituição, para os novos dirigentes. Civis e militares, o povo humilde, trabalhadores e autoridades, cansados ainda da noite de vigília, apreensivos pela saúde do Presidente, uniram-se no canto do Hino Nacional, saudando com esperança a Nova República.

O povo simples, apesar dos sofrimentos de cada dia, encontrou energias para acompanhar tudo pela televisão e até saiu à rua para festejar.

Pedimos a Deus que abençoe o Presidente recentemente operado, para que se recupere logo. Que abençoe a ele e a seus colaboradores, para que sejam capazes de responder à expectativa do povo que ainda tem coragem de confiar.

Ao lado de tanta esperança e euforia, há também reticências. Não são desconfianças. São apreensões. Como atender aos clamores justos do povo empobrecido?

Ninguém espera milagres. Mas o povo tem direito de ser respeitado na sua dignidade. Isto exige honestidade e eficiência administrativa por parte dos que assumem a Nova República. A meta tem que ser a pessoa humana; oferecendo-lhe condições dignas, a começar dos que mais sofreram até hoje. É preciso abrir canais para a participação popular na solução dos problemas urgentes do uso da terra, do trabalho e do salário.

Há, no entanto, disposições imediatas que podem alimentar as esperanças de transformações maiores e demonstrar que são boas as intenções de nossos dirigentes.

Uma sugestão, em boa hora acolhida, foi a da diminuição da tarifa de luz nas favelas, em São Paulo. Seguiu-se, desde novembro, o empenho da Sabesp para reduzir a tarifa de água nos cortiços, utilizando, com inteligência, um índice novo que mede a relação área construída por ocupação familiar.

O mesmo vale das iniciativas em benefício da criança. Haverá dinheiro melhor empregado que o da merenda escolar?

Muito ajudaria definir a posse da terra no campo e nas áreas de favelas e periferias, de modo a permitir logo soluções para problemas de habitação e do trabalho rural. Pensemos na situação dramática de milhares de famílias desalojadas, concentradas em acampamentos à beira das estradas, aguardando terra para morar e trabalhar. Será tão difícil assim assegurar a estes irmãos os meios necessários à sua condigna promoção?

Quem sabe poderiam os municípios dispor, a curto prazo, de verbas maiores para realizar com rapidez um conjunto de ações básicas, assegurando ao povo alimentação, casa, saúde, educação e transporte?

Estas medidas prementes não podem mais tardar.

O povo tem propostas a fazer. É preciso que os atuais dirigentes, longe de todo egoísmo e corrupção, tenham sensibilidade social para assumir estas e outras sugestões e criar condições para que, na medida do possível, o próprio povo possa realizá-las.

É esta interação entre administração pública e participação popular que há de abrir caminhos novos em tempos difíceis.

Não queremos insistir em falhas e erros do passado, nem desanimar diante de obstáculos e desafios. Permanecem muitas feridas e cicatrizes em nosso corpo social. Mas o povo brasileiro pode acreditar que a vida vai germinar das sementes regadas com suor e sangue em tantos anos de sofrimento.

E os problemas?

Lembrei-me de um fato singular. Há dias, uma senhora idosa e pobre ouviu falar que a Santa Casa de Misericórdia do Rio estava passando por dificuldades e que altas somas eram necessárias para que continuasse funcionando. Não teve dúvidas. Tomou em mãos sua pequena aposentadoria do mês e foi oferecê-la para que os serviços hospitalares não fossem interrompidos.

Temos que agradecer a Deus.

Enquanto no Brasil houver gente boa assim, vale a pena esperar contra toda esperança.

O pensamento e o coração dos brasileiros se voltam para o presidente Tancredo, contando os dias para ouvir o repicar festivo do sino histórico de São João Del Rey.

Deus é nossa esperança

23/03/1985

O canto da Campanha da Fraternidade ecoa pelo Brasil afora, repetindo sob a inspiração das palavras de Nossa Senhora: "Deus é nossa esperança". Quanto bem nos faz entoar com fé esta aclamação.

É em Deus que confiamos.

O Presidente Tancredo Neves continua no hospital. Notícias discordantes geram forte preocupação quanto a seu estado de saúde e recuperação.

É verdade que o vice-presidente e os ministros cumpriram a Constituição e imprimem um ritmo de eficiência a esta primeira semana de trabalho.

No entanto, a atenção do povo está voltada para o pequeno quarto do Hospital de Base. A Nação inteira, com rádio ligado, acompanha os boletins médicos para saber como está nosso Presidente. Tornou-se uma pessoa sempre mais querida.

Gente simples, crianças, todo o povo reza pelo Presidente.

A televisão tem mostrado cenas comoventes de fé em Deus, simpatia e afeto sincero para com o Presidente enfermo.

Quando as expectativas de todas as classes sociais pareciam encontrar o caminho de sua realização fomos surpreendidos pela doença do Presidente. Depois de um primeiro momento de impasse, eis que o Brasil se voltou mais para Deus numa experiência de intensa e confiante oração.

Cessam, numa trégua amiga, as oposições radicais e os movimentos de reivindicações. Renasce no meio do povo a sensação de união e solidariedade do Norte ao Sul do País.

Estamos em oração.

É semelhante ao que se passa a uma família, quando o pai está enfermo. Os filhos superam tensões e distâncias e se revezam na solicitude pelo pai. O Brasil está vivendo uma singular experiência de fé em família.

Deus, em quem colocamos nossa esperança, não só tem providência da saúde do Presidente, mas vai nos concedendo a graça de nos sentirmos irmanados para além das diferenças de classes e facções políticas.

Durante estes primeiros dias da Nova República adiamos a festa. O presidente Tancredo não pode ainda comparecer ao ato da posse, não recebeu as delegações estrangeiras, não participou do banquete. Enfrenta, revertido de fraqueza, os incômodos e incertezas da doença. Frágil, num leito de hospital, longe das câmeras de televisão, tornou-se o centro de convergência da ascensão de um povo a que preside sem falar.

Estamos longe da violência, do autoritarismo, dos atos impositivos.

É hora da solidariedade humana, sincera, amiga, humilde. É hora da prece confiante, filial ao Senhor e Pai de toda a vida.

Os bispos do Brasil, em união com os demais grupos religiosos do País, convocando as pessoas de boa vontade para intensifi-

Religião

carem suas orações pelo bem da Pátria brasileira e pela saúde do presidente Tancredo, afirmavam a fé no poder irresistível da oração.

Coloquemos nas mãos de Deus não só a alegria do restabelecimento da saúde do Presidente, mas os caminhos do nosso povo.

Uma senhora simples, depois de ter rezado longamente, comentava com sabedoria: Deus prova aqueles a quem ama, mas Ele dá a graça de superar a provação.

Lição de fé que vale para todos nós.

A verdadeira festa da Nova República está sendo celebrada pela união do povo e esperança ilimitada em Deus.

67

Nas mãos de Deus

06/04/1985

Continua o País rezando e elevando a Deus uma oração sincera e confiante. Temos vivido a experiência singular de união entre todos os brasileiros. Acompanhamos como membros de uma grande família as informações médicas, seguindo a cada momento o estado de saúde do presidente Tancredo. Criou-se um misterioso vínculo de fraternidade no meio de nosso povo.

Nesta Semana Santa, o sofrimento de Jesus Cristo nos ajuda a compreender melhor a aprovação pela qual passa o Presidente e nosso povo. Aguardávamos para logo uma fase de transformação social para o País, liderados pela força moral do presidente Tancredo, contando com a adesão e confiança dos vários segmentos da sociedade.

Em meio às consequências da crise econômica que vem castigando a maior parte de nosso povo, o presidente Tancredo conseguiu fortificar a esperança de que a desejada transformação social se realizasse.

Estando ele enfermo, parece que as expectativas ficam diminuídas, pois muito dessa confiança depende da pessoa do Presidente.

No entanto, a esperança depositada na indicação do presidente Tancredo expressa também o fruto da caminhada de um povo que veio amadurecendo seu espírito crítico e a capacidade de participação nos próprios destinos. Esta descoberta lenta e sofrida da consciência que o povo brasileiro tem de sua dignidade, direitos e deveres é uma aquisição definitiva que caracteriza esta fase da nossa história.

Se é verdade que ao presidente eleito foi hipotecada sincera e merecida confiança, é igualmente certo de que uma razão deste fato é a expectativa de ser respeitada e promovida maior participação popular.

Assim, no momento em que nosso país expressa sua fé e gratidão numa prece pela vida do Presidente, precisa este mesmo povo reconhecer e assumir os desdobramentos da união conquistada. Há que perseverar no empenho em demanda de uma transformação social eficaz. Há metas concretas de vida digna para as classes desfavorecidas que devem ser obtidas graças à contribuição real de todos.

O povo está mais consciente da grave aflição pela qual passa, vítima de injustiças sociais, da distribuição desordenada da renda, que acarreta desemprego, subnutrição e enfermidades. Pensamos nos cortiços e favelas da Grande São Paulo, nos milhares de sofredores de rua, nos boias-frias e migrantes do nosso interior.

É chegada a hora da solidariedade para assumirmos em nível nacional, com decisão, um programa urgente de medidas concretas em bem do povo: multiplicação de empregos, solução do problema da terra, apoio ao pequeno lavrador, garantia de alimentação básica e previdência social adequada.

Parece que este seria o melhor fruto do momento crucial que atravessa o Brasil. Quando nos damos às mãos para rezarmos juntos e agradecer a Deus a união e fé que estamos vivendo, temos que assumir o compromisso de estreitar mais as mãos para realizar as transformações necessárias. Isto exige renuncia e privilégios.

O presidente Tancredo propôs-se realizar pelo seu trabalho e liderança política um ideal que, embora enfermo, tem conseguido promover, de modo diferente, pela intensificação da união entre todos os brasileiros e pela afirmação de confiança em Deus e solidariedade humana.

Precisávamos da força misteriosa que nasce da oração do sofrimento paciente, dos exemplos e dedicação do povo simples, que temos presenciado nesses dias.

É preciso que dirigentes e demais membros da sociedade estejamos à altura da fase difícil que atravessamos, levando à frente, com coragem, a construção de uma sociedade mais justa.

Nesta noite as comunidades estarão reunidas para a Vigília Solene e Celebração da Páscoa do Cristo que vence o pecado e a morte. Jesus passou pelo sofrimento e pela provação, entregou sua vida nas mãos do Pai.

Aprendamos com Jesus Cristo que, morrendo na cruz, confiou contra toda esperança: "Seja feita, ó Pai, a tua vontade".

Nossa confiança esta em Deus.

Nas tuas mãos, ó Pai, confiamos a vida do povo e a vida do Presidente.

Tenhamos fé. Todo esse sacrifício tem sentido à luz da Ressurreição de Cristo.

Deus que nos ama há de tirar o bem da provação pela qual passamos.

A força da oração

13/04/1985

Em Itaici estão reunidos os bispos católicos do Brasil para sua 23ª Assembleia Geral. São dez dias de vida fraterna, trabalho e oração.

Em união com o povo, pedimos muito a Deus pelo Brasil e pelo nosso Presidente. Pela oração somos todos chamados a colocar a vida nas mãos de Deus. É grande a força da oração. Nela encontramos coragem e paciência para enfrentar e superar a atribulação, confiando em Deus para além de nossos projetos meramente humanos.

A oração do povo, que pede com tanta fé a saúde do Presidente e o bem da Nação, deve, aos poucos, passar da insistente súplica à confiança filial para com Deus. Um radialista terminava o seu programa dirigindo a Deus uma prece inspirada: "Peçamos, irmãos, o que for melhor para o Presidente e para nós". Deus, que cuida dos passarinhos e dos lírios do campo, sabe o que é para o nosso bem.

No sofrimento destes dias há um grande mistério.

Nossa vontade seria de perguntar por que num momento tão decisivo para a vida do País vem a faltar a saúde do Presidente que mereceu adesão e carinho do povo, alimentando esperança até hoje desconhecida em nossa história? À primeira vista há algo de ininteligível que nos leva a identificar as preces para confiarmos ainda mais em Deus. É certo que Ele conduz os caminhos da vida humana e tem desígnios de amor que transcendem os limites estreitos de nossa compreensão.

Todo este imenso sofrimento, feito de enfermidade e expectativa, tornou-se fonte de vida para o povo. Há lições preciosas a aprender.

O presidente Tancredo conseguiu reunir a todos em volta de seu leito e despertou no coração dos brasileiros a força profunda da fé em Deus. A oração e a fé pelo Presidente estreitam os laços de união entre nós e consolidam, assim, os fundamentos da paz social. A paz que enraíza na verdadeira religiosidade do povo. Disso temos prova na longa vigília pela vida do Presidente. Na medida em que o povo se volta para Deus com sinceridade e confiança, vence distâncias e ressentimentos, fortifica a própria concórdia e abre-se para uma fase nova de transformação social.

Descobrimos também que a fé e a vida caminham juntas. A paz social repousa sobre a fé, não só porque nela temos a razão mais forte da fraternidade, mas porque, em meio às crises, compreendemos quanto Deus está presente no sofrimento e alegrias de cada dia.

É nesta mesma fé que deve agora nos levar mais longe.

Pedimos a saúde do Presidente e Deus nos introduziu no mistério da confiança. Temos que estar convencidos de que os caminhos que Deus escolhe para nós são caminhos de vida. A oração do povo não fica sem resposta por não vermos a enfermidade ceder. Nossa confiança vai além.

Quando a fé cresce, fortifica-se a entrega a Deus, a exemplo de Jesus Cristo. A vida do presidente Tancredo está nas mãos do

Pai, como à nossa também deve estar. A oração tem esta força maravilhosa de nos fazer encontrar algo mais profundo do que a resposta ao pedido concreto que fazemos. Quem reza, confia. Quem reza, sabe que Deus é bom e nos ama.

Através das dificuldades, ele quer que sejamos mais unidos na construção de um mundo sem injustiças e opressão. A oração educa-nos assim para a solidariedade e confraternização até então desconhecidas. São graças que valem o milagre da saúde tão longamente ainda desejado.

Pedimos um presidente amante do povo e rigoroso empreendedor de eficazes transformações sociais. Recebemos algo muito precioso. Ganhamos o exemplo do Presidente, homem de fé, simples e firme, oferecendo a Deus sua vida pelo Brasil. Ganhamos o belo testemunho de coragem e dedicação de dona Risoleta e das mulheres fortes de nosso País. Ganhamos a extraordinária demonstração das reservas morais e religiosas de nossa gente humilde. O povo, superando violências e revanchismos tornou-se mais unido e responsável, sujeito e agente, ele mesmo, das esperadas transformações sociais.

Os mistérios de Deus são insondáveis.

Só a oração nos permite neles penetrar.

Assembleia de Itaici

20/04/1985

Terminou ontem a 23ª Assembleia Geral dos Bispos Católicos do Brasil. Foram dez dias de intenso trabalho num ambiente de oração e fraternidade. É um fato raro, sem dúvida, no mundo inteiro, encontrar 280 bispos juntos, repartindo a palavra de Deus e concelebrando a Eucaristia. Fazia bem ver os bispos de mais idade, com entusiasmo e fidelidade, trazerem os frutos de sua experiência para os grupos de estudos e plenários.

A atenção dos bispos em Itaici estava constantemente voltada, em união com nosso povo, para a grave enfermidade do presidente eleito Tancredo Neves. Nas orações pedimos a Deus com insistente confiança que abençoasse o Presidente, concedendo-lhe o que for para o seu maior bem. As preces se elevaram a Deus pela unidade e esperança do povo brasileiro, que anseia por condições dignas de vida. O sofrimento e a solidariedade de todos, nestes dias de aflição, hão de resultar num empenho mais eficaz pelas transformações sociais, indispensáveis a uma sociedade justa. Estava também presente o drama dos milhares de nordestinos que por anos resistiram à seca e agora, forçados pelas águas, deixam suas casas e perdem tudo. Rezemos pela situação dos operários em greve, pelo diálogo entre metalúrgicos e empresários, na expectativa de que se respeite a prioridade do trabalho sobre o capital.

O tema principal foi a "Liberdade cristã e libertação". Procuramos analisar a ação da Igreja no Brasil nos últimos anos, os aspectos de pastoral que impulsionaram a evangelização libertadora, as falhas e tenções e os caminhos para superá-las. Entre os pontos positivos anotamos a valorização da palavra de Deus e do espírito missionário, as comunidades eclesiais de base, a opção preferencial pelos pobres, a crescente consciência eclesial dos leigos e a promoção dos direitos fundamentais da pessoa humana.

Reconhecemos falhas que decorrem dos condicionamentos humanos da Igreja e que exigem constante renovação espiritual. É preciso insistir mais na fidelidade à mensagem de Jesus Cristo e no diálogo fraterno feito com discernimento e oração.

Especial atenção foi concedida à Teologia da Libertação, procurando à luz da recente Instrução da Sé Apostólica superar ambiguidades, evitar perigos de desvios e focalizar melhor a autêntica teologia centrada no tema bíblico da libertação.

Ao lado do assunto central, outros foram tratados: o próximo Congresso Eucarístico Nacional em Aparecida, a missão do leigo na Igreja e na sociedade, a legislação complementar do Direito Canônico, o Sínodo Extraordinário dos Bispos em Roma e o atual e delicado momento nacional. Particular atenção mereceu a futura Constituinte.

Um ponto, a meu ver, recebeu realce especial: a "Mensagem dos Bispos aos Jovens e às Jovens do Brasil". A Catedral de São Paulo, no domingo passado, acolheu milhares de jovens que vieram participar da solene celebração eucarística. Aí estavam, vindos de Itaici, mais de cem bispos. A Igreja da América Latina fez uma opção preferencial também pelos jovens. No Brasil, são 32 milhões na faixa de 15 a 24 anos. É preciso que consigam vencer a tentação das drogas, do consumismo, da permissividade moral e da delinquência.

Sejam livres os nossos jovens, capazes de dar vida nova à sociedade, segundo a mensagem de Cristo, construindo um Brasil, onde todos, os boias-frias, os sem-terra e os desempregados, recuperem sua dignidade e vejam respeitados seus direitos.

No fim da assembleia, ontem à tarde, despedimo-nos com muita vontade de encontrar logo o nosso povo.

Agradeci a Deus. Foi boa a assembleia. Valeu.

Lições de vida

27/04/1985

O coração de todos está repleto de saudades e esperança. Elevemos o olhar para Deus, confiando a Ele o descanso eterno do presidente Tancredo e daqueles que morreram na chegada a Belo Horizonte. Rezemos pelos muitos feridos na praça da liberdade.

Ao padre Leo Pessini, jovem capelão que há quatro anos acompanha os enfermos no Hospital das Clínicas, devemos o reconhecimento pela dedicação discreta e incansável, foi ele quem conservou para nós as lições de humildade do presidente Trancredo. Muitas vezes padre Leo encontrou o Presidente recolhido em oração. Foi assim que conseguiu enfrentar seus padecimentos. Na Sexta-feira Santa pediu que lessem o Evangelho da Paixão de Cristo. Na parede diante do leito, estava a imagem de Jesus Crucificado. O Presidente, com o olhar sereno, voltado para a cruz, unindo as mãos em prece repetia: "Deus é grande. Sem Ele nada somos".

Aos méritos de homem probo e simples de estadista amigo e unificador do nosso povo, temos que acrescentar veneração pelo seu testemunho de confiança em Deus no momento supremo da vida. Lição preciosa para todos nós.

As lições de Dona Risoleta hão de permanecer gravadas na lembrança dos brasileiros. Sua atitude digna, a coragem diante do sofrimento, a fé em Deus, o amor meigo e materno ao povo, a vontade de que todos, em São João Del Rey pudessem contemplar pela última vez a fisionomia do Presidente, tudo isso comoveu profundamente a Nação inteira. Confortem-nos a mensagem e o carinho de dona Risoleta, referindo-se ao afeto seu e do Presidente pelos brasileiros: "Eu os amarei sempre, como ele os amou". Também nós não os esqueceremos. Obrigado, dona Risoleta.

Ressoam ainda em nosso íntimo as homenagens dos que saudaram o Presidente em nome da Nação. Noite adiantada, ao redor do túmulo, foram palavras inspiradas merecidas. Palavras repassadas de respeito e elevação de sentimentos. Palavras de fé. Agora fica a esperança e o compromisso para governantes e governados. Lição difícil e inadiável. Compromisso pela defesa e promoção da dignidade da pessoa humana a começar dos desempregados e empobrecidos. Compromisso sagrado para todos nós.

Nestes dias, lições de grandeza foram dadas pelo nosso povo simples. Lições de vida nas horas de vigília e na longa espera pela passagem do cortejo. Aprendemos muito uns com os outros. Em São Paulo, milhares de pessoas seguiram o carro de bombeiros na consagração popular de nossa história. Flores e bandeirinhas. Lágrimas e beijos, palmas e faixas. Entre os mais constantes um grupo de rapazes, sempre correndo e cantando, acompanhava o cortejo ao longo das avenidas. De dentro do carro perguntei se estavam cansados. Um deles respondeu logo: "Quando é por amor, não cansa. Vamos até o fim". E assim foi que surgiu uma esperança forte no coração dos jovens.

Somemos a isso as filas intermináveis das visitações de Brasília, Belo Horizonte e São João Del Rey. Lições de respeito, afeto e carinho do povo.

Agora a Nação vai retomando o ritmo quotidiano de trabalho, sofrimentos e sonhos, voltam os efeitos da inflação, do desemprego.

Religião

Voltam as notícias das enchentes e as greves. Os problemas ficam. Mas algo mudou. Aprendemos lições de valor. Estamos mais unidos. Confiamos mais em Deus. O Brasil cresceu em dignidade.

O amor ainda vive

17/08/1985

Nas comunidades católicas o mês de agosto é dedicado às vocações. Palavra feliz para indicar não só que cada vida humana é fruto do amor e apelo de Deus à existência, mas que em seguimento à missão de Jesus Cristo nessa terra, hoje, Deus continua chamando homens e mulheres para servir ao anúncio de vida eterna que nos comunica e à construção de seu reino de justiça, amor e paz.

Há vidas que seguem sem rumo quase que impulsionadas pelos acontecimentos. Não há opções profundas. Não há escolha de caminhos. Luzes fugazes. Experiências vazias. Nada mais.

Há outras vidas que se perguntam diante do próprio Deus, sobre o melhor modo de aplicarem suas energias e potencialidades. Ao invés de orientarem sua existência para metas individualistas, querem, a exemplo de Cristo, colocar sua vida nas mãos de Deus, a serviço dos irmãos. Entre tantos rumos possíveis qual o que me permite fazer mais bem a meus irmãos?

Nesse momento da história, em que as exigências de consciência moral parecem abafadas pelo permissivismo e busca do prazer, não deixa de chamar a atenção o fato de que ainda hoje, milhares de jovens se perguntem com sinceridade sobre o bem que anseiam fazer aos outros.

Jesus Cristo é o grande mestre deste amor gratuito e devotado ao bem dos irmãos. Ele veio, com sua palavra e testemunho, ensinar que o segredo de realização humana está na doação feliz e generosa ao próximo.

Quem poderá esquecer do gesto forte de Cristo, lavando os pés, a seus discípulos? Foi quando acrescentou "sereis felizes se fizerdes assim" (Jo 13,17).

Desde então, um dinamismo de doação e entrega ao próximo vem movimentando a humanidade. O importante não é o bem-estar pessoal, mas a capacidade efetiva de fazermos o bem, por amor ao próximo. Este dinamismo da graça de Deus que destrói e supera o egoísmo do pecado vem inspirando a renovação interior e constante da pessoa humana.

À luz deste amor, a própria vida conjugal e familiar ganha horizontes novos de comunhão e fidelidade. Realizar no matrimônio este apelo de Deus e o amor oblativo faz parte da vocação cristã. No casamento assumido sob dinamismo da palavra de Cristo. Um cônjuge é feliz na medida em que faz o outro feliz. Não importam alegrias e sofrimentos. O que conta é o amor que cresce na doação e esquecimento de si. É esse mesmo amor que faz os cônjuges acolherem a vida dos filhos que Deus lhes queria comunicar.

E o mesmo dinamismo que leva o cristão a enfrentar as tarefas cotidianas numa atitude de serviço aos demais. Pensemos na luta do operário e na dedicação da mãe de família. Não é só pela entrega sincera entre os cônjuges que se supera o egoísmo que domina e oprime os outros.

Há outras vocações em que a dedicação ao próximo imita de perto o exemplo de Cristo.

Há homens e mulheres que poderiam ser felizes na comunhão do matrimonio, mas que, por amor ao reino de Deus, decidem entregar-se a seus irmãos, especialmente aos mais pobres e necessitados. O dinamismo do matrimônio inclui a reciprocidade do afeto.

Na doação de serviço à comunidade e ao mais carente, o que importa é a possibilidade de fazer bem aos outros, sem visar ao retorno do amor. Estas vocações supõem o chamado especial de Deus e requerem uma graça especial. Neste caso incluem-se os que se consagram ao trabalho com os enfermos, os marginalizados, os que deixam sua pátria para levar aos distantes vida nova de Cristo. Surgiram assim através dos tempos, os ministros totalmente devotados à comunidade e às vocações para os múltiplos serviços aos irmãos necessitados.

Ainda hoje o chamado de Deus se faz ouvir. As comunidades rezam para que as respostas dos jovens sejam plenas. Há poucos meses, em Cruzeiro do Sul, no Acre, uma jovem irmã estava radiante, porque fora escolhida para servir os enfermos já adiantados na hanseníase. Quem pode explicar esta alegria? Só a força de Deus.

Temos que agradecer em nossa prece pelos milhares de jovens que respondem sim a Deus que os chama para se dedicarem a seus irmãos. Continuam a surgir missionários entre os doentes, os sem-terra, os menores carentes, os índios e os moradores de cortiço; continuam a surgir os que lutam pela justiça e por condições mais dignas de vida de seus irmãos.

Está bem presente em nosso coração a lembrança de Pe. Ezechiele Ramim, dedicado aos posseiros de Cacoal, Pe. João Bosco Burnier, assassinado quando se opôs à tortura de duas pobres mulheres na delegacia de Rio Bonito, MT, de irmã Cleusa Cordeiro, brutalmente eliminada quando se empenhava na participação dos índios em Labrea. Assim muitos outros.

Não há dúvidas. O amor está vivo.

A paz do Ano Novo

28/12/1985

A cada dia que passa vêm se tornando mais frequentes em nosso povo as expressões de vingança. Nas penitenciárias surgem grupos que se hostilizam e se enfrentam até a morte. De noite nos bairros do Brás e Belém, há mendigos que se agridem brutalmente e alimentam sentimentos de desforra num crescendo assustador de violência. Na véspera do Natal, um deles atacou covardemente a pauladas o companheiro que dormia na rua, quase morreu de tanto apanhar. Está ferido e agora só fala em se vingar.

Aumentam também os conflitos entre jagunços e posseiros, com ameaças e represálias. A prática do linchamento que hoje se multiplica, denota como a violência vem se entranhando no coração do povo, que parte para o revanchismo e esconde no anonimato da multidão a barbaridade de execuções sumárias.

O ano de 1986 foi escolhido pela ONU como Ano Internacional da Paz. Seria tão bom que acontecesse dos esforços de todos para vencer as resistências à paz e acelerarmos seu advento no mundo inteiro. Basta de guerras e conflitos, injustiças e vinganças.

O grande impedimento à concórdia entre os homens é esta tirania do ódio que guarda ressentimentos e insiste em vingar-se. Não há lugar para o perdão. Na raiz desta atitude está o julgamento que nega ao próximo que erra o direito de converter-se e de se recuperar. Há uma desesperança radical para com a pessoa humana. Para os que pensam assim, quem é mau fica irreversivelmente condenado a própria maldade. Desenvolvem-se sempre mais mecanismos terríveis de desforra até eliminação dos que nos ofendem. A paz neste contexto seria a partir do momento em que se conseguisse segregar os que atentam contra o bem comum. Assim, haveria paz quando os bons acabassem definitivamente com os maus.

É para romper com este ciclo vicioso da maldade e violência que precisamos celebrar e assumir o Natal de Cristo. No cerne de sua mensagem está a reconciliação de Deus que nos oferece perdão e quer recuperar o pecador. Cristo veio ao mundo para resgatar os homens do pecado e dar-nos de novo a vida. Ele anuncia não só que a verdade suplantará o erro, mas que a pessoa humana que faz o mal pode – com a graça de Deus – refazer seu caminho e aproximar-se da verdade.

O cristianismo é a religião da força do amor, que perdoa, converte, transforma e vivifica o homem. A boa-nova da paz cristã é feita de perdão. Não se trata, portanto, do simplismo de separar bons e maus. A novidade é que Deus, na sua infinita misericórdia, abomina a maldade, rejeita o pecado e as injustiças, mas oferece perdão e vida ao filho pródigo.

Na perspectiva da fé, a paz universal tem por raiz a confiança no poder de Deus, que é capaz de recuperar o homem que peca. A paz é possível, porque sob a ação de Deus somos chamados a vencer o ódio, a violência e todo instinto de vingança. Cremos que toda pessoa humana pode abrir-se de novo à verdade e ao bem. Esta atitude de perdão e vida, que Cristo revela da parte de Deus para conosco. Ele anuncia como caminho de relacionamento entre nós: "Ouvistes dizer, olho por olho, dente por dente. Eu, porém, vos digo: amai vossos inimigos, rezai pelos que vos perseguem e sereis filhos de vosso Pai que está nos céus" (MT 5,44). Aqui está o segredo e a fórmula da paz.

Para superar o apartheid não bastará que o povo se organize e defenda seus direitos. É preciso, para alcançar a paz, ir além e chegar à estima profunda e definitiva à pessoa humana, superando preconceitos e ressentimentos, numa atitude de amor e reconciliação. O mesmo vale para as tensões entre judeus e palestinos ou para os conflitos acirrados de jagunços e posseiros.

Temos que acreditar no poder da graça de Deus que, por um lado, move o proprietário de terras a respeitar, a cumprir a justiça social e, por outro, conduz o posseiro e os sem-terra a construir uma sociedade sem ódio, marcada por um relacionamento solidário e fraterno. Isto requer uma esperança inquebrantável na ação de Deus que atua no íntimo do homem, fazendo-nos procurar não só o próprio bem, mas o bem do irmão.

Na liturgia da noite de Natal as crianças rodeavam o altar, sonhando com brinquedos e surpresas. Na hora do comentário à narração evangélica, perguntei a todos o que mais desejavam neste dia de festa. Um menino franzino levantou os olhinhos e disse com voz comovente: "Eu queria que Deus fizesse acontecer o amor e a paz em toda a terra." Pouca gente falou depois dele.

O ano da paz só acontecerá se conseguirmos crescer no perdão e libertar-nos da tirania do ódio e da vingança. Sob o viaduto do Glicério reuniram-se os catadores de papelão para celebrar, a modo deles, o Natal. Com todo afeto, colocaram uma criança pobrezinha deitada no meio do carrinho cheio de papel velho, transformado em berço. Todos cantavam e se abraçavam.

Roguei a Deus que ouvisse a oração do menino franzino que na véspera de Natal pedia amor e paz. Quem sabe o mendigo agredido de madrugada pelo companheiro estaria ali naquele momento.

Paz sem fronteiras

04/01/1986

Na passagem do ano, quando todos se saudavam augurando um feliz ano novo, dois moradores vizinhos se desentenderam, agrediram-se, e faltou pouco para acontecer algo pior. Hoje não se falam. A qualquer momento podem brigar de novo. Assim acontece, infelizmente, entre os blocos Leste e Oeste. Ameaçam-se mutuamente com seus terríveis arsenais nucleares. As nações do Norte asfixiam economicamente os países subdesenvolvidos.

Entre elas há uma paz apenas aparente, sustentada pelo equilíbrio entre conflitos e antagonismos. A pseudopaz não atinge o coração nem o comportamento das pessoas. Não passa de uma intimidação recíproca que brota da ambição, do poder e riqueza, da desconfiança e expectativa de superar o adversário. As armas silenciam por medo a represálias maiores.

O Santo Padre, no início do Ano Internacional da Paz, lançou a todos um veemente apelo em favor da superação das hostilidades e das tensões que existem no mundo. Propõe a construção da paz como "valor sem fronteiras, de Norte a Sul, de Leste a Oeste, em toda parte, um só povo unido numa única paz". João Paulo II é um incansável profeta e artífice da união entre os homens. O texto examina as ameaças à paz, mostrando como, para além da luta armada, há as injustiças que constituem um fator potencial de conflito, gerando violência, e os frutos amargos do ódio e divisão entre os homens.

A mensagem é de esperança. A paz é possível. O Papa convoca todos para um novo modelo de sociedade e de relações internacionais, que garantam a reconciliação, a justiça e a paz sobre fundamentos estáveis, universais.

Como chegar a esta comunidade mundial, caracterizada pela solidariedade sem fronteiras entre raças e povos?

Em primeiro lugar, é necessária a consciência da dignidade e igualdade de toda pessoa humana. Temos a mesma vocação e destino. Somos chamados a formar uma só família. Cada um, além do bem comum próprio de sua nação, deve considerar, acima das ideologias e sistemas, o bem comum da inteira família das nações. O anseio desta fraternidade universal deverá desarmar os antagonismos entre Leste e Oeste, superar a opressão sobre as nações pobres e acelerar a realização da justiça social. Isto implica o respeito a cada pessoa humana, aos valores autênticos das culturas e autodeterminação dos outros e a promoção de estruturas que tornem permanente a solidariedade sem fronteiras.

Este ideal não se obterá sem a conversão sincera do coração e um lento processo que nos leve a abandonar atitudes mentais e concepções políticas marcadas pela sede do poder, ideologias e defesa de privilégios. Ao mesmo tempo, devemos nos abrir à partilha, à colaboração com os demais e à confiança mútua.

A comunidade mundial construída sobre a solidariedade da família humana tem uma terceira exigência, é a do diálogo constante. Quem não experimentou ainda o poder misterioso do diálogo? A conversa sincera e desarmada ajuda as pessoas a se encontrarem para além dos preconceitos, vence barreiras, abre portas, cria laços de amizade e nos faz viver a comunhão no anseio profundo da paz. O Santo Padre lembra o papel necessário das conferências internacionais para negociar a redução de armamentos. Mas afirma também o diálogo que se dá na liberdade de reunião dos trabalhadores, no intercâmbio e no congraçamento das nações para além das restrições de fronteiras.

    O apelo de João Paulo II se dirige a políticos, homens de negócios, a militares, cientistas e técnicos e a todos os homensde boa vontade.

    A sobrevivência da humanidade está sempre ameaçada pelo egoísmo e violência do pecado. Por isso o Santo Padre insiste em afirmar que sem o recurso de Deus nunca se realizarão o diálogo e a solidariedade.

    Aos cristãos, lembra em especial a responsabilidade de promover a paz que nasce da própria fé em Jesus Cristo, do Evangelho e da missão da Igreja.

    No início do ano cabe um exame de consciência sincero frente a situações que em nossas vidas estão em desarmonia com o Evangelho. Como alimentar o anseio pela paz no Brasil sem buscarmos, diante de Deus, criar condições para a vida digna das crianças abandonadas, dos marginalizados e sem voz?

    Que fazer pelas famílias desabrigadas, dos brasiguaios e pelos acampados em Ivinhema? Como devolver leite e café à mesa dos pobres? Como contribuir para a paz no mundo sem garantirmos terra e trabalho a todos no Brasil?

    Para que haja um povo unido numa única paz é preciso desarmar os corações e os arsenais de Leste a Oeste, desmobilizar as milícias de jagunços, coibir o revanchismo político e terminar com a violência onde ela estiver.

    É preciso também que os dois moradores vizinhos não se agridam mais e voltem sempre a se falar.

A Campanha da Fraternidade – 1986

01/02/1986

Estamos de novo começando a Campanha da Fraternidade. Neste ano, o tema é "A Terra, dom de Deus para que todos nela vivam e trabalhem". O Concílio Vaticano II (1962-1965), no documento "Gaudium et Spes" declarou solenemente: "Deus destinou a terra, com tudo que ela contém, para o uso de todos os homens e povos, de tal modo que os bens criados devem bastar a todos com equidade, sob a regra da justiça, inseparável da caridade." Compete a todos o direito de ter uma parte de bens suficiente para si e suas famílias.

A terra que hoje é cenário de injustiça e violência deveria se tornar o lugar da solidariedade. Estamos ainda longe deste ideal, mas nunca é tarde para entendermos melhor o plano de Deus e procurarmos realizá-lo na medida de nossas possibilidades. Os cristãos têm uma razão ainda mais forte para isso, pois devem cumprir as exigências de sua fé no esforço constante para a justiça social, que se torne sinal de esperança do reino definitivo de Deus.

A Campanha da Fraternidade é o modo de viver mais concretamente a Quaresma, tempo em que os cristãos procuram com mais intensidade preparar a Páscoa do Senhor. É um período de conversão pessoal do pecado individual e social. Viver a Ressurreição de Cristo é assumir a vida nova que Ele nos traz e comprometer-se com a prática de seu mandamento: "Amai-vos uns aos outros, como eu vos amei" (Jo 13,34-35).

É por isso que as comunidades são convocadas para reforçar a vivência da fraternidade. A cada ano escolhe-se um aspecto importante da vida cristã que requer empenho renovado de amor fraterno. O tema para 1986, "Terra de Deus, Terra de Irmãos", foi estabelecido após ampla consulta, há dois anos, e insere-se na sequência das Campanhas precedentes: 1978 (Trabalho e Justiça); 1979 (Ecologia); 1980 (Migrações); 1983 (Fraternidade sim, Violência não); 1984 (A Vida) e 1985 (Pão para quem tem fome). Pretende a CF encontrar respostas para o sofrimento que nosso povo enfrenta por falta de terra e condições de vida digna na área rural e urbana.

Para o estudo das comunidades, foi lançado pela CNBB um texto-base de 64 páginas e que aborda o tema em três aspectos fundamentais.

A primeira parte descreve com rápidos traços a situação da terra no Brasil. Trata dos desafios da realidade, focalizando as áreas indígenas, rurais e urbanas. Constata-se uma vez mais grave injustiça, fruto do pecado. Infelizmente, a apropriação e uso da terra tornam-se fonte de privilégios para alguns e de marginalização para grande parte de nosso povo. Basta passar em revista a condição dos índios, esbulhados de suas áreas ou ameaçados de perdê-las. Pensemos nos boias-frias, nos sem-terra e nos posseiros vítimas constantes de conflitos nas áreas rurais. E que dizer do solo urbano nas grandes cidades? A diminuição do salário real e o desemprego obrigaram a maior parte das famílias a confinarem-se nas favelas, cortiços e barracos nas periferias distantes. É crescente o número de sofredores de ruas, sem teto, que perambulam em busca de abrigo.

Tudo isso, traduzido em estatísticas, expressa o clamor crescente, fruto do acelerado empobrecimento das largas faixas de nossa população.

Na segunda parte, frente a essa situação de injustiça, somos chamados a nos perguntar: Qual é o plano de Deus em relação à terra brasileira? O que nos ensina a palavra de Deus sobre a posse e o uso da terra? Os textos da Escritura, o magistério constante da Igreja, desde os primeiros padres até o atual pontífice, ajudam a compreender a obrigação da justiça social na terra e a dimensão presente do Reino de Deus, que inclui o dever de construí-lo na partilha e na solidariedade fraterna. Confirma-se em nós a convicção de que a terra foi criada por Deus para benefício de todos os seus filhos e que é urgente a conversão dos corações e a transformação das estruturas sociais injustas.

O grande obstáculo está na cobiça e na ganância dos bens materiais que geram a invasão das terras indígenas, a expropriação e violência no campo e as especulações no solo urbano. Percorrendo as citações apresentadas, compreende-se que a insistência da Igreja em buscar soluções adequadas para o problema da terra não é algo novo e recente, mas enraíza-se no ensinamento bíblico e na prática constante da vida cristã.

A terceira parte do texto-base volta-se para a ação concreta a ser desenvolvida pelas comunidades e explicita os princípios e pistas evangélicos para a ação transformadora. É preciso começar por uma conversão pessoal, mas deve-se alcançar a caridade organizada em comunidade, que defende e promove os direitos fundamentais da pessoa humana. Enumeram-se gestos concretos em nível de educação da consciência e da ação pastoral em bem dos migrantes, indígenas, moradores de cortiço e favelas, e dos grupos mais marginalizados.

É nesse sentido que se renova o compromisso de participação em 1986 para uma nova Constituição, que promova a reforma agrária, a política agrícola, a reforma urbana, a demarcação de terras indígenas e o indispensável respeito a suas culturas.

O texto-base nos ajudará a refletir sobre o nosso dever de cristãos frente ao desafio da terra.

A Campanha da Fraternidade oferece mais uma oportunidade de realizarmos sinais fortes do Reino de Deus. Em breve, começam a se reunir os grupos de reflexão, as comunidades eclesiais, as assembleias paroquiais, para preparar a Páscoa do Senhor.

Que nestes tempos de crise, o compromisso cristão em prol de uma vida mais justa e fraterna venha devolver ao nosso povo sofredor a esperança e a alegria da Ressurreição de Cristo.

Terra de Deus –
Terra de irmãos

08/02/1986

Voltamos ao tema da Campanha da Fraternidade – 1986.

1. Estão convocadas as comunidades cristãs para viver o Evangelho em toda a sua abrangência, com especial atenção às exigências da fraternidade para com as vítimas das injustiças, quanto ao direito às terras para nela morar ou trabalhar.

Refere-se, portanto, a Campanha da Fraternidade, às populações indígenas e aos trabalhadores do campo. Em relação aos que estão nas grandes cidades, o problema da terra os atinge enquanto é cada vez mais difícil dispor de um espaço, embora mínimo, para nele morar. Em São Paulo, a dura condição dos quatro milhões que residem em cortiços é um dos problemas mais árduos para a atual administração.

2. A questão agrária no Estado e no país, pelo enorme contingente dos sem-terra adquire um caráter de absoluta prioridade. Não temos direito de atrasar por mais tempo a busca da justiça social para o homem do campo. A frequência dos conflitos e da violência nestes últimos anos revela a gravidade do problema e a

necessidade de uma atuação pronta e eficaz por parte do governo com a colaboração de toda a sociedade.

A reforma agrária incentivada pelo presidente José Sarney vem sendo implantada a duras penas. Depois das primeiras hesitações vamos caminhando bem e com esperança de melhores resultados. É nosso dever constatar a seriedade dos esforços e primeiras realizações do ministro Nelson Ribeiro e sua equipe. Impressionou-nos a capacidade de diálogo e o equilíbrio no levar à frente o processo da reforma. Sou testemunha de como o ministro e seus assessores não mediram esforços para ouvir a todos, até mesmo os grupos mais humildes que vinham a Brasília em busca de solução para situações desesperadas em que viviam. Conforme seus depoimentos sentiram-se acolhidos, tratados como pessoas dignas de atenção e respeito.

Dez meses de trabalho serviram para alimentar a certeza de que a reforma agrária é possível em nosso país se conduzida com equilíbrio e coragem.

3. Acusou-se a CNBB de negociações e conchavos implicando na redução do empenho em promover a autêntica reforma agrária. Nada disso aconteceu. O compromisso por uma sociedade justa e solidária por fazer o Brasil uma "terra de irmãos", nasce do próprio Evangelho e não padece recuos e arrefecimentos. Compete à Igreja a missão de continuar se dedicando à educação da consciência e à criação de condições que favoreçam a construção da verdadeira fraternidade, sinal do Reino de Deus.

4. A Campanha da Fraternidade para 1986 é apresentada num texto-base para reflexão das comunidades. Nos últimos dias, pelos jornais, acusou-se ainda a Igreja de nesse texto promover uma reforma agrária simplista, de pregar soluções maniqueístas, incentivando invasões e uso da violência no campo. Cabe, aqui, declarar com firmeza que a reforma agrária a que se refere o texto

da CNBB decorre da promoção da dignidade da pessoa humana, à luz do Evangelho e que exclui, portanto, a luta de classes, o recurso à violência e a tudo o que contraria o bem comum e a paz social. O texto é claro em afirmar que a ação transformadora em bem da reforma agrária e urbana, que a Igreja deseja que se realize "guia-se pela conversão das pessoas e grupos, pela não violência, pelo diálogo, pela coragem, pela participação ativa de todos na construção de uma nação de irmãos" (n. 197).

5. O povo vai se alvoroçando para o Carnaval nas ruas e nos clubes. Infelizmente, o direito ao lazer e à alegria simples do canto e da dança popular mistura-se com o desmando moral, a bebedeira, gastos absurdos, violência e morte. Tudo isto embrutece os corações e adia para longe as transformações estruturais.

Temos direito de rezar por um Brasil diferente, capaz de superar o egoísmo e a ganância, a corrupção e permissivismo moral, numa atitude de profunda conversão pessoal e social. Na medida em que isso acontecer entenderemos melhor a harmonia entre liberdade de expressão e o respeito à verdade e ao bem comum, entre o direito de propriedade particular e a sua hipoteca social, entre os direitos dos homens e os direitos de Deus.

A Campanha da Fraternidade prepara-nos para a Páscoa do Senhor Jesus e a vida nova que nos oferece. Com a graça de Deus acreditamos que é possível fazer do Brasil a tão desejada "Terra de irmãos".

Trindade e Cacoal

26/07/1986

O estádio de Trindade estava enfeitado com imensas faixas e painéis artísticos, fruto da criatividade das CEBs de todo o país. Um deles, muito belo, chamava atenção porque retratava, em cores vivas, o tema da assembleia das CEBs: "Povo de Deus a caminho da terra prometida". Foi trazido pela delegação do agreste pernambucano.

A 18 km de Goiânia terminou ontem o 6º Encontro Intereclesial das Comunidades Eclesiais de Base. Reuniram-se de 21 a 25 de julho, no Santuário do Pai Eterno, em Trindade, 1.643 participantes.

Conforme as fichas de inscrição havia 742 representantes das bases. A maior parte veio da roça, 236 eram da periferia e 189 da cidade, sendo que 60% recebem apenas um ou dois salários mínimos para viver. Desses 389 revelaram ter sofrido alguma perseguição no exercício de sua missão religiosa. Aí estavam também 203 agentes de Pastoral, 60 bispos, entre os quais, o cardeal De Simonis, da Holanda, assessores observadores de vários países e Igrejas evangélicas, e 400 componentes das equipes de serviços.

O 6º Encontro contou com uma excelente preparação que permitiu a convocação de assembleias de CEBs em vários pontos do país, com a presença de dezenas de milhares de membros.

Quem passava por Trindade, nesses dias teria a impressão de uma enorme festa popular, onde os momentos de oração e liturgia uniam-se a cantos e jograis e à alegria simples da convivência fraterna. Muita gente levou gravada nos olhos a imagem bucólica das refeições. As longas filas avançavam depressa diante das panelas para depois se encontrarem no relvado, onde todos se assentavam como nos tempos de Jesus.

Foram dias de estudo. Houve um notável aprofundamento da identidade das CEBs. Têm como centro a Palavra de Deus. A leitura assídua da Bíblia, em comunidade, faz conhecer sempre melhor o projeto do Pai, revelado em Jesus Cristo, e atuante na Igreja pela força do Espírito Santo. A fé cristã tem que ser ligada à vida, comprometida com a construção do Reino de Deus.

Nas CEBs reconhece-se, à luz de Deus, a importância de cada pessoa humana. O povo simples é chamado a descobrir a própria dignidade e a responsabilidade de viver como convém a filhos de Deus. A sociedade fraterna só pode ser realizada por gestos eficazes de serviço e partilha, que traduzam o reconhecimento concreto dessa dignidade fundamental e o dever de colaborar na ascensão das classes desfavorecidas.

As CEBs são lugar privilegiado para o exercício dessa fraternidade, especialmente por que oferecem vez e voz aos pobres marginalizados. A compreensão mais adequada do Plano de Deus, anunciado por Cristo, faz-nos perceber não há só o mérito de quem reparte o pão e os recursos ao próximo, mas a necessidade mais forte de, por causa do Evangelho, procurar soluções em nível das estruturas da sociedade. Estas só serão eficazes na medida em que atingirem as grandes decisões políticas. É nesta ordem que se inserem os esforços pela reforma agrária, a educação popular e os serviços públicos de saúde.

Entendemos, portanto, que a missão da Igreja, que é de evangelizar, tenha, em decorrência do mandamento de amor ao próximo, que incluir gestos individuais de solidariedade e expressões estruturais na construção de uma sociedade fraterna. Assim, o compromisso social e político do cristão decorre, à luz da fé, da própria missão evangelizadora da Igreja.

No dia 24 de julho, celebrava-se em Rondônia o primeiro aniversário do assassinato do padre Ezequiel Ramin. As CEBs de Trindade quiseram enviar seu presente aos irmãos de Cacoal, paróquia do padre Ezequiel. Escolheram aquele belo painel oferecido pelo agreste pernambucano. Tive a honra de levar aquele enorme rolo de pano até Cacoal e de vê-lo, no dia seguinte, desfraldado ao sol diante de três mil pessoas. Em nome do filho-mártir, os pais idosos do padre Ezequiel enviaram da Itália, por meio de Antônio Possamai aos lavradores e índios de Cacoal, palavras de fé, de perdão e de incentivo à caminhada em busca da justiça.

As CEBs em Trindade, o povo simples em Cacoal, o sem-terra de Anoni ensinam que Terra Prometida não está tão longe assim. Ela é feita de homens e mulheres que apesar dos sofrimentos e sacrifícios sabem optar pela justiça, repudiar a violência e descobrir, já agora, a alegria de viver como irmãos.

A oração do Santo Padre pelo Brasil

02/08/1986

Há três semanas, o Santo Padre rezou especialmente pelo Brasil, durante a Eucaristia celebrada em Roma com a presença do presidente de nosso país. Fez dois importantes pedidos a Deus em nosso benefício.

O primeiro "para que conjuguemos as boas vontades e os esforços a fim de salvaguardar e aumentar o patrimônio dos valores espirituais e morais". São estes valores, com efeito, que devem orientar a vida e a convivência humana. Só o amor constrói e nutre a fraternidade e a paz. O desamor é efeito e causa do egoísmo, ódio e violências. É necessário, portanto, resistir no amor autêntico que nos levará "ao respeito pela vida, pela família e pela justiça".

Estamos, sem dúvida, precisando desta prece que nos ajude a reconhecer a dignidade da vida desde quando surge no seio materno. O Brasil não pode pretender – com coerência - salvaguardar outros valores éticos enquanto tolera por ano três milhões de abortos provocados ou quando descuida tanto da saúde do povo.

É nesta perspectiva que devemos lamentar mais uma vez a falta de senso ético nas novelas e em programas de televisão que atentam impunemente contra a família. Por que os meios de comunicação não valorizam a beleza da fidelidade conjugal e do sacrifício dos pais para educarem seus filhos? Sucumbindo à tentação do lucro preferem apresentar como normal e até aceitável a traição ao lar e o descaso pelos filhos. Quando a sociedade se habitua a solapar valores básicos como amor recíproco do casal e a dedicação à família, facilmente há de resvalar em outras violações da justiça e na dominação, sem escrúpulos, sobre os demais.

A segunda graça que João Paulo II pede a Deus para o nosso bem é o de enfrentarmos os desafios sociais, sabendo "desenvolver a solidariedade e o amor para remediar e prevenir as situações de pauperismos e desequilíbrios econômicos". Isto requer a contribuição de todos e cada um dos brasileiros. O Santo Padre inclui, em primeiro lugar, entre as iniciativas exigidas, a "reforma agrária que não pode fracassar".

Não basta a visão política dos governantes, mas é indispensável a colaboração dos que dispõem de terras e recursos, de modo a colocá-los a serviço dos menos favorecidos. O que presenciamos, no entanto, é o apego aos próprios bens e a resistência a qualquer medida humanitária que exija o sacrifício do próprio patrimônio. Por que não poderíamos, em nosso país, dar exemplo de uma reforma agrária original, não só realizada por meios pacíficos, mas aceita e assumida como expressão de solidariedade fraterna? Neste mundo de conflito e opressão, de egoísmo e divisão, cabe abrir caminhos de diálogo, reconciliação e partilha.

O atendimento lento às necessidades prementes dos sem-terra e do povo mais sofrido pode acarretar o desânimo e até o desespero, levando à desconfiança quanto à sinceridade das decisões políticas. É duro demais esperar, sem que haja motivo justo para tantas delongas.

Religião

Unamos nossa prece à do Santo Padre para pedir a Deus o "que nossa limitação não está conseguindo obter: que a reforma agrária e outras, sejam feitas com coragem e acerto, com aceitação e participação de todos", e "que a elevação social fique a serviço da dignidade e vocação sublime do homem".

Dia do Pai

09/08/1986

Pai não tem dia. É todo dia. Sim, o dom da vida, da educação, do desvelo merece gratidão constante. Esta data de especial comemoração foi se divulgando cada vez mais e hoje entrou no calendário civil. Com o costume de dar presentes, cresceram as compras e o interesse dos comerciantes.

Apesar de tanta propaganda, vale sem dúvida a pena, aproveitar a ocasião para homenagear os pais. Deles recebemos a existência, o afeto e o exemplo. Lembremo-nos dos muitos pais que não poupam sacrifícios para criar seus filhos. Há poucas semanas, encontrei um motorista de táxi, já cansado no fim do trabalho que me dizia: "Vou continuar por mais algumas horas. Tenho que educar meus filhos". E mostrou, orgulhoso e feliz, a fotografia da moça mais velha que está terminado a faculdade. Lembro-me ainda de que, visitando uma tipografia no bairro, olhei para uma impressora, modelo antigo, que funcionava com muito ruído. O técnico afagou a máquina com respeito e carinho. Acrescentou: "Foi graças a ela que consegui criar todos meus filhos".

Quantos pais, de mãos calejadas, poderiam com direito se ufanar de estar cumprindo o seu dever. Deus os recompense com a gratidão dos filhos.

Estava pregando ao povo sobre estes pais exemplares, quando encontrei com o olhar de um jovem sem pai. São tantos. Isto nos faz pensar não só nas crianças atingidas pela morte precoce do chefe de família, mais nos casos dolorosos de pais que deixam o lar. Quantos filhos trazem o registro sem nome e desconhecem quem lhes deu a vida! Há muito egoísmo paterno na história dessas vidas sofridas.

Há também pais que se omitem demais na vida dos filhos. Quase não estão presentes em casa. Não abrem espaço para uma conversa amiga. As crianças crescem sem segurança afetiva, sem apoio e incentivo do olhar paterno. É dura ainda a condição de filhos diante do pai, vítima da dependência alcoólica. Sofrem vendo aquele que tanto amam sucumbir à bebida e até à agressividade.

Voltemos a recordar os bons exemplos. Há pais que não só educam seus filhos, mas adotam, com fé e coragem, crianças sem lar. No dia da festa, no ano passado, falando a operários, perguntei na igreja se havia alguém com filhos adotivos. Muitos levantaram a mão. Um deles, com um sorriso inesquecível, ergueu nos braços duas lindas meninas de colo.

Trabalhei vários anos em reformatório de jovens infratores. Quase sempre havia uma forte carência do pai na história desses rapazes. Para o menor abandonado infrator é indispensável descobrir a paternidade de Deus. Com amor, procurava explicar a esses jovens que a vida que recebemos dos nossos genitores, vem de Deus. Ele é o verdadeiro pai que a ninguém falta. Falava-lhes, depois, da mensagem de Jesus Cristo que nos revela um Deus que ama, preocupa-se de seus filhos e está sempre disposto a abrir os braços para nos receber (Lc 15,20-24).

É belo perceber que ao nos manifestar a paternidade de Deus, Jesus supera a alusão ao pai desta terra, que pode faltar a muitos menores, e estabelece uma relação direta com a filiação divina. "Meu Pai é vosso Pai" (Jo 20).

Não são apenas os menores abandonados que necessitam desta lição. Para além do amor de um pai humano, que podemos até desconhecer, quem de nós não precisa – na força da palavra de Jesus – saber que Deus nos ama como Pai?

A paz de Deus

30/08/1986

Terminou ontem em Brasília a reunião do Conselho Permanente da CNBB. Dela participam a presidência da Comissão Episcopal de Pastoral, os bispos representantes das diversas áreas do Brasil, assessores e responsáveis pelos organismos pastorais. É o momento de reflexão e de encontro fraterno que permite avaliar e programar melhor a ação pastoral da Igreja do Brasil. Entre os assuntos, tratou-se da presença e ação dos leigos, da contribuição da Igreja para o processo Constituinte, do momento político nacional.

Houve relatório sobre a formação dos seminários, liturgia, encontro nacional dos religiosos e educadores católicos, o serviço às populações indígenas e as atividades da Comissão de Pastoral da Terra, tão ligada ao esforço pela reforma agrária.

Foi recebido com muita atenção e simpatia o convite do Santo Padre para que também no Brasil se promova o Dia de Oração pela Paz.

Em Assis na Itália, João Paulo II convida todos para rezarem pela paz no mundo, no próximo dia 27 de outubro.

No Brasil, a proposta foi acolhida pelo Conselho Nacional de Igrejas Cristãs do Brasil que decidiu participar intensamente dessa celebração de fé e fraternidade universal.

Foi escolhida a cidade de São Paulo, lugar da concentração nacional pela paz. No dia 26 de outubro, véspera do grande encontro em Assis, estarão reunidos israelitas, islamitas e cristãos, bem como os que a eles quiserem se associar, para pedir a Deus que os homens saibam depor as armas, o ódio, a violência e estreitar cada vez mais a compreensão, a concórdia e o amor. Há, sem dúvida, quem não acredita mais na paz diante de um mundo marcado pela guerra, tortura e injustiça, causa da miséria que aflige grande parte da humanidade. No entanto, o Santo Padre vem nos lembrar de que com Deus é possível o que nunca conseguiremos por nossas próprias forças. Com efeito, quem é capaz de perdoar o próximo sem a graça de Deus? É por isso que somos chamados a colocar em comum a nossa fé e confiança em Deus.

Quem reza reconhece a impotência. Quem reza sai do egoísmo. Quem reza pelo irmão abre o coração e torna-se disponível a superar distâncias e ressentimentos. Quem reza recebe a força de Deus para pagar o mal com o bem.

A paz é fruto de oração confiante em Deus. É por isso que precisamos preparar com esmero esta grande súplica pela paz. Nas escolas, comunidades religiosas, grupos de reflexão, temos que reaprender com as crianças a prece simples que agrada a Deus e dar os primeiros passos em direção àqueles dos quais nos afastamos.

Para além dos preconceitos, das diferenças raciais ou ideológicas somos filhos do mesmo Pai do Céu, chamados a construir uma sociedade em que cada um respeita as diferenças e qualidades dos demais e seja capaz de viver com todos em comunhão afetiva e partilha de bens.

Seria bom que as crianças, durante as próximas semanas, fossem convidadas nas escolas a refletir, escrever e cantar sobre a união e sonhar com a paz. Os pais e mestres poderiam despertar nos corações das crianças a esperança de um mundo novo de justiça e paz.

No dia 26 de outubro a Praça da Sé em São Paulo e tantas outras praças e igrejas de todo o Brasil estarão repletas dos que creem em Deus. Em Assis, o Santo Padre, profeta e mensageiro, da paz, estará em profunda oração unido aos representantes de todas as religiões.

Pode haver espetáculo mais promissor? Quando é que aprenderemos que apesar das lutas e violências, somos destinados pelo próprio Deus a viver como irmãos.

Na sede da CNBB há em lugar de destaque uma artística pomba em bronze, oferta da comunidade israelita. As asas são mãos humanas abertas. A mensagem é clara. A pomba é a paz. Só voa e ganha altura quando as mãos se juntam se abrem e se movimentam no mesmo ritmo e no mesmo afeto.

Bem-aventurados os que promovem a paz porque serão chamados filhos de Deus.

O encontro ecumênico do menor

04/10/1986

A cidade de São Paulo acolhe mais uma vez o Encontro Ecumênico do Menor. O que marca este esforço é a colaboração fraterna entre as Igrejas cristãs, voltadas conforme a palavra do Evangelho, para o anseio de melhor servir à causa dos menores.

Nestes seis anos a ação em benefício da criança desamparada e empobrecida vem se desenvolvendo sempre mais. Além dos trabalhos mais conhecidos de atendimento em creches e internatos, cresceu a consciência da responsabilidade cristã diante da condição de miséria e abandono em que vivem milhares de menores em nosso país. Surgiram novos serviços aos meninos de rua, as crianças de cortiços e favelas e aos egressos da Febem. São esforços ainda modestos, mas que revelam um envolvimento progressivo das comunidades e um início de mudança na atitude diante da infância e da juventude empobrecida. Trata-se de captar, de uma vez para sempre, que os menores não são as causas da situação e carência, mas vítimas da própria sociedade que não está organizada para valorizar, acolher e promover a criança e a dignidade da vida humana.

O tema central do encontro ecumênico é o grito profético do menor que busca a vida e desafia nosso compromisso.

É um grito de quem se encontra na angústia e no abandono. Ouçamos o grito das crianças que pedem comida, choram e sofrem, espancadas até pelos próprios pais. Ainda ontem encontrei um rapazinho de quatorze anos, franzino, expulso de casa pela própria mãe, que partiu para longe com dois filhos pequenos atrás de uma nova ilusão conjugal. Não me sai da imaginação o olhar triste deste jovem, obrigado desde cedo a enfrentar sozinho o drama da vida. Para onde irá?

Estes menores questionam nossa apatia e descaso diante de suas aflições. Seu grito denuncia o egoísmo da sociedade que encontra dinheiro para tanto gasto supérfluo e fecha o coração para as necessidades mais urgentes da população empobrecida. A área de Sapopemba, na zona leste, com mais de duzentas mil crianças, está, há semanas sem leite até para atender aos latões distribuídos pelo governo.

Quanta criança nasceu, sofreu, lançou seu grito profético e foi ceifada, nos primeiros anos, pelo descuido da sociedade?

Quer dizer ao menor-profeta que denuncia os desvalores e falhas estruturais da sociedade, demonstra que Deus não quer a injustiça, e desafia a nossa solidariedade e esperança de um mundo mais fraterno? O 6º Encontro propõe duas pistas da atuação. A primeira é a Campanha da Fraternidade de 1987. O próximo ano será dedicado, em todo Brasil, a refletir sobre a condição do menor e a julgar, à luz da palavra de Deus, qual deve ser a nossa atitude para transformar a atual situação. As Igrejas cristãs começam a articular um trabalho pastoral mais organizado, amplo e eficaz em benefício do menor. Seria o momento de muita gente de boa vontade solidarizar-se nesta campanha e responder ao grito profético do menor.

A outra pista que se abre para os participantes do Encontro Ecumênico é a da futura Constituinte. Muitos candidatos apregoam seu interesse pelo menor. Deus seja louvado! Mas seria triste que a atenção às crianças carentes passasse com o fervor das propagandas eleitorais. É preciso um trabalho que alcance a realidade do menor em toda sua abrangência e a partir das suas causas mais profundas.

O 6º Encontro focalizará propostas concretas aos candidatos sobre a saúde e educação, a família, o trabalho, o lazer e a violência.

O mais importante, a meu ver, em todos estes estudos e iniciativas, é a mudança da atitude interior por parte da sociedade. Optar pelo menor é subordinar a dimensão econômica e política à dignidade da pessoa humana. Quando isso acontecer não haverá mais crianças carentes e abandonadas.

Estamos todos convidados, neste sábado e domingo, a participarmos no Colégio Arquidiocesano, em período integral, das conclusões deste encontro. No dia 6 de outubro, segunda-feira, haverá culto ecumênico de encerramento, na catedral metropolitana, com a presença de D. Helder Câmara. Sua palavra nos ajudará a assumir o compromisso de uma ação efetiva na luta, sem descanso, pela vida da criança.

Rezar pela paz

18/10/1986

Estamos no Ano Internacional da Paz. O Santo Padre João Paulo II, daqui a poucos dias, espera encontrar-se em Assis, na Itália, com os líderes religiosos de todo o mundo para rezarem pela paz. Todos anseiam pela paz e ela parece ainda tão distante de nós!

O convite do Santo Padre foi acolhido também no Brasil e levou a muitos grupos religiosos a se reunirem para programar o Dia Nacional de Manifestação, Meditação e Prece pela Paz. Será no próximo domingo, dia 26 de outubro.

Em todas as cidades do país haverá, sem dúvida, alguma expressão deste anseio comum pela paz. A capital de São Paulo, onde convivem milhões de pessoas das mais variadas origens culturais e religiosas, foi escolhida para cenário da concentração nacional pela paz.

A Praça da Sé, marco central da cidade, onde se misturam diante da escadaria da catedral passantes que correm para o trabalho, marreteiros e menores carentes, curiosos não raro atraídos por jograis e pregadores de ocasião, será o lugar do encontro. É bem aí, no meio do borborigmo sem fim, que estarão juntos como irmãos, pela primeira vez em nossa história, membros de todas as comunidades religiosas. A sede de paz é mais profunda e forte do que nossas diferenças, islamitas e judeus, budistas e cristãos, membros de todas as denominações religiosas e homens de boa vontade estarão unidos na mesma súplica a Deus.

A preparação desta gigantesca assembleia demonstra, desde já, três grandes valores. Em primeiro lugar, cremos na paz, embora vivamos na sociedade que tem privilegiado a guerra e a morte. Em segundo lugar, cremos na fraternidade, maior do que diferenças, conflitos e antagonismos. Somos irmãos, apesar do egoísmo, das discriminações de sexo, raça e ideologias. Em todos nós há a mesma dignidade, corre o mesmo sangue nas veias, palpita o mesmo anseio de concórdia nesta vida e de superação da morte. Finalmente, reunidos para rezar a Deus, estamos reconhecendo que a paz não será fruto apenas de nossa boa vontade. Ela requer que superemos ódios e vinganças e sejamos capazes do perdão recíproco. Isto ninguém pode sem Deus. Por isso, vamos pedir a Deus a paz como um dom precioso que só Ele poderá nos dar.

A manifestação da Praça da Sé e das demais semelhantes no mundo inteiro, serão o grande sinal de que é possível a nova sociedade. Pelo recurso a Deus, sincero e coerente, estaremos colocando o fundamento da convivência humana. Reconhecer, de verdade, a Deus é acatar sua lei de amor, suas orientações e sua graça.

Cada um rezará com fé, de acordo com suas convicções religiosas. Deus, que penetra dentro da consciência, saberá ouvir o clamor pela paz. Caberá a nós, depois, acolher a palavra de Deus e suas consequências em nossas vidas.

Quem anseia pela paz não pode aprovar a corrida armamentista, a destruição da natureza e as enormes injustiças sociais. A oração pela paz implica em atitudes decididas em prol da justiça e da vida. No Brasil, rezar pela paz significa empenhar-se pela ascensão das classes desfavorecidas, através de leis que assegurem o aumento de empregos, adequada utilização da terra, a prioridade nos investimentos em alimento, educação, moradia e saúde do povo.

O esforço pela paz começa pelo respeito a Deus e à dignidade da vida humana, pela acolhida do nascituro, pelo desvelo às crianças.

Neste contexto de paz valorizamos a 6ª Festa de Belém. No próximo dia 19, domingo, no Ceret, na zona leste, paróquias e comunidades estarão reunidas para oferecer às crianças um dia inteiro de alegria, sinal de compromisso com a vida e a paz, em benefício de milhares de carentes em nossos bairros. "Se queres a paz, prepara-te para a paz".

Padre Maurizio

08/11/1986

A revista "Veja" desta semana nº 948, publicou na sessão de religião, artigo sensacionalista a respeito da morte do padre Maurizio Maraglio. Conforme a notícia, no dia 28 de outubro, o falecimento do padre teria se dado no Status Motel na capital do Maranhão.

A narração causa impacto. O modo como é divulgada revela a vontade de chamar a atenção do leitor para desmando moral atribuído ao sacerdote.

O caso permanece misterioso porque as versões são contraditórias quanto ao lugar, as circunstâncias e o momento de sua morte. Desde o início começaram as sindicâncias para levantar com objetividade o fato. As discordâncias sobre a própria autópsia lançam dúvidas sobre a "causa mortis".

No entanto, há alguns elementos que não deixam de chamar a atenção e causar estranheza. Em primeiro lugar a pressa dos jornais locais em dar a notícia antes de qualquer averiguação mais séria. A seguir, o fato da revista "Veja" assumir a mesma versão apressada e lançá-la com destaque num enfoque negativo. Nem passa despercebido o propósito de publicar o caso da morte do padre Maurizio logo após as alusões feitas no artigo sobre Neimar de Barros a respeito do comportamento moral dos padres. Aliás, seja dito de passagem que conservo profundo apresso pela pessoa de Neimar de Barros, lamento as declarações publicadas e peço a Deus que não tarde o dia que possam ser retificadas.

Neste contexto, é importante o depoimento do bispo de Coroatá, D. Reinaldo Punder, com quem me encontrei pessoalmente há dois dias. Seu testemunho é firme e favorável ao missionário. Segundo o prelado, que bem conheceu o sacerdote, padre Maurizio exerceu seu ministério com zelo e atuação sacrificada, devotando-se ao serviço dos mais pobres. Seus companheiros atestam também que em sua atitude nada há de negativo que deixe a desejar. O mínimo que se pode dizer é que o testemunho de sua vida vale mais do que a suspeita que pairam sobre a morte. Além disso, o apreço e a estima do povo de São Mateus, onde o padre trabalhara, demonstram o julgamento positivo e o reconhecimento pelo serviço prestado em sua dedicação pastoral.

As sindicâncias estão sendo realizadas para reconstruir a verdade dos fatos que envolvem a morte do padre Maurizio, e que até o momento permanecem sem explicação.

A tomada de posição por parte do secretário de Segurança do Estado do Maranhão e as versões negativas divulgadas pela imprensa, fazem levantar a hipótese de que haja interesses em difamar a Igreja. Por quê? Talvez pelo empenho que ela vem dedicando às necessárias e urgentes transformações sociais, e em primeiro lugar à justa reforma agrária. Nem deixa de impressionar o fato de que foi justamente no Maranhão que a Igreja se posicionou com mais decisão diante das injustiças e violências no campo.

"Ação de Natal"

20/12/1986

A Praça da Sé é o cenário preferido dos grandes eventos da cidade. Nestes dias, de 19 a 23 de dezembro, reúnem-se representantes das Igrejas Católicas, Presbiteriana, Metodista convidando a todos que desejarem para celebrar de modo diferente o Natal.

Qual a intenção dos idealizadores da "Ação de Natal"?

Desejam chamar a atenção da população em favor da criança empobrecida das nossas favelas, cortiços e periferias e em especial para o menor que vive pelas ruas. Já nos habituamos a encontrá-los. Infelizmente, não sentimos mais nada no coração diante de seu sofrimento.

A campanha existe em cinco países, França, Estados Unidos, Japão, Espanha e Alemanha. É uma bela ideia transformada em ação. Trata-se de um convite que deve ecoar em cada um de nós: "Abra seu coração para uma criança".

É preciso, em primeiro lugar, reaprender a ver a realidade. São milhares de crianças sem terra, sem pão e sem família. Quantas vezes temos fechado nosso coração? Há um programa em curso, durante cinco dias, para nos ajudar a perceber a situação destas crianças.

Ontem, o dia foi dedicado a refletir sobre o menor sem terra, o boia-fria e a criança dos acampamentos. Somos muito omissos diante desta duríssima realidade do menor com as mãos e a face cortadas pela cana e forçados tão cedo a trabalhar no campo.

Hoje, a reflexão cai sobre o menor sem pão. A desnutrição é um terrível flagelo que se abate sobre a criança desde os seus primeiros anos, causando a morte, prejudicando sua saúde e lesando-a por toda a vida. A causa da fome e da miséria de tantas crianças é o sistema injusto que torna os pobres sempre mais pobres.

No domingo 21, será a vez do menor sem família e sem casa, que vive desde pequeno catando papelão, vendendo bugigangas e morando nas ruas. Quem não o conhece? Acabo de passar pela favela do Tatuapé. Os barracos estão sendo removidos, apesar da chuva e da lama. Para onde vão estas crianças? Será que a inteligência dos homens do governo não poderia enfrentar, com mais eficácia e humanidade, o problema dos cortiços e favelas?

O quarto dia será dedicado à comunidade, levando-a a descobrir qual o compromisso da Igreja e de toda sociedade frente ao menor empobrecido. Não deve haver, menor sem comunidade. Isto acontece porque a comunidade se omite e não assume sua missão de proteger e promover a criança.

O dia 23, terça-feira, convida-nos a pensar no menor sem Natal. Aqui cabe um exame de consciência para as comunidades que preparam o Natal. Deixemos, por um momento, os presentes e enfeites, as árvores e compras, para nos perguntarmos diante de Deus: Que estamos fazendo pelas crianças empobrecidas?

Quem sabe uma pequena sugestão poderá servir para um Natal diferente? Arranje uma caixa de papelão, não importa a medida. Procure um papel bonito do tamanho da caixa. Coloque dentro um bilhete pequenino com o nome da pessoa amiga, escrito assim: "Em seu nome, para lhe dar prazer neste Natal, dei uma cesta de alimentos a uma família necessitada". Embrulhe tudo com arte. É preciso fazer a festa para os que não têm Natal. Lembremo-nos das palavras de Jesus que nos ensina a convidar para a nossa mesa, o pobre, o cego e o aleijado (Lc 14,14).

Seja feliz, fazendo uma criança feliz. Se você acender uma luz na vida de uma criança, esta criança será uma luz em sua vida. Abrindo o coração e acolhendo uma criança, você reencontrará, neste mundo de conflitos e angústias, a paz de Cristo neste Natal.

Das 7 às 20h, diante da catedral, haverá uma equipe para recebê-lo, convidando-o a celebrar a festa com todas as crianças sem Natal. Sua presença será um sinal de solidariedade e compromisso com as meninas e meninos empobrecidos.

Feliz Natal.

O berço de Natal

27/12/1986

Era madrugada na Praça da Sé. Véspera de Natal. Muitas crianças vinham se reunindo ali para passar a noite, como todas as outras noites, aconchegadas umas às outras até começar de novo o dia seguinte sempre na praça.

Confesso que me deu muita pena ver mais uma vez de perto um dos aspectos mais tristes de nossa cidade. Embora alguns esforços louváveis tenham sido feitos nos meses de inverno para abrigar estes e muitos outros menores em albergues do Estado, fica ainda muito que fazer. E sobretudo permanece durante o dia o abuso e a violência a que são submetidos os menores de rua. Na noite anterior, contaram-me que alguns guardas acordaram o grupinho a pontapés, sem nenhuma razão para isso.

Foi neste cenário que uma irmã, dedicada ao trabalho pastoral nos cortiços conversava com Vaninha, sobre o Natal. Perguntou a criança o que ela desejava ganhar de presente. Ela olhou com amor para a irmã e respondeu: "Eu gostava de ganhar uma cama para dormir". Completando o quadro, a menina tirou do embrulho um brinquedo que alguém lhe dera. Eram duas caminhas, tipo beliche, bem pequeninas. "Seria tão bom que fosse um beliche de verdade!" acrescentou. "Irmã, eu dava uma para você".

Pensei na noite de Natal no Menino Jesus, sem berço nascendo na manjedoura de Belém. Quantas crianças andam aí pelas ruas sem casa para morar, sem berço para dormir.

Horas depois outra situação aflitiva veio marcar ainda mais o Natal. Na calçada, em frente ao cortiço estavam amontoados alguns móveis. A mãe, abraçada aos filhinhos, contou sua desventura. O marido, depois de espancá-la, fugiu para o nordeste. A dona da pensão ficou com a cama e o colchão, por conta do atraso do aluguel e jogou a todos na rua, deixando mais crianças sem berço em plena noite de Natal.

Outro quartinho para abrigar a família custa mil e quatrocentos cruzados e na hora de irem para lá, o responsável pelo cortiço, resmungou: "Tem criança? Então, não dá!".

Foi um Natal diferente, cheio de mensagens e reflexões. Olhando para o presépio com Jesus na manjedoura compreendi quantas crianças continuam ainda sem berço, sem casa. No meio das festas de Natal e Ano Novo, vale a pena ouvir o apelo da ONU que escolheu 1987, "Ano Internacional dos que não têm moradia".

Quem sabe nossos governadores hão de programar mais ações concretas para garantir ao povo sem casa o direito de morar? E nós? Não haveria menores sem cama, nem famílias sem casa se soubéssemos fazer como Vaninha, que na riqueza de seu sonho de criança, ofereceu para a irmã a outra caminha do beliche, o berço de Natal.

As chaves da paz

03/01/1987

João Paulo II, incansável artífice da Paz, acaba de oferecer às pessoas de boa vontade uma bela mensagem para ontem. Dia Mundial da Paz.

"A paz é sempre um dom de Deus. Contudo ela também depende de nós. As chaves da paz estão em nosso poder. Compete a nós usá-las para abrir todas as portas."

Quais são as chaves para a paz?

O Santo Padre apresenta duas chaves. A primeira é a solidariedade da família humana. A paz pode ser alcançada por todos e em benefício de todos. Nascidos neste mundo, temos a mesma origem. A família humana é uma só nas diferentes raças, culturas, línguas e histórias. Somos chamados a reconhecer nossa radical solidariedade, a promover a igual dignidade de todos com especial atendimento aos membros menos favorecidos da família humana. Não haverá paz sem o reconhecimento de que somos iguais em dignidade, criados à imagem de Deus que é nosso Pai.

1987 é o Ano Internacional da Moradia e dos Sem Casa. O Santo Padre convoca a responsabilidade de todos para com milhões de seres carentes de um ambiente essencial à vida familiar.

A solidariedade inclui o espírito aberto ao diálogo, que contribua para diminuir as tensões e unir sempre mais a humanidade. Entre os obstáculos focaliza a xenofobia que leva algumas nações a se fecharem em si mesmas e os governos a decretar leis discriminatórias. Crescem também o ódio racial, a intolerância religiosa, as divisões de classes, o clima de guerra e o terrorismo.

A outra chave é o desenvolvimento integral dos povos.

No 20º aniversário da encíclica de Paulo VI "Populorum Progressio" reafirma João Paulo II: "Poderá existir paz verdadeira enquanto houver homens, mulheres, crianças que não conseguem viver a sua plena dignidade humana?"

É por isso que Paulo VI insistia em dizer que "o desenvolvimento é o novo nome da paz."

O progresso econômico requer o progresso social. Nem haverá desenvolvimento pleno da pessoa sem abertura para o Absoluto. É impossível empenhar-se pelo desenvolvimento sem respeitar os valores fundamentais da vida. Que dizer de programas intergovernamentais de auxílio econômico que incluem uso de anticoncepcionais, de projetos favoráveis ao aborto e restrições à liberdade das pessoas e nações no direito de assegurar o próprio desenvolvimento como parceiros em pé de igualdade?

O documento pontifício marca com vigor o problema da dívida externa, da desigualdade no uso dos recursos tecnológicos, do malogro nas negociações sobre o desarmamento e da crise na vida familiar. Há uma alusão firme à situação das crianças empobrecidas e abandonadas, fruto das injustiças sociais.

A alocução termina com um apelo veemente pela paz, com repulsa à violência. O recurso à oração tornará possível superar divisões, assumir o serviço ao próximo e cumprir a árdua tarefa de promover a justiça e a paz.

Religião

A Presidência da CNBB divulgou mensagem para o novo ano: "Esperanças e Ansiedades", insistindo na importância da Constituinte como base jurídica das desejadas transformações sociais. O ano de 1987 tem de ser o ano das respostas concretas às aspirações do povo. Isto exige uma corajosa decisão política que, afastando a tentação da violência, crie condições para um Brasil mais justo e fraterno.

Apesar das ansiedades por falta de medidas eficazes na realização da Reforma Agrária e de objetivos sociais comprometidos, entramos em 1987 alimentando esperanças de utilizarmos melhor as chaves da paz que João Paulo II coloca ao alcance de nossas mãos.

Bem servir ao povo

10/01/1987

Por ocasião do fim e início do ano são muitos os que viajam. Alguns, porque é tempo de férias; outros, por causa do anseio de reencontrar a família nas festas de Natal. Temos que constatar, no entanto, a necessidade urgente de melhorar os serviços públicos e dos grupos que assumem, por essencial concessão, a responsabilidade de garantir transporte para a população.

O dever de fraternidade cristã nos obriga a refletir sobre o sofrimento do povo nestes dias de viagem.

As estações rodoviárias não conseguem mais absorver o fluxo dos viajantes. Ficam mal acomodados, não raro sentados no chão, aguardando o privilégio de viajar. A rodoviária do Rio de Janeiro, desde há muito, impressiona pelo desleixo, falta de asseio e organização. Em Belo Horizonte, ainda ontem eram longas as filas para uso dos sanitários. A rodoviária de São Paulo, poucos anos depois da inauguração, ficou pequena. As escadas de entrada e as rampas para o metrô são estreitas e sem a devida separação entre os que chegam e os que partem. Os ônibus, às vezes, param em plataformas de onde, para sair, os passageiros são obrigados a subir muitos degraus, com embrulhos e malas.

É penoso observar o sacrifício das pessoas idosas, deficientes e de pais levando os filhinhos no colo. O povo, embora paciente e dando belos exemplos de solidariedade, denota cansaço e desânimo.

Isto sem falar sobre a luta pelas passagens. Como faz alguém para viajar em caso de urgência? Os ônibus para várias cidades estão lotados por muitos dias. Quando a pessoa pensa que conseguiu, enfim, um lugar, deve ainda enfrentar o dissabor de encontrar outro passageiro sentado em seu assento. Ontem, em Belo Horizonte para São Paulo, no ônibus das 23h quatro passageiros não puderam viajar no horário por estarem seus lugares já ocupados por outros usuários. Que fazer?

Nosso povo merece um esforço maior por parte dos responsáveis pelos transportes. Além disso, é indispensável um empenho inteligente para oferecer melhores condições de atendimento nos postos de parada nas estradas. Não será possível providenciar em todos eles, pelo menos, água potável? A situação se agrava nestes dias de calor. O copo de água mineral na estrada custava ontem dois cruzados e meio.

Alguém poderá pensar que viajar de avião é mais fácil. Nos balcões do aeroporto a resposta é quase sempre a mesma: "Os voos estão lotados". Formam-se filas diante de poucos funcionários. Vai-se para a lista de espera aguardando a vez. Dizem que as agências de turismo reservam com antecedência lugares, que depois não são utilizados.

Nestas longas esperas, alguém exclamava: "Sinto saudades do trem". Pode ser. No entanto, o certo é que há muito que progredir nos serviços de transporte popular.

A sociedade que pretende ser cada vez mais solidária e fraterna deve responder às justas expectativas da população. Uma pesquisa feita com seriedade poderá levantar os principais pontos falhos. A curto prazo, é preciso encontrar soluções eficazes. Promover o bem comum inclui a vontade permanente de servir sempre melhor a nosso povo.

O desafio da AIDS

14/02/1987

Anuncia-se para esta semana uma campanha nacional de prevenção à Aids.

Quem não se impressiona com a propagação da Aids e o que ela pode significar para o futuro da humanidade? O contágio cresce de modo implacável, desafiando cientistas e médicos do mundo inteiro. As estatísticas fundamentam prognósticos sombrios para os dias de amanhã. Isto nos obriga a refletir e a procurar os meios para prevenir a doença.

O mais urgente é caracterizar os fatores de risco, despertar a vigilância epidemiológica, aperfeiçoar o diagnóstico e as pesquisas terapêuticas e, sobretudo, atender as vítimas. É preciso, também, o empenho em esclarecer a população sobre a doença, para reduzir sua transmissão.

Confirme notificação do Ministério da Saúde, o Brasil, em números absolutos, é um dos países de maior incidência de Aids, embora, em números relativos, haja trinta países à sua frente. Em três anos, a proporção de casos poderá crescer duzentas vezes mais, passando de 0,5 a mais de dez casos por cem mil habitantes.

Ninguém pode deixar de se preocupar com as atuais e eventuais vítimas de Aids. Há, no entanto, uma componente ética no caso de Aids que precisa ser devidamente focalizada. A doença propaga-se intensamente através do relacionamento homossexual e por infecção no uso de drogas injetáveis. Uma parte notável, portanto, na transmissão de Aids está ligada a um comportamento aético que conflita com o uso correto do próprio sexo.

Respeitamos o foro subjetivo da consciência que pode não perceber o seu erro. No entanto, temos que reconhecer a importância de uma reeducação do senso moral, que possibilite alcançar a retificação da consciência e o domínio de si mesmo, evitando os tóxicos e superando a desordem heterossexual e o comportamento homossexual.

Esta reeducação, procurando a conformidade com os ditames da reta razão, há de reencontrar a fidelidade à natureza e à lei que o próprio Criador nela incutiu. Este processo profundo de reestruturação da personalidade deverá contar, além dos recursos da ciência humana, com a força da oração e auxílio da graça de Deus. Por que não recuperar a consciência de que o relacionamento sexual, acima da busca do prazer, deveria sempre ser expressão profunda e fiel do amor conjugal?

Três pontos merecem especial colaboração:

O primeiro refere-se aos pacientes de Aids. Temos que assegurar não só atendimento médico em hospitais bem equipados, mas assistência espiritual, levando-lhes o conforto da fé e da solidariedade humana. Nestas horas de sofrimento emerge mais forte a compreensão dos valores espirituais, que não só superam a fragilidade dessa vida, mas auxiliam a enfrentar a doença e garantem a felicidade do encontro definitivo com Deus.

O segundo ponto é a preocupação com os que dependem das transfusões de sangue. É o caso dos hemofílicos, dos talassêmicos e outros. Poder-se-ia organizar, para evitar o risco da contaminação, um serviço humanitário de doadores fixos que garantiriam a cada paciente o sangue a eles indispensável.

O terceiro aspecto é o da publicidade. O lançamento de cartazes criou um impacto por causa da linguagem inaceitável. Pelo rádio recomenda-se o uso de preservativos. Nem se pensa no perigo de contágio pela multiplicação de material infectado. É lamentável que não se perceba a mensagem subliminar desta propaganda que aprova a permissividade moral e difunde um relacionamento que poderia ser sempre mais evitado. Temos que encontrar formas de publicidade que não incentivem a transmissão de Aids.

Ontem, o cardeal D. Paulo Evaristo lançou às comunidades católicas o apelo para que se empenhem diante do desafio da Aids. Daqui para frente somos todos corresponsáveis em promover a prevenção da Aids e atender os pacientes com toda dedicação humana e fraterna.

Campanha da Fraternidade

21/02/1987

Daqui a poucos dias entraremos no período que precede a celebração da morte e ressurreição de Cristo. O centro da fé cristã está no amor de Deus, que em seu filho Jesus vence o pecado e a morte e nos assegura já nesta vida a superação do egoísmo e das faltas, e a destinação à felicidade eterna. Este mistério ilumina, a cada ano, a caminhada terrena do Cristo e irradia mensagem de esperança sobre toda a humanidade.

Na distribuição do Ano Litúrgico, a Páscoa de Cristo representa o ponto mais importante de todas as celebrações. E preparado pelas cinco semanas da Quaresma, tempo de conversão interior e de renovação espiritual, com início na Quarta-feira de Cinzas. Neste período, recordamos o ensinamento de Jesus incentivando-nos à prática da oração, do jejum e da esmola. Há 24 anos a Igreja no Brasil procura marcar o tempo de conversão interior com a Campanha da Fraternidade, convocando os cristãos e as pessoas de boa vontade para um esforço conjunto de estudo da realidade, de iluminação com a palavra de Deus e a reflexão teológica de ações concretas, em vista de uma vida mais solidária e fraterna. Neste ano de 1987, o tema escolhido é a situação dos menores empobrecidos, abandonados e infratores.

Todos conhecemos o drama de milhões de crianças carentes em nosso Brasil, vítimas do egoísmo da degradação moral e das injustiças que surgem do sistema sociopolítico e econômico que adotamos no país. O menor não é problema. Nós é que continuamos a gerar o estado de injustiça social crônica, que apara a cada dia a desigualdade econômica e o pauperismo de grande parte da população. O problema somos nós. Para superar tudo isso, necessitamos de uma forte graça de conversão que venha despertar a esperança dos desfavorecidos.

Em todo o território nacional está para se abrir a Campanha da Fraternidade. Aguardamos também para este ano a palavra orientadora do Santo Padre. No entanto, é indispensável que no coração de cada um de nós haja uma disposição sincera de conversão quanto aos valores e atitudes. Os exercícios quaresmais de oração, jejum e esmola deveriam nos ajudar para isso.

Nas comunidades, reúnem-se milhares de grupos de famílias para rezar sobre a situação dos menores. A "oração" é necessária para discernir a dignidade da criança e nela perceber o rosto e a presença de Cristo sofredor. A oração nos fará descobrir que, no plano de Deus todos somos irmãos e chamados a ter vida plena. O apelo ao "jejum" há de mostrar como estamos apegados às bases materiais. A sociedade consumista favorece o exagero na comida, bebida e no uso do fumo. Quanto se gastará no Carnaval? Por outro lado, temos que ver milhões de menores forçados a fazer jejum quase completo, privados de alimento, saúde e educação. Os que temos o suficiente, e até o supérfluo, deveríamos entender o sentido da renúncia em benefício dos empobrecidos.

A Quaresma é também incentivo à "esmola" . É claro que os grandes problemas sociais não se resolvem só pela esmola. A miséria, para ser superada requer a transformação das estruturas sociais. No entanto, a conversão interior passa sempre pela experiência do gesto gratuito da caridade. Dar esmola significa dar de graça, dar sem esperar recompensa, dar por amor ao próximo. Isto inclui não só os bens materiais, mas nosso tempo, o perdão e a presença ao lado de um enfermo. A prática do "dom-de-si" está na raiz da nova sociedade à luz do Evangelho. Que faremos de nossa parte para que os menores empobrecidos tenham as condições básicas de uma vida digna?

Uma menina recém-nascida foi encontrada dentro de um saco de lixo na calçada da rua Gonçalves Dias (zona leste de São Paulo). A criança foi logo levada pela polícia para o hospital. Está viva. Meu Deus, isto não pode mais acontecer.

A Quaresma que estamos para iniciar quer ser um apelo no Brasil inteiro para renovarmos a fé na ressurreição de Cristo e na vida plena que a todos oferece. Neste ano, conversão significa opção pelos milhões empobrecidos, para que daqui para frente tenham amor e vida.

Amor e vida

14/03/1987

A ciência e a técnica deveriam sempre respeitar e promover a dignidade da vida humana. O que a recente instrução da Congregação para a Doutrina da Fé procura estabelecer é justamente esta harmonia entre o desenvolvimento da tecnologia e a prioridade das exigências éticas. Com efeito, "o que é tecnicamente possível, nem sempre é moralmente admissível".

Vale o exemplo da perigosa "guerra nas estrelas". O progresso da ciência tornou o homem capaz de lançar inúmeros satélites que, carregando ogivas de mísseis e girando em volta do planeta, podem em segundos, com incrível precisão, atingir seu alvo e destruir a civilização. Vê-se, portanto, que o poderio bélico precisa estar sujeito à razão e à ética. O mesmo acontece em relação às descobertas no campo da biomédica. A atuação do cientista deve-se ordenar ao bem integral da pessoa e por isso respeitar os valores especificamente humanos da sexualidade.

As técnicas biomédicas de reprodução humana podem, sem dúvida, prestar inestimável serviço ao progresso e à felicidade, mas são também capazes de violentar brutalmente as exigências éticas, de alterar o universo dos cromossomas, gerando até seres monstruosos. Quem há de orientar a tecnologia para que não seja empregada na fabricação de mísseis mortíferos, ou a produzir, selecionar e depois eliminar em laboratórios milhares de embriões humanos?

A recente instrução insiste no primado da dignidade da pessoa humana, que deve ordenar não só a pesquisa científica, mas os avanços da tecnologia.

Em relação ao embrião humano, o documento estimula a legítima intervenção terapêutica, excluiu, porém, com vigor as ações contrarias à integridade e à sobrevivência da vida nascente. É sem dúvida imoral produzir artificialmente embriões humanos, destinados a serem objeto de experimentação, "material biológico" descartável. Tais práticas, de forma alguma podem ser justificadas em vista de eventuais consequências benéficas para a humanidade futura. O fruto da geração humana, desde o primeiro momento da sua existência, deve ser respeitado como pessoa e tem direito inviolável à vida.

O documento examina, ainda, à luz de critérios morais, as intervenções artificiais na procriação humana. Há dois aspectos a distinguir. O primeiro é a análise da procriação a partir de doação de esperma ou de óvulo que não sejam próprios dos (cônjuges). O juízo ético nos ajuda a compreender que o ser que nasce desta fecundação não é fruto e sinal da doação mútua dos esposos. Opõe-se, assim, à verdade e à unidade do vínculo conjugal. Pelo matrimônio, adquirem os esposos o direito de se tornarem pai e mãe somente através um do outro. A criança que nascerá de quem é filho?

O segundo é o caso da fecundação artificial hemóloga, quando o esperma e o óvulo são dos próprios esposos, mas a união entre eles não se dá através do ato sexual. A este propósito o critério moral é mais profundo e focaliza o liame entre a procriação e o ato conjugal. A origem do filho é o ato de amor entre os pais, expresso pela entrega dos corpos. O ato conjugal deve ser, em si mesmo, expressão de amor e procriativo da nova vida.

A posição da Igreja quanto ao planejamento familiar é coerente com a atual instrução. O ato sexual entre cônjuges, para ser plenamente expressivo de doação, precisa estar aberto à vida. Daí, a exclusão moral dos métodos contraceptivos. Por outro lado, o ato procriativo, para ser verdadeiramente humano, deve ser fruto da união entre os esposos. Por isso, não é moralmente admissível a procriação por métodos artificiais, por não incluir a doação corpórea que expressa o amor conjugal. Amor e vida caminham juntos.

É possível, no entanto, que os cônjuges recorram ao auxílio do médico que; com meios técnicos, auxilie o próximo ato sexual para que atinja sua dimensão procriativa.

Sobre a concepção "in vitro" e a transferência de embriões, a moral ensina que há dissociação dos gestos unitivo e procriativo e agravantes éticos quando inclui a fecundação extraconjugal ou favorece a prática do aborto pela destruição de embriões. A luz que ilumina o recente documento é a doutrina da dignidade da pessoa humana, aplicada à vida conjugal e procriativa. A vida que é um segredo de Deus, só se comunica através dos esposos pelo amor que a entrega dos corpos expressam. A chave de leitura é o forte vínculo entre amor e vida.

Crianças sabem o que querem

21/03/1987

Nos Estados acabam de se renovar os secretariados e começam a se lançar os novos planos de governo. Entre as prioridades é preciso que esteja a opção pelo menor de modo a enfrentar com eficácia a situação aflitiva das crianças carentes de nosso país.

O governo do Estado de São Paulo saiu à frente e já afirmou seu compromisso com o menor, criando a Secretaria Especial cuja missão será a de coordenar os vários serviços indispensáveis às crianças dos cortiços, favelas e periferia.

A Campanha da Fraternidade 1987 convocou neste ano as comunidades da Igreja para que se empenhem num amplo trabalho de ver a realidade em que se encontram os menores, julgá-la à luz do ensinamento de Jesus Cristo e encontrar soluções. No Brasil inteiro percebe-se forte animação nos milhares de grupos de famílias que se reúnem para rezar, e colocar em comum suas experiências e projetos.

Entre as muitas atuações em benefício do menor convém que as comunidades e os novos secretariados focalizem com mais atenção a educação inicial da criança.

O Estado do Rio inovou construindo os belos Centros Integrados de Educação Popular, nos quais o atendimento é dado durante um amplo período, incluindo educação e lazer. A iniciativa vale como afirmação de princípio de que os menores, principalmente aqueles cujos pais trabalham fora de casa, necessitam de um acompanhamento complementar ao da família.

Uma das formas para assegurar à infância este serviço é o do ambiente único no qual a criança passa a maior parte do dia. Parece, no entanto, melhor para a criança em idade escolar, a modalidade que recorre a dois ambientes diferentes, assim, além da escola, convém que haja, por iniciativa da comunidade local, um outro centro de atividades que ofereça à criança um espaço descontraído de lazer, reforço escolar e alimentação. Nestes últimos anos surgiram em vários Estados, e especialmente na cidade de São Paulo, os Centros Educacionais Comunitários. A Prefeitura lançou o Osem (Organização Sócio-Educativa do Menor).

São duas as principais vantagens destas organizações. A primeira é a de oferecer à criança um lugar alternativo no qual possa não só variar de ambiente, mas encontrar oportunidades novas de se afirmar e de se relacionar para além das classificações de aproveitamento escolar. Nem sempre a criança sintoniza com a escola única. O desajuste, neste caso, pode prejudicar o processo educativo, causar desinteresse e até evasão escolar. Outra vantagem é a de que as alternativas favorecem a participação da comunidade em prolongamento ao ambiente familiar. As organizações não governamentais, subsidiadas por convênio com o município ou Estado, permitem uma larga faixa de colaboração que inclui até as formas de artesanato e iniciação profissional.

Vale a pena visitar os Centros Educacionais Comunitários onde a criançada se sente feliz, à vontade, em locais bem simples, brincando e se relacionando com amizade com pessoas que ampliam o círculo da própria família. A interação entre as escolas públicas e as iniciativas comunitárias respeita mais o princípio de subsidiariedade, garante o direito de educar que é próprio da família e das formas associativas que delas surgem. Fica assim a sugestão para os novos governos. É preciso, sem dúvida, melhorar a escola, mas é indispensável continuar incentivando os Centros Educacionais Comunitários sob a forma de convênios.

Quando as crianças acompanham os pais obrigados a mudar de bairro, o que a elas mais custa é deixar o Centro Comunitário.

Bem-estar social do menor

28/03/1987

A criação em São Paulo da Secretaria Extraordinária do Menor significa, sem dúvida, a vontade política de coordenar forças para promover as crianças e jovens empobrecidos e marginalizados. O exemplo poderá valer para todo o país. Há Estados, como Pernambuco e Bahia, que anunciam medidas semelhantes.

O importante será a nova atitude face aos problemas sociais, dando prioridade à pessoa humana e à ordem de valores que daí decorre.

Quando compreenderemos que não se trata de tirar as crianças da rua porque elas nos incomodam, mas de oferecer-lhes uma porta aberta para que acreditem de novo na sociedade? Muitos menores levam, no profundo de si, a rejeição e a violência, a desconfiança e a falta de sentido na vida. Não bastará, portanto, uma atitude de compaixão ou de eficiência, tirando-os das praças para confiná-los em instituições. Necessitam experimentar que são amados, que são importantes por sua dignidade pessoal, importantes para nós e para a construção de um mundo solidário. Só assim renascerá neles a esperança.

Graças a Deus, vamos nos convencendo de que temos que fazer muito pelos menores. Queremos corrigir as omissões e romper o terrível ciclo de marginalização a que relegamos milhões de vidas inocentes.

Por onde começar?

É preciso, sem dúvida, criar serviços para os menores de rua, melhorar as creches, ampliar a Osem e os Centros Educacionais Comunitários, reforçar as iniciativas para deficientes. Mas bem sabemos que o verdadeiro problema é a falta de uma política adequada de bem-estar social.

Há cinco áreas que são urgentes e indispensáveis para a promoção do menor e de sua família.

A primeira é a reordenação do uso e propriedade da terra, pela implementação e aperfeiçoamento da reforma agrária. Uma das causas principais da miséria dos menores nas grandes cidades vem do êxodo rural.

É, também, no campo que constatamos as maiores injustiças contra crianças, obrigadas a trabalhar na colheita de chá, no corte de cana, nos fornos de carvão, com feridas nos pés e mãos e pulmões obstruídos.

É igualmente inadiável harmonizar as relações entre trabalho e capital, por meio de uma legislação adequada, valorizando as associações de classe, a recuperação do poder aquisitivo do salário e a maior participação dos operários na condução da empresa. Que dizer dos milhares de menores nas fábricas de vidro, nas serrarias e metalúrgicas? Estamos ainda lembrados das recentes sindicâncias da Secretaria do Trabalho, coordenada por d. Alda Marco Antônio. As fotografias mostravam crianças com dedos amputados, pés chagados, sacrificando os melhores anos da vida no trabalho escravo.

A terceira área que requer urgente promoção é a política de moradia e saneamento, voltada para as classes de baixa renda. Onde mora o pobre? Não é possível pactuar, em São Paulo, com a condição de dois milhões de menores, relegados a morar em cortiços e outros tantos, em favelas e periferias.

Outra área é a da alimentação e saúde. O povo não come na medida da sua fome. É claro que isso está ligado à política de emprego e salários justos e à política de incentivo aos alimentos básicos, com medidas, embora transitórias que asseguram o leite indispensável às crianças. A subnutrição mata uma criança por minuto no Brasil e deixa milhões aleijados para o resto da vida.

Quando uma família tiver assegurado trabalho, casa, comida e saúde para seus filhos, será então possível pensar na educação, sem a qual nenhuma poderia se afirmar na sociedade.

A Campanha da Fraternidade vai conscientizando as comunidades. Uma nação que não cuida de seus jovens, escolhe o suicídio e abandona seu futuro. Estamos no tempo litúrgico da Quaresma. Sem conversão do nosso egoísmo, não haverá mobilização do amor, transformação libertadora, nem a política do bem-estar do menor.

Semana Santa

11/04/1987

Quem passou ontem pelas ruas do centro de São Paulo viu de tarde durante quatro horas uma grande procissão de crianças em sua maior parte.

Era a via-sacra dos menores. De mãos dadas, cantavam e levavam cartazes e cruzes. O percurso se prolongou através das principais ruas e igrejas do centro. Foi comovente.

Que sentido teve essa celebração?

Veio unir os sentimentos das crianças e jovens empobrecidas à paixão e morte de Jesus Cristo. Serviu para mostrar que os padecimentos de Jesus estão presentes ainda hoje na face e na vida de milhões de menores sofredores.

Celebrar a Semana Santa é meditar na paixão e no amor de Cristo e comprometer-se em aliviar os sofrimentos desses menores e promover neles a vida de filhos de Deus.

Durante a procissão olhava para o rosto triste dos menores e percebia a destruição e o desamparo de tantos outros neles representados.

A via-sacra deveria significar um sinal de penitência e conversão diante de nossas falhas e omissões para com os menores dos cortiços, favelas e ruas de nossas cidades.

Para alguns, estes dias são tão comuns como os outros: alegrias e sofrimentos, decepções e surpresas. No entanto, seria tão benéfico para todos se fosse possível reviver-se em profundidade, na paz da oração, a história sempre nova da Semana Santa.

Em meio às vicissitudes da vida, da trama tão monótona do cotidiano, mergulhados às vezes no desânimo, precisamos acreditar no amor de Deus para conosco e fortificar a esperança. É preciso que nos lembremos do evento central da história: a paixão, morte e ressurreição de Cristo que mereceu e oferece perdão e graça a todos nós.

Jesus, com plena lucidez e liberdade, assumiu a morte como a maior prova de amor à humanidade. Entregou-se para resgatar nosso egoísmo, vencer a discórdia, a opressão, a violência e todo pecado. Veio anunciar a reconciliação da parte de Deus entre os homens, veio nos ensinar a amar.

A Semana Santa nos convida a acreditar no amor de quem suportou por nós a traição, o aprisionamento a injusta condenação e a morte na cruz.

Nestes dias e especialmente na Sexta-feira Santa, o povo cristão procura se associar ao sofrimento de Cristo pelo jejum, pela oração e pela conversão interior.

Temos que aprender com Cristo a grande lição de solidariedade com os que sofrem.

Ele não só veio libertar a todos do pecado e de suas consequências, mas assumiu em si mesmo a condição dos que amava. A mãe faz assim: não só procura o bem do filho doente, mas é capaz de partilhar seus padecimentos e passar noites em claro a seu lado.

A via-sacra dos menores, levando cruzes pelo centro da cidade, ensina-nos que não basta darmos algo de nós mesmos, é preciso penetrar na realidade destas vidas sofridas e partilharmos mais as privações, o desamparo e as injustiças que padecem.

Quando renunciarmos a nosso egoísmo e acolhermos a Cristo que sofre no menor, então nossa solidariedade será sincera e capaz de transformar não só a vida dos menores, mas a nossa própria vida.

Caminhando sob a chuva pelas ruas da cidade, de mãos dadas com as crianças pobres, senti que nesta Semana Santa há muito que mudar em minha vida.

Anunciamos a Ressurreição

18/04/1987

Precisamos crescer na certeza da Ressurreição. No meio da escuridão da noite, neste mundo de miséria, de fome e de violência, desrespeito aos direitos de milhões de menores, gostaríamos de anunciar a Ressurreição.

A vida é mais forte que a morte.

O filho de Deus inocente assumiu a cruz para vencer o nosso pecado. Morreu por nós. Venceu a morte. A fé é exclamação feliz de que não caminhamos para a destruição e sim para a felicidade de uma vida que não terminará nunca mais.

Ao desejarmos uns aos outros uma "Feliz Páscoa" seria bom que déssemos a esta expressão toda a força de quem acredita na "passagem do egoísmo ao amor e da morte à vida".

No domingo de Páscoa louvamos a Deus porque ele nos ama, nos perdoa e nos faz sempre mais participar pela esperança da Ressurreição de Cristo.

Quem anuncia a Ressurreição que Jesus nos traz, deve se empenhar para que se multipliquem os sinais da vida nova que Cristo, para nós, alcançou. Procuremos uma vez mais durante esta Campanha da Fraternidade contemplar a morte lamentável de

300 mil crianças no Brasil, antes de completar o primeiro ano de vida: milhões de crianças desnutridas, desamparadas, forçadas ao trabalho precoce, a arbitrariedades da violência repressiva, vítimas do assassinato e de doenças que a medicina poderia resolver.

Quais são os sinais de esperança para esses menores nos quais se espelha a face do Cristo sofredor?

Celebrar a Ressurreição de Cristo significa comprometer-se com a vida destes irmãos sofredores.

Mais do que ovos de chocolate, sinos e coelhinhos, presentes e gastos em festas temos que recuperar a razão profunda de nossa vida através do amor do Cristo que nos torna capazes de promover a dignidade de tantos irmãos desfavorecidos.

Temos que trabalhar em comunidade para apoiar, promover as iniciativas que respondem às necessidades imediatas: atendimento à gestante e ao recém-nascido, serviço de creches e centros educacionais comunitários, solicitude pelos deficientes, lares de suplência, educadores de rua, recuperação de menores chamados infratores. Tudo isso é necessário. No entanto, o compromisso da Páscoa nos leva mais longe. É preciso que a vida das crianças seja prioridade máxima do governo e de cada um de nós. Isto implica numa nova ordem social, política e econômica, incluindo soluções para as questões da Terra e do Trabalho; Moradia, Educação e Saúde.

Construir um mundo mais justo e fraterno é opor-se às forças do pecado, do egoísmo e da morte.

Uma das mais belas imagens da Ressurreição de Cristo é o sorriso de uma criança que revela o amor e a esperança de viver.

O profeta Zacarias (Zc 8,5) descreve a presença de Deus em Jerusalém através de um sinal de inesquecível beleza: a cidade regorgitará de meninas e meninos brincando em suas praças.

Religião

A festa de Páscoa será o dia em que os menores das favelas e cortiços, do Vale do Jequitinhonha e das áreas secas do Nordeste tiverem afeto, alimento, saúde e educação. Então, estaremos anunciando a Ressurreição de Jesus Cristo.

25ª Assembleia da CNBB

02/05/1987

Duzentos e sessenta bispos da Igreja Católica reuniram-se mais uma vez em Itaici para a 25ª Assembleia Geral. Não é mero cumprimento de estatutos. É mais do que isto. São irmãos no pastoreio, que se encontram para colocar em comum preocupações, alegrias e esperanças. Quem passasse pelos corredores do austero casarão de Itaici perceberia o ritmo cadenciado de trabalho. Entremearam-se as horas de oração e silêncio, o momento alto da celebração eucarística com as sessões plenárias e grupos de estudo com os intervalos em que amigos e companheiros de muitos anos partilhavam reminiscências e planos. Para todos os bispos e, em especial, para os que atuam na solidão da Amazônia e nas áreas distantes do sertão, estes dias servem para realimentar as energias, antes de se lançarem novamente ao apostolado.

Foi em clima de sinceridade que se deu a avaliação da ação pastoral realizada durante os últimos quatro anos, reconhecendo falhas e apontando valores. O importante é a missão de evangelizar, de transmitir a mensagem de Cristo a nosso povo, em meio à luta sofrida de cada dia.

Colocamos diante de nós a situação dos operários nas áreas urbanas, dos lavradores, dos sem-terra e as dificuldades que as populações indígenas enfrentam para sobreviver. Como levar a todos o Evangelho sempre novo de Jesus Cristo? Como contribuir, em tempos de violência e carestia, para a construção de uma sociedade justa e fraterna?

Renovou a CNBB seu compromisso de anunciar a plena verdade sobre Jesus Cristo, sua Igreja e o homem, à luz da evangélica opção preferencial pelos pobres. Serão, agora, elaboradas as diretrizes, que hão de orientar, para mais quatro anos, a caminhada das dioceses e comunidades.

A Assembleia se debruçou, também, sobre o atual momento brasileiro, examinando incertezas e perplexidades e reafirmando o anseio de que a justiça social seja a base dos planos econômicos, políticos e sociais. Na certeza de que Jesus Cristo, presente na história, nos ajudará a superar estes tempos difíceis, lembram os bispos que "a verdadeira ordem e segurança têm seu fundamento na participação política do povo, na melhoria da alimentação, da moradia, da saúde, da educação, no acesso à terra e ao trabalho com salário justo, ao lazer e à cultura, no crescimento de solidariedade e na liberdade de celebrar a própria fé".

Na intenção de contribuir para os trabalhos da Constituinte, procurou a Assembleia marcar, com maior ênfase, os pontos que não podem faltar à nossa lei magna: a invocação do nome de Deus, o direito à vida digna desde o primeiro momento da concepção, excluindo-se, portanto, o aborto deliberado, a tortura e a eutanásia, a garantia para a vida familiar, o direito à educação com ensino religioso, incluindo a atribuição de recursos a escolas não estatais sem fins lucrativos, que correspondem a livre escolha dos pais e alunos, a primazia do trabalho sobre o capital e a reforma agrária, baseada na função social da propriedade privada.

Realizaram-se eleições para o próximo quadriênio. São 23 cargos de serviços, com respectivos suplentes, que assumiram em seguida, o exercício de sua missão, numa atitude de colegialidade episcopal e de fidelidade ao Santo Padre.

Esses dias foram de intenso trabalho, quase sem descanso. De volta às dioceses, apesar das dificuldades que encontrarão, levam os bispos a experiência forte da amizade e vontade renovada de servir ao povo que lhes é confiado, com o auxílio da graça de Deus, assegurada pela oração dos pobres, dos enfermos e das crianças de nosso Brasil.

O direito à vida

30/05/1987

Acaba a Subcomissão para o Menor e o Idoso, em Brasília, de afirmar, em seu relatório final, a obrigação do Estado de promover e defender a vida desde o primeiro momento da concepção.

Esta afirmação é fundamental. Ela protege a vida do nascituro contra toda violência. Exclui igualmente a tortura, o genocídio e a eutanásia. Com a mesma força aplicamos o texto às situações permanentes de fome, subnutrição, à condição infra-humanas de existência e à impossibilidade de acesso aos serviços de saúde.

A concisão da fórmula "desde o momento da concepção" salvaguarda o nascituro, rejeitando o aborto deliberado como violação do direito básico que a pessoa humana tem à própria vida.

A posição do relatório da subcomissão constituinte virá contribuir para iluminar nossa sociedade envolvida hoje por um nevoeiro que dificulta a reta percepção dos valores. Difundiu-se a opinião que procura justificar o recurso ao aborto, a partir da perspectiva de pretensos direitos da mãe. Acredito que ninguém queira o aborto em si mesmo. Há situações aflitivas que não podemos ignorar.

No entanto, permanece central o dever da sociedade de garantir à pessoa, desde o primeiro momento, a proteção de que necessita para viver e se desenvolver. A luz do Evangelho esclarece nossa consciência para captar as exigências da justiça, aferir e assumir a dignidade da pessoa humana e perceber o desrespeito grave à lei de Deus de quem provoca deliberadamente o aborto.

A triste situação que a América Latina viveu nos últimos anos em meio a arbitrariedades dos que dispunham, sem escrúpulos, sobre a vida dos irmãos, multiplicando casos de desaparecimentos, torturas e assassinatos, ajuda-nos a entender melhor a importância de proteger em nossa Constituição a vida inocente do nascituro, excluindo para sempre todo recurso à injustiça.

Quando a sociedade é conivente com a opressão contra o indefeso no seio materno, acaba resvalando, sem dúvida, em outras violências incontroláveis. Não é isso que infelizmente percebemos?

Esperamos que o direito à vida tenha como consequência lógica a promoção das condições dignas de alimentação, saúde, moradia, lazer, educação e transporte. É nesta mesma perspectiva que alimentamos a expectativa da realização da justiça social através da reforma agrária e da reforma do uso do solo urbano. Só assim se poderá assegurar de modo coerente, para todos os brasileiros, o pleno direito à vida. Temos razão em esperar.

Mutirão de solidariedade

27/06/1987

Nos momentos difíceis precisamos mais uns dos outros. É nessas horas que a solidariedade pode alcançar resultados surpreendentes.

O recurso às reservas da solidariedade humana só é possível quando às pessoas superam o egoísmo e assumem em comum as alegrias e vicissitudes da vida. Graças a Deus, nosso povo é capaz ainda de se empolgar pelo mutirão. Assim, quando o dinheiro é pouco e seria até impossível construir a própria casa, a colaboração dos outros e mesmo das crianças faz maravilhas, edificando casas e consolidando a fraternidade. Quando os vizinhos são capazes de realizar o mutirão, formam-se vínculos que valem mais do que as paredes construídas.

Será que a mística do mutirão não poderia difundir-se mais e auxiliar na solução dos problemas nacionais?

Quando a ganância e a corrupção de alguns levam à concentração sempre maior de bens é justamente esta a ocasião de revermos nosso comportamento, vencermos o egoísmo e buscarmos o bem dos demais.

Temos que reaprender a solidariedade que o Evangelho ensina e que está na raiz das soluções dos impasses econômicos e políticos que hoje nos afligem.

Já é um hábito acusar o governo das injustiças e desacertos que o país enfrenta. Ninguém nega a responsabilidade dos que têm por missão dedicar-se mais ao bem comum. No entanto, pouco resolve criticarmos a máquina estatal, se nos recusamos a fazer o bem que está a nosso alcance. Quando cada um quer ganhar mais do que o outro e não tem escrúpulos em aproveitar-se da situação, como poderemos construir uma sociedade solidária?

É necessário contribuir com algo de nossa parte. O que temos é suficiente para todos, desde que seja melhor repartido. O Brasil é um dos países de maior concentração de renda e de desigualdade econômica. Nosso salário mínimo vale menos do que 50 dólares. Se alguns acumulam bens só para si, que sobrará para os outros? Basta considerar a questão fundiária. Falta terra ou falta solidariedade humana?

Precisamos descobrir formas concretas de exercitar a solidariedade em bem dos mais necessitados.

A iniciativa dos moradores de favelas melhorando em comum às próprias casas é, sem dúvida, um exemplo. Os serviços públicos poderiam ser bem mais integrados para promover a ação comunitária.

No Distrito Federal, em Brasília, o combinado agrourbano acaba de apresentar solução inteligente para cem famílias carentes. O uso da terra é cedido para moradia e trabalho. Os lotes residenciais estão recortados em volta de uma enorme praça, onde se encontram a escola, o posto de saúde e o centro comunitário. Cada família recebe uma área melhor para plantio. A agrovila não está longe da cidade. Isto permite aceso a outros serviços e benefícios.

Religião

Na fase inicial há subsídios para manutenção das famílias. Chamou-me a atenção a alegria das crianças e cuidado com as próprias casas. A produção da agrovila virá, por sua vez, beneficiar a cidade.

Aplicando fórmulas semelhantes, por que cada município não constrói suas agrovilas, assegurando assim atendimento mais digno aos sem-terra?

Já pensamos na magia dos números? Os municípios são desiguais. No entanto, supondo o assentamento, em média de cinquenta famílias por município ao ano, teremos o resultado de aproximadamente um milhão de pessoas acolhidas e promovidas com dignidade e sem grandes gastos. O recurso ao mutirão inclui a colaboração da mão de obra dos técnicos e empresários e dos diversos serviços públicos.

A esperança está em Deus. Mas ele nos ensina o amor fraterno que supera o individualismo e nos faz acreditar mais na força da união e da solidariedade humana.

Honra ao mérito

18/07/1987

Bem cedo, na quarta-feira, tocou o telefone. Comunicava a situação de Redenção, no Pará; onde José Luís da Silva, empunhando uma arma, mantinha na Agência do Banco Bradesco três reféns sob a alça da mira: Sônia Aparecida, funcionária, irmã Bertila e padre Aristides.

Infelizmente, o supervisor Geraldo Moreira havia sido atingido por uma bala e acabou por falecer. A situação continuava tensa na agência bancária, cercada pela polícia.

Nestas horas é difícil discernir com clareza qual o modo mais prudente de proceder. Foi importante a mediação dos radialistas, procurando criar garantias para os reféns e condições de diálogo entre a polícia e José Luís que sempre, com a arma em punho, ameaçava a vida dos reféns.

Milhões de pessoas acompanharam pelo rádio e televisão o desenrolar dos acontecimentos. No fim do dia, chegou-se a um acordo escrito assegurando a fuga de José Luís. Sônia foi liberada na pista do aeroporto.

Graças à colaboração do piloto Jalles Machado, o monomotor Cessna levantou voo com rumo desconhecido. A bordo, além do piloto e de José Luís, iam padre Aristides e irmã Bertila. Conhecemos o que aconteceu depois. Quando o avião desceu, em pouso tranquilo, na estrada asfaltada em meio à floresta, José Luís embrenhou-se na mata. Pouco depois, padre Aristides e a irmã chegavam a São Félix do Araguaia, extenuados após 24 horas de heroísmo.

Um clima de crescente violência tem-se verificado em nosso país. Ninguém pode aprovar a onda de saques, assaltos e invasões a mão armada. É, portanto, lamentável tudo que sucedeu em Redenção. No entanto, há um aspecto de rara beleza moral que somos obrigados a reconhecer para mérito dos reféns.

Sônia Aparecida, funcionária do Bradesco, permaneceu como voluntária para que os feridos fossem liberados. Quando José Luís, apontando a arma para Sônia, exigiu outros dois reféns, nenhum dos presentes se ofereceu. A polícia dirigiu-se, então, até a residência paroquial. O vigário, padre Aristides e irmã Bertila, com simplicidade e coragem, entregaram-se como reféns. Precisamos prestar homenagem aos funcionários do Banco, aos membros da Polícia Militar, que se expuseram ao perigo, mas, especialmente aos três que livremente se ofereceram, colocando a própria vida em risco.

Conheço, há anos, padre Aristides Camio, missionário nascido na França e exercendo o ministério sacerdotal na prelazia do Araguaia. Em 1982, por ter tomado a defesa dos posseiros em conflitos de terra, foi acusado e condenado injustamente a quinze anos de prisão, pela Lei de Segurança Nacional, na Justiça Militar, em companhia do padre Francisco Gouriou. Cumpriram exemplarmente a pena que lhe foi imposta durante mais de dois anos de reclusão. Por dezenas de vezes pude visitá-los e constatar a serenidade e coerência de vida evangélica, a fibra e o zelo pela justiça social no campo. Foram, finalmente, colocados em liberdade, em virtude de modificação posterior das penas atribuídas pela Lei de Segurança Nacional.

De volta à sua diocese, recebeu, padre Aristides, a incumbência da paróquia de Redenção. Foi aí que se ofereceu como refém.

Acho que é dever de todos nós reconhecer a grandeza moral de padre Aristides. Em 1982, assumiu a causa dos posseiros injustiçados, pagando, com a liberdade, a dedicação aos desfavorecidos. Agora, com a mesma fortaleza de ânimo e devotamento ao próximo, cumpre seu dever sacerdotal procurando evitar maiores violências.

Na manhã seguinte, consegui falar por telefone com meu amigo padre Aristides. Estava tranquilo e feliz. Voltava para Redenção para rezar a Missa pelo supervisor falecido no tiroteio.

Aproveito para elogiar ainda uma vez todos que colaboraram na solução do caso de Redenção: Sônia Aparecida, irmã Bertila, o piloto Machado e os demais. No entanto, gostaria que o Brasil pudesse condecorar, com a honra ao mérito, o valor do padre Aristides. Enquanto se prepara a medalha, é preciso, pelo menos rever o processo que o condenou em 1982, deixar-se convencer pelo brilhantismo da defesa de advogados como dr. Heleno Fragoso e reconhecer a inocência dos missionários franceses e dos posseiros de São Geraldo. É o mínimo que o Brasil deve ao herói padre Aristides Camio.

Não perder a esperança

29/08/1987

Reuniram-se mais uma vez em Brasília os membros do Conselho Permanente da CNBB, de 25 a 28 de agosto. O tema principal do encontro foi a redação final das diretrizes gerais da ação pastoral da Igreja no Brasil, conforme o voto dado por todos os membros da 25ª Assembleia Geral em 1º de maio deste ano. O documento descreve qual é a missão da Igreja hoje em nosso país.

Evangelizar é a única e constante tarefa da Igreja em conformidade com a missão de Jesus Cristo de anunciar a boa-nova da salvação.

O texto será estudado por todas as dioceses e comunidades e ajudará a assumir o compromisso de testemunhar na atual conjuntura. O povo de Deus, cada vez mais consciente de sua missão, deverá participar na construção de uma sociedade solidária e fraterna. Foram escolhidos três destaques pastorais para os próximos anos: a evangelização dos meios de comunicação, da juventude e da família. Nesse contexto, os bispos sentiram o dever de refletir sobre as graves situações em que vive nosso povo e de elevar a Deus preces e convocar as pessoas de boa vontade para a esperança. Isto, no entanto, inclui, como o texto amplamente expõe, o empenho pela democracia, que tenha por eixo a justiça e o desenvolvimento integral para todos.

É necessário insistir no aperfeiçoamento de instituições para afastar sempre mais para longe a tentação de soluções violentas.

Sem respeito à lei não há democracia.

Saudamos, portanto, a atuação de constituintes que têm sabido valorizar as emendas populares que visam ao bem comum.

A nota dos bispos não podia deixar de chamar a atenção sobre o valor da vida, infelizmente ameaçada ainda antes de nascer. Aumentou o número de assassinatos e também a ação de grupos de extermínios. Continua o flagelo da fome e da doença, castigando a vida da população empobrecida.

A nota já estava escrita quando fomos surpreendidos pelo brutal atentado contra o padre Francisco Cavazzuti, alvejado por um tiro de cartucheira, à noite de quinta-feira, em Mossamedes, Estado de Goiás. Encontra-se entre a vida e a morte, atingido na cabeça por um ato de violência e covardia. Esperamos não fique impune.

O segundo ponto a que se refere a nota é o que diz respeito às populações indígenas atingindo missionários até pela calúnia. Recentemente vários deles encontram-se impedidos arbitrariamente de continuar sua missão religiosa. É indispensável que a atenção dos constituintes se volte para salvaguardar o pleno direito à vida dos índios brasileiros contra as ambições de empresas mineradoras.

Os índios yanomani estão ameaçados por um grande número de garimpeiros ainda não retirados da área.

Fazem os bispos alusão a grupos que utilizam do nome da Igreja ao usarem métodos alheios e contrários ao ensinamento evangélico.

O texto termina com um forte apelo: "Não percamos jamais a esperança. Deus caminha conosco à frente da história e nos confirma em nossa missão evangelizadora. Ele não nos abandona jamais".

A dignidade dos empobrecidos

12/09/1987

O primeiro serviço que devemos prestar aos que se encontram numa situação de pobreza é o de revelarmos sempre mais a eles a própria dignidade. Este é o conteúdo fundamental da opção preferencial pelos pobres, que somos chamados a fazer à luz do Evangelho. Com efeito, evangelizar e anunciar a boa-nova da dignidade que cada um possui por ser amado pelo próprio Deus.

Diante da extrema pobreza é preciso reafirmar que esta situação não corresponde ao designo de Deus. É evidente que Deus não quer crianças marcadas pela fome com deficiências mentais e corporais irreparáveis. Deus não quer que sofram no abandono e exploração pelas ruas da cidade.

A denúncia deste escândalo de uma crescente miséria do povo leva a ação contra a injustiça e aos esforços para construir uma sociedade na qual seja promovida e respeitada a dignidade de cada pessoa humana. Este compromisso faz parte da missão evangélica. É dever de todos, especialmente dos cristãos, trabalhar energicamente para ser instaurada a fraternidade universal, base indispensável de uma justiça autêntica e condição de paz duradoura. Não podemos invocar a Deus como pai comum de todos se recusamos tratar como irmãos alguns homens criados a sua imagem (Sínodo sobre "A justiça no mundo" n. 15).

É, portanto, fruto coerente do amor fraterno, o esforço em nosso país para transformar as estruturas socioeconômicas a fim de que sejam asseguradas condições dignas de trabalho, salário, habitação e demais benefícios à população marginalizada. Por isso, a Igreja continuará se empenhando pela vida digna dos índios, dos posseiros, boias-frias e desempregados. Nesta luta pela dignificação da pessoa humana, temos que valorizar a participação dos empobrecidos para que sejam sujeitos conscientes e atuantes na própria promoção. Neste sentido, entendemos melhor a contribuição indispensável da organização popular no processo constituinte, e a necessidade de se abrir novas oportunidades e canais para que o povo participe nas decisões que lhe dizem respeito.

Há, no entanto, um aspecto mais profundo a ser recuperado no esforço de respeitar e promover a dignidade dos empobrecidos. É o de reconhecermos melhor os valores no coração e na vida do povo mais simples. Não se trata de enaltecer a pobreza, nem muito menos a miséria. Trata-se apenas de identificar quanto há para se aprender com os simples, se quisermos acertar na construção da sociedade fraterna. É claro, também, que o pecado e a maldade se encontram em qualquer pessoa humana, independentemente de sua posição de classe social.

Os pobres confiam mais em Deus. São hospitaleiros. Festejam a vida que nasce e as alegrias simples de cada dia. Assumem com mais sacrifício o cuidado dos deficientes e enfermos. Adotam com amor crianças desamparadas. Até hoje, nas comunidades de periferia, quando há necessidade premente, o povo se sensibiliza e oferece aos outros, com generosidade, alimentos roupas e dinheiro de que precisará para própria subsistência.

Por que há tanta resistência à reforma agrária e urbana?

Falta-nos a abertura de coração e a vontade de partilhar com os outros atitudes que são mais comuns entre os pobres. Haveria tanta desigualdade social, no Brasil, se soubéssemos livremente colocar nossos bens disposição dos outros?

É por isso, sem dúvida, que Jesus nos ensinava a perceber a bem-aventurança dos simples e dos pobres, chamando a atenção não sobre a miséria, mas sobre a beleza do ideal evangélico de confiança em Deus e de solidariedade fraterna.

Um desafio que devemos enfrentar será o de conseguirmos alcançar níveis melhores de vida para as classes desfavorecidas, sem que percam a simplicidade de coração e os valores humanos que possuem em maior proporção do que nós.

Um caminho para isto será, desde já, o de procurarmos colocar a meta da nova sociedade mais na justiça e solidariedade do que nas miragens que o egoísmo consumista sabe criar até no coração dos pobres. É preciso que os empobrecidos de hoje conservem, também amanhã, a própria dignidade.

Religiosidade na URSS

26/09/1987

Na semana passada, tive a oportunidade de percorrer algumas cidades da URSS. Tratava-se, em companhia de D. Ivo Lorscheider, de atender ao desejo do Santo Padre João Paulo II de que o episcopado brasileiro expressasse solidariedade aos católicos da Lituânia, por ocasião do 6º Centenário da sua evangelização. Esta intenção se concretizou graças ao convite do venerável patriarca Pimen, que em Moscou preside a Igreja Ortodoxa Russa.

Poucos dias não permitem uma avaliação mais profunda sobre a complexa realidade da União Soviética. No entanto, foi possível constatar aspectos importantes da vivência religiosa do povo.

Não há apenas as manifestações de ateísmo. Revela-se uma forte presença de valores religiosos. Em relação à Igreja Ortodoxa Russa existe uma comunidade de aproximadamente cinquenta milhões de fiéis, com hierarquia bem organizada, em torno do patriarca de Moscou, auxiliada pelo Sínodo, metropolitas e jovem clero. Estão abertos três seminários em Leningrado, Odessa e Zagorsk com mais de 1.500 estudantes. Nota-se um esforço intenso para assegurar as solenes celebrações litúrgicas, a reconstrução artística dos templos e a serenidade na publicação de livros e revistas. É marcante o compromisso da Igreja Ortodoxa pela construção da paz no mundo.

Não é fácil, no entanto, determinar com exatidão os limites de independência frente ao Conselho para Assuntos Religiosos, órgão ligado ao Colégio de Ministros da URSS. Apesar da separação entre Igreja e Estado, ainda hoje os membros desse órgão de governo, de modo vigilante e às vezes ostensivo, exercem atividade normativa que restringe a dimensão profética da pregação religiosa.

Quanto à vida católica, concentra-se mais na Lituânia, onde há 80% de fiéis, na Letônia e em áreas da Bielorussia e Ucrânia. Em Moscou e Klev, há apenas uma igreja católica cujas portas se abrem algumas horas por dia. Na Lituânia, apesar dos anos de aflição e desterro de mais de um milhão de habitantes, está viva a fé católica, nos bispos, clero, no seminário de Kaunas e na participação consciente e corajosa dos fiéis nos atos de culto. Não posso esquecer a celebração eucarística em Kaunas, no dia 15 de setembro. A fé brilhava no olhar de milhares de fiéis. Foi emocionante o momento em que o povo veio saudar e abraçar os visitantes, pedindo-nos a bênção. Como conter as lágrimas?

Há também as comunidades luteranas, outras evangélicas, e todos os grupos muçulmanos e judeus.

O atual governo de Gorbatchev, através da política da transparência ("glasnost") e da reconstrução ("perestroika") mantém um inegável clima de distensão. Alimenta-se, por isso, a esperança de que o processo de abertura continue e consiga superar limitações ainda existentes quanto ao exercício da liberdade de consciência. Refiro-me, por exemplo, ao fato de igrejas serem utilizadas como galeria de arte e museu. Assim a catedral de Vilnius, e a Igreja de São Casimiro, padroeiro da Lituânia, a qual foi transformada em museu de ateísmo. Acrescento a expectativa de maior abertura para os seminários, permissão para a existência de congregações religiosas, educação religiosa nas escolas para os que têm fé e libertação dos sacerdotes lituanos. Espera-se, sobretudo, uma compreensão da atividade profética que pertence de modo indissolúvel à missão da Igreja.

Dois pontos despertam a minha meditação. Como conciliar o empenho pela paz e pela dignidade da pessoa humana, que se torna cada vez mais firme na URSS, com as restrições impostas ao exercício da liberdade religiosa? Por outro lado, o regime marxista considerou a religião como característica das condições de subdesenvolvimento econômico. Como explicar que, quando a URSS consegue realizar programas eficazes de moradia, educação e saúde, melhorando a vida do povo, justamente hoje esteja tão florescente a vitalidade religiosa em tantos cidadãos da União Soviética?

Sínodo dos Bispos sobre os Leigos

03/10/1987

Em Roma, na manhã de quinta-feira, o Santo Padre João Paulo II presidiu a concelebração eucarística na Basílica de São Pedro, abrindo o Sínodo dos Bispos sobre os Leigos. Durante o mês de outubro reúne-se a 7ª Assembleia Geral, na sequência dos sínodos de ordinária convocação.

O Sínodo é, como o nome grego indica (*syn-odos*), um "caminhar em conjunto", isto é, uma reunião que expressa colegialidade episcopal em união com o Santo Padre. Demonstra, também, a responsabilidade, de cada bispo, para com o bem da Igreja Universal. Na sua forma atual, surgiu em 1965, após o Concílio Vaticano II, por iniciativa de Paulo VI.

Neste Sínodo estão presentes 232 membros, a saber: patriarcas e arcebispos maiores das igrejas católicas de rito oriental (14), cardeais-prefeitos da Cúria Romana (23), representantes eleitos pelas conferências episcopais (154), representantes dos superiores maiores religiosos (10), aos quais, o Santo Padre acrescenta, outros, nomeados diretamente por ele (30), na proporção de 15% do total. Do Brasil compareçam, eleitos pelo episcopado brasileiro: o cardeal Aloísio Lorcheider; Dom Marcelo Pinto Carvalheira, bispo de Guarabira; Dom Celso José Pinto da Silva, bispo de Vitória da Conquista; e o presidente da CNBB. Foram escolhidos pelo Santo Padre, mais dois bispos: Dom Serafim Fernandes de Araújo, arcebispo de Belo Horizonte, e Dom Cláudio Colling, arcebispo de Porto Alegre. O cardeal Agnello Rossi participa como membro da Cúria Romana. Além dos bispos e superiores religiosos maiores, o Santo Padre costuma convidar outros participantes, na qualidade de ouvintes. Desta vez, devido ao tema que se refere aos leigos, foram convidados sessenta membros do laicato, sendo 26 mulheres e 34 homens das várias partes do mundo. Representa o Brasil, o casal Olindo e Marilene Toledo, da Diocese de Santa Maria.

Antes do atual Sínodo, realizaram-se seis, de 1967 a 1983. Os quatro últimos trataram, respectivamente, da evangelização (74), da catequese (77), da família (80), da penitência e reconciliação (83): houve mais dois sínodos, de convocação extraordinária, sobre a colegialidade dos bispos com o papa, em especial sobre as conferências episcopais (69), e, o último, reunido em 1985, para avaliar a aplicação dos documentos do Concílio Vaticano II, no vigésimo aniversário de sua realização.

O Sínodo é uma experiência de fé e, por isso, os trabalhos são feitos num clima de oração e contam com as preces das comunidades do mundo inteiro. Tem por finalidade colaborar com o Santo Padre nas questões de fé e costumes, na disciplina eclesiástica e no estudo das questões que se referem à ação da Igreja no mundo. Possui caráter consultivo. Mas, em casos especiais, o Santo Padre pode lhe conferir função deliberativa.

O Sínodo foi longamente preparado desde 1983. Através das contribuições enviadas pelo episcopado, elaborou-se um documento de trabalho sobre o tema "A vocação e a missão dos leigos na Igreja e no mundo vinte anos depois do Concílio Vaticano II".

O programa deste mês inclui três fases – a primeira fase, até 14 de outubro, está articulada em dezesseis sessões plenárias nas quais intervêm oradores conforme livre inscrição, que procuram aprofundar o relatório sobre o tema central, a seguir, de 15 a 20 de outubro, inicia-se a segunda fase, sob a forma de discussões em doze grupos. Os "círculos menores", divididos conforme as línguas, a fase final, destina-se a elaborar e votar, proposições a serem apresentadas ao Santo Padre. Este Sínodo inclui, ainda, no programa, um conjunto de relatórios sobre o período de trabalho de 83-87, acerca da preparação do Catecismo da Igreja Católica, cuja primeira redação estará terminada até o início do ano próximo, para consulta aos bispos.

A inovação maior do Sínodo, é a possibilidade de se ouvir, em quatro grandes sessões, o depoimento dos participantes leigos.

Nesta noite de sábado, na Basílica de São Pedro, reúnem-se milhares de fiéis com o papa e os bispos, para a vigília de oração pelo Sínodo. Ofereçamos também nossas preces, unidas as dos enfermos e das comunidades do mundo inteiro.

Vocação e missão dos leigos

14/10/1987

A primeira semana de trabalho do atual Sínodo de Bispos sobre os Leigos, que está se realizando em Roma durante o mês de outubro, dedicou-se em aprofundar o tema central. A discussão foi introduzida por uma síntese apresentada pelo cardeal Jacinto Thiandoum, arcebispo de Dakar, no Senegal. O assunto já tinha sido exposto no "instrumento de trabalho", publicado com meses de antecedência. O novo texto focalizou a "Vocação e Missão dos Leigos no Mundo". O cardeal relator colocou em evidência a identidade do cristão, seja qual for seu carisma e estado de vida.

Pelo Batismo formamos um só povo de Deus, chamado à santidade, à participação da comunhão divina nos dias de hoje, e, empenhado em continuar a tríplice missão de Jesus Cristo: anunciar o Evangelho e dar testemunho de sua ressurreição, oferecer-se para que todos tenham a vida nova que deriva da redenção e participar da ordenação deste mundo para Deus, superando os desvios provenientes do pecado.

O relator selecionou quatro questões concretas para estudo:

- Em que consiste a dimensão secular do cristão leigo?

- Que relação deve haver entre as associações leigas e a hierarquia?
- Multiplicam-se os serviços e ministérios na Igreja. Como definir melhor os ministérios conferidos a leigos e a sua relação com os bispos, padres e diáconos?
- Não menos importante é a quarta dimensão, que trata da dignidade da mulher e da missão que lhe é própria na Igreja.

Durante a semana, as longas sessões da manhã e da tarde deram lugar ao uso livre da palavra por parte dos membros do Sínodo. O tempo concedido é de oito minutos por orador. Isto permite, no entanto, cada um completar a exposição através de um texto escrito publicado nos anais. As línguas até o momento mais utilizadas, quase na mesma proporção, são o latim, o francês e o inglês, seguidas de perto pelo espanhol.

Os assuntos mais tratados têm sido o da caracterização da missão dos leigos, o tema da mulher na Igreja à luz da vida exemplar de Maria, o trabalho de formação dos leigos, a atuação nas comunidades de base, nos movimentos e associações, os serviços na educação e na saúde e o empenho para a transformação das situações de injustiça e pecado por meio dos valores evangélicos.

Vão surgindo aspectos de consenso que deverão, na próxima semana, ser aprofundados e discutidos em grupos de estudo.

Falaram ainda nestes dias doze leigos, homens e mulheres, apresentando o testemunho da vida árdua do operário, o da mãe de família, o dos deficientes e enfermos, o do empresário e outros, no esforço comum de viverem sua fé, participando da própria comunidade de Igreja e a transformação dos ambientes em que vivem.

O balanço desta primeira semana, na opinião dos participantes, é de que o trabalho já realizado vem demonstrando algumas constantes, apesar da diversidade das nações e circunstâncias de vida. O ritmo é de rigorosa pontualidade. Há, no entanto, uma cordialidade fraterna.

A variedade dos oradores e a diferença das línguas e costumes não impedem que esteja presente em todos a preocupação com os graves problemas de paz e de justiça no mundo. Pelo contrário, é isto que faz a atenção mais profunda voltar-se para Deus, em contínua oração.

Para onde vai o Sínodo

24/10/1987

Nesta semana os membros do Sínodo examinaram os resultados dos doze círculos linguísticos em que a assembleia se dividiu para aprofundar o relatório oficial apresentado pelo cardeal Hyacinthe Thiancoum. O diálogo lançou nova luz sobre os quatro temas que vinham merecendo mais atenção: identidade e missão da mulher na Igreja, associações e movimentos.

A insistência maior voltou-se para a atuação dos cristãos leigos no mundo de hoje, focalizando os problemas mais urgentes que desafiam as comunidades cristãs nos diversos continentes.

Qual a reposta que o Evangelho traz a estas questões? Em longas sessões do plenário seguidas com grande interesse, o relator de cada grupo procurava sintetizar as centenas de páginas dos doze fascículos. A seguir falaram com rara maestria quatro representantes dos leigos presentes expondo livremente suas posições: da Índia, Coreia, Nicarágua e Benin.

O método previsto estabelece que cada tema seja expresso em proposições concisas a serem votadas no decorrer da próxima semana. Ficará, no entanto, à disposição para futuros aprofundamentos um material de extremo valor que revela o alto nível a que chegaram os estudos e discussões destes dias.

As questões são focalizadas como desafio à capacidade de serviço por parte dos cristãos. Devem se sentir chamados a dar sua contribuição modesta, mas sincera, para promoção integral daqueles cuja dignidade de filhos de Deus é gravemente desrespeitada. Ainda hoje milhões de homens e mulheres padecem a violação de seus direitos fundamentais. Vivem ameaçados pela guerra, sofrem restrições à liberdade ou são vítimas de injustiças sociais.

Muito poderia ajudar um maior entendimento entre os grupos religiosos do mundo inteiro para promover em conjunto condições condignas de vida e um novo tipo de civilização.

A convicção dos membros do Sínodo é de que os cristãos possuem a missão de ser fermento, sal e luz de uma sociedade mais solidária. Devem, pelo testemunho da própria vida e por uma atuação competente, empenhar-se para a transformação das estruturas econômicas, políticas e sociais que pervertem o relacionamento humano e tornam o mundo cenário de violência, medo e frustração.

A atuação dos cristãos só será eficaz se for o fruto de conversão pessoal e permanente pela superação do egoísmo e do pecado na fidelidade à mensagem de Jesus Cristo.

Entre as situações desumanas que exigem o esforço dos cristãos o Sínodo reafirma o pleno direito à liberdade de consciência e, em primeiro lugar, à liberdade religiosa. São muitos os que ainda hoje não podem reunir-se para viver em comum a própria fé e assegurar a seus filhos a conveniente educação religiosa. Há outros que sofrem limitação na liberdade política, excluídos do acesso a cargos públicos pela arbitrariedade de regimes totalitários. Outros são vítimas da discriminação racial. A dignidade humana é vilipendiada no direito ao trabalho. Inúmeros jovens não têm a oportunidade de emprego com justa remuneração e segurança contra acidentes. Aos operários é negada a livre organização para promoção eficaz e pacífica de seus direitos. É indispensável a luta contra a produção, comércio e distribuição da droga. Que dizer da permissividade moral e das práticas perniciosas que atentam contra o direito à vida pelo aborto provocado, a manipulação do embrião humano? Como explicar o abandono a que se relegam milhões de crianças no mundo inteiro?

Os esforços de todos os cristãos devem convergir para que os grupos empobrecidos tenham acesso à terra e à moradia e demais exigências de vida honesta. No plano internacional urge uma campanha para evitar a danificação da natureza, assegurando a conservação das condições ecológicas. Nem pode tardar a revisão e solução da dívida externa que pesa sobre o Terceiro Mundo.

Muitas propostas comprometem-se com a obtenção da paz e só o entendimento mútuo há de superar guerras e guerrilhas, conflitos entre raças e nacionalismos exacerbados. É preciso uma ação coesa contra a violência, terrorismo, repressão injusta e tortura. Requer-se, quanto antes, um pacto que impeça definitivamente o abuso da compra e venda de armas.

O Sínodo em Roma sobre a missão dos cristãos torna-se assim anúncio profético que poderá em todas as nações inspirar uma legislação capaz de salvaguardar a justiça, a liberdade e a paz universal.

Possa a Constituição brasileira, desde logo, dar o bom exemplo.

O futuro do Sínodo

31/10/1987

Ontem, na Basílica de São Pedro em Roma, o Santo Padre e os membros do 7º Sínodo Romano, reuniram-se para a celebração eucarística final. Desde o início de outubro foram trinta dias de oração, estudo, muitas horas de plenário e trabalho em grupos. Num clima de amizade fraterna a Igreja viveu a alegria visível de sua universalidade. Faz bem constatar o espírito de união entre membros de todos os continentes, raças e línguas.

O Sínodo terminou. Há dois documentos. Que fica para a vida da Igreja. O primeiro contém as conclusões dos trabalhos que foram entregues ao Santo Padre abrangendo três partes, num total de aproximadamente cinquenta páginas. Há nove propostas sobre a identidade teológica do cristão, que é chamado a viver a comunhão com Deus e os irmãos e a comunicar ao mundo os valores da salvação. Dez proposições focalizam o cristão leigo dentro da própria Igreja. A parte mais ampla é formada por 35 proposições que tratam da missão do cristão na sociedade hodierna incluindo, desde empenho pela promoção dos valores morais e o compromisso sociopolítico pela liberdade, justiça e paz, até os serviços em favor dos doentes e as atividades em prol dos marginalizados. Este conjunto fica à disposição do Santo Padre com um pedido de que seja elaborado um documento pastoral para o bem de toda a Igreja.

O segundo texto é a "Mensagem ao Povo de Deus". Para partilhar com as comunidades a experiência deste mês, os padres sinodais decidiram redigir em estilo conciso e dinâmico um documento que sublinha a importância da missão dos cristãos leigos, salienta em especial a ação da família e da juventude, a dignidade da mulher e a necessidade de coerência entre fé e vida, e do serviço à sociedade. O documento termina com um veemente apelo à solidariedade e à esperança, convocando a todos para que se deem as mãos e se dediquem a construir um mundo de justiça e paz.

Há, no entanto, algo além dos documentos que permanecerá como característica desse Sínodo. É a experiência de comunhão eclesial entre os participantes e todos que nestes dias acompanharam os trabalhos, com preces diante de Deus. No mundo inteiro as comunidades rezavam. Em Roma, um grupo ecumênico de jovens, reuniu-se em oração, todas as tardes, numa de suas diferentes paróquias. O Sínodo não constitui apenas uma instância consultiva que expressa a colegialidade da Igreja Católica. É também uma semente de vida nova para o serviço pastoral das Igrejas locais. É ainda cedo para perceber todos os frutos. Há algo de muito promissor que desponta: a consciência mais profunda para todos os discípulos de Cristo da responsabilidade de testemunhar a própria fé e a força transformada do Evangelho. O mundo precisa do amor e paz que Cristo nos dá.

O fruto do Sínodo há de se manifestar na família, na fábrica e no campo, no desafio da vida político-econômica. Os cristãos devem se sentir chamados a ser fermento, humilde mas eficaz, na vida de cada dia, para que os valores do Evangelho estejam mais presentes e atuantes no Brasil e no mundo de hoje. O Sínodo de Roma valeu. A semente foi lançada à terra. Há de crescer e dar muitos frutos.

Servir à nação

28/11/1987

Em Brasília, o Conselho Permanente da CNBB terminou ontem sua reunião semestral, num clima de oração, estudo e fraternidade. Fez-se a avaliação do ano e aprovou-se a programação para 1988.

O Conselho avaliou a conjuntura que o Brasil atravessa. Reafirmou sua confiança no processo democrático e na atuação da Assembleia Nacional Constituinte.

Em mensagem às comunidades, os bispos insistem em recordar a necessidade de consolidarmos a democracia que assegure a participação do povo e a ascensão dos empobrecidos a condições dignas de vida.

O fundamento de uma transformação social que perdure são os valores morais e religiosos. Lembra o documento o empenho da Igreja pela vida, que deve ser defendida desde o primeiro momento da sua concepção, da dignidade da família, da liberdade de educação.

Mais uma vez afirma a necessidade de promoção dos direitos dos trabalhadores, de uma autêntica reforma agrária e do solo urbano. Maior ênfase é colocada em favor das populações indígenas, ameaçadas de não terem defesa legal perante as empresas mineradoras. Durante o encontro, chefes indígenas de todo o Brasil vieram apresentar aos bispos sua angústia e a expectativa de que a Constituição venha ao encontro do direito que eles possuem à terra que sempre lhes pertenceu.

A mensagem manifesta apoio aos missionários, em especial ao bispo de Roraima, D. Aldo Mongiano, recentemente caluniado por causa de seu constante empenho em defesa do índio.

Não raro, a Igreja tem sido questionada sobre a sua posição em favor da reforma agrária. O documento recorda que a doutrina católica não é contra a propriedade, indispensável à dignidade da pessoa humana e que, portanto, deve estar ao alcance de todos. Esclarece que outra é a posição dos que propugnam, como a URD, o direito absoluto a latifúndios sem colaborar para que tenham acesso à terra milhões de brasileiros que dela necessitam.

A seca volta a flagelar o Nordeste. É lamentável que não se tenha ainda uma opção política firme em benefício desta área sofrida do país. As dioceses deverão reativar o esquema de entreajuda que vigorou em anos passados. Em virtude de sua missão religiosa, a Igreja, procurando ser fiel ao Evangelho, tem o dever de se empenhar pela transformação das condições injustas de vida por via pacífica. Outro caminho seria inaceitável e pernicioso como a história o demonstra.

É por isso que alimenta a esperança de que as atuais dificuldades que a Assembleia Nacional Constituinte enfrenta possam ser vencidas pelo diálogo que assegure o processo democrático. Os trabalhos das comissões alcançaram conquista de valor em muitos pontos.

Fazem os bispos um apelo aos constituintes para que a exemplo de patriotismo e o empenho pela unidade em favor do povo venham reanimar o país em seu processo de democratização.

Mais do que de estudo, estes dias foram de oração na certeza de que a graça de Deus é sempre maior do que nossas dificuldades e limitações.

O povo que lutou e sofreu pela volta da democracia não merece ser frustrado na sua expectativa.

É hora de superarmos pretensões grupais e partidárias.

É hora de grandeza no serviço à nação.

Natal de verdade

19/12/1987

Depois de um ano como esse, quem não fica contente pensando que o Natal vai chegar outra vez? Afinal, é um dia de amizade, de encontro da família, ouvindo e procurando acolher de novo a mensagem de paz. Importam menos os presentes. O que vale mesmo é a paz e a volta aos tempos de criança, a experiência do misterioso contentamento que esta festa traz para todos nós. No entanto, é preciso, além destes valores, descobrir a razão profunda da alegria.

Natal é mais uma vez celebração do nascimento de Jesus Cristo na história da humanidade. Para quem tem a graça da fé é a ocasião de agradecer a Deus ter nos dado seu Filho. Veio nos libertar do egoísmo e do pecado, da divisão e da violência. Veio nos ensinar que o perdão acontece de verdade, que é possível vencer o mal com o bem, que a vida não acaba com a morte. Veio anunciar que Deus é Pai de todos. Para além das raças e classes somos todos irmãos. Veio resgatar o sentido da dor, mostrando que é possível sofrer por solidariedade, fazendo-se pobre e pequeno, perseguido e injustiçado para revelar o amor e salvar os irmãos.

Tudo isso é Natal.

Num mundo onde ainda perduram conflitos, ambições e desrespeito da pessoa humana é preciso celebrar o Natal de verdade e renovar a fé na confiança em Deus e na força da fraternidade.

Há muitos em nossa pátria que vão perdendo a esperança nas soluções humanas, vítimas das promessas sempre adiadas. A inflação vem corroendo o salário e acarreta restrições e sacrifícios, temores de dias piores. Não podemos desconfiar da ordem constitucional. É evidente que o Brasil precisa de uma Carta Magna que corresponda aos justos anseios populares. No entanto, a demora e a impressão de que interesses menores estejam prejudicando o processo constituinte acabam por minar no meio do povo a expectativa de uma sociedade mais justa e solidária.

Vamos celebrar este Natal de verdade, acreditando na misericórdia divina que supera nossas fraquezas e faltas e pode reacender em cada um de nós a vontade de viver e construir uma sociedade fraterna.

Este Natal deve trazer esperanças aos que sofrem injustiças sociais, aos sem-terra e sem-teto, aos sofredores de rua, aos menores desamparados, aos operários que se organizam pela promoção de seus direitos.

Acolher Jesus Cristo que nasce de novo é reconhecê-lo presente na pessoa de cada irmão. É comprometer-se em fazê-lo feliz, não só pelo presente de um dia, mas pelo empenho em transformar as estruturas sociais para que todos tenham condições mais dignas de vida como Deus quer.

Última semana

26/12/1987

A noite de Natal veio trazer neste final de ano a oportunidade de contemplar à luz da fé os acontecimentos mais significativos do ano, percebendo melhor luzes e sombras, ganhos e perdas. O apóstolo Paulo nos ensina que tudo coopera para o bem daqueles que têm a experiência de que Deus os ama (Rm 20,28). É preciso, portanto, refletindo sobre os acontecimentos do ano, reconhecer as graças recebidas e aprender nas dificuldades e reveses a mensagem de vida e os sinais de esperança.

Se fôssemos rever em comum os grandes atos do ano, provavelmente cada um teria algo mais pessoal a sublinhar. O mesmo fato para uns foi positivo e para outros teve consequências negativas. No entanto, nesta última semana cada um há de encontrar um momento de oração para diante de Deus avaliar o ano de 1987.

Apesar de haver ainda países em guerra, de continuarem lamentáveis conflitos de guerrilha, houve neste ano um notável esforço para o desarmamento entre as grandes potências. Na União Soviética a política de "glasnost" e da "perestroika" prometem transformações dentro do regime em beenefício da liberdade.

Na área dos direitos humanos cresce o repúdio universal à tortura, ao uso da violência, ao racismo. Procuram-se sistemas novos que evitem ideologias que restringem a liberdade, bem como os que superem desigualdades sociais, fruto de abusos do capitalismo. Não podemos deixar de reconhecer os esforços para o entendimento que assegure a paz aos países da América Central.

Tudo isso, apesar dos fracassos e das dificuldades atuais, revela uma forte aspiração por uma convivência humana mais solidária.

No plano nacional, o ano de 1987 ficará ligado ao processo constituinte com suas esperanças no trabalho das subcomissões e, em especial, com o despertar de intensa participação popular. Quem não se lembra das propostas de emendas que circularam durante meses pelas comunidades e organizações do povo? Este fato é original na história do Brasil. É preciso, no entanto, que esta iniciativa não fique frustrada por falta do devido atendimento por parte da Assembleia. Como será a reforma agrária e do solo urbano? Como salvaguardar sem ambiguidades o direito das populações indígenas? Estes e outros pontos hão de requerer um esforço maior da Assembleia Constituinte para evitar um hiato entre a justa expectativa do povo e a futura Constituição. A mudança sucessiva do ministro da Fazenda, a alta da inflação, o arrocho salarial fazem da questão econômica a que maior frustração trouxe para o nosso povo.

No plano eclesial, 1987 é o ano do Sínodo Episcopal sobre os Leigos que trouxe para toda a Igreja a consciência renovada de sua missão de anunciar os valores religiosos e contribuir para uma sociedade fraterna. O Santo Padre João Paulo II, no seu empenho incansável de construir a paz aponta, para o ano 2000, convidando todos os povos a estabelecerem bases mais sólidas de convivência humana. Neste sentido, convocou as comunidades católicas para um ano de oração, especialmente dedicado a louvar e a imitar a mãe de Jesus e de todos os cristãos.

Não podemos deixar de agradecer a Deus, no Brasil, os frutos da Campanha da Fraternidade sobre o menor. Houve real conversão de atitudes por parte de muitas comunidades que se abriram para o atendimento à criança carente e ao compromisso de lutar pela transformação das estruturas que geram injustiça e desigualdade social. É preciso assegurar à criança prioridade absoluta nos programas nacionais.

Na noite de Natal, celebrava a Eucaristia para a comunidade do Sinhá, onde são numerosas as crianças em volta do altar. Uma delas, Viviane, pequenina, acompanhou tudo com atenção. No fim, veio com afeto saudar-me e sorrindo deu sua mensagem: "Fica com Deus".

O ano termina sem festa e em meio a muitas perplexidades. Vale como augúrio a palavra de Viviane. Não percamos a esperança. Vamos enfrentar unidos e com coragem o ano que vem. Deus está conosco.

Os caminhos para a Paz

02/01/1988

O Ano Novo traz sempre esperança. É por isso que saudamos os amigos, desejando a todos um "feliz Ano Novo". Acreditamos que os sofrimentos e dissabores do ano que passou possam ser superados. Procura-se celebrar em comum a expectativa de dias melhores. Nem sempre se pensa no que é necessário para que os dias melhorem.

Pretendemos alcançar o entendimento entre as pessoas, a concórdia, condições mais dignas de trabalho e vida, a paz na família e na sociedade. Tudo isso que tanto desejamos não acontecerá sem a nossa colaboração e a graça de Deus. No início deste ano é preciso renovar a confiança em Deus e pedir a ele, com humildade, que nos dê sua bênção, sua força, sua graça, para vencermos o egoísmo, a frieza diante do sofrimento alheio, o instinto de dominação, e a tentação da violência. Sem conversão de atitude, sem mudança do coração, nossos desejos não passarão de veleidades.

Para chegarmos à paz, temos que percorrer os caminhos certos. Na sua recente exortação sobre a paz, o Papa João Paulo II reafirma a liberdade de consciência como primordial condição da paz. Com efeito, a paz requer o pleno respeito à pessoa do irmão. Precisamos, portanto, reaprender a atitude do reconhecimento da dignidade de cada pessoa humana, respeitando sua liberdade de consciência e colaborando para que atinja a verdade.

O mundo em que vivemos reflete tensões, distâncias, divisões e injustiças arraigadas. Os grupos defendem seus próprios direitos contra os demais. O espírito de classe ao invés de reforçar os valores comuns, não raro, constitui-se como fator de exclusão dos demais. Radicalizam-se os movimentos, defendendo-se com ideologias que, à força de insistir em algumas verdades, acabam por perder a visão de conjunto e atentar contra a solidariedade.

O respeito e a estima aos outros incluem a abertura ao diálogo, a vontade de sair de si mesmo, e conhecer posições complementares e de contribuir para o desenvolvimento dos demais. A paz nasce do anseio comum de promover a todos. É necessário reencontrar caminhos que levem a humanidade a construir e não destruir, a unir e não dividir, a promover o desenvolvimento solidário e não privilegiar nações e grupos, esquecendo-se dos demais.

Tudo que impede a autêntica liberdade lesa a pessoa humana e a construção da paz. A recusa por parte de um setor da sociedade a dar a outro oportunidade de desenvolvimento contradiz a própria noção de solidariedade humana. É por isso que o augúrio de felicidade para o Ano Novo exige o compromisso de procurarmos condições mais dignas de vida para os marginalizados.

No Brasil a futura Constituição e os programas governamentais precisam encontrar os caminhos para dar exemplo de respeito à dignidade dos empobrecidos e de sincera vontade promovê-los. Enquanto houver a triste impressão de que a Lei Magna não se abre a reformas que garantem terra, casa, trabalho digno, mas pelo contrário, privilegia a concentração do capital nas mãos de grupos pouco caminho se fará em demanda da paz.

O respeito ao povo requer que se evite a todo custo que as futuras campanhas eleitorais se façam com verba pública destinada por própria natureza às melhorias sociais. Os caminhos da paz passam também pelo respeito às populações indígenas, às famílias sem-terra e sem trabalho e a todos cujos direitos são vilipendiados.

Unamos nossas preces a Deus que no ano de 1988 o povo brasileiro percorra caminhos de paz. O Ano Novo será feliz na medida em que nos comprometemos com a promoção dos mais necessitados.

Feliz Ano Novo!

A peregrina da paz

30/01/1988

Dentro de alguns anos vamos celebrar o segundo milênio do nascimento de Cristo. Para o Papa João Paulo II esta data traduz a esperança de ver os povos se comprometerem com o ideal que Jesus Cristo veio a todos anunciar.

Daí os constantes apelos para que cessem as guerras e se efetive o progressivo desarmamento entre as nações. Isto só acontecerá no momento em que houver a superação do ódio e da violência. Para isso é indispensável a prática do perdão com a renúncia a toda vontade de dominação e vingança. Povos e nações terão que reaprender a solidariedade, a arte do diálogo, a busca conjunta da justiça e da concórdia, dentro do respeito às diferenças culturais e religiosas. Pensemos nas lutas entre Iraque e Irã: nos tiroteios de Gazza, nos conflitos da América Central, nas restrições de liberdade no leste europeu e no sofrimento do Líbano, ainda hoje invadido e ameaçado pelas forças da Síria e Israel.

O mundo precisa se educar para a paz conforme o ensinamento de Cristo. É por isso que o Papa João Paulo II, desejando criar condições para o surgimento de uma sociedade justa e fraterna, convidou as comunidades cristãs para o Ano Mariano de especial meditação e preces em louvor daquela que Jesus nos deu por mãe.

Ela intercede por nós para que sejamos capazes de colocar em prática a mensagem do Evangelho. Ela há de nos ajudar a imitar sua fé, amor e confiança em Deus. Ela que ama a todos como mãe há de reunir raças e classes, ensinando a reconhecer a dignidade de cada irmão e viver o belo programa de justiça que proclama em seu canto bíblico.

Assim, no mundo inteiro multiplicam-se as homenagens filiais à mãe de Jesus. Quem não se lembra da abertura do Ano Mariano no dia 6 de junho, quando a oração do Rosário foi rezada pelo Santo Padre e acompanhada simultaneamente em todas as línguas e continentes?

No Brasil, intensifica-se a romaria aos santuários. Em Aparecida, cresce o número de peregrinos. As cidades recebem com devoção e júbilo a imagem de Nossa Senhora de Fátima, peregrina da paz, que nestes dias será homenageada na capital. Nesta acolhida, há dois aspectos a ressaltar. Primeiro o culto de veneração que lhe ofertamos vai além da imagem, vai à pessoa da mãe de Jesus. Cremos que ela, glorificada por seu filho, intercede por nós diante de Deus. Em segundo lugar, os vários títulos que atribuímos a nossa mãe e senhora são formas de louvor que nos ajudam a crescer na confiança filial. Assim, ao venerarmos a mãe de Jesus sob o título de Nossa Senhora de Fátima, desejamos acolher sua mensagem de oração, penitência e paz e a palavra promissora sobre a conversão dos que professam o ateísmo na Rússia.

O povo vai se reunir na Praça da Sé e acompanhar a procissão da imagem até a Igreja de Fátima, no Sumaré. Será oportunidade para pedirmos graças especiais. Que Nossa Senhora nos ajude a voltar o coração para Deus, a superarmos a permissividade e os desmandos morais, a promover a vida familiar e a justiça na sociedade. Que ela nos auxilie a assumir o compromisso em benefício da moradia popular. Pensemos nos que habitam em cortiços, nas favelas, nos acampamentos e que aguardam até hoje solução.

Ao passar pelas praças e avenidas da cidade, a Virgem Peregrina da Paz nos ensine a acolher os menores abandonados e os sofredores de rua.

Rezemos pela pátria. O Brasil está na fase final dos trabalhos da Constituinte. Nossa prece se eleve até Deus por intercessão de Nossa Senhora Aparecida, para alcançar o acatamento pelos representantes eleitos das aspirações inadiáveis do povo por uma organização mais justa e solidária da sociedade. Como seria bom que a Lei Magna brasileira celebrasse o nascimento de Cristo, expressando nos seus artigos o respeito à pessoa humana e a fraternidade que ele veio nos ensinar.

A paz é fruto da solidariedade

27/02/1988

No dia 19 de fevereiro, o Papa João Paulo II divulgou sua 7ª encíclica com o título "Sollicituto Rei Socialis", solicitude pela questão social. Comemora o 20º aniversário da encíclica de Paulo VI, "Populorum Progressio". O texto, dividido em sete capítulos tem 106 páginas e focaliza como tema central o problema do desenvolvimento e sua relação com a paz. Completa a encíclica "Laborem Exercens" sobre o trabalho humano, publicada a sete anos. Temos a missão e o compromisso solidário de promover o desenvolvimento nas suas dimensões econômica, cultural, moral e espiritual.

O 1º capítulo define os objetivos da mensagem de João Paulo II. No 2º capítulo recorda e aprofunda a noção de desenvolvimento conforme Paulo VI. O capítulo seguinte apresenta a situação do mundo contemporâneo, mostrando como ainda estamos longe de alcançar o verdadeiro desenvolvimento. Milhões de pessoas humanas padecem de intolerável miséria. Nestes irmãos sofredores quem nos questiona é o próprio Cristo. Dedica o 4º capítulo a definir a natureza moral do desenvolvimento. No 5º capítulo analisa os obstáculos de ordem moral que impedem ou prejudicam as decisões eficazes. Trata das "estruturas de pecado". Indica, a seguir, a doutrina social da Igreja, apontando caminhos concretos para superar o subdesenvolvimento. O capítulo final estabelece a relação entre desenvolvimento e libertação, convocando a todos para uma colaboração efetiva em vista de uma vida mais humana.

Entre os pontos característicos desta encíclica, sublinhemos a referência à influência negativa da divisão do mundo em dois blocos, opostos pela produção e comércio das armas, bem como a grave desigualdade entre os países do Norte e do Sul. Insiste o texto nos obstáculos pela falta de liberdade religiosa e dos direitos sociais e políticos, pelo desrespeito à identidade cultural de cada povo e às exigências ecológicas.

João Paulo II valoriza a solidariedade universal e o sentido cristão do compromisso pelo desenvolvimento. Nenhuma realização temporal se identifica com o Reino de Deus, mas cada uma delas pode refletir e antecipar os valores deste Reino. Todo esforço humano, solidário, sustentado pela graça divina, contribui para uma vida mais digna de filhos de Deus e anuncia o Reino definitivo, quando será perfeita a concórdia entre os homens e a união com Deus.

A encíclica focaliza algumas reformas urgentes e necessárias: no sistema monetário e financeiro mundial, em alguns aspectos das organizações internacionais e na transferência de tecnologias. Há uma defesa vigorosa da autonomia e do desenvolvimento integral de cada indivíduo e do direito à participação nos processos políticos. Reafirma a obrigação de solidariedade com as nações pobres, excluindo opressões e toda a forma de exploração, relembrando a obrigação moral das nações mais ricas para com as outras. A paz no mundo será possível quando houver superação do imperialismo econômico, militar ou político e se alcançar a colaboração entre as nações. A paz é fruto da solidariedade.

Acrescenta João Paulo II uma referência explícita às virtudes cristãs do amor gratuito, do perdão e da reconciliação, que nascem da consciência da paternidade comum de Deus e da comunhão fraterna que deve haver entre nós. Estamos ainda distantes deste ideal.

É preciso, neste Ano Mariano, com humildade, recorrer sempre mais a Deus que pode converter o coração do homem, vencer ódios, mecanismos perversos da sociedade, atraindo-nos em Cristo, à tão desejada solidariedade fraterna.

S.O.S. permanece

05/03/1988

Há mais de 20 dias milhares de brasileiros sofrem os efeitos das chuvas, enchentes e desabamentos. A televisão focalizou cenas dramáticas de destruição e heroísmo. Não podemos esquecer as mortes, as ações de salvamento das vítimas, os gestos de solidariedade humana.

No entanto, hoje, permanecem dois grandes problemas: o atendimento aos desabrigados e a reconstrução das casas.

O Brasil, mais uma vez, revive dias de intensa colaboração. Além das campanhas governamentais, há o esforço comovente do próprio povo, generoso em oferecer tudo que pode. Há poucos dias uma jovem mãe, moradora da periferia de São Paulo, dizia, depois de muitas horas de trabalho: "Passei pelas casas pedindo a todos ajuda para os desabrigados do Rio. Fico tão contente pensando que essas coisas vão ajudar as pobres vítimas das enchentes". Esta mulher, mãe de três filhos, vive em extrema penúria e muitas vezes não tem o que comer. Exemplos como esse multiplicaram-se, demonstrando a solidariedade no sofrimento.

Nas comunidades e paróquias, tem sido constante a oferta dos fiéis e as campanhas de alimento, remédios e roupas.

Na última semana, diante do material arrecadado no Tatuapé, surgiu a iniciativa de lotarem um caminhão e de levarem, diretamente, a carga aos desabrigados da Baixada Fluminense. O motorista fez questão de contribuir com o trabalho gratuito.

Embora toda esta colaboração expresse a sensibilidade humana e cristã diante da necessidade de tantos irmãos, há ainda muito que fazer: faltam colchões, remédios e objetos para a higiene pessoal e limpeza dos locais.

A tarefa mais importante é a da reconstrução. Passadas as semanas de maior aflição e de ajuda espontânea, fica a grande pergunta: Onde vão morar os desabrigados? Como mobiliar suas casas e oferecer-lhes condição de recomeçar a vida normal? É preciso que a solidariedade continue a se manifestar. A instituição "Caritas", que coordena as doações e serviços da Igreja em todo país, através da conta Bradesco 66.000-0, agência Brasília 484/7, reafirma que o mais difícil é assegurar a reconstrução. Infelizmente, por ocasião de enchentes, em anos passados, muita gente ficou desabrigada e empobrecida por falta de uma ação eficaz por parte da sociedade. É indispensável um empenho preventivo para evitar os desastres por ocasião de futuras chuvas.

No momento em que em Petrópolis, na Baixada Fluminense, no Rio de Janeiro, no Acre e em outras áreas tantos brasileiros aguardam a prova de fraternidade, não é o caso de eliminarmos gastos supérfluos e, mesmo com sacrifício de bens necessários, alimentarmos a esperança de tantos irmãos?

O óbulo dos fiéis, nas igrejas, deverá, durante estas semanas destinar-se, com prioridade, às vítimas mais sofridas das recentes catástrofes.

No entanto, lembremo-nos de que, mesmo sem enchentes e desabamentos, há estruturas injustas na sociedade que marginalizam nos bolsões de pobreza milhões de seres humanos, sem alimento e roupas suficientes, doentios e desabrigados.

A solução para eles não é apenas o gesto solidário destes dias, mas a conversão profunda nossa e de toda a sociedade para uma convivência permanente na justiça e no amor.

Palavra de gratidão

09/04/1988

Peço licença para, nesta coluna, expressar meu agradecimento à Arquidiocese e à cidade de São Paulo. Impossível esquecer 12 anos de contato com o povo simples e amigo, especialmente com as comunidades da zona leste, com os menores da cidade.

Ao receber do Santo Padre a nomeação para a Arquidiocese de Mariana, quero agradecer a Deus o privilégio de ter sido chamado por D. Paulo Evaristo para trabalhar a seu lado com os demais bispos auxiliares. A experiência, a amizade e o incansável zelo pastoral de D. Paulo Evaristo marcaram definitivamente minha vida.

Os bispos da cidade de São Paulo por mais de 10 anos têm procurado traduzir a unidade do pastoreio numa fraterna solidariedade que se prolonga na colaboração com as centenas de sacerdotes e milhares de religiosas e leigos à serviço do povo de Deus.

O lento aprendizado destes anos ensinou a importância de criar nas comunidades formas de participação e de articular uma pastoral de conjunto. Nestes anos, cresceu, à luz do Evangelho, a descoberta de que a universalidade do amor cristão deve se harmonizar com as exigências do amor preferencial aos mais pobres, crianças carentes, moradores de cortiços e sofredores de rua. Sofrem mais o desrespeito da dignidade da pessoa humana.

Sinto também o dever, diante de Deus, de reconhecer minhas falhas e de pedir que, na sua bondade, abençoe aqueles a quem possa ter desagradado.

Entre os maiores benefícios deste período, considero a graça de ter podido partilhar com inúmeros agentes de pastoral o serviço aos menores empobrecidos. Quem poderá esquecer o idealismo escondido de tantos agentes nas creches, centros educacionais, equipes de atendimento ao menor de rua, acompanhamento aos infratores?

Deus recompense a todos e continue sua coragem no trabalho, para que a transformação das estruturas da sociedade corte pela raiz os efeitos de tão grande injustiça.

Levo para a Arquidiocese de Mariana o desejo sincero de servir e de recomeçar o caminho do aprendizado de uma nova realidade, na certeza de que não faltará a paciência e a colaboração do incansável arcebispo D. Oscar e dos que já atuam na seara na qual a Igreja me envia a trabalhar.

Coloco sob a proteção de Nossa Senhora Aparecida o povo das Arquidioceses de São Paulo e de Mariana.

Confio no apoio e na oração de tantos amigos para que possam, com alegria e despretensão, assumir o novo ministério e em plena comunhão com o Santo Padre e meus irmãos no Episcopado.

CNBB reúne-se em Itaici

16/04/1988

O casarão de Itaici acolhe, mais uma vez, os bispos da Igreja Católica do Brasil e os membros dos organismos que mantêm relações pastorais com a CNBB, bem como convidados especiais das Igrejas Evangélicas. São 393 participantes. O Brasil é o país que, no momento, tem o maior número de bispos no governo diocesano. A reunião, iniciada no dia 13 de abril, dura dez dias e abrange 54 sessões de 90 minutos.

A oração tem prioridade com a celebração solene da Eucaristia e a Liturgia das Horas ao longo do dia. São os momentos mais belos, quando a Assembleia, a exemplo das primeiras comunidades cristãs, expressa sua união na fé e intercede a Deus pelas necessidades de todo o povo.

Não se perde tempo em Itaici. O horário é cumprido à risca, entremeando reuniões plenárias e grupos de estudo. Nem falta a conversa amiga pelos corredores quando, num clima de simplicidade, que lembra os tempos de seminário, cresce o conhecimento recíproco e estreita-se a amizade fraterna.

A Assembleia, preparada desde agosto do ano passado, tem por tema central a Missão da Igreja. Liga-se, assim, ao 7º Sínodo

Episcopal, realizado em Roma, outubro de 1987, sobre a vocação e missão dos fiéis leigos no mundo de hoje.

Valoriza a comunhão eclesial que nasce do mistério trinitário e é fonte da missão e comunidade participativa. Analisa as tensões internas na Igreja e focaliza, em especial, três campos onde é maior o desafio para a ação pastoral.

O primeiro é a realidade da tensão entre o capital e o trabalho, no desejo de apontar, dentro da visão cristã, os caminhos de efetivo reconhecimento da dignidade da pessoa humana. Em segundo lugar, o mundo da política. O cristão, comprometido com a promoção do bem comum, deve procurar no dia a dia a harmonia entre o compromisso pastoral e o engajamento político. O terceiro é o mundo da cultura, aprofundando o encontro do Evangelho com a ciência, com a tecnologia, a comunicação social e com as tradições culturais mais simples do nosso povo.

Acrescenta-se o enfoque da evangelização para além--fronteiras, em resposta ao sacrifício de tantos missionários que vieram de outras terras para o Brasil. Chegou a nossa vez. Mesmo sem dispor do número suficiente de vocações, somos chamados a assumir agora nossa responsabilidade para com as nações e povos que ainda não receberam a plena pregação do Evangelho. Pensemos na África, na Ásia e em algumas áreas da América Latina.

A Assembleia tratará ainda de dois outros temas especiais.

Estamos celebrando os 25 anos da promulgação por Paulo VI da Constituição sobre Liturgia. Este evento poderá entusiasmar as Igrejas particulares para que percebam, sob nova luz, que a união de nossa oferta à de Jesus Cristo na liturgia é o centro da vida cristã e fonte inspiradora de toda ação pastoral.

O outro tema é o estudo da vida e ministério dos presbíteros, tendo presentes as conclusões do 2º Encontro Nacional realizado em Itaici sobre a espiritualidade sacerdotal, a associação entre presbíteros, a graça do celibato e a regularização da situação dos padres que deixaram o ministério.

A pauta inclui ainda sete assuntos e várias comunicações. A todo momento, na assembleia, está presente a constante solicitude quanto à condição do povo, os trabalhos da Constituinte e o processo político do país. Atenção particular volta-se para a defesa das populações indígenas, a promoção do homem do campo e o problema educacional.

O horário prevê nas assembleias um dia inteiro dedicado ao retiro espiritual, em ambiente de silêncio. Neste ano, chamado Mariano, o Santo Padre convida os cristãos a cultuar com especial louvor a Mãe de Deus, preparando desde já, por uma intensa vivência do Evangelho, a celebração dos 2.000 anos do nascimento de Cristo. Decidiram, então, os participantes, em espírito de penitência e oração, unidos aos fiéis peregrinos, fazer uma romaria ao Santuário Nacional da Padroeira do Brasil. Assim, antes do sol nascer, no dia 19 de abril, terça-feira, vários ônibus sairão de Itaici, rumo à Basílica de Nossa Senhora Aparecida.

Vamos rezar pelo povo brasileiro e pedir a graça de assumir, com renovado empenho, a missão que Deus nos confia.

A família, a criança e o idoso

28/05/1988

Acaba de ser votado pela Assembleia Nacional Constituinte o capítulo oitavo. Trata da família, da criança, do adolescente e do idoso.

O texto reconhece a família como base da sociedade e estabelece o direito à especial proteção do Estado. Marca a diferença entre o casamento e a mera união estável entre o homem e a mulher, embora assegure, também, para essa a mesma proteção do Estado. É lamentável, no entanto, a redução de prazo proposta para obtenção do divórcio. A lei que favorece a dissolução do vínculo lesa a estabilidade da família, com enormes consequências morais para a sociedade.

Na visão cristã, é preciso afirmar com vigor que a dignidade do casamento exclui a dissolubilidade do vínculo. Diante da lei permissiva torna-se, agora, mais necessária a formação da consciência para quem reconhece e poderá realizar no casamento a intenção de Deus criador. Há um aspecto que a ninguém pode passar despercebido. Como convencer os jovens a respeito da seriedade da vida matrimonial, quando os próprios legisladores se pronunciam pela fragilidade do vínculo? A lei ordinária poderá contribuir para evitar maior erosão do tecido já tão desgastado.

A referência luminosa aos princípios da dignidade à pessoa humana e à paternidade responsável como fundamento do planejamento familiar revela uma redação equilibrada que abre perspectivas valiosas para orientar o casal e coibir graves abusos ainda hoje praticados por instituições privadas e até oficiais. É de desejar que se explicitem mais as exigências éticas que decorrem do reconhecimento da dignidade da pessoa humana.

Na véspera da votação as crianças enlaçaram o prédio do Congresso numa enorme e alegre ciranda. Fato semelhante aconteceu em outras capitais. Quiseram as crianças marcar presença e incentivar os constituintes a dar à infância a devida atenção.

A resposta foi um texto denso que, por parte da família, da sociedade e do Estado, concede à criança e ao adolescente, com absoluta prioridade, a garantia de seus direitos fundamentais.

O artigo tem muitos méritos, como a valorização aos programas de saúde e de educação e o especial atendimento aos portadores de deficiência. No entanto, na defesa da vida faltou a afirmação de que este direito será promovido desde a concepção. Ficou implícito. Era de se esperar que houvesse afirmação clara e vigorosa em benefício do nascituro.

Temos lutado com denodo contra a tortura, a violência e a crueldade. Assim, a rejeição da suprema injustiça que elimina a vida do inocente, também, tem que valer para a criança totalmente indefesa no seio de sua mãe.

Especial louvor merecem os artigos sobre o idoso, assegurando-lhe o direito à vida, mesmo durante a ocorrência de doenças fatais.

Lembramos ainda o dever dos filhos maiores de amparar os pais na velhice, carência e enfermidade. Temos que nos alegrar com o belo trabalho dos constituintes sobre o meio ambiente. Voltará o Brasil a preservar suas florestas, lagos, rios e mares? Seja este texto bom augúrio para uma votação que resgate e salvaguarde não só a natureza, mas a populações indígenas. De que servirá conservar a natureza, se não fossem para que nela vivam e se desenvolvam os filhos de Deus?

Mais de cem índios, representando as lideranças indígenas acampadas em Brasília estão confiantes. Seu maior anseio é, pelo voto maciço dos constituintes, receber a garantia de que não serão mais discriminados em seus direitos. Querem levar para suas tabas, a certeza definitiva de que contam, enfim, conosco para uma vida digna e feliz.

PARTE II
Sociedade

Preocupações sociais de Dom Luciano

Dentre tantas qualidades e virtudes que possuía, Dom Luciano Mendes era um homem admiravelmente ancorado em Deus e profundamente atento aos sinais da presença divina nos acontecimentos históricos e na realidade social brasileira. Nenhum evento histórico ou social, especialmente os mais desafiadores, passava despercebido aos seus olhos. Como fiel seguidor dos ensinamentos de Santo Inácio, tinha um olhar bifocal: mantinha os olhos fixos em Deus, sem perder o contato com a realidade concreta. Perseverante no princípio da espiritualidade inaciana, "procurava ver todas as coisas em Deus e ver Deus em todas as coisas", especialmente na realidade social brasileira dos meados da década de 1980, marcada pelo otimismo com o processo de democratização do País, mas também pelas ambiguidades e contradições sociais de diversas ordens.

Durante vários meses, o grupo de pesquisa "Dizer o Testemunho", encarregado de analisar criticamente os mais de sessenta artigos de Dom Luciano (*Folha de S.Paulo*, artigos de 1984 a 1988), prioritariamente aqueles que acenam para as questões sociais (Grupo sociedade), foi produzindo o texto que ora apresentamos. Para não se correr o risco de uma apresentação simplista da postura deste grande bispo no que diz respeito às questões sociais, decidiu-se subdividir a área de pesquisa – sociedade – em quatro subtemas, a saber: educação, família, menores carentes e esperança social. A intenção é apresentar a postura de Dom Luciano no que se refere a essas quatro questões sociais de modo profundo e sistemático. Evidentemente, as temáticas apresentadas, apesar de separadas em subtemas, se complementam.

Defensor assíduo da família, Dom Luciano se pronunciava contra tudo aquilo que poderia ser sinal de desestruturação desta importante instituição. Anunciava a necessidade de cultivar os valores familiares para que a sociedade pudesse se desenvolver sadiamente nas suas diversas dimensões, visto que a família é a principal promotora da vida e da dignidade do ser humano. No que concerne ao tema da educação, Dom Luciano o considerava urgente para o florescimento de uma sociedade mais justa, fraterna e solidária. Não compreendia a educação apenas como transmissão de conteúdos específicos, mas como um processo de promoção do ser humano em todas as suas dimensões: física, psíquica, espiritual, social e cultural. Como educador de mentes e corações, defendia a difusão de uma educação pautada pelos valores humanos e cristãos.

A preocupação com as crianças e os menores abandonados ocupava a centralidade dos escritos deste grande bispo. O contexto em que exercia o seu ministério episcopal na década de 1980, na Região Belém da Arquidiocese de São Paulo, certamente gerou nele uma grande inquietude para com a questão dos menores carentes e abandonados, realidade tão evidente naquela grande metrópole brasileira. Com seus artigos questionadores e iluminadores, foi quem mais ajudou na difusão de uma discussão séria e compro-metida, nos diversos setores sociais, sobre esse problema que até então estava no ostracismo. Dom Luciano afirmava naquela época, categoricamente, a sua opção preferencial pelo menor abandonado.

O tema da esperança perpassa todos os artigos de Dom Luciano. Apesar do tom profético e às vezes forte com que de-nuncia os problemas sociais, o seu desejo é construir uma cultura da esperança. Ele é a voz do índio, do negro, do menor carente, dos pobres que clamam em busca de uma vida mais digna. Ele é a voz dos que não têm voz, daqueles que nutrem a esperança de dias melhores. Para ele, as grandes contradições e ambiguidades da sociedade encontram explicação na ausência de uma postura ética adequada, e para superá-las faz-se necessário um processo de reapropriação de valores humanos e cristãos. Deve-se colocar o ser humano acima de qualquer pretensão econômica marcada pela sede de progresso e desenvolvimento.

Esperamos que a leitura deste texto introdutório possa ajudar os admiradores de Dom Luciano a conhecê-lo ainda mais como grande sociólogo, historiador e humanista. Fiel ao seu espírito, queremos que este texto instigue todos para a leitura dos seus artigos publicados no jornal *Folha de S.Paulo* e, mais ainda, leve todos a uma prática social inspirada no exemplo deste grande bispo. Boa leitura!

Educação: Instrumento de promoção da dignidade humana e construção de uma sociedade livre, solidária e fraterna

Dom Luciano Mendes, grande mestre na arte de comunicar e inigualável educador de mentes e corações, considerava a educação um canal privilegiado para a defesa da dignidade do ser humano e construção de uma sociedade livre, solidária e fraterna. Ele nutria uma grande preocupação no concernente à efetivação de uma educação integral, que contemplasse não apenas o ensino de conteúdos específicos, mas levasse à prática dos valores humanos e cristãos. Nos seus diversos artigos sobre educação, sempre elogia as iniciativas positivas dos governantes (municipal, estadual ou federal) e das entidades privadas em favor da educação e valoriza especialmente aquelas propostas educacionais pautadas por uma visão ampla e integrada de educação, propícias para a promoção da dignidade do ser humano.

Em seus escritos, Dom Luciano deixa claro que para educar uma pessoa deve-se atingir o seu coração e, para isso, deve-se ensinar os conteúdos formativos com uma linguagem simples, usando fatos do cotidiano ou acontecimentos históricos relevantes, deles extraindo sempre um aprendizado. É necessário seduzir o educando para o conhecimento da verdade que o leve a uma ação libertadora. Aliás, esta prática pedagógica fica muito evidente no modo como ele mesmo procurava educar as pessoas para a fé e a prática dos valores humanos. Na perspectiva dele, não basta conhecer os processos adequados à pedagogia educativa, mas deve-se amar o educando. Educar não é somente levar a conhecer, mas é acima de tudo acolher, ouvir, respeitar e conscientizar.

Uma grande preocupação de Dom Luciano na década de 1980 era com a erradicação do analfabetismo. Ele sempre mostrava a necessidade de se ter um processo de alfabetização que possibilitasse o desenvolvimento e a libertação do ser humano. Citando João Paulo II, afirmava que a educação deve levar as pessoas a tomar consciência da própria dignidade. Dom Luciano condenava os políticos que aproveitavam o período eleitoral para convencer os eleitores com promessas de maior segurança contra a violência praticada pelos jovens e, principalmente, pelos meninos de rua. Segundo ele, a esperança da mudança da sociedade está na educação. Portanto, o ideal não é investir na segurança em primeiro lugar, mas na educação dos menores. Deve-se educar as crianças para uma vivência mais harmônica, para uma vida mais justa e solidária: "Não haverá sociedade justa sem educação para a justiça". É da injustiça que brota a violência. Para se educar para a paz, deve-se repensar o processo educativo, investindo não mais numa repressão compulsória que cria desilusão e frustração nos jovens e crianças; mas deve-se educar ouvindo, acolhendo, respeitando e promovendo a vida dos menores. Para se educar os menores deve-se amá-los e ganhar sua confiança.

Quando necessário, Dom Luciano se posicionava a favor dos que lutavam por condições de trabalho mais dignas na área da educação. Porém, não concordava com a greve como primeira iniciativa da classe de professores para reivindicar melhores condições. Segundo ele, a greve, apesar de ser uma garantia democrática, devia ser o último recurso usado para se reivindicar os direitos. Na sua percepção, ela revela a falência da capacidade humana de dialogar e, em se tratando de greve dos profissionais da educação, torna-se um contratestemunho para os educandos. Dizia ele: "[...] a deflagração da greve significa que o diálogo e o consenso fraterno falharam".

Subjaz aos seus artigos sobre educação a sua postura eminentemente cristã e humanista. Para ele, uma educação autêntica e frutuosa encontra seu termo e realização na pessoa de Jesus Cristo. Deve-se educar para a gratuidade do amor, da entrega e da partilha a exemplo de Cristo, e é somente nesta perspectiva que a pessoa humana realiza sua dignidade, superando o individualismo e entrando em comunhão com Deus e os homens. Só a educação para o amor liberta para a alegria da comunhão e da partilha. É na educação para o amor que renasce a paz, capaz de vencer o mal e semear o perdão. Deve-se persuadir as crianças a descobrir a verdade e a verdadeira liberdade que se encontram em Deus e nos serviços aos irmãos.

Fica evidente nos seus artigos sobre educação a sua grande confiança na juventude e sua admiração pelo potencial que os jovens possuem no que concerne à efetivação de um novo e qualificado processo educativo. Ele acredita que os adultos devem aprender com a juventude a "nascer de novo". Os jovens, com sua criatividade e espírito crítico, podem ajudar na construção de um mundo de amor e paz e fazer expandir harmonicamente tudo aquilo que é bom. Ele coloca nos jovens a esperança.

Educação para a verdade é outro tema central dos artigos deste inigualável educador. Dom Luciano era a favor de fomentar uma discussão social sobre tudo aquilo que pode soar como ideologia negativa a serviço dos poderosos. Como exemplo, podemos citar um artigo intitulado "Direito à verdade", em que ele defende a Igreja e principalmente os missionários que trabalham com os índios contra pseudo e tendenciosas acusações feitas por uma secretaria do governo federal e explicitadas em um documento governamental. Propõe a divulgação deste documento para que seja analisado e apreciado pela sociedade. A verdade em primeiro lugar, esta era a postura deste incansável educador.

Guiado pelo Mestre Jesus Cristo, com suas palavras e atitudes, tornou-se mestre dos seguidores do seu Mestre maior. As reflexões de Dom Luciano sobre a educação têm uma orientação muito bem definida: levar todos à consciência da própria dignidade, à prática do amor fraterno e a um reconhecimento do verdadeiro sentido da vida em Deus. Que aprendamos com o educador Dom Luciano, mestre na arte de amar e educar para o amor.

Perigos que ameaçam as famílias

Num momento em que tramitava na Câmara dos Deputados projeto sobre a Lei de Contravenções Penais autorizando a legalização do jogo do bicho no País, Dom Luciano lembra o efeito deletério dos jogos causando a destruição de lares e de patrimônio, muitas vezes com graves consequências psicológicas para as pessoas. Na raiz dos jogos está uma visão falha da vida, baseada na expectativa de enriquecimento rápido e sem esforço, desconsiderando que o ganho de alguns gera o empobrecimento de muitos. O jogo de azar favorece a ociosidade e a violência, fazendo crescer desilusões e desavenças, que marcam profundamente de modo negativo as famílias.

Além disso, é denunciado o aspecto alienante produzido pelo jogo, porquanto estimulante do abandono do trabalho honesto e causador do desequilíbrio pessoal e familiar. Os legisladores e os principais responsáveis pela condução do País são exortados a envidarem esforços por uma nova ordem social que assegure trabalho e salário justo para todos. Em oposição ao objetivo egoísta e incerto, característico da prática do jogo, ressalta-se a importância da construção de uma sociedade mais justa e fraterna, que assegure às famílias condições de trabalho e de remuneração justa, fatores imprescindíveis ao equilíbrio familiar.

Por ocasião da celebração do "Dia dos Pais", Dom Luciano destaca o valor do pai como merecedor de gratidão constante, não subordinado a interesses comerciais vinculados a uma data. Narra algumas experiências de contato com pais felizes por terem conseguido, não obstante seu sacrifício pessoal no trabalho, proporcionar condições de estudo a seus filhos. Fala também dos casos de filhos que crescem sem seus pais, por tê-los perdido para a morte ou para o álcool ou mesmo pelo egoísmo destes ausentando-se da vida dos filhos sem dar-lhes o direito de os conhecerem. Contrapondo-se a tal situação, cita pais que acrescentam à sua missão de educadores a generosidade da adoção. Em sua experiência, trabalhando na recuperação de menores infratores, ele observa que quase sempre a carência do pai estava presente naquelas vidas. Falava-lhes também da revelação que Jesus nos faz sobre termos a Deus como Pai, verdade importante não apenas para aqueles jovens, mas para todos seres humanos.

A opção preferencial pelo menor carente

Amor às crianças, especialmente aos menores carentes e abandonados. Esta realidade fica evidente nos artigos que Dom

Luciano Pedro Mendes de Almeida escreveu para o jornal *Folha de S.Paulo* na década de 1980, período em que exerceu o seu ministério episcopal na região denominada Belém, na Arquidiocese de São Paulo.

A situação do menor na sociedade

Dom Luciano foi um homem profundamente empenhado nas causas do menor e da criança. Em seus escritos, constantemente convoca a sociedade para um processo de humanização em prol dos menos favorecidos e incentiva todos a voltar o olhar confiante para Deus, na certeza de que com ele é possível construir uma vida autenticamente feliz, desde que não se ignore o sofrimento das crianças e adolescentes carentes e abandonados. Dom Luciano acredita na superação das dificuldades do tempo presente e incentiva a construção de uma sociedade solidária e fraterna, na qual todos colaboram para que não falte a nenhum ser humano condições dignas de vida. Em seus artigos, frequentemente, Dom Luciano aborda questões que dizem respeito ao ser humano e incita todos para que fomentem iniciativas que favoreçam a convivência e a solidariedade humana. Para ele, sempre é tempo de inovações, de reconstruir a sociedade numa perspectiva mais justa e fraterna.

Em seus artigos, o bispo dos pobres coloca sempre em relevo exemplos que mostram que é possível, ainda hoje, gestos concretos de solidariedade. Com grande entusiasmo, narra experiências e valoriza projetos de comunidades e associações que deram certo, como os projetos das famílias da zona leste de São Paulo denominados "Cinco a dois" e "Grupos de Mães", que trabalharam em prol da causa das crianças portadoras de deficiências, e os projetos de arrecadação de alimentos para os atingidos pela seca na década de 1980. Ele acredita que a mudança da sociedade passa pela construção de um mundo mais fraterno e mais humano e supõe a superação do egoísmo e da ganância, tão presentes no contexto em que os artigos foram escritos e ainda hoje. Quando o assunto era a defesa dos direitos das crianças, suas palavras eram enfáticas:

> Não se pode compreender nem aceitar que num país como o nosso continuem morrendo crianças por falta de cuidados indispensáveis à vida. A omissão é nossa. Há que recuperar o tempo perdido e agir com eficiência. Não é possível a mãe acalentar dentro de si por nove meses, com amor e sacrifício, o filho que semanas depois é ceifado por incúria da sociedade (ALMEIDA, 1984).

A preocupação de Dom Luciano sempre foi sensibilizar a sociedade para atuar a favor da criança e do menor. Em seus escritos, chama a atenção para a triste realidade da mortalidade infantil e para o número alarmante de crianças que na faixa de 0 a 10 anos são vítimas de injustiças e da falta de seriedade na promoção da pessoa humana. Chama a atenção, ainda, para os cuidados indispensáveis à vida e para o direito que as crianças e menores têm de serem acolhidas e promovidas socialmente. Ressalta projetos da Unicef que nos países de Terceiro Mundo vêm tentando reduzir a taxa de mortalidade infantil; elogia as iniciativas positivas da Funabem e da Febem, que, no estado de São Paulo, naquela época, buscavam uma ação ampla na defesa e na reabilitação do menor; aplaude o trabalho da Pastoral do Menor na Arquidiocese de São Paulo, enfatizando o projeto-piloto da médica pediatra Zilda Arns, que agrega agentes para ações a favor das crianças pobres e necessitadas. Ressalta a necessidade de uma ação conjunta, integrando serviços públicos, privados e comunidades carentes: "Aqui fica o convite para uma ação conjunta e solidária, integrando os serviços públicos e comunidades, despertando todos para o valor da vida, dom sagrado de Deus".

Para Dom Luciano, muitos são os desafios que se apresentam em todas as classes sociais, da mais alta à mais baixa, no que concerne ao cuidado para com as crianças, embora eles se tornem mais graves nas classes baixas da escala social. Diante desta realidade desafiadora e inquietante, revela a sua opção preferencial: "Nosso compromisso cristão e humanitário tem que ser mais eficaz. A opção preferencial pelo menor carente será o sinal verdadeiro do nosso respeito à dignidade da pessoa humana".

Grande preocupação nutria para com as crianças de famílias carentes, desnutridas, destituídas de uma moradia digna, privadas do alimento necessário, indefesas diante das doenças e expostas ao aliciamento para o crime. Muitas delas são forçadas a viver como meninos(as) de rua, roubam para sobreviver e mais tarde se tornam homens e mulheres de rua, desocupados, sem abrigo, maltrapilhos e sem esperança de um futuro melhor. Diante desta triste realidade, Dom Luciano mostra a necessidade de as diversas denominações religiosas se unirem para discutir a situação da criança e do menor e encontrar coletivamente soluções para este problema que considerava vergonhoso para o País. Muitas vezes, preocupado com a greve dos profissionais da saúde e com a repercussão desta na vida das crianças recém-nascidas ou enfermas, fazia um apelo social para que ao menos as crianças fossem atendidas e recebessem as vacinas mais urgentes.

Dom Luciano, com seu olhar de fé e seus ideais humanistas, lançou uma nova luz sobre a sofrida realidade das crianças e, em especial, dos menores carentes e abandonados. Sua luta em favor deles tinha uma motivação profundamente bíblica e teológica: Deus ama a todos, mas ama com predileção os mais fracos e indefesos. Assim também foi Dom Luciano, que fez das crianças e dos menores o alvo privilegiado do seu amor. Segundo ele, a verdadeira solução para os problemas que afligem as crianças e os menores abandonados passa pelo amor dos familiares e das comunidades de fé.

A opção preferencial de Dom Luciano pelo menor carente e abandonado se enquadra dentro de um contexto de profunda atenção para com a realidade local em que desempenhava sua atividade pastoral na década de 1980: São Paulo. Somente um homem de Deus, que "via todas as coisas em Deus e Deus em todas as coisas", poderia se sensibilizar com esta cruel e dura realidade e, através das suas pregações e escritos, chamar a atenção da sociedade brasileira e mundial para este problema social até então ignorado e pouco discutido.

O menor abandonado não é problema, é solução

Após o estudo crítico dos inúmeros artigos de Dom Luciano Pedro Mendes de Almeida, vimos a necessidade de retomar alguns conceitos e ideias contidos em seus escritos, principalmente no que diz respeito ao menor. Estas ideias e conceitos estão expressos nos seus artigos escritos para o jornal *Folha de S.Paulo* durante o período de 1984 a 1988, época em que trabalhou como bispo auxiliar de São Paulo. Exporemos as suas preocupações, críticas e soluções apresentadas para o problema do menor carente, na sociedade brasileira, ainda marcada pelo fim recente da ditadura militar.

Em 1984, Dom Luciano escreve artigos sobre a problemática do menor. Nestes textos, percebemos a sua preocupação com o crescente aumento da criminalidade infantil, justificando ser este resultado de um processo natural de luta pela sobrevivência do menor que, após ter sido abandonado pela família e pela sociedade, sai à procura de um modo mais fácil de sobrevivência. Ele se posiciona contra a tese, defendida na época por alguns, de que deveria haver um maior controle da taxa de natalidade no País para reduzir também a taxa de menores nas ruas. Dom Luciano nega esta associação malfeita entre controle de natalidade e presença dos menores nas ruas e mostra que a melhoria da situação repousa sobre a prática da justiça social. Apresenta também algumas soluções para problemas tais como: o aumento da carga horária nas escolas; o investimento na Pastoral do Menor; o aumento e qualificação dos centros comunitários para acolher e amar as crianças etc. Segundo ele, estes menores precisam ser acolhidos e amados: "[...] quando as crianças de nossa periferia e cortiços sentirem que estão sendo amadas e acolhidas, a cidade de São Paulo há de constatar a diminuição da violência", uma vez que "criança não é problema, é solução".

Num contexto de grande otimismo com a queda da ditadura militar, Dom Luciano tem esperança de que o processo de redemocratização será um fator importantíssimo para que o País cresça na atenção para com os mais desvalidos, especialmente os menores marginalizados. Nos seus escritos, incentiva sempre todos os programas existentes em prol do menor e convida os leitores a estarem sempre atentos para com a realidade social das crianças e adolescentes abandonados.

Em 1985, Dom Luciano escreveu um artigo no qual fazia um elogio aos jovens reunidos em Campo Grande-MS por ocasião do congresso de jovens ali realizado. Ele, que havia presenciado a abertura do encontro, disse ter ficado feliz com tão belo testemunho de entusiasmo da juventude, que, mesmo em meio às situações tão difíceis em que se encontrava o País, conseguia olhar com esperança para o futuro. A confiança em dias melhores é o que mantinha de pé o entusiasmo daqueles jovens que, mesmo com tantas desilusões e dificuldades no Brasil, refletiam e acolhiam a mensagem do Papa João Paulo II, transmitida aos jovens do mundo inteiro no Ano Internacional da Juventude. Nessa mensagem, o Papa João Paulo II denuncia a tentação de os jovens fugirem de suas responsabilidades e se evadirem no mundo das drogas, do álcool e da violência. Dom Luciano aproveita a ocasião para incentivar a Igreja a apoiar as boas iniciativas dos jovens e auxiliá-los na construção de uma sociedade pautada pelos valores humanos e cristãos como a solidariedade, a fraternidade e o respeito para com cada pessoa humana. Num contexto fortemente marcado por inúmeros desafios sociais no concernente à situação das crianças e adolescentes carentes e abandonados, Dom Luciano elogiava e aplaudia qualquer iniciativa que pudesse mostrar o potencial daqueles que constituíam a grande esperança do País.

Em 1986, o saudoso bispo escreve textos apresentando sua preocupação com a recuperação dos menores infratores e elenca algumas propostas para a melhoria da Febem. São elas: não permitir que o menor, sem condenação à reclusão, entre em contato com os detentos, pois isso pode gerar nele alguma revolta e, em alguns casos, o menor não seria sequer condenado; outra proposta é capacitar e oferecer um instrumental pedagógico adequado aos responsáveis pela reeducação dos menores, inclusive os agentes militares, pois muitas vezes o menor só agride porque foi primeiro agredido; propõe, ainda, a redução da jornada de trabalho e o aumento do salário daqueles que estão sempre em contato com o menor, porque assim não seriam obrigados a procurar outros empregos e trabalhariam com mais amor e menos estresse. Por fim, apela para que seja usado um método de reeducação mais humanitário, ou seja, o método do amor.

Alegrava o coração de Dom Luciano perceber que o problema do menor vinha se tornando um assunto discutido nos diversos setores sociais, saindo do ostracismo no qual se encontrava. Podemos afirmar que ele foi um dos grandes responsáveis não somente pela divulgação e visibilização do problema, mas, acima de tudo, pelo conclame social para a superação do mesmo.

No ano de 1987, Dom Luciano, na possibilidade de se fazer uma emenda na Constituição, percebeu que um levantamento feito previamente constatou que um dos temas que mais preocupava a sociedade era a questão dos direitos do menor. Aproveitou a ocasião para chamar a atenção dos parlamentares e da sociedade em geral para a situação dos mesmos, apresentando três pontos que considerava essenciais para um bom desenvolvimento da sociedade brasileira: o respeito à família, o investimento na educação e na saúde com qualidade e o repúdio à violência contra criança e jovem. Acreditando em um futuro melhor, aplaude e incentiva iniciativas que vão ao encontro das necessidades dos menores e das crianças, tais como a Secretaria do Menor, que tinha sido criada em São Paulo naquele período.

Dom Luciano: O homem da esperança

No artigo "Valores morais", Dom Luciano usa uma imagem bela e ao mesmo tempo dolorosa para exemplificar a dificuldade de se fazer brotar na sociedade de sua época – e por que não na época atual? – a esperança do surgimento de uma nova sociedade. É sobre uma plantinha que se esforçava para lançar raízes e abrir duas folhas em meio às pedras do edifício de uma grande cidade, longe do chão. Talvez não soubesse, mas também estava descrevendo sua missão enquanto voz da Igreja na mídia nacional através do jornal *Folha de S.Paulo*. Ele é esta planta que se colocou na fenda de uma sociedade tão injusta e cruel para trazer um pouco de esperança e vida àqueles que não tinham.

Os artigos desta seção demonstram sua luta constante e forte para se colocar diante de todos aqueles que o liam e diante de todos os poderes públicos em favor dos pobres e das minorias. Ele é a voz do índio, do trabalhador rural, do sem-terra, do nordestino, do doente, do aidético, dos desempregados, dos menores abandonados, enfim, dos diletos e amados de Jesus Cristo. Ao mesmo tempo que denuncia abusos, injustiças e erros de diversas camadas da sociedade em detrimento dos direitos dos pequenos, também acredita na reparação que a justiça humana pode dar como espelho da justiça divina.

Dom Luciano não era um bispo sonhador, que encharcava suas palavras de ilusórias utopias, mas um bispo que se colocava no meio do povo, configurado à pessoa de Cristo, respondendo, assim, ao apelo do então papa e atual Beato João Paulo II, que, em mensagem aos bispos do Brasil da época, pedia a todos que liderassem com empenho a construção de uma sociedade digna e fraterna, onde fossem lançadas sementes de respeito e ações generosas aos que sofrem, visando ao abandono do individualismo para uma visão de bem comum.

Naqueles anos muitos fatos marcaram a vida pública no Brasil, como, por exemplo, os jogos olímpicos, a elaboração da nova Constituição, o aniversário da Declaração dos Direitos Humanos, a constante luta pela democratização política. Dessa forma, nosso bispo aproveitava dos assuntos em voga para cumprir sua missão de anunciar a Palavra de Deus encarnada no meio do povo. Era uma busca incessante para a construção de um País em que os falsos valores deveriam ser substituídos pelos valores evangélicos, em que a violência que gerava mais violência deveria ser substituída pelo amor, única atitude capaz de promover a vida. Sua simples e potente voz de esperança ecoava em meio a uma sociedade alicerçada essencialmente em interesses econômicos e no descaso e desrespeito para com a vida humana. Para ele, desrespeitar a vida humana era desrespeitar o próprio Deus, pois vida é dom de Deus. O Brasil que então se construía precisava reconhecer que somente assumindo o serviço diaconal de amor e fraternidade é que se conseguiria dignidade para todos.

Reconstruir uma sociedade que estava desfragmentada moralmente como um único corpo só seria possível se cada pessoa, a partir de seu papel social, e principalmente os poderes públicos, assumisse a defesa da dignidade humana em todos os seus âmbitos. Cada membro do corpo deveria cumprir sua função para melhor andamento do todo. É claro que quem detinha os melhores meios para proporcionar tais melhorias eram os governantes e representantes políticos escolhidos pelo povo. Era deles que Dom Luciano mais cobrava, pois precisava ser a mão e a voz de Deus para o povo sofrido.

Por outro lado o bispo se colocava como defensor da Igreja nos casos de ataque que ela sofria da imprensa sensacionalista. Era também sua missão esclarecer casos em que pessoas interessadas na desmoralização da instituição cristã procuravam distorcer os fatos colocando a voz da Igreja no Brasil em difíceis situações.

Finalmente, Dom Luciano como um respiro de vida em meio às rochas sociais, sempre apontava para o Cristo como o único capaz de renovar o coração das pessoas e a própria sociedade brasileira. A partir da conversão a ele é que o Brasil seria transformado literalmente em uma terra de irmãos. Escutemos sua voz: "[...] temos que pedir a Deus que nos ajude a realizar a conversão das pessoas e dos grupos, incentivando o diálogo, o respeito à vida do próximo, a atitude de não violência e a coragem de fazermos as transformações para que haja a justa distribuição de bens e surja, enfim, uma terra de irmãos".

Conclusão

Após a leitura e discussão dos mais de sessenta artigos de Dom Luciano, escritos sobre o tema Sociedade, de 1984 a 1988, o grupo de pesquisa concluiu o trabalho de pesquisa impressionado com a sua capacidade de expor temas tão complexos de modo tão simples. Impressionou ainda mais o grupo a sua sensibilidade aguçada para as questões sociais, especialmente para com as situações mais desafiadoras das crianças e dos menores abandonados.

No decorrer da pesquisa, foi constatado que sua preocupação primeira é com a pessoa humana. Toda a denúncia dos problemas sociais e todas as propostas de reconstrução social estão profundamente impregnadas de amor e preocupação com o ser humano, especialmente com os mais desvalidos e sofridos. O seu humanismo fica evidente no modo como retrata a pessoa humana e na forma como defende o respeito ao seu valor e à sua dignidade.

Promotor e defensor da construção de uma sociedade mais justa, solidária e fraterna, Dom Luciano nunca teve medo de se colocar ao lado dos pequenos e denunciar os desmandos dos grandes. Também, com muita coerência, elogia e incentiva os projetos daqueles que detêm o poder quando percebe que eles vão ao encontro de seus ideais humanistas.

O humanismo de Dom Luciano está enraizado numa realidade muito mais profunda: a sua fé. Como verdadeiro cristão, percebe que o Evangelho deve ser vivido de modo encarnado e que não há como ser verdadeiramente cristão sem ser verdadeiramente humano.

Ao término desta primeira etapa da pesquisa, o grupo de alunos da FAM envolvido neste trabalho percebe que estudar o pensamento de Dom Luciano é mais do que um exercício meramente acadêmico. Ao ler os seus artigos, todos nos sentimos interpelados para uma vivência mais radical do Evangelho e um comprometimento maior com o ser humano. Portanto, estudar Dom Luciano é um exercício ético.

Nova ordem social

12/05/1984

A crise atual é de valores.

O homem de hoje coloca a dimensão econômica como prioritária. A ganância tornou-se o grande motivo de quase tudo o que fazemos. O que importa é o dinheiro, o lucro fácil, a acumulação de bens. Deixa-se de lado o trabalho sério. Procura-se possuir mais, mesmo que isto se faça à custa dos outros. O mundo torna-se terrivelmente egoísta e violento. No campo expulsam-se posseiros, índios e pequenos agricultores. Cresce a concentração de propriedades e o latifúndio. Na cidade é a especulação imobiliária, as operações bancárias com altos juros, os jogos com o fascínio de enriquecimento rápido. Aumenta a corrupção. Negócios escusos fazem-se sem escrúpulos.

É sempre o lucro que comanda. Quantos escândalos foram constatados nos últimos meses e permanecem impunes.

Quando o que importa é ganhar dinheiro, invertem-se os valores. A pessoa humana fica relegada a segundo plano. Infelizmente isto acontece em muitos casos na práxis do desenvolvimento nacional.

As metas econômicas de pagamento da dívida externa e da superação da inflação passaram à frente das exigências sociais, do direito a condições dignas de vida para as classes empobrecidas.

Esta simples inversão axiológica que submete à dimensão econômica os valores básicos da pessoa humana vem gerando um sem número de desordens sociais.

Esvazia-se o campo e incham-se as cidades. Deteriora-se o mercado de trabalho. Crescem os subempregos, o desemprego. Baixa a qualidade de vida com o achatamento do poder aquisitivo dos salários. Daí as inevitáveis e desastrosas consequências para a família e a paz social.

Entra a permissividade moral. Aumenta o número dos defensores da redução drástica da vida pela campanha contraceptiva e mesmo abortiva.

Enquanto a dignidade da pessoa humana estiver submetida ao egoísmo, e ao lucro fácil, será impossível construir uma nova ordem social. A vida humana é dom sagrado de Deus que deve ser respeitado.

Esta tem sido a pregação de João Paulo II. É preciso reconhecer a dignidade de toda pessoa humana. Não haverá progresso sem respeito à hierarquia de valores.

Um dos caminhos mais simples e eficazes para, a curto prazo, reaprendermos a valorizar a vida humana é voltar-se para a criança. Ela é impotente. Não nos pode dar nada. Precisa receber tudo de nós.

As relações sociais estão marcadas pelo interesse, pela expectativa de vantagens. Voltar-se para a criança é reeducar-se para a justiça e para a gratuidade do amor, buscando a pessoa humana para além do que ela tem, para além dos benefícios que pretendemos obter. O que importa é simplesmente a dignidade do outro.

É este um caminho para respondermos à sociedade consumista e egoísta que privilegia o capital sobre o trabalho. É também essa a resposta aos regimes comunistas que espezinham a liberdade da pessoa humana.

Uma sociedade que valoriza o homem prefere escolas às armas. Investe na agricultura e na saúde do povo, na promoção da família, em vez de optar pela dissensão nuclear com seus gastos absurdos.

Se em nosso País conseguirmos optar pela vida do nascituro, pelo atendimento à criança carente e abandonada, estaremos vivendo uma atitude radical de altíssimo alcance axiológico. Nela se inclui redescoberta da dignidade da pessoa humana e a indução de um processo cujo termo é a mudança de mentalidade e a transformação social.

Voltando-se para a dignidade do menor, a Nação aprenderá também a descobrir o valor dos deficientes, dos idosos, dos marginalizados e dos empobrecidos, neles reconhecendo e promovendo o direito inalienável à vida digna.

Jesus Cristo constantemente convocava a atenção de seus discípulos para a dignidade da criança, do estrangeiro, do marginalizado.

A sociedade que aprende a valorizar a criança, os menores, os pequenos torna-se capaz de superar a ânsia do lucro, a vontade da dominação, o arbítrio da violência.

A opção pelos menores não é a única atitude, mas é simbólica e exemplar de uma reorganização de valores cujo termo é a nova ordem social e cujo centro é o desígnio de Deus, que concede a toda pessoa humana uma dignidade inalienável, razão de todos os direitos e deveres.

Temos de reencontrar a alegria de viver, de amar e fazer o bem no mundo sem ódio e sem armas, sem cercas e sem medo.

Projeto criança

19/05/1984

No meio da crise que atravessamos, temos que procurar tenazmente as soluções mais eficazes. É preciso anunciar os valores que devem presidir à transformação necessária de nossa sociedade.

A denúncia de injustiças é consequência da seriedade com que se pretende promover a dignidade da pessoa humana. Há, no entanto, atuações concretas que não podem tardar e que antecipam e induzem a nova ordem social. Assim é o trabalho urgente em bem da criança. A mortalidade infantil em nosso país permanece um dos mais graves desafios para todos nós. No Brasil morrem 1.000 crianças com menos de 1 ano, por dia. Apesar dos esforços do Estado e da Prefeitura, há muito que fazer em nossa cidade.

As forças vivas da sociedade devem se considerar convocadas para atuar em benefício da criança. Resultados significativos serão alcançados só com a mobilização de todos. Esta tarefa pertence aos pais, às comunidades, às instituições sociais e religiosas e aos Poderes Públicos. Neste conluio todos estão chamados a colaborar. A faixa da população entre 0 a 10 anos é ampla. A criança tem direito de ser acolhida e assumida por nós.

Não se trata de compreender nem aceitar que num país como o nosso continuem morrendo crianças por falta dos cuidados indispensáveis à vida. A omissão é nossa. Há que recuperar o tempo perdido e agir com eficiência. Não é possível a mãe acalentar dentro de si por nove meses, com amor e sacrifício, o filho que semanas depois é ceifado por incúria da sociedade.

Nos últimos anos, constata-se, com entusiasmo, o esforço da Unicef nos países do Terceiro Mundo em defesa da vida. Até o ano 2000 a meta é reduzir em todos os países a taxa de mortalidade infantil para 50 ou menos por 1.000.

Várias entidades escolheram como prioridade a criança. No Brasil, vai surgindo uma ação ampla em benefício do menor. Não podemos deixar de marcar a presença da Funabem e, em nosso Estado, da Febem. É um dos campos onde aos poucos se verifica a união de esforços ecumênicos. A Arquidiocese de São Paulo há 6 anos dinamiza a Pastoral do Menor, que concentra sua atuação na análise de situações e na formação de agentes em ordem à mudança de mentalidade no trabalho pela criança. Não se trata de multiplicar atendimentos isolados, mas de colaborar para que haja um espírito novo de serviço ao menor, envolvendo toda a comunidade.

A Campanha da Fraternidade – 1984, em todo o País, lança o tema: "Para que todos tenham Vida" com especial aplicação à defesa e promoção do nascituro.

Saudamos com expectativa o projeto anunciado pelo governo do Estado que se intitula: "Menor-já". Vem em boa hora! Dentro de todo esse contexto, merece destaque um programa da Unicef que já obtém surpreendentes resultados. Vale a pena conhecê-lo. Visa a diminuir a curto prazo a mortalidade e as doenças infantis e propiciar à criança carente o desenvolvimento de suas potencialidades. A chave do programa é a participação da comunidade organizada. Está sendo realizado em Florestópolis (PR) o projeto-piloto. Inicia-se também em Maceió e agora na região Leste da cidade de São Paulo. O lançamento se deu nesta semana. Dra.

Zilda Arns Newmann, pela Unicef, orienta o projeto, assumido pela Pastoral do Menor da Arquidiocese.

Consiste em seis ações integradas:

- Incentivo ao aleitamento materno, superando, aos poucos, os substitutivos do leite da mãe;
- acompanhamento, através de pesagem organizada, do desenvolvimento infantil de 0 a 5 anos. Atua uma equipe de monitores treinados que realizam a pesagem e detectam qualquer anormalidade;
- terapia de reidratação oral (TRO), considerada o maior avanço científico do século. Evita 95% o internamento hospitalar, por gastroenterites;
- garantia de imunizações pelas vacinas;
- reforço alimentar de gestantes, nutrizes e crianças;
- espaçamento de partos pela formação dos casais através do método Billings, corretamente acompanhados.

Aqui fica o convite para uma ação conjunta e solidária, integrando serviços públicos e comunidades, despertando a todos para o valor da Vida, dom sagrado de Deus. É o ovo de Colombo. Basta querer.

Menores de rua

26/05/1984

Todos os conhecemos. Limpam para-brisas, vendem limão, flores e mentex. Guardam carros. Catam papel velho. Comem e dormem nas próprias ruas, onde vivem e trabalham. Alguns, pela fome ou maus exemplos, sucumbem à tentação de roubar. Pouco a pouco, abre-se o caminho do assalto e da violência.

Ninguém pode aprovar esta criminalidade juvenil.

De quem é a culpa? Sem dúvida, temos parte na responsabilidade dessas situações. Ao nascerem são rejeitados e abandonados. Desnutridos e sem instrução, cedo veem-se obrigados a lutar para sobreviver.

Isto por omissão da sociedade que, sem escrúpulos, cria formas sempre novas de consumismo e luxo, e pouco se importa com a miséria das crianças e da desorientação dos jovens.

Frente a esta situação cada vez mais grave surgem respostas disparatadas. Uns criticam o crescimento populacional e insistem no controle da natalidade como medida drástica e inadiável. Outros consideram os menores de rua consequência de um sistema injusto de acumulação de bens, marcado pela ganância e pelo lucro. Afirmam que enquanto não se atingirem as causas o problema ficará sem solução.

É certo que no dia em que a sociedade conceder o devido respeito a pessoa humana há de zelar pelas condições dignas de vida, a parir do trabalho e salários justos. Compreende-se, também, que a forma da consciência, o juízo ético, a salvaguarda e proteção à instituição do casamento e da família como berço natural de toda vida humana, levariam a diminuir sempre mais os casos de filhos sem pais e sem lar.

A solução está na prática da justiça social e pessoal.

Mas, enquanto esperamos a nova ordem da sociedade que privilegie sempre mais a pessoa humana, que lhe assegure o respeito aos direitos e faculte o exercício de seus deveres, há muito que fazer.

Numa cidade onde cortiços e favelas abrigam centenas de milhares de crianças, temos que, a passos rápidos, somar esforços. Estas crianças querem viver e precisam de nós. Além do acompanhamento ao menor que já está vivendo na rua, por equipes que chegam até eles, é preciso atingir as crianças antes que elas abandonem o lar. As medidas são múltiplas. O sistema escolar estadual e municipal contribuiria muito se conseguisse acolher a criança por um período maior de horas, procurando adequar a esses alunos carentes os conteúdos e os métodos de aprendizagem. Para isto, a escola terá que contar com verbas proporcionais ao novo desempenho, garantindo à criança o alimento, lazer e tratamento de saúde.

Há iniciativas complementares que estão nascendo no interior das próprias comunidades onde as crianças vivem. Em São Paulo, nas áreas de pobreza têm surgido vários serviços de atendimento às crianças. Temos que saudar com alegria e apoiar estes esforços em prol do menor carente. As paróquias e as comunidades eclesiais de periferia vão aprendendo na pastoral do Menor a abrir espaços para a criança, acolhendo-as e promovendo, embora em instalações muitas vezes precárias, atividades educacionais e recreativas.

São várias dezenas de centros comunitários que em poucos anos surgiram dentro das favelas de São Paulo, onde os menores recebem alimento, reforço escolar e orientação religiosa, aprendem princípios de higiene, são iniciados no artesanato e têm, sobretudo, o direito de ser criança e brincar.

Nestes centros comunitários há muito lugar para o trabalho voluntário e o aproveitamento do potencial da comunidade. A Prefeitura colabora através de convênios do tipo Osem. Cada vez mais se empenham a Unicef, Funabem e Febem. Sem dúvida, o novo projeto do Estado, "Menor-já" virá também reforçar estes centros comunitários. O que, no entanto, deve caracterizar estes serviços é sempre o envolvimento da própria comunidade. Não basta que haja local e recursos. O importante mesmo é a presença e solicitude dos familiares, das instituições religiosas e outras, descobrindo cada vez mais sua missão educativa e o valor da criança.

Só assim estaremos fazendo do atendimento imediato aos menores o princípio da nova ordem social, induzindo uma profunda transformação no comportamento humano, abrindo-o à partilha e ao serviço.

Quando as crianças de nossa periferia e cortiços sentirem que estão sendo amadas e acolhidas, a cidade de São Paulo há de constatar a diminuição da violência. Será, então, uma cidade diferente.

Se os "Joílsons" da rua fossem amados de verdade, não roubariam, nem seriam pisoteados e mortos no lago de São Francisco.

Sociedade mais justa

09/06/1984

Todos queremos uma sociedade diferente, onde a justiça social marque todo o relacionamento humano.

No entanto, a vida fica cada vez mais difícil, especialmente para os empobrecidos. Crescem o êxodo rural, o número de boias-frias e as vítimas do desemprego em nossas cidades. Daí, a desnutrição, a doença e a crescente violência.

Ao mesmo tempo, dominam o País as campanhas de presidenciáveis. Promessas, conchavos, apreensões, indiferença, expectativas. Enquanto isso o alimento, os remédios, aluguéis e transportes desafiam o poder aquisitivo do salário de quem o tem.

Neste contexto cabe repensar o tipo de sociedade que devemos procurar. Metas claras organizam valores, despertam idealismo, nutrem esperanças. Há energias latentes no coração do povo que podem eclodir em explosão caótica, mas também em dinamismo positivo e transformador das estruturas da sociedade.

Vale a pena elencar pontos principais da transformação social. São exigências que decorrem do reconhecimento da dignidade da pessoa humana.

Se por um lado a grandeza do homem está na sua abertura ontológica a Deus; por outro, é preciso assegurar, já nesta vida, a este mesmo homem, condições de realização pessoal e social, condizentes com o desígnio do próprio Deus para os homens.

Qual é a sociedade justa?

É aquela que supera divisões, preconceitos, radicalismos ideológicos e revanchismo. Sem excluir ninguém, procura a solidariedade entre todos, no respeito e na promoção efetiva dos direitos fundamentais de cada um. Isto implica numa diminuição das grandes diferenças entre os que tudo possuem e os que apenas conseguem sobreviver. Deve-se proporcionar a todos uma qualidade de vida mais humana.

Nesta sociedade há que salvaguardar o primado do trabalho sobre o capital, uma vez que a raiz do valor do trabalho é o próprio homem. Já que ele tem direito e obrigação de ganhar o pão pelo seu trabalho, segue-se que o emprego e a justa remuneração são necessários a todos.

Pertence ao Estado prover, de modo adequado, o sustento dos que não encontram o trabalho, por meio do seguro-desemprego.

Nesta sociedade todos devem tornar-se promotores do desenvolvimento individual e comunitário, participando dos frutos do progresso e da cultura e, especialmente, nas decisões políticas, incluindo a escolha dos próprios governantes. Temos, assim, que superar a fase das opções que beneficiam apenas a interesses de grupos e que são impostos à coletividade sob a forma de sacrifícios injustificados. Isto implica no esforço conjunto para alcançar reformas estruturais que acelerem o bem-estar das classes empobrecidas.

Por que a inteligência e a solidariedade humanas não podem encontrar, a curto prazo, caminhos que sejam eficazes e superem a tentação da violência, que só viria cavar fossos mais profundos entre os homens e adiar o advento da verdadeira paz?

É neste sentido que entendemos a força construtiva das organizações populares e, especialmente, dos trabalhadores, que fazem valer seus direitos de modo firme e estável a favor da justiça e do bem comum.

Cabe à Igreja contribuir também e cada vez mais com a presença dos valores evangélicos da fraternidade e justiça, da não violência, do perdão e reconciliação. Cabe, sobretudo, afirmar a certeza de que todo esforço em prol de uma nova sociedade deve passar pela eliminação do egoísmo, conversão pessoal e permanecer aberto à transcendência de uma vida para além da morte, na comunhão profunda de Deus com os homens e dos homens entre si.

Nestes dias correu depressa a notícia de que o "Pixote" do filme tornou-se, na vida real, infrator, réu de furtos e desmandos.

Profunda tristeza deveria se abater sobre a nossa geração, que soube dar tantos prêmios ao filme de Babenco e nem sequer conseguiu aprender a lição de solidariedade e estender a mão, a tempo, para este menino de rua.

Não percebemos, ainda, que para educar os "Pixotes" é preciso reeducar a própria sociedade. É sempre tempo para começar e há muito por fazer.

O rosto da criança pobre

30/06/1984

Por que no Brasil de hoje são tão numerosas as crianças carentes e abandonadas?

É pecado diante de Deus e dos homens que haja crianças sem ter o que comer, sem instrução e sem lar. Nosso compromisso cristão e humanitário tem que ser mais eficaz.

A opção preferencial pelo menor carente será o sinal verdadeiro do nosso respeito à dignidade da pessoa humana.

Isto impõe mudanças em nosso modo de ser. É preciso que aprendamos a viver simplesmente para que os outros possam simplesmente viver.

Não se trata, porém, de ações isoladas, de compaixão pela criança faminta e abandonada. Como atingir os grandes sistemas de injustiça? Temos que fazer uma opção histórica por um novo tipo de sociedade.

Por que a nossa sociedade é injusta?

Os valores econômicos e os interesses do grupo dominam os valores sociais e a prossecução do bem comum. Assim, para superar esta inversão axiológica é preciso optar pela dignidade da pessoa humana, simbolizada de modo mais forte na criança carente e abandonada.

Quem opta pelo menor escolhe a pessoa humana no seu valor radical. Não se deixa mover pela ganância de bens, nem pela sede de poder. Promover o pobre e a criança abandonada é fazer que reencontrem a alegria de descobrir sua própria dignidade. A libertação o que é senão levar alguém a adquirir a consciência do próprio valor?

Quem opta pela pessoa humana, compromete-se necessariamente com aquele cuja dignidade está abalada e semidestruída.

A sociedade que escolhe a criança e o pobre como prioridade estará reencontrando o eixo axiológico do verdadeiro desenvolvimento.

Esta opção preferencial vincula-se ao amor sem fronteiras. Somos chamados a amar a todos os homens. Somos filhos do mesmo Pai. Somos irmãos. A opção preferencial pelos empobrecidos é justamente a expressão mais bela desse amor universal.

Quem procura fazer o bem àquele cuja dignidade foi vilipendiada, para que recupere a alegria de reavê-la, demonstra que o horizonte de seu agir para além do egoísmo e do anseio de dominação, está aberto a toda pessoa humana.

É justamente o amor universal, no que tem de mais profundo e radical, que nos leva a preferir o pequenino e o empobrecido. A mãe ama seus filhos sem distinção. Quando, porém, se dedica mais ao menorzinho ou ao filho doente revela a força e a verdade do seu amor materno. Ela é mais mãe fazendo assim.

Ao constatarmos que a nossa sociedade é marcada pela discriminação, pela vontade de explorar o outro e, até mesmo de destruí-lo compreendemos como estamos distantes do amor universal e do respeito à dignidade da pessoa humana.

A solução é optar pelos menores carentes. É voltar-se para os mais necessitados. Os milhares de crianças espalhadas pelas ruas e perambulando à cata de comida questionam nossos valores.

Há quem pense em eliminar a vida que nasce, cortando pela raiz o aumento populacional. Não haveria crianças pobres e subnutridas, se os pobres não tivessem tantos filhos. O problema não está no crescimento dos pobres, mas no aumento do egoísmo.

Basta ver que até hoje não conseguimos acarretar mudanças corajosas que permitam às classes desfavorecidas o acesso aos bens indispensáveis à vida. A crise, portanto, é realmente de valores e de respeito à pessoa humana.

Não se trata, por favor, de outorgar nada a ninguém, mas de criar condições para que os empobrecidos possam ascender a um nível digno de vida e progresso. Não basta que sejam sujeitos de sua própria promoção. É preciso que se tornem construtores da nova sociedade. Isto acontecerá na medida em que formos reduzindo livremente nossas pretensões para partilhar com os que passam por tantas dificuldades. Não basta desejar, é preciso praticar a solidariedade.

Só a experiência de fraternidade há de assegurar a ascensão harmônica das classes desfavorecidas. É indispensável evitar que entre no coração do pobre o desejo de vingança, de desforra, do apego àquilo que nem sequer possuía. Surgirá assim mais uma opressão. A práxis do amor gratuito que assume a vida das crianças carentes e abandonadas, garantirá a supressão do ódio e do revanchismo na transformação social.

Para que as classes empobrecidas não repitam os gestos de violência daqueles que os esmagaram com a opressão, é preciso que, no processo de autopromoção, eles aprendam a lição evangélica do amor sincero e gratuito.

Isto só será possível com o exercício da fraternidade. E este que se encarna na opção preferencial pelos pobres, feita de partilha e comunhão.

Dessa atitude, o sinal mais puro, sem ambiguidades, é a opção pela criança carente e abandonada.

A sociedade que se compromete com a vida e a promoção das crianças pobres, dos deficientes, dos anciãos reencontrará a saúde axiológica e o caminho da paz social. Não só. Conseguirá, então, reconhecer no rosto sofredor dos irmãos a face de Cristo.

São os menores que alegram nossa vida

07/07/1984

Permitam-me insistir no mesmo tema: a criança.

Cada criança que nasce é um ato de confiança da parte de Deus em nossa capacidade de acolher a vida.

Cada criança que vem ao mundo é a imagem viva de Deus. Torna-se nosso irmão. É a todos nós que Deus confia esta nova vida, para que a recebamos e lhe darmos condições de se desenvolver.

A vida de uma criança deve ecoar no coração dos pais, capacitando-os para dedicarem a seus filhos, desde o primeiro momento de sua concepção, amor e tempo.

Os pais permaneçam unidos e sejam capazes de dar atenção aos filhos e conversar com eles, de acompanhá-los em todas as situações. E quando faltam os pais, que os parentes e amigos mais próximos sintam a alegria de acolher estas crianças em seu próprio lar.

Dar valor e atenção a uma criança necessitada é o modo certo de renovar a convivência humana. Não haveria menor abandonado, se compreendêssemos que as crianças são nossas.

É preciso lembrar que a criança, além da família, tem uma comunidade mais ampla: é a comunidade paroquial e a comunidade de base.

E as comunidades podem e devem se organizar para resolver a situação dos menores em nossa cidade. Esta afirmação que parece exagerada tem sua verificação quotidiana em várias iniciativas que vêm surgindo em prol do menor. Com efeito, de alguns anos para cá, temos constatado quanto é grande a capacidade das comunidades eclesiais no atendimento às crianças.

Em poucos meses, muitas comunidades voltaram sua atenção para os menores. Abriram espaço para a criança, utilizando locais da paróquia, salas de centros comunitários. As crianças estão agora presentes durante maior parte da semana, alegrando nossos ambientes eclesiais. Recebem alimento, educação, formação religiosa e têm assegurado o imprescindível lazer.

Quase todo este trabalho é fruto da dedicação voluntária. Pensemos nos frutos positivos destas iniciativas. Crianças que estavam sem acompanhamento acham-se agora envolvidas de amor e carinho, de atenção e solicitude.

Visitando as comunidades, onde as crianças são amadas e assumidas, percebemos, no entanto, que há um duplo proveito. Por um lado, as crianças são atendidas, amparadas e salvas preventivamente do mau caminho. Os menores saem lucrando. Mas, por outro, o benefício é para a própria comunidade que criou vida nova. As portas se abrem durante a semana, há um movimento diferente. Os agentes de pastoral se alegram e parece que toda comunidade eclesial redescobre seu caminho e multiplica suas atuações. Aqui vale também o contraste, quando comparamos as comunidades que já atuam em benefício do menor com aquelas que não despertaram para este serviço. E por isso que as comunidades devem se reunir para refletirem sobre o que podem e devem fazer pelos menores.

O que importa em tudo isso é que a criança passa a ocupar o centro de nossos esforços e da vida das comunidades. Quem se dedica gratuitamente às crianças, vence o egoísmo e a ganância do lucro e descobre a dignidade da pessoa humana.

A sociedade em que vivemos está tristemente marcada pelo individualismo que gera a acumulação indébita dos bens, o consumismo e as injustiças sociais.

Queremos dizer a todos que a criança é importante, que estamos comprometidos com elas, que podem contar conosco para que plenamente tenham o dom da vida que Deus lhes dá.

Chamando a atenção para o valor da criança transformamos, aos poucos, a nossa mentalidade.

Acelera-se, assim, a construção de um novo tipo de sociedade, cuja prioridade é a própria pessoa humana, amada e promovida na dignidade de cada criança.

Peçamos a Deus que nossas comunidades possam com rapidez acolher as milhares de crianças carentes e injustiçadas que, em nossos bairros, aguardam amor, alimento, saúde e educação.

É Deus que os recompensará! Tenhamos presente a palavra de Jesus: "Quem assume o menor em meu nome é Mim que acolhe" (Mc 9,37).

As comunidades que procurarem com empenho transformar a vida dos menores da favela e cortiços salvando-os da fome e do crime, hão de descobrir a alegria de viver e de construir um mundo mais solidário e fraterno. Pensamos auxiliar as crianças e são elas que nos ajudarão a encontrar o sentido da vida e a experiência da gratuidade do amor.

A criança não é problema. É solução.

Jardim Sinhá

21/07/1984

É um bairro de periferia de São Paulo. Fica na zona leste, entre a Barreira Grande e a rua Bancário. Que tem de especial?

É que em menos de cinco anos o povo do Sinhá, a partir das crianças, fez uma caminhada notável.

Era uma área de favela confinada num grotão úmido.

Lugar perigoso, atraía as batidas da polícia que deixava rastro de repressão violenta. Várias mortes por ano.

Centenas de menores corriam pelas vielas e curtiam a fome brincando na lama malcheirosa. Um ou outro dos rapazes escapulia para a feira em busca de algum bico de trabalho.

Ao entardecer, os barracos se fechavam cedo, amedrontados para mais uma noite de tiroteios e gritos.

Assim era o Sinhá. Nesta época, duas religiosas, a serviço da paróquia de Fátima, começaram a visitar as famílias. A conversa criava laços de amizade e confiança recíproca. Para elas o importante, no entanto, eram as crianças.

Comprou-se um pequeno terreno. Pessoas amigas, com o auxílio das próprias crianças construíram um salão. Tornou-se o lugar preferido dos menores. Jogos, cantos, pequenos trabalhos. Veio a sopa, depois a catequese e a reunião dos pais.

As crianças foram conquistando o bairro. Mudou a atmosfera. Diminuíram as brigas e o medo. As pessoas se saudavam. Uns visitavam os outros. Vários barracos melhoraram até o aspecto e surgiram as primeiras construções de alvenaria.

Os meses passaram. Novos colaboradores sentiram-se chamados a promover os menores do Sinhá: Centro Social do Bom Parto, Pastoral do Menor, Colégio São Luís.

A comunidade das crianças cresceu e já não cabia mais no salão. Um sacerdote italiano visitou o centro e voltando à sua pátria movimentou a Associação de Crianças por ele dirigida, contribuindo para a edificação e instalações maiores. Com sacrifício e paciência está quase terminado o prédio que agora abriga centenas de menores que contam com a colaboração da Prefeitura, Febem e Funabem.

Hoje, são três as religiosas. Moram no próprio Jardim Sinhá. São amadas por todos. Muitas mães do lugar ajudam no projeto.

Para as crianças o novo centro é a extensão do seu minúsculo lar. É aí que se reúnem durante o dia: cantam, comem e crescem.

Momento belo é o da celebração da Eucaristia aos domingos. O altar fica rodeado de crianças. Acostumaram-se a trazer uma florzinha na mão que levantam felizes durante as aclamações litúrgicas. Só mesmo vendo. A transformação da favela é obra das crianças. As pessoas se entendem sempre mais. A violência vai cessando.

No meio de tanta notícia ruim vale a pena pensar no Jardim Sinhá.

Graças à Deus e à boa vontade de voluntários vão nascendo outros "Sinhás" pela cidade afora. São os centros educacionais comunitários da Pastoral do Menor.

Se em cada favela abrirmos espaço para as crianças e levarmos a sério a sua promoção, poderemos economizar tiros e gritos. Não só. Aprenderemos com as crianças a largar pedras e levar flores na mão.

A medalha olímpica

04/08/1984

O mundo precisa de fraternidade e paz. Mais de cem conflitos armados desde a última guerra foram varrendo vidas, semeando ódio e violência. Permanecem sinais de brutalidade nos campos de exilados, nas cruzes sem nome dos cemitérios, nas crianças abandonadas e desprovidas de tudo.

Neste contexto compreendemos a força construtiva do esporte e o entrelaçamento dos círculos olímpicos. Nos jogos internacionais os povos se congregam para além das hostilidades seculares e do revanchismo. Através da televisão focalizamos de perto a sucessão de rostos com traços de todas as raças.

No meio das vibrações de partidas e competições, é bom refletir sobre os valores dos jogos olímpicos.

Há uma experiência misteriosa de comunhão universal que transcende a origem e conflitividade dos grupos. Graças à imagem televisionada, não apenas os torcedores das arquibancadas, mas centenas de milhões de pessoas acompanham, solidárias, o desempenho dos atletas e vibram em todas as partes do mundo com o espetáculo de Los Angeles.

Neste século de máquinas e computadores, com a fixidez de seu funcionamento, é preciso abrir lugar para a originalidade da arte e da expressão lúdica.

A pureza do ideal olímpico, valorizando o amadorismo, afasta-nos, por um momento, da profissionalização do esporte, dos salários de milhões num país de pobreza, de desocupação.

Durante duas semanas a humanidade supera injustiças e guerrilhas. Aplaude a arte, o esforço e a tenacidade dos atletas.

Temos, no entanto, que ampliar a reflexão. A beleza dos jogos olímpicos perde muito de seu brilho com a instrumentalização política. Há nações que levam a campo rivalidades antigas ou que, acintosamente, não comparecem. Os atentados recentes marcaram de sangue a história dos jogos. Os recursos econômicos das nações mais ricas condicionam desigualmente o preparo e sustento dos desportistas. A torcida, ao invés de festejar o mérito do lance atlético, deixa-se apaixonar pelo favoritismo nacionalista.

Numa fase de crise e fome, o espetáculo dos jogos olímpicos pode disfarçar e adiar a seriedade dos compromissos urgentes com o bem-estar social do povo. É preciso lamentar os gastos excessivos e desnecessários. Acrescente-se a isso o fato de que o culto ao corpo e da estética não pode fazer esquecer os milhões de desnutridos e marginalizados. É indispensável avivar sempre a consciência de que a dignidade da pessoa humana transcende as limitações e deficiências corpóreas e se expressa mais pela virtude interior do que pelas qualidades externas.

O saldo dos jogos olímpicos é positivo. Cresce a experiência de solidariedade. Sentimo-nos chamado a descobrir melhor e a aprofundar o vínculo que nos reúne. Este vínculo supera a sintonia lúdica e a vibração agônica dos participantes e encontra seu fundamento no gesto criador e salvador de Deus, que a todos marca e abraça, com seu amor de Pai. É por isso que somos irmãos.

Sociedade

Há muitas medalhas já conquistadas. Aguarda-se, ainda, a nação que consiga vencer as eliminatórias e conquistar a medalha olímpica da fraternidade. É essa que vale mais.

Medalha mexicana

11/08/1984

Nesta semana se está realizando no México a 4ª Conferência Mundial sobre população.

O plano estabelecido na Conferência de Bucarest há dez anos (1974) propunha a redução da taxa de crescimento populacional de 2 para 1,7 por cento até 1985, agindo em especial sobre as nações do Terceiro Mundo.

Recentemente a Santa Sé informou o episcopado do mundo inteiro sobre a atuação que deverão ter no México os delegados da Igreja. O santo padre João Paulo II divulgou, também, o discurso que dirigiu a Rafael Sales, secretário-geral da Conferência. No documento o Papa repudiava com veemência a contracepção e sobretudo a esterilização e o aborto.

O tema-chave da atual conferência é a questão da política do desenvolvimento e a política demográfica.

Reduzir os famintos pelo controle drástico da natalidade ou aumentar os recursos pelo desenvolvimento econômico?

O problema não é novo. Na última assembleia em 1974, os Estados Unidos e as nações ricas insistiam em reduzir o crescimento da população, optando pela prioridade da política demográfica reducionista. Na época, os delegados da Santa Sé, as nações da América Latina e da África defenderam a prioridade do desenvolvimento econômico.

A doutrina da Igreja promove o valor da vida e a paternidade responsável, excluindo o controle da natalidade e os métodos contraceptivos que se opõem à dignidade humana.

Neste contexto, causou impacto a declaração do presidente Ronald Reagan, no dia 30 de maio, orientando os delegados dos Estados Unidos à Conferência do México. Propunha a mais drástica mudança na política norte-americana nos últimos vinte anos. Afirma o presidente que é "um preconceito, para não dizer um absurdo, que a tese de haver mais gente no mundo signifique automaticamente menos progresso. Pelo contrário, a experiência norte-americana e a história econômica das nações mais avançadas revelam que o aumento populacional tornou-se um fator essencial do progresso da própria economia".

Responsabiliza o controle do governo sobre a economia, com taxas exorbitantes, reduzindo a criação de novos postos de trabalho, como uma das causas da paralisia do desenvolvimento. Reconhece que os governos cometeram um erro ao adotarem medidas de redução de nascimento, ao invés de empreenderem sadia política econômica capaz de gerar melhor teor de vida. Optar, então, decididamente por uma nova posição americana a favor da prioridade do progresso tecnológico e expansão econômica na esperança de uma prosperidade maior e mais estável no respeito à liberdade individual que está na base do progresso válido e possível.

Como consequência seguem-se posições coerentes para a atuação dos Estados Unidos: rejeição de programas de planejamento familiar e recusa de financiamento direto ou indireto a programas que incluam o aborto como meio de controle de nascimento.

Acrescenta ainda o critério do respeito à fé religiosa e cultura de cada nação.

Desconhecemos o contexto mais amplo no qual se insere o novo pronunciamento americano. Não temos razão para duvidar da seriedade das afirmações, mas compreendemos que haverá até reações contrárias.

O importante é que possamos reconhecer na tenacidade da doutrina da Igreja a coerência com a dignidade da vida humana à luz da lei de Deus. A partir deste critério teremos possivelmente que atribuir aos Estados Unidos, nesta semana dos jogos internacionais, uma nova e inesperada medalha olímpica no México. Esperamos que na hora da decisão possam manter o recorde, alcançado nas preparatórias.

Esperança de dias melhores

18/08/1984

O Sul do país enfrenta forte onda de frio. O Nordeste sofre ainda as consequências da seca prolongada que arruinou regiões inteiras. Santa Catarina luta heroicamente contra os efeitos das enchentes. O desemprego continua corroendo a fibra de centenas de milhões de brasileiros transformados em boias-frias, migrantes e biscateiros.

Há muito que fazer para levantar a esperança da Nação que assiste atônita a propaganda política e convenções que parecem insensíveis ao sofrimento do povo.

A indicação de candidatos pode ser festiva, mas não precisa ser tanto.

A convenção significa escolha entre alternativas e, portanto, tem o mérito de ser exercício de algumas liberdades intrapartidárias. Há, no entanto, aspectos que exigem reflexão.

A participação popular permanece bloqueada quando é tão claro o anseio da Nação em se pronunciar, sem mediações, ou pelo menos de modo mais representativo, a respeito de seus futuros dirigentes.

Aos gastos elevados de viagens aéreas, somam-se os custos de hospedagem de centenas de participantes.

Por que a indicação dos candidatos se revestiu de esbanjamento ostensivo, com ornamentação, banquetes e favores numa fase de tão sofrida carestia nacional?

O recurso e as formas subservientes de propaganda utilizando grupos femininos uniformizados não podem deixar de entristecer os que se empenham pela dignificação da mulher. Este tipo de manifestação não condiz com a tradição do país.

Num momento em que todos alimentamos esperança de dias melhores não seria natural encontrar nos que se candidatam a futuros governantes um exemplo de austeridade e de interesse sincero pelos necessitados?

Nosso olhar recai sobre as áreas de pobreza.

Se as verbas partidárias são assim tão abundantes, por que não enviá-las com generosidade e desprendimento às populações carentes? Poder-se-ia evitar a aparência de ostentação ou aliciamento e numa atitude discreta e fraterna favorecer as vítimas das enchentes e da seca, inaugurando uma fase nova de serviço ao povo.

Isto despertaria os ânimos para a solidariedade e atrairia as bênçãos de Deus sobre a Nação.

Não se trata aqui de criticar pessoas e grupos políticos isolados. Todos temos de examinar a própria conduta para perceber como num país em que cresce a miséria e a fome, poderemos exercer a solidariedade e a partilha efetiva. Só assim será possível esperar dias melhores.

Crianças tristes de São Paulo

25/08/1984

Há muitas crianças em São Paulo de olhar triste e sofredor. Que fazer?

Estes desafio se apresenta em todas as classes sociais, da mais alta à mais baixa, embora ele se torne mais grave à medida que se desce na escala social.

Vemos crianças de classe alta revoltadas e voluntariosas por carecerem não do bem-estar material, mas por serem deserdadas do carinho e amor de seus pais, entregues a babás que cuidam de seus corpos, mas não de seus corações, crianças carentes de um testemunho de união e fidelidade que deveriam encontrar em seus pais.

Vemos crianças de classe média gorduchas, mas pálidas por viverem encarceradas em apartamentos, de onde seus pais não as deixam sair por medo da violência urbana, anestesiando-as com a TV. Coibidas nos folguedos passam depressa pela infância e carregam pela vida afora complexos e rejeições.

Quantas crianças se tornam vítimas inocentes de adultos problemáticos que nelas descarregam suas frustrações, semeando-lhes no coração a dúvida, o mal e mesmo a revolta, depois de tê-las espoliado de sua candura e inocência.

Vemos crianças de classe operária vítimas do sistema social que afeta e empobrece sempre mais seus pais. Muitas delas subnutridas nem podem estudar, obrigadas, bem cedo, a um trabalho árduo para ajudar a família a sobreviver.

Vemos, enfim, crianças muito pobres, morando em cortiços e favelas, passando fome que lhes atrofia o cérebro, torna-as indefesas diante das doenças e expostas ao aliciamento para o crime. Forçadas a viver como meninos de rua, roubam para viver, fadados a serem mais tarde homens e mulheres de rua, desocupados, sem abrigo, maltrapilhos e sem esperança de futuro melhor.

Todas estas crianças de olhar triste e sofredor preocupam a Igreja, cujo coração de mãe se volta aos mais carentes e necessitados. Preocupam a toda pessoa de boa vontade. Há algumas medidas que se impõem.

Em relação à classe mais pobre percebemos a urgência de reformas que garantam à família as condições justas de vida. Pensemos apenas no problema da habitação que atinge crucialmente os mais pobres. Só no município de São Paulo, há três milhões e meio de pessoas sobrevivendo a duras penas em cortiços. Como podem as crianças serem educadas na promiscuidade e na miséria? É sobre os menores que recai com maior força o desemprego dos pais. Quem não compreende a angústia de milhares de homens sem trabalho que aguardam há anos, num empobrecimento progressivo, uma oportunidade de ganharem o pão para seus filhos?

A invasão inesperada do SINE reflete a situação desesperada de tantos chefes de família desempregados que merecem medidas mais eficazes por parte dos que governam.

Outra medida refere-se à escola que precisa se abrir mais para acolher as crianças. Tem havido esforços para multiplicar vagas e assegurar reforço alimentar na própria escola. É indispensável, porém, atender ao grave problema da evasão. Milhares de alunos cada dia deixam as salas de aula. Seria necessário reformular o sistema educativo para oferecer à criança um período integral de atendimento pedagógico. Nesse sentido, temos também que aplaudir e incentivar as novas formas de educação da criança através da maior participação da comunidade.

Poderemos com o tempo prever dias melhores para o Brasil em que todos os menores recebem, de modo adequado, alimento, educação, cuidados médicos e condições de lazer e habitação. Mas estaremos longe ainda de fazer felizes as crianças do nosso país, senão houver um fortalecimento dos laços de amor entre os cônjuges e valorização da vida em família. Daí a necessidade de uma profunda educação para a gratuidade do amor e da doação fiel, à luz de Deus, conforme a pregação constante do Papa João Paulo II. Para além das dificuldades materiais que martirizam milhões de crianças está o drama do quotidiano de pais que não sabem se amar. No olhar de uma criança, lemos a felicidade ou o desastre do próprio lar.

Os olhos tristes de uma criança revelam falhas e pecados da família e da sociedade. São o termômetro social de um mundo egoísta e injusto.

Está em projeto um amplo programa a favor da criança no Estado e município de São Paulo, integrando os vários setores que atuam neste campo. Saudamos com esperança estas iniciativas. A Pastoral do Menor na Arquidiocese vai multiplicando sua atuação.

Hoje são numerosas as paróquias e comunidades que assumem serviços em bem do menor. Uma solução definitiva deverá sempre atingir a família e as estruturas da sociedade.

Que muitas crianças possam, em breve, espelhar no olhar não só a saúde e o bem-estar físico, mas o amor e harmonia de seus pais e da sociedade.

Convençamo-nos de que o problema não são as crianças de São Paulo. Somos nós.

Jogo de azar

22/09/1984

Quem já viu uma família arruinar-se numa noite, porque todos os bens foram consumidos no jogo para pagar apostas perdidas? Em minutos incineram-se patrimônio e felicidade de um lar. É triste demais ver, sem nem saberem porque, mulheres e filhos atônitos deixarem casa, mudarem "status" e sistema de vida, caindo na miséria e no desespero. A queda é tão brusca que causa desequilíbrios psíquicos irrecuperáveis. Todos conhecemos casos semelhantes a estes.

No dia 19 de setembro, a ordem do dia da Câmara dos Deputados elenca entre os projetos tramitando em prioridade, o de n. 635-A de 1975 sobre a Lei de Contravenções Penais. Consta o parecer da Comissão de Constituição e Justiça "pela constitucionalidade, legalidade e juridicidade e, no mérito, pela aprovação, com cinco emendas". A Emenda n. 5 admite autorização legal para o jogo de bicho.

Entre as razões aventadas, afirma o autor "a incontestável realidade é que se joga e muito neste país. Fechar os olhos a esta realidade é praticar uma política de avestruz. A legalização do jogo do bicho em todo o território nacional virá trazer tranquilidade a milhares de brasileiros que vivem em função dele".

Parece-nos que a questão não é o fato isolado da legalização do jogo do bicho. O problema é a motivação falaz que sustenta a emenda.

O argumento não procede e poderia abrir a porta para o jogo do azar. Com efeito, o fato de existir o jogo clandestino não oferece nenhum motivo para sua aprovação. Longe de atenuar, só fará crescer o jogo e suas consequências deletérias. Não se corrigem erros, autorizando-os, mas formando a consciência.

O País tem que se voltar aos valores éticos. Só assim, venceremos a crescente e alarmante corrupção e a desordem axiológica que privilegia o valor econômico em detrimento da dignidade da pessoa humana.

Não é possível compactuar ainda mais com o jogo do azar. A gravidade aumenta quando hotéis e cassinos institucionalizam de modo público e atraente o aliciamento aos jogos de azar.

Na raiz destes jogos está uma visão falha da vida baseada na expectativa de enriquecimento rápido e sem esforço, em busca de fortuna que satisfaça os sonhos do consumismo. Quem não percebe o desfibramento moral e psíquico dos que abandonam o hábito austero do trabalho para lançarem-se atrás da miragem da sorte? Alguns saem ganhando, mas quantos perdem suas economias e bens necessários? Afetados os princípios da justa colaboração profissional e fraterna, do salário conquistado pelo esforço pessoal, desperta-se a atenção para o lucro excessivo e indevido, a corrupção e a progressiva desintegração da ordem social.

O jogo de azar favorece a ociosidade e violência, faz crescer desilusões e desavenças.

Pior ainda é quando a abertura de casas e cassinos, além de facilitar e difundir o jogo, gera novos desmandos. Horários noturnos, proclividade à bebida, saídas do lar. O vício nunca vem sozinho. Que dizer quando menores se aproximam das roletas? A juventude sucumbe fácil à tentação. Que futuro lhes espera? A promoção do jogo do azar só aumentará a crise em que estamos. Locupleta grupos ricos e tira o dinheiro de quem não poderia mais perdê-lo.

O Brasil vive dias difíceis que precisam ser superados com inteligência e rapidez para não agravar o sofrimento do povo.

Isto exige uma ordem social que assegure trabalho e salário justo para todos. É para esta meta que devem convergir os esforços de nossos legisladores e dos principais responsáveis dos destinos do País.

Neste sentido entende-se bem a convocação dos bispos do Brasil para que façamos penitência e elevemos constantes súplicas a Deus pela recuperação da dignidade nacional, pela concórdia e paz social. No dia 12 de outubro, o País intensificará as preces à Padroeira do Brasil.

O jejum penitencial da vigília nos ajudará, na austeridade e na fé, a obter de Deus a construção da nova ordem social.

O Brasil não há de ser feliz nem por sorte, nem por azar, mas, pelo trabalho honesto e solidário dos cidadãos, no pleno respeito à lei de Deus cuja proteção nunca nos faltará.

Pela dignidade nacional

29/09/1984

Neste ano, o dia 12 de outubro será diferente.

Na festa da Padroeira do Brasil, além das centenas de milhares de peregrinos que se dirigem a Aparecida, serão oferecidas a Deus, em todas as comunidades, orações especiais pela recuperação da dignidade nacional.

"Entristece-nos – diz os bispos – a falta de grandeza ética e dignidade moral na vida particular, no procedimento público e nos momentos graves de decisões nacionais. Angustia-nos ver que as justas aspirações do povo nem sempre são atendidas."

É preciso rezar.

Com efeito, a situação difícil e penosa que estamos atravessando requer um confiante recurso a Deus. Quando o desânimo entra no coração do povo, só mesmo Deus pode reavivar a esperança. Temos que acreditar que ainda é possível superar obstáculos e construir juntos uma sociedade que respeite e promova a justiça e os outros valores morais. Isto exige a conversão do coração de que fala o Evangelho, que nos faz vencer o ódio, a ganância, a permissividade moral, o revanchismo e todo pecado. Mas para isso é preciso rezar: ninguém é capaz de ser bom e fazer o bem sem o auxílio de Deus.

Pela oração reencontramos a força interior para transformar a nós mesmos e a sociedade. Diante do escândalo da desigualdade social, da corrupção e da falta de senso ético, não bastam nossos propósitos e projetos. É necessária a graça de Deus.

Nestes últimos meses, quem não se entristece diante do processo político, de suas regras, aliciamentos e promessas? O momento requer homens capazes de captar o anseio popular e dedicados ao bem comum. Só assim será possível empreender as transformações indispensáveis ao bem-estar social, especialmente das classes desfavorecidas.

É neste contexto que Igreja faz a convocação insistente para unirmos nossas preces para o bem do Brasil. Um povo que reza atrai as bênçãos de Deus.

É por isso, que estamos convidando para uma atitude penitencial de jejum na vigília da festa da Padroeira do Brasil.

Por que reduzir as refeições e abster-se de alimento? Por que jejuar?

- O jejum recoloca-nos numa atitude de verdade. Faz-nos reconhecer nossa fraqueza e impotência. Sem o alimento quem pode sobreviver? Experimentar diante de Deus a própria indigência existencial, liberta o coração da vaidade e abre a mente para entender os valores profundos da vida.

- Quem passa por esta experiência não se prefere aos outros e compreende que, radicalmente, somos todos iguais. É um momento de verdade que ilumina o relacionamento entre os homens, igualmente fracos e indigentes. No Brasil, milhões de pessoas não conseguem saciar a própria fome. São irmãos nossos. Jejum é um gesto de comunhão. Faz-nos sentir, de algum modo, a aflição dos que não têm o que comer. É um ato de amor, semelhante ao da mãe que sofre solidária com o filho doente.

- O jejum, assumido em espírito de solidariedade fraterna, há de suscitar a vontade de partilhar com os outros os próprios bens. Surge um dinamismo novo dentro da sociedade em busca de uma ordem social que constrói a justiça por meio da verdadeira fraternidade.

- Quem jejua com sincero espírito religioso consegue desprender-se do consumismo e da acumulação de bens para colocá-los a serviço dos demais. A sobriedade de vida e a partilha, tão próprias dos primeiros cristãos, estão na raiz da vida comunitária. Quem tem, oferece a quem não tem. Assim ninguém passará mais necessidade nem fome. É feliz o povo que sabe repartir. A fórmula vale para o problema da terra, para a distribuição de oportunidades e benefícios sociais, para o acesso à educação e cuidados da saúde.

Jejum e oração, no dia da Padroeira do Brasil, marquem o início da volta aos valores éticos e da reconciliação fraterna.

Peçamos a Deus luz e graça para governantes e governados unirem suas forças em busca da concórdia e dignidade nacional.

Abençoai, Senhor, o nosso Brasil.

Programa do menor

13/10/1984

Nos últimos anos temos a alegria de constatar inúmeras iniciativas em benefício do menor. Afinal, a criança vem merecendo mais atenção por parte da sociedade. Há projetos em nível estadual e municipal. Outros são de entidades particulares. A novidade é o maior envolvimento da própria comunidade local. Por parte da Igreja, a Pastoral do Menor, em dimensão ecumênica, tem prestado crescente e valiosa contribuição.

A Febem, enfrentando com empenho as dificuldades, busca caminhos adequados para servir melhor. Na semana passada, um dedicado funcionário, Domingos Rodrigues da Silva, vítima da violência de um jovem, deu a vida no cumprimento de seu dever.

A recuperação de infratores e a formação da juventude carente são um imenso desafio para todos nós e só aos poucos poderá ser devidamente solucionado.

No dia 11 de outubro, aconteceu algo de novo e exemplar no Estado de São Paulo. Não passe o evento despercebido da população. Esta data deve entrar para os anais do Brasil.

O fato importante é que acaba de ser lançado pelo governador Montoro o Programa do Menor. É um conjunto de ações integradas, envolvendo secretarias de Estado, Prefeituras e a comunidade. Vai procurar atender ao menor nas suas necessidades de alimentação, educação, lazer e iniciação ao trabalho.

Deverá, assim, ser elaborada uma nova política do menor, fixando prioridades, articulando projetos e viabilizando, a curto prazo, soluções concretas e progressivas.

Está de parabéns o Estado pela medida lúcida e urgente que acaba de ser sancionada em dez artigos do decreto governamental. Outros estados poderiam seguir o mesmo caminho.

Abre-se uma fase esperançosa para a integração de forças em benefício da criança e do jovem carente. Na crise que atravessamos e apesar do desânimo que se apodera de alguns, há neste programa, lugar para muita esperança. Precisamos acreditar.

Resta augurar que o programa, em regime de urgência, possa quanto antes ir se realizando com a maior participação popular. Aliás, nesta semana, de 12 a 15 de outubro, estamos todos convocados para 4ª Semana Ecumênica do Menor, sobre "O menor e a Boa-Nova". A presença da criança no mundo é sempre portadora da vida de Deus. Haverá estudo sobre o "projeto-criança" que procura reduzir a mortalidade infantil. Serão relatadas experiências de escolas comunitárias e do trabalho executado pelos menores de rua.

Dentro deste contexto de promoção do menor, convém marcar com clareza o espírito que nos deve conduzir. Há quem fale da criança como "problema". Entendemos a significação da palavra enquanto se refere à seriedade da questão, uma vez que envolve mais de quatro milhões de crianças pertencentes a famílias de baixa renda ou sem rendimentos.

No entanto, é preciso evitar esta terminologia: menor não é problema. Há dias, na segunda-feira, uma criança desmaiou em sala de aula. Não se alimentara nem no sábado, nem no domingo.

Seu pai, desempregado, nada pudera oferecer aos filhos. Quem é problema, a criança ou a sociedade? O problema é nossa incúria e apatia; não é o menor.

Para nós o menor é solução.

A sociedade que se volta com amor para o menor, reordena seus valores e reencontra-se a si mesma. O Brasil precisa se reencontrar. O Programa do Menor, fazendo convergir para a criança ação conjunta da sociedade, oferece caminhos novos para superar a crise atual de valores e recuperar a dignidade nacional.

Um pedido. No município de São Paulo, seja dada a precedência às crianças de cortiço. Por incrível que pareça, três milhões e meio de habitantes são obrigados a sobreviver nestes ambientes desumanos. As crianças de cortiço precisam de nós. Mãos à obra.

Na semana da criança, aceitemos o convite.

Nesta campanha nacional não pode haver partidos nem omissos.

O jejum e a prece de Deus pelo Brasil começam a ter seus frutos.

Sofredores da rua

20/10/1984

São milhares. Durante o dia, espalham-se pela cidade. Vivem como podem. Catam papel, papelão, ferro-velho e fazem pequenos biscates, os que ainda têm coragem de lutar. Mas há outros, muitos outros que ficam cada vez mais à margem da vida, vencidos pela avalanche de dificuldades e decepções.

Quem não os vê, sujos e maltrapilhos, pelas ruas e praças? Pedem esmola e comida. De noite, recolhem-se sob viadutos, em terrenos baldios, ou na soleira das portas. Sem banho e sem trocar de roupa, tornam-se até repelentes e segregados da sociedade. Não é possível calcular com exatidão quanto são os que perambulam assim pela cidade. Talvez os sem casa passem de trinta mil.

Quanta angústia e desânimo na face destes nossos irmãos sofredores! Quanta frieza e apatia de nossa parte! Parecemos pertencer a mundos diferentes.

Ao ouvirmos as estórias destes náufragos da vida, percebemos que são vítimas da sociedade. Ninguém nasce para viver assim. Alguns foram abandonados já na infância, outros a desilusão, a bebida e a droga lançaram-nos na amargura. Mais frequentes são os casos de ex-presidiários que não conseguem reinserir-se na sociedade pelo trabalho honesto. Quem quer empregá-los? A prisão é um estigma difícil de ser apagado. Na noite passada encontrei-me com um homem de seus trinta anos, nascido de família rica, destruído pelos vícios, pela droga e detenção. Uma tristeza.

Se as mulheres aparecem em público menos do que os homens, é porque se tornam vítimas escondidas da prostituição.

Em meio a esta população sofredora, encontramos mendigos bons e generosos. Há gestos de dedicação ao próximo, partilhando o pão, o sofrimento e o abrigo improvisado. São capazes de passar a noite de plantão ao lado de um companheiro doente. Que poderíamos fazer pelos sofredores da rua?

Existe em São Paulo um grupo de voluntários, OAF, a Organização do Auxílio Fraterno, que há anos se consagra a servir aos sem-teto. Só Deus sabe o bem que fazem. Mas a nossa parte qual é?

É preciso reconhecer que para nós este trabalho não é fácil. Encontramos resistências. Há hábitos adquiridos de ócio e bebida. Há graves desmandos de ordem moral que impedem resultados imediatos. Mas, mesmo assim, vale a pena tentar. São irmãos que precisam de nós para se levantarem.

É certo que a solução só virá através de um novo tipo de sociedade capaz de oferecer a todos trabalho condigno e condições humanas de vida. Pensamos no indispensável atendimento à educação e saúde das crianças. Nesse sentido, insistimos na importância do "Programa do Menor" recentemente lançado pelo governo do Estado de São Paulo. São urgentes as medidas em benefício da habitação popular e da multiplicação de empregos, aliadas a um sistema, já iniciado, de apoio aos desempregados.

Que fazer, no entanto, com os sofredores de hoje? A fome e a doença crescem entre eles.

Uma sugestão modesta. Cada bairro poderia se organizar melhor, reunindo as forças vivas de que dispõe. Não convém concentrar serviços na megalópole, onde as distâncias são um desafio para o pobre. Nos bairros da cidade deveria surgir um Conselho Comunitário, com a participação das entidades filantrópicas, religiosas e dos "amigos do bairro", com apoio e cobertura dos órgãos públicos.

Haveria integração ou, pelo menos, colaboração de serviços: banco de empregos, auxílio alimentar, encaminhamento para postos de saúde e documentação, hospedaria popular, e em especial, um lugar para que o sofredor de rua seja ouvido e atendido como gente. Os que desejassem poderiam ser encaminhados de volta às cidades de origem.

A união de pessoas de boa vontade, de lojistas e comerciantes, numa experiência nova de comunidade de bairro, oferecerá resposta para os casos comuns, mantendo-se em ação uma rede mais ampla de recursos do próprio município, para a internação psiquiátrica e hospitalar e outros atendimentos especializados.

Este espírito humanitário e cristão só poderá atrair as bênçãos de Deus e há de nos ajudar a corrigir o egoísmo crônico em que mergulhou a sociedade consumista.

Sal e fermento

10/11/1984

Domingo passado na vila Alpina, durante a celebração da Eucaristia, jovens trouxeram em procissão e depositaram sobre o altar, além do pão e vinho, um pratinho de sal e outro com fermento.

Que pretendia os jovens fazendo esta oblação – Deus?

Queriam simbolizar, a luz da palavra de Cristo, seu compromisso diante da sociedade concreta em que vivem. Na semana passada, pedíamos aos jovens que nos ensinassem a perdoar, a partilhar e ter esperança. Respondem com sal e fermento.

O sal não só dá o sabor, mas impede que os alimentos apodreçam e preserva-os da corrupção. A lição vale para o nosso Brasil. É preciso evitar a podridão moral que vem desgastando a fibra do povo. Em vários níveis dá-se a queda dos padrões morais. No campo dos negócios públicos e privados, temos nos últimos anos acompanhado denúncias de graves escândalos ainda impunes. Na área dos espetáculos televisivos e das publicações, o anseio do lucro fácil por parte dos produtores mistura-se já uma corrupção da própria população que vai se habituando ao desvirtuamento do senso moral. A reforma do Código Penal propõe descriminalização do aborto dos nascituros deficientes. A consciência política dá sinais de corrosão, através da compra de votos e dos conchavos de interesse, tão distantes da busca do bem comum.

Além do apodrecimento do senso ético é preciso evitar o ódio e o rancor que ameaçam corromper o tecido social de modo quase irreversível. Quando a vingança e o revanchismo penetram na história de um povo, cai-se nas malhas de uma absurda e incômoda violência. Perde-se o respeito ao direito e termina-se pretendendo fazer justiça pelas próprias mãos, com requintes de brutalidade e covardia.

O pequeno pires com o punhado de sal sobre o altar significa, da parte dos jovens, o repúdio a tudo que corrompe e apodrece a dignidade da pessoa humana.

E o fermento? Dilata e faz crescer a massa. Opõe-se a tudo que coibe e impede o pleno desenvolvimento da pessoa e da sociedade.

Os radicalismos de esquerda e de direita, expressando a prepotência de grupos que apelam não raro para a violência, restringem e limitam o intercâmbio de ideias, o sadio pluralismo na busca da verdade, o diálogo político e a alternância de governo, próprios da democracia.

Os radicalismos de esquerda, em nome da superação das desigualdades gritantes, acabam por asfixiar a liberdade de consciência e criar regimes que sobrevivem à custa de repressão armada. Os radicalismos de direita, exacerbando a própria liberdade, violentam gravemente a justiça social.

O fermento evangélico é diferente. Faz crescer e expandir-se harmonicamente a vida, de modo que a luta pela justiça não gere novas injustiças, nem o amor à liberdade pessoal leve a excluir os demais dos bens e oportunidades de que se apropriam com exclusividades.

Os jovens pela amizade, abertura de coração, aproximam-se dos valores evangélicos, mais facilmente vencem o desânimo das classes acomodadas e superam as barreiras dos preconceitos sociais e raciais, tornando-se capazes de serem fermento de uma sociedade solidária e fraterna.

Na manhã de domingo na Vila Alpina, centenas de jovens continuavam cantando com voz cada vez mais forte.

Uma criança pobre de olhar puro e sorriso nos lábios atravessou a igreja e colocou uma flor sobre o altar ao lado do sal e do fermento.

Quando os jovens forem sal e fermento, as crianças poderão, sem medo, caminhar na paz, aprender a sorrir e dar flores a Deus e a todos.

E nós, que não somos nem crianças, nem jovens?

Continuamos sem sal, corrompendo a vida pessoal e pública. Sem fermento, criando ideologias reducionistas, radicalizando posições, fazendo leis que retardam o processo democrático, fabricando e exportando armas.

Vale a palavra de Cristo a Nicodemos. É preciso nascer de novo. Temos que aprender com os jovens de Vila Alpina o simbolismo do sal e do fermento.

Em favor dos enfermos

17/11/1984

Enquanto a cidade dorme, nos hospitais o serviço não para.

Uma legião de abnegados continua, pela madrugada adentro, a lutar em favor da vida. Dia e noite, heróis silenciosos, estão aí, empenhando-se para recuperar e conservar a saúde de seus irmãos.

Deixemos de lado, como fruto de fraqueza, do cansaço, alguns casos de negligência, dureza no trata ou falta de ideal. Isto acontece em qualquer setor da vida humana.

Não há dúvida, no entanto, que no setor hospitalar de São Paulo, continuamos tendo, ainda hoje, um dos ambientes de maior sacrifício e idealismo. Há exemplos de enorme e comovente dedicação. Enfermeiras na cabeceira de doentes graves, médicos de plantão, atendentes incansáveis nas salas de diálise, nas maternidades, em volta das mesas operatórias e nos corredores do pronto-socorro, aí estão, atentos aos mínimos sinais do paciente, prontos a aliviar o sofrimento, a sustentar e prolongar a vida, aplicando recursos da ciência e da técnica, da experiência, do devotamento fraterno.

Ainda bem que nos dias de hoje, de egoísmo e permissividade moral, podemos contar com expressões de tanta virtude e solidariedade humana. Compreende-se, também, porque tantas religiosas que se consagram a Deus escolhem este campo de apostolado, justamente pela soma de sacrifícios e amor que inclui o atendimento constante aos enfermos, animando-os à paciência e esperança, auxiliando-os a enfrentar a precariedade da condição temporal do homem à luz da promessa divina de felicidade eterna.

Na cidade ruidosa, cenário de tanta violência e desrespeito à dignidade humana, por detrás das janelas acesas dos hospitais, continuam a se entrelaçar o sofrimento e expectativa dos enfermos, com a abnegação e solicitude dos servidores da vida.

A saúde do povo precisa, no entanto, não só deste devotamento humanitário do corpo médico, mas das atenções governamentais. Saúde é prioridade. Apesar dos inegáveis progressos dos últimos anos, faltam ainda postos de saúde e hospitais na periferia. Doentes não recebem tratamento por falta de vagas. As filas nos ambulatórios e centro de pronto-socorro demonstram que a demanda supera de muito o atendimento. Desde a madrugada, os doentes esperam a consulta médica, rápida e descontínua.

O corte recente nos leitos mantidos pelo sistema previdenciário é inexplicável e os atrasos no repasse de verbas criam situações dramáticas para a administração hospitalar. Por outro lado, o doente, ao receber receita médica, vê-se sem condição de comprar o remédio. Numa época de inflação, não sobra dinheiro para a farmácia.

Há dias, uma pobre senhora mostrava seu pesar por não poder comprar injeções de setenta mil cruzeiros a unidade.

Não basta responsabilizar os governantes, para que a saúde do povo se torne prioridade. A comunidade inteira precisa descobrir a dignidade da pessoa humana e agir em favor dos enfermos. Há doentes em casa que necessitam de compreensão e amor. Há doentes, de todas as idades, que precisam de atenção e companhia.

Nem podemos nos esquecer do imenso campo da medicina preventiva, desde o aleitamento materno e da higiene doméstica até as condições básicas sanitárias em toda cidade. É tarefa de todos nós. Enquanto isso já poderiam ser acionadas pequenas iniciativas.

Haveria condição de assegurar aos que esperam o amanhecer nos corredores do pronto-socorro um pouco de leite, um pedaço de pão e um copo de água? Pelo menos seria possível aumentar o número disponível de macas e cadeiras?

A sociedade individualista, geradora de injustiças sociais crescentes, tem que descobrir o valor da pessoa humana e a lição sempre nova do Bom Samaritano. Continuaremos, como na parábola de Cristo, passando ao lado do desvalido? As grandes e inadiáveis transformações estruturais em benefício da saúde do povo exigem de cada um de nós mudanças comportamentais. A concórdia social e a fraternidade acontecerão através de gestos concretos de amor ao próximo. O apelo em favor dos enfermos reverte, assim, em benefício da própria sociedade, que aprende o exemplo do Bom Samaritano, onde está a verdadeira felicidade.

A paz do Ano-Jovem

29/12/1984

O ano novo está aí. "Ano-jovem."

O 1º de janeiro, desta vez, vem trazendo mais esperança.

1985 começa com otimismo até no Brasil.

Na sua mensagem para o Dia Mundial da Paz, o papa João Paulo II mostra sua confiança nos jovens. São palavras que fazem bem. Temos que aprender com o santo padre, Artífice da Paz, a acreditar mais na juventude.

Os jovens têm um recado a dar. Esta geração nova revela um descortino maior de horizonte. Entende de computadores, regimes políticos e ideologias complexas. É capaz de dizer o que pensa, quebrar tabus e romper com tradições, sem o menor remorso. São frágeis os jovens diante do fumo, do álcool e da droga. Não resistem a *slogans* publicitários, nem à atração de pseudo-heróis, que os fazem resvalar na permissividade moral.

Mas, por outro lado, caminham juntos, rejeitam com firmeza as injustiças sociais, repudiam a sociedade farisaica, os radicalismos autoritários e vibram com a paz e a fraternidade universal. No coração desta juventude está a esperança do mundo novo, mais solidário e fraterno.

Aos jovens, o Papa João Paulo II dirigiu sua palavra de Paz. Vale para nós também que, mesmo quando feridos pelas desilusões da vida, conservamos, dentro de nós, energias que podem sempre ser despertadas.

Sua mensagem profética vem renovar nosso anseio de justiça e paz.

Não haverá paz sem comunhão de valores. Para deixarmos de lado a corrida armamentista, temos que reencontrar valores comuns que permitam o desenvolvimento integral de cada pessoa humana e de todos os povos. Não basta, com efeito, vencer desigualdades sociais e buscar insistentemente a liberdade, se não houver uma concepção clara e comum da dignidade da pessoa humana.

A visão materialista da vida levou à dominação sobre os outros. Aí está a história recente demonstrando o enorme desequilíbrio social e o desrespeito aos direitos básicos da pessoa humana que resultaram da aplicação, pela força, dos sistemas capitalista e comunista.

Daí a oportunidade do ensinamento do Santo Padre aos jovens, lembrando que toda concepção do homem que não atinja sua transcendência, falseia a referência a seu destino último e não consegue fundamentar a promoção comum da justiça e da paz.

O homem só pode ser corretamente entendido na sua correlação a Deus, a "um Absoluto, plenitude de Verdade, Beleza e Bondade, pelo qual admitimos ser guiados em nossa vida".

Quando na consciência humana se ofusca a referência a Deus, como justificar a própria dignidade e o respeito devido aos demais?

Sempre que Deus morre em nossa consciência, nela morre também a dignidade pessoal e nada mais vale o homem. Assim, a sociedade materialista que desconhece os valores morais, ou violenta

Sociedade

a liberdade, ou incorre em gravíssimas injustiças sociais, ligadas ao problema da terra, ao sistema de exploração do trabalhador e à marginalização crescente das classes desfavorecidas.

A falência dos sistemas materialistas, que no eixo Este-Oeste acumularam arsenais preparados para a destruição e morte, mostram, de modo evidente, quanto o homem é capaz de se degradar quando se afasta de Deus.

O reconhecimento cada vez mais sincero de Deus, na vida humana e na caminhada dos povos, permitirá aos jovens superar a barreira de ódio e rejeição que as gerações precedentes criaram. Só o recurso a Deus há de permitir ultrapassar a cobiça e vingança, pelo gesto de perdão.

Aos jovens fica a tarefa de descobrir, no âmago da própria vida, a presença de Deus, que sustenta e promove a dignidade de toda pessoa humana, garantindo que a paz e a justiça são possíveis.

"A paz e os jovens caminham juntos", afirma João Paulo II.

Os jovens procurando Deus, descobrirão a paz.

O Ano-jovem de 1985, seja para todos portador da paz de Deus.

Mais forte que a violência

05/01/1985

Rádio e jornal, desde cedo, noticiam assaltos, repressão policial e toda sorte de violência que a cada dia se abate sobre a cidade. Tudo isso gera medo e insegurança. Evita-se sair à rua durante a noite. As pessoas se armam e trancam fortemente suas casas.

Na madrugada passada, carros da polícia perseguiam assaltantes. Tiroteio brutal. Silêncio de morte na calada da noite. São cenas que se repetem.

O noticiário da manhã anunciou mais um linchamento. É inaceitável. Sob a aparência de justiça, encobre-se a culpabilidade na covardia do anonimato. Os linchamentos, a curto prazo, podem brutalizar a consciência popular, despertar instintos selvagens, requintes de crueldade, incorrendo no mesmo absurdo da violência que pretende coibir.

Por este caminho as coisas só poderão piorar. Não é verdade que o medo da pena de morte intimide os que já resvalaram no crime.

É hora de parar e refletir.

Temos todos que repudiar, com veemência, o crime de quem mata para roubar, destrói vidas inocentes e cria um clima de terror.

Isto tem que cessar. É óbvio que o policiamento é indispensável para a segurança da população. Têm havido testemunhos de coragem e sacrifício na defesa do povo, por parte de policiais.

Há, no entanto, arbitrariedade e abuso de autoridade. Hoje, pela manhã, encontrei-me com um jovem que fora duramente espancado na delegacia. Puniram-no sem defesa, nem julgamento prévio.

A Igreja, ao defender a dignidade e direitos da pessoa humana, de modo algum acoberta o pecado de quem procede mal.

Temos que reprovar o erro e exigir reparação da justiça sem, no entanto, esquecer que todo ser humano pode e deve ser ajudado para reencontrar o caminho do bem.

É necessário, também, que examinem sua consciência os que com a própria vida de ganância e corrupção causam o gravíssimo desequilíbrio de nosso país.

Os que recentemente insistem em acusar a Igreja de favorecer a violência, fazem-no de má-fé, lesam gravemente a verdade e, pela calúnia, geram a confusão no meio do povo. Não podemos aceitar os ataques gratuitos feitos por programas de rádio contra pastores e membros da Igreja, cuja vida é totalmente dedicada à promoção da justiça e da paz.

Como cooperar para frear e diminuir sempre mais a violência?

Impõe-se, em primeiro lugar, um trabalho sério, a ser o quanto antes desenvolvido, para as condições básicas da vida em benefício da população desfavorecida. São urgentes as transformações estruturais que asseguram trabalho e salário justo para milhões de brasileiros que ficam à margem do progresso, nos cortiços e periferias. Isto exige conversão por parte dos que acarretam as injustiças sociais. Sem isto não haverá um mundo mais fraterno.

Além disso, requer-se um esforço comum para renovar o relacionamento entre nós. Vivemos num clima de agressividade, impaciência e nervosismo. As pessoas falam aos gritos nas casas e nas ruas. Ferem-se com palavras ásperas e ofensivas. A TV, impunemente, introjeta, até nas crianças, cenas de ódio, crueldade e vingança. O remédio é modificar hábitos violentos, dominar impulsos, vencer repentes e aprender o respeito e apreço a toda pessoa humana.

Mas, para reduzir eficazmente a violência, temos todos que nos educar para uma atitude mais profunda e que está no cerne da pregação de Jesus Cristo. É preciso vencer o mal pelo bem (Rm 12,21). O problema da convivência humana está radicalmente ligado à capacidade de conversão. A vida e a mensagem de Cristo ultrapassam a lei de Talião. Não se trata mais de pagar "olho por olho e dente por dente". É preciso revidar a violência, não pela vingança, mas pela justiça e pelo perdão.

"Amai vossos inimigos. Fazei bem a quem vos ofende. Rezai para quem vos calunia e persegue e sereis filhos de vosso Pai que está nos céus" (Mt 5,44).

Temos que nos reeducar para o amor.

Enquanto a humanidade não acreditar na força da fraternidade continuará alimentando opressões, radicalismos, divisões e hostilidades. Para sustar a brutalidade da violência, é preciso recorrer a Deus. Ninguém consegue acolher o próximo como irmão, sem a graça de Deus.

Revida-se a violência pelo perdão. Perdão de injustos e injustiçados. Perdoar é mais do que esquecer a ofensa. É amar e fazer o bem a quem nos ofendeu. Isso só podemos aprender com Deus. Mais forte que a violência é quem a vence.

Pão para quem tem fome

16/02/1985

Em julho de 1980, em sua visita apostólica ao Brasil, o Santo Padre desceu no aeroporto de Teresina. Ao rezar com a grande multidão que o acolhia sob um sol a pino, João Paulo II, com voz forte e comovida, dirigiu-se a Deus dizendo: "Pai nosso, o povo está com fome". A frase ele a lia numa ampla faixa que sustentavam diante do seu olhar. Talvez esse clamor dos pobres tenha ajudado a despertar a consciência nacional para escolher, como tema da Campanha da Fraternidade de 1985, a fome.

Na próxima Quarta-feira de Cinzas, será lançada a vigésima segunda campanha, que convoca todas as dioceses e comunidades eclesiais para a preparação conjunta da Páscoa de Cristo. A ressurreição de Jesus ocupa lugar central no ciclo litúrgico, celebra a vitória sobre o pecado e a morte, anuncia e comunica a vida nova que como salvador alcançou para todos nós.

A Campanha da Fraternidade realiza-se durante a Quaresma e procura, através de sincera conversão e penitência, levar-nos à vida nova; conforme o mandamento de Jesus: "Amai-vos uns aos outros".

O drama da fome atormenta milhares de brasileiros, marcando-os desde a infância com os efeitos terríveis da desnutrição.

Temos que constatar esta triste realidade, julgá-la à luz da Palavra de Deus e empenhar-nos em superar este flagelo.

Ouvimos falar da situação na Etiópia que requer imediata solidariedade. Não estamos, porém, habituados a perceber a fome que existe em nosso País e devora milhões de brasileiros. Basta recordar a seca do Nordeste e os bolsões de miséria em nossas grandes cidades. A CNBB elaborou um texto para reflexão das comunidades com cifras e estatísticas que mostram a extensão do problema.

Oitenta e seis milhões de brasileiros têm menos de 2.240 calorias diárias, dieta limite para sobreviver. Setenta por cento da população de nosso País está obrigada a se manter apenas com salário mínimo. É um estado permanente de miséria e fome que acarreta o depauperamento físico, a doença e a morte prematura. Com o aumento de preço dos alimentos, bem acima do salário, o consumo popular caiu muito nos últimos anos. Hoje há mais fome que nas décadas precedentes.

O Brasil é um país privilegiado, que poderia ser celeiro para a maior parte da humanidade. E é nesse país de terras vastas e férteis que nosso povo passa fome. Somas ingentes foram consumidas em armamentos, gastos suntuários em projetos que poderiam ter obedecido a uma lenta programação.

Na raiz desse profundo desequilíbrio social está o pecado e a ganância, que geram a acumulação desmedida de bens por parte de alguns, impondo aos demais salários mínimos e subempregos. A política econômica concentrou riquezas, desviou produtos agrícolas para exportação e relegou milhões de cidadãos à extrema necessidade.

À luz da palavra de Deus, aprendemos que somos destinados a formar já nesta vida uma sociedade fraterna em que a ninguém falte o alimento, nem as condições condignas de vida. A fome atual demonstra a pouca solidariedade e a urgência de uma conversão de coração, que vença o egoísmo e nos leve a partilhar os bens.

Deus Pai quer a vida de seus filhos. Deu-nos a terra, a inteligência e a técnica para produzirmos sempre mais alimentos.

A fome é superável. A solução está na conversão interior para a partilha fraterna. Além da ajuda indispensável ao irmão que não tem o que comer, temos que desenvolver um trabalho sério e eficaz para que as estruturas sociais sejam justas e permitam a todos viver com dignidade. Requer-se, assim, uma nova organização social que coloque como uma de suas metas prioritárias a alimentação sadia do povo. Isto implica na viabilização de medidas corajosas que garantam a produção abundante e estabilidade de preços dos alimentos essenciais, casas populares e remédios de extrema necessidade. O fruto do esforço comum tem que ser condividido por todos.

As comunidades estão, pois, convocadas a desenvolver um dinamismo criativo para, com rapidez, e mesmo à custa de sacrifícios pessoais, partilhar o pão de cada dia com os boias-frias, desempregados, mendigos e toda sorte de sofredores. Para isso é necessário que haja iniciativas que respeitem a dignidade dos necessitados e lhes ofereçam a oportunidade de cooperar na própria promoção. Mas, além disso, temos que chegar a soluções mais radicais, através de associações de bairros, sindicatos, partidos e outras formas de cooperar para que medidas eficazes e permanentes solucionem o problema da fome.

Em todo este esforço há que voltar a atenção para o Nordeste, que continua sofrendo os efeitos da seca prolongada e da injustiça social. Nas comunidades de igreja, permanece para mais um ano o projeto nacional de interajuda, que vincula as dioceses do Brasil com as vítimas da seca, na promoção de açudes, poços, sementes, alimentos e remédios.

Neste ano a Campanha da Fraternidade, com o lema "Pão para quem tem fome", será também preparação para o 11º Congresso Eucarístico Nacional em Aparecida. A fome de alimentos, que aflige a tantos, é imagem de fome espiritual mais profunda, de verdade e amor, que só Jesus Cristo, filho de Deus, pode para sempre sanar.

O cartaz deste ano não apela para o senso estético. É até chocante. Por trás de uma cerca de arame farpado, a mãe empobrecida estende a mão e suplica pão para os filhos, mostrando a injustiça no uso da terra, o sofrimento da seca e a fome atroz. Um grande círculo branco emoldura a cena e alude à luz de Cristo, que é esperança do pobre.

Que o novo governo possa incluir em seus programas mais urgentes condições de trabalho para todos, que em breve não falte nunca mais ao povo brasileiro o pão de cada dia.

A fome que mata a fome

23/02/1985

Ficamos tristes com tanta coisa errada que há por aí. Aumenta o padecimento do povo. É difícil o emprego. Quarto de cortiço custa caro demais. Água, luz e gás nem se fala. Pouco sobra para comprar comida. A fome é sempre maior. Quem mais sofre são as crianças desnutridas e doentias. Tudo é fruto do egoísmo e da cobiça que acarretam o acúmulo de bens e a desigualdade social, desrespeitando as mais elementares exigências da solidariedade humana.

O carnaval aconteceu de novo. Fez esquecer por uns dias a fome e o desemprego. Misturou distração e arte, com desmando e degradação moral, machucou a consciência de muita gente.

No meio de tudo isso, vamos aprender a lição de uma criança.

Rita é magrinha, menina de olhar triste. Mora num bairro bem pobre, da zona leste. Frequenta, com centenas de menores, o Centro Comunitário. Na hora da merenda recebeu o pãozinho com doce. Comeu até a metade. Só a metade. Depois guardou o pedacinho dentro do vestido. Nos dias seguintes repetiu-se o fato. Só a metade. A monitora, abraçando a menina, perguntou-lhe porque fazia assim. Rita levantou os olhinhos e responder:

"É para meu irmão menor que não pode vir". A metade era para ele. Lição de criança.

Estamos preocupados com a miséria do povo. Para acabar com a fome de pão é precioso que cresça dentro de nós um outro tipo de fome. A fome e sede de justiça, bem-aventurança evangélica anunciada por Jesus.

Por que não fazemos como a criança? O que temos é suficiente para todos. A centésima parte dos gastos militares com armas nucleares bastaria para estabelecer a estrutura agrícola básica e acabar com a fome do mundo em cinco anos. Imaginemos o que aconteceria se a metade do orçamento bélico fosse aplicada para alimentar o mundo.

Como entender que o Brasil seja o quarto maior produtor de alimentos, detentor do segundo rebanho mundial e, ao mesmo tempo, um dos países de maior índice de desnutrição?

A fome é falta de comida ou falta de justiça?

O Brasil precisa de uma profunda transformação social. Ela tem que acontecer. Mas precisa atingir o coração. Do contrário, o pecado estragará tudo mais uma vez. Se não crescer em nós a fome de justiça não desaparecerá nos outros a fome de pão. Uma fome acaba com a outra. Mas sem conversão do egoísmo cada um vai continuar comendo sozinho o pão inteiro.

O pão que falta ao irmão é a metade do pão nosso de cada dia. Há muito que aprender com as crianças. Elas estão mais perto de Deus. Para sentir fome de justiça, precisamos nos aproximar de Deus. Pois, para repartir, temos que amar. Sem Deus, ninguém ama de verdade.

A Campanha da Fraternidade anuncia, a cada ano, a vida nova de Cristo, uma civilização diferente, feita de justiça e amor, sinal da promessa definitiva de Deus.

Pão para quem tem fome. Que não falte mais pão para ninguém. Bem-aventurados os que repartem o pão. Só metade. Basta para todos.

Semana Santa ao vivo

30/03/1985

O povo brasileiro continua rezando. É muito grande a esperança de que Deus nos conceda a saúde do presidente Tancredo, tão querido por todos nós.

Os caminhos de Deus superam nossa compreensão. Não conseguimos ainda captar o porquê do sofrimento humano.

A Semana Santa, tornando mais presente a Paixão de Jesus Cristo, ilumina-nos sobre o sentido deste sofrimento do homem justo. Cremos que Cristo era inocente. Nele não havia pecado. E mesmo assim, submeteu-se à paixão dolorosa. Ele quis se identificar com o drama da vida humana, até o ponto de experimentar a condenação injusta e a morte na cruz.

O Filho de Deus quis ser em tudo semelhante a nós, exceto no pecado. Veio para superar este mesmo pecado e abrir-nos a uma vida nova, na reconciliação com o Pai e entre os irmãos.

A linguagem de sua solidariedade conosco no sofrimento é muito forte. Cristo demonstra quanto Ele nos ama e quer nossa felicidade. Pelo dom de sua vida, salva-nos do egoísmo, de todo o pecado e da morte.

A solidariedade no sofrimento permanece, também para nós, a maior expressão, do amor e da benção de Deus. É neste contexto que devemos entender à luz da fé o caminho doloroso pelo qual, nas últimas semanas, vem passando a Nação. Neste ano, a Semana Santa começou mais cedo. Os festejos da Nova República foram de repente substituídos pela enfermidade do Presidente. Suas três operações, a angústia dos boletins médicos e as vigílias de oração, cada vez mais intensas, pela saúde do Presidente e pelos destinos de nosso país.

Neste ano, o Brasil está celebrando a Semana Santa ao vivo, na fé e nas preces do povo sofredor e confiante.

Da paixão e do amor de Cristo, nasce misteriosamente a vida. Assim também, de certo modo, há uma vida nova que surge no meio do povo e que vai crescendo na união e na esperança.

Nas últimas semanas, o Brasil tem recebido graças especiais de Deus. A memória não alcança no passado de nossa história uma experiência tão viva de fé em Deus e de união entre todos. As mãos se dão na calçada diante do hospital, misturando idades e classes, numa corrente e mutirão de preces. No setor público o clima é de paz. Respeita-se a Constituição e busca-se uma forma de maior participação do povo nos destinos da Nação.

Apesar dos enormes problemas e dívidas em que o País se enredou, acreditamos que são possíveis as urgentes transformações sociais. Já é tempo de somarmos criatividade e coragem para que as classes desfavorecidas tenham, pelo trabalho e salário justo, condições de vida.

A mestra do presidente Tancredo, em São João del Rey, com 95 anos de idade. Simpática e lúcida, rezando pela saúde de seu aluno, lançou pela TV à Nação o recado de esperança. "Depois deste caos por que passamos, é preciso que algo mude."

É a mensagem da Páscoa. Temos que superar o caos do ódio e da corrupção, da violência, da fome e desigualdade sociais tremendas.

A Semana Santa, para além da Sexta-feira da Paixão e da conversão do coração, abre para a vida nova na certeza da Ressurreição de Cristo e para o repicar festivo do aleluia da Páscoa.

Desta vez toquem mais forte e quanto antes os sinos de São João del Rey.

Dizer sim à vida humana

18/05/1985

O projeto do Novo Código Penal prevê, no art. 128, vários casos em que o aborto provocado não seria punido. Vai além. Muda o enunciado da lei. Abandona a fórmula da não punição para outra em que se nega naqueles casos a existência de crime.

Numa fase tão decisiva para o futuro de nosso País, procuremos reafirmar o direito que o nascituro tem de viver. Este direito, outorgado pelo próprio Deus, é o ponto de partida que preside o debate sobre a definitiva ilicitude do aborto provocado.

A começar do momento em que o espermatozoide e o óvulo se encontram, é a vida humana que se inicia, em processo contínuo, com toda sua dignidade e direitos. Em consequência, o ato de eliminação direta da vida nascente é eticamente mau e inaceitável.

Alguns arguem dizendo que acolher ou não a vida, que já se desenvolve dentro do próprio organismo feminino, é de exclusiva decisão da vontade da mãe. Afirmam que a mulher é quem manda sobre o seu próprio corpo. Aqui, cabe responder que o nascituro, embora dependa de sua mãe para viver é, no entanto, outro ser, com sua própria dignidade e direito de existir, direito de ser amado e auxiliado a se desenvolver.

Outro modo de pensar que vem penetrando aos poucos na consciência popular é o que se refere ao nascituro com fundada probabilidade de apresentar graves e irreversíveis anomalias físicas e mentais.

Temos que reconhecer a aflição e profunda angústia que esta situação pode causar para os pais. O anteprojeto do Código Penal chega a propor nestes casos a descriminalização do aborto provocado. Mas este procedimento é inadmissível. Apesar das deficiências, mesmo prováveis, temos que respeitar a dignidade da vida humana e assumir riscos, ainda que onerosos, e levar adiante a gestão. A vida vale mais.

Nem de longe se trata de simplificar este angustiante problema, mas é nestas situações que a mãe mais precisa de conselho e apoio para assumir com coragem sua árdua missão. O recurso confiante a Deus torna-se nestas horas indispensável.

A eliminação da vida, nestes casos de anomalias previstos, em benefício de pretensa eugenia, assemelha-se às terríveis violências contra inocentes, cometidas nos tristes regimes do tipo nazista. Isto conduzirá à eutanásia e a atentar contra a vida de outros deficientes.

O número crescente de abortos clandestinos tem levado muitos, no atual debate, a insistir na tese da descriminalização do ato abortivo, para que as gestantes pobres tenham acesso aos métodos médicos mais seguros. Entende-se a intenção dos que assim argumentam, mas as condições psicossociais não alteram a intrínseca malícia da interrupção da vida.

Voltamos sempre ao ponto de partida: o direito radical que a pessoa humana tem de nascer. Este direito deve ser reconhecido e por todo respeitado.

Que dizer àqueles que apontam para países numerosos que incorporam nas suas leis, a aceitação do aborto provocado, estabelecendo apenas balizas que reduzam o recurso indiscriminado a este processo?

Com lucidez, temos que nos ajudar a compreender a falácia deste argumento. O enfraquecimento da consciência moral, mesmo que se difunda, nunca é um bem. Assim, a multiplicação de assaltos e roubos, não torna estes atos menos desonestos, nem nos autoriza a praticá-los.

É preciso, no entanto, reconhecer a angústia e perplexidade que há, a este respeito, em nosso povo. A resposta não é facilitar o erro e lesar a consciência moral, mas esclarecê-la, ampará-la, criando condições de vida digna.

Temos que zelar para que a nova Constituição cumpra uma função pedagógica, educando para o discernimento e respeito aos valores indispensáveis à realização e felicidade da pessoa humana. A sociedade que, aceitando o aborto provocado, viola o direito fundamento à vida, como poderá, com firmeza e convicção, promover os demais direitos e garantias democráticas?

Entraríamos em contradição. O certo mesmo é dizer com coragem sim à vida. A vida vale mais.

Gestos de solidariedade

25/05/1985

Muita gente se queixa de que os tempos são difíceis. Parece que não há mais fraternidade. Isto pode nos acabrunhar e perturbar o julgamento sobre a realidade.

A sociedade está em demanda de uma convivência mais humana, de respeito e promoção da pessoa.

Estamos acostumados a constatar a cobiça e violência de assaltos à mão armada. A desordem na distribuição da renda e recursos gera uma sociedade marcada pelo profundo desequilíbrio social. Isto se reflete na posse e no uso da terra e do solo urbano. Cenário de constantes injustiças.

Mas, ao lado destes indicadores negativos que acusam níveis muito baixo de solidariedade humana, há que perceber os gestos pequenos, modestos e promissores de um relacionamento mais solidário e fraterno.

Cada um, no âmbito em que vive, percebe estes gestos. E estão aí sustentando a esperança de dias melhores.

No Jardim Santa Madalena, na zona leste, perdura ainda hoje uma experiência singular. Duas famílias provadas pelo desemprego são assumidas por cinco outras. É o famoso cinco a dois.

No fim da semana, a compra é feita em comum e dividida pelas sete famílias. O grupo se reúne com frequência para colocar em comum a própria vida, num nível de sincera amizade. Além disso todos se empenham para procurar trabalho para quem não o tem. São dezenas de núcleos deste tipo. Ver para crer.

Nesta semana perspectiva crescem, em vários bairros da cidade. Os núcleos pertencentes à Associação Paulista de Solidariedade no Desemprego. Aqui o princípio é diferente. Trata-se de distribuir pelos desempregados o fruto de contribuições espontâneas. Reúnem-se aproximadamente 25 operários sem emprego. Num grupo de amizade e interajuda. Cada mês, pelo menos, encontram-se para colocar em comum sua situação. Uma soma que varia é partilhada pelos membros do grupo. Às vezes há também um sacolão de mantimentos. A sede funciona no Sine – Sistema Nacional de Emprego. A iniciativa já tem um ano de existência, desenvolveu-se muito e tem sido apoio real para várias famílias na atual crise. Mais do que o dinheiro vale a amizade. Alguns grupos usaram de criatividade e empenharam-se em promover pequenos projetos de horta comunitária, criação de aves, costura, bordado e artesanato.

A iniciativa se multiplicou na área da periferia. Só na Paróquia de São Mateus, da zona leste, concentram-se mais de trinta grupos.

No início foi difícil habituar-se à partilha. Mas hoje, pode-se dizer que os grupos superaram a fase experimental e geraram laços de verdadeira solidariedade.

Outra realidade de nossa cidade são os Grupos de Mães. As mulheres deixaram a natural reserva do lar para encontrar-se em dias fixos e discutir os próprios problemas e aspirações. Daí nasceram muitas atividades comunitárias. Aprendem a cozinhar e costurar melhor, preocupam-se com o cuidado dos filhos, dos enfermos e idosos.

No Jardim Adutora, no limite de Sapopemba e Santo André, um desses grupos que surgiu na comunidade paroquial assumiu as crianças deficientes dispersas pelas famílias. Com efeito. Estas crianças ficavam isoladas nos lares sem o devido atendimento. Agora são levadas para uma pequena casa e aí recebem o carinho e as atenções das mães que em rodízio delas se ocupam.

Também nas áreas de cortiços, começam a aparecer os gestos solidários. A conta de luz e água é muito alta. Isto depende do sistema de cobrança que até há meses era aplicado pelo administrador de cortiços. Agora, aqui e ali, surgem famílias que se associam para arcar com o total de despesas e distribuí-lo de modo equitativo entre elas. Não é fácil superar os intermediários e partir para a gestão em comum. Mas já há algum resultado com consequência de aproximação entre os moradores das habitações coletivas.

Mais amplo foi o empenho nestes dois anos na cidade de São Paulo para com as áreas assoladas pela seca. A arrecadação da Campanha da Fraternidade durante a Quaresma foi toda enviada às cidades do Nordeste. O óbulo dos pobres comoveu. Uma senhora entregou o fruto de suas economias e quis permanecer no anonimato. São gestos que enobrecem quem faz.

Continuam os crimes, os roubos e as dramáticas injustiças sociais. Desnutrição e mortalidade infantil. Desemprego e condições subumanas de vida.

Procuremos transformar as estruturas da convivência humana para que sejam verdadeiramente justas.

Acelerando estes dias, brotem com força de generosidade os gestos solidários. Temos direito de captar nesses pequenos clarões, que se acendem no horizonte da sociedade consumista e violenta, o despertar de um mundo mais fraterno, conforme o mandamento de Jesus Cristo.

O amor de Deus acabará por vencer em nós o egoísmo e a maldade.

A "campólio" e a saúde das crianças

08/06/1985

Há treze dias em São Paulo continuam em greve os 37 mil servidores da Secretaria de Saúde. Na cidade de Brasília os médicos da Fundação Hospitalar paralisaram seus serviços. No Rio, trinta mil membros da categoria dos profissionais da saúde permanecem em greve há 33 dias. Anuncia-se agora a decisão dos servidores do Hospital das Clínicas de entrarem em greve em nossa cidade, por tempo indeterminado.

Respeitamos o direito de greve que possuem servidores e profissionais. Há reivindicações que são reconhecidas como justas e urgentes. No entanto, temos que refletir sobre o direito que a população tem ao tratamento condigno da saúde. Por ocasião da paralisia, mesmo parcial, do atendimento hospitalar, reduzem-se para metade a ocupação de leitos e as consultas ambulatoriais. Os casos julgados de emergência, embora atendidos por plantão especial, não podem receber a qualidade de tratamento dos dias normais. O povo fica assim altamente lesado no direito fundamental de conservar e promover a saúde e a vida.

Será que a greve nestas situações não deveria ser restringida aos casos realmente extremos e de declarada urgência e gravidade?

Sociedade

Por que penalizar a população, já tão sofrida, com mais este detrimento? As pessoas, após horas de espera, voltam para a casa sem solução e isto pode agravar muito a condição da própria enfermidade.

Temos que reconhecer o direito dos servidores de saúde a receberem salário adequado e alcançarem as reivindicações convenientes à própria categoria. O instrumento, porém, é sempre o diálogo realizado com tempo, dignidade das partes e eficiência para que se evite o recurso desesperado à paralisia dos serviços com sacrifício da população.

Para o recurso lícito à greve é indispensável, à luz da doutrina da justiça social, respeitar o critério do bem comum e da necessidade de garantir serviços primários do povo. Quando se trata de abastecimento alimentar, de atendimento à saúde, de vigilância contra incêndios e outras situações de indiscutível urgência, o direito à greve fica naturalmente limitado. Nestes casos, a promoção dos justos interesses dos servidores da saúde terá que ser assegurada pela insistência na força persuasória do diálogo e também pela corresponsabilidade dos que devem julgar e decidir sobre os pontos concretos em reivindicação.

É nesse contexto que situamos o problema específico da vacinação infantil. A Campanha Nacional contra a Poliomielite, chamada de "Campólio", tem sido bem-sucedida em nosso País. A ela devem a vida centenas de milhares de crianças. É por isso que acreditamos na compreensão dos servidores da Secretaria da Saúde de São Paulo para que possam rever a decisão de continuar em greve no dia do "Campólio". Por que prejudicar a saúde das crianças? Seria lamentável ter que adiar o dia nacional da vacinação. Confiamos no espírito de dedicação à causa pública por parte dos servidores.

Reuniram-se há dois dias os agentes comunitários de saúde na área de Sapopemba, na zona leste da cidade. Analisaram os resultados surpreendentes em benefício da sobrevivência das crianças durante o primeiro ano de vida, com a aplicação do projeto que em poucos anos espera reduzir à metade a mortalidade infantil. Entre os fatores positivos mais importantes indicava-se a regularidade de vacinação. Para contentamento dos monitores constatou-se que todas as crianças no bairro estavam em dia com as vacinas.

Olhando o futuro do País, que deve sempre mais se empenhar na promoção da dignidade da pessoa humana, será de grande alcance social o exemplo dos servidores da saúde. Hão de encontrar uma solução que favoreça a justa defesa dos direitos específicos da categoria, sem afetar o atendimento básico à população. Precisamos evoluir no campo do entendimento mútuo, quando há conflito de direitos e interesses. Valem mais a razão e a força dos argumentos. Vale mais a saúde das crianças. Deus nos ajude a acertar os caminhos que levam à sociedade fraterna.

Congresso Eucarístico Nacional

06/07/1985

Dentro de poucos dias, de 16 a 21 de julho, Aparecida do Norte será sede do 11º Congresso Eucarístico Nacional. É um fato de enorme alcance religioso para a comunidade católica. Lembremo-nos dos últimos congressos de Manaus em 1975 e Fortaleza em 1980, que contou, em sua abertura, com o santo padre João Paulo II.

Os peregrinos, que se dirigem a Aparecida, querem prestar uma sincera homenagem de louvor e gratidão a Nosso Senhor Jesus Cristo pela instituição da Eucaristia, que torna presente o mistério de seu amor pelos homens.

No incêndio do Joelma em São Paulo, heróis do Corpo de Bombeiros marcaram-nos com gestos de coragem ao se arriscarem no resgate das vítimas encurraladas pelo fogo. A mãe que acompanha o filhinho doente ao hospital e a ele se dedica, sem medir sacrifícios, revela a força de seu afeto. São expressões vigorosas de amor. Mais que todos, Jesus Cristo, filho de Deus, entrou no drama da vida humana. Suportou sofrimentos, passou pela cruz, unicamente para nos salvar. Na história, a maior prova de amor é a de Cristo que livremente enfrenta a morte para nos resgatar do pecado e dar-nos a vida.

A Eucaristia é a celebração deste dom supremo de Cristo por nós. Na última ceia, Cristo ratificando a nova e eterna aliança de Deus com os homens, promulgou seu mandamento de amor "amai-vos como eu vos amei" (Jo 15,12).

Num mundo de discórdia e desânimo, precisamos reaprender a amar e a ter esperança, a fração do pão da vida leva-nos a amar os irmãos até a entrega de si. Assim, participar de Eucaristia, é para a comunidade cristã, louvar e agradecer a Deus, mas é também comprometer-se, com a graça de Cristo, a realizar sempre mais a sociedade justa e fraterna que nesta terra é sinal do Reino de Deus.

Para solenizar e assumir com novo empenho a força deste mistério que anuncia, celebra e realiza o amor de Deus e dos homens, a comunidade católica, cada cinco anos, promove o Congresso Eucarístico em nível nacional.

Neste ano de 1985, o Congresso se realiza em Aparecida, centro de devoção à padroeira do Brasil. O canto bíblico de Nossa Senhora – o "Magnificat" – foi escolhido como tema inspirador. A Virgem Maria, figura da Igreja, exulta em Deus pela misericórdia para com seu povo. Deus sacia de bens os famintos. Quem entra no plano salvífico de Deus, partilha seu pão com os irmãos. "Pão para quem tem fome", é o compromisso da Campanha da Fraternidade para este ano.

Daqui a poucos dias centenas de milhares de peregrinos estarão dirigindo-se para Aparecida. Em todo Brasil, as comunidades se associam à celebração do Congresso, reunindo-se para louvar o Senhor e concretizar de modo mais eficaz a partilha do pão.

É um Congresso diferente. Não é feito de discursos, nem de espetáculos em praça pública. É mais. Tem implicações sérias em nossa vida. Celebrar a Eucaristia, leva a confiança em Deus, a converter o coração. Leva ao perdão recíproco, a união. Leva a partilha justa e pacífica da terra, a garantia de trabalho e salário adequado.

Em nossa humanidade exaurida, vítima da violência, do medo e das injustiças sociais, estamos todos convocados para fortificar a fé em Cristo e assumir o compromisso de fraternidade.

O fluxo e refluxo dos peregrinos pela Via Dutra servirá, nos próximos dias, para oxigenar a vida nacional. Vamos pedir a Deus que nos purifique do ódio, da ganância e do desânimo. No coração dos brasileiros, renove-se o dinamismo do amor e da esperança, que só Cristo pode dar.

Jovens em Aparecida

20/07/1985

Tanta gente fala dos jovens para dizer que tudo vai mal. Não é verdade. Há muito jovem de ideal, trazendo vida na face e querendo que aconteça um Brasil diferente, livre e fraterno, onde a criança pode nascer, crescer e cantar nas praças.

Em Aparecida do Norte, ontem, dezenas de milhares de rapazes e moças reuniram-se para colocar em comum as aspirações mais fortes de sua fé em Deus e esperança na construção de uma sociedade que mereça a doação da própria vida.

Os dias do Congresso Eucarístico Nacional, que termina amanhã, foram oportunidade para cada um, diante de Deus, refletir, rezar e partir, com novo ânimo, para a ação.

Os jovens refletiram. Como haverá "Pão para quem tem fome", se a fome está de um lado e o pão do outro? No meio há distância e conflito. Quase ninguém tem vontade de partilhar. "O que é meu, é só meu". Crianças e jovens, marcados pela desnutrição, são marginalizados e pisoteados pela sociedade consumista. Discute-se com eloquência se ainda convém ou não garantir terra a quem dela precisa para sobreviver. Estranha-se que os sem-terra acampem ao longo das estradas, e não nos comovem a angústia e a aflição destas famílias. Não é de se admirar que muitos jovens se desiludam diante do futuro, caindo na droga e na agressividade. Onde buscar luz e força para o caminho? Vieram os jovens à Aparecida do Norte, aprender com a mãe e padroeira do Brasil, que a solução é Cristo.

Os jovens rezaram. A oração une-nos a Deus, faz que conheçamos seu amor e a vontade de nos dar a verdadeira vida. Na mensagem de Cristo, os jovens e todos nós, reencontramos a alegria de olhar para a frente, assumindo o desafio da luta quotidiana. É toda convivência humana que deve ser modificada. Na intenção de Deus, a ninguém pode faltar terra, nem trabalho, nem pão.

Os jovens acreditam e renovaram a sua fé. Faz bem ver a nossa juventude com olhar cheio de esperança, superar as primeiras frustrações da vida, vibrar com o Evangelho e comprometer-se com seus valores. A multidão de jovens festiva e ordeira, na imensa esplanada de Aparecida, vem potenciar o ânimo das gerações cansadas. Diante do altar monumento, cantos e aclamações entusiastas, transmitidas pala rádio ecoavam pelo Vale do Paraíba afora. Espetáculo maravilhoso de sol e alegria.

A lição é para todos nós. Aprendamos com estes jovens que sabem crer, sorrir e cantar. Afinal, por que tanta ambição e tanta guerra? Apesar do egoísmo que acumula sempre mais para si, é preciso de novo acreditar no amor que abre o coração, divide o pão e a terra, sem aguardar compensações.

Numa sociedade negativa, que segue a lei do "olho por olho", que revida a violência pela força, temos que aprender sempre a fazer o bem a quem nos ofende e calunia.

Sem perdão, não há cristianismo, nem concórdia social.

Onde há opressão e injustiça, onde milhões de irmãos continuam sem emprego e sem terra, Deus nos impele à conversão para que cada um tenha – em paz e sem tardar – o que lhe é devido.

O cântico eucarístico, entoado por milhares de vozes, repetia a fórmula para o verdadeiro milagre brasileiro: "E todos repartiam o pão e não havia necessitados entre eles". Para que isso aconteça é necessário desfazer os argumentos dos que na questão fundiária confundem dependências ideológicas com as resistências do egoísmo.

Parabéns à mocidade que acredita na palavra de Deus.

Oitocentos jovens deficientes físicos, envolvidos pela atenção e carinho dos colegas, estavam presentes em Aparecida, com sua coragem e tenacidade.

Com eles temos o direito de crer na construção de uma nação diferente, solidária e fraterna, onde cada um reconhece, estima e respeita a dignidade de toda pessoa humana.

Quase no fim do Congresso, temos muita razão para cantar com os jovens o hino bíblico de Maria. Louvemos o Senhor. Ele faz maravilhas.

Abençoa, Senhor, o nosso Brasil.

Valores morais

31/08/1985

Na fenda entre as pedras do edifício longe do chão uma plantinha conseguiu lançar raízes e num enorme esforço abrir suas folhas. Merecia uma fotografia. É a luta pela vida. Mas melhor seria que estivesse em boa terra, crescendo livremente sem asfixia e tanto sacrifício.

Hoje, os valores morais enfrentam a mesma luta. Tiram-lhe cada vez mais a terra, sofre lenta e triste asfixia.

Não há vida digna sem a beleza do amor, a dignidade da mulher, a coesão da família, a verdadeira fraternidade, a honestidade profissional e o profundo respeito aos valores religiosos. No entanto, basta considerar os programas televisivos para medir o declínio dos valores morais.

Nem se deve ponderar que os descontentes não estão obrigados a ver espetáculos. Todos sabemos qual é a força de hábito que acorrenta crianças e jovens, horas a fio diante da televisão.

Já pensamos nas mensagens explícitas e subliminares de violência e permissividade moral que penetram na consciência de nosso povo?

A comunidade tem deveres aos quais não se pode furtar. Não zelamos pela qualidade do ar, da água e dos alimentos?

Por que não nos empenhamos com a mesma lógica para que os espetáculos sejam sadios, transmitindo valores que construam no coração humano a justeza de critérios, a retidão de atitudes e a generosidade de sentimentos?

Tudo isto exige constância para alcançar o senso crítico que permite discernir a verdade e o bem em meio às inúmeras ofertas de valores falsos e reais que a vida cotidiana apresenta.

Quando, porém, o senso crítico ainda não amadureceu, será que não há um dever para a própria sociedade de colaborar para a formação da consciência e, ao mesmo tempo, para a defesa e promoção dos valores éticos? A resposta é evidente.

O que mais entristece é a ganância e o interesse consumista dos que, sem escrúpulos, exploram a paixão de milhões de espectadores.

Não culpamos com graves penas os que lesam a ecologia, a salubridade do ar, a saúde do próximo, danificando e poluindo florestas e rios atraídos pelo maior lucro de suas indústrias?

Diante do declínio do senso ético de responsáveis pelas programações televisivas, editoras e produtoras cinematográficas, temos todos a obrigação de mostrar nosso desagrado e exigir melhor qualidade moral dos espetáculos e publicações.

É neste sentido que o Conselho Permanente dos Bispos Católicos, ao terminar sua reunião ontem em Brasília insistia em alertar a consciência nacional e as autoridades para a preocupante situação da censura e o desrespeito aos valores da cultura brasileira, da dignidade do nosso povo.

Toda degradação moral tem um alto preço. Não acontece sem detrimento para o convívio social e o bem comum. Inclui sempre desrespeito a Deus e à pessoa humana. Cresce, então, a onda de violência, a dissolução da família e o desgaste da consciência.

O indicador do desvirtuamento moral está no número de abortos provocados. A vida do nascituro não conta mais.

O empenho que a Nação está querendo dedicar à nova Constituição, para ser coerente e leal, terá que passar pela atitude de respeito integral à dignidade da vida humana. Poderemos superar a inflação e a recessão econômica, pagar a dívida externa e aplicar a reforma agrária.

Tudo isso pouco adiantará sem a renovação dos valores morais.

A greve e a escola

14/09/1985

Em Brasília, os alunos voltaram para casa. Não há aula. Ficaram brincando na quadra. Por quanto tempo?

O direito à greve é uma das garantias democráticas, às vezes, funciona como única saída para obrigar as partes a se respeitarem. No entanto, é um recurso extremo, que deveria ser de rara aplicação, pelos evidentes efeitos negativos que traz à Nação. Basta exemplificarmos com o setor previdenciário e hospitalar, para entendermos a delicadeza da utilização da greve como instrumento de reivindicação. Nesta semana, a greve dos bancos quase parou São Paulo.

A deflagração da greve significa que o diálogo e o consenso fraterno faliram. A sociedade democrática deveria investir mais no exercício do diálogo em que as partes interessadas apresentam seus argumentos e procuram chegar à solução justa. As pessoas têm que se colocar em volta da mesa, discutir os prós e contras do problema e discernir em conjunto sobre a viabilidade de uma saída. Quando as partes se hostilizam e deformam a objetividade dos fatos, assumem posições fixas, radicais e imutáveis. A consequência do bloqueio entre grupos é o desconhecimento recíproco, a dureza do confronto e todo tipo de *apartheid*.

O diálogo, como processo de discernimento, requer vontade comum de descobrir a melhor solução concreta. Hoje, a sociedade fecha-se hermeticamente ao diálogo na família, nas relações de trabalho e no mundo político. Valem mais a força de pressão, o acirramento dos ânimos e os interesses de grupo. Perde-se a visão do bem comum e o respeito às justas exigências da outra parte contendora.

Há dias estão em greve os professores das escolas particulares, em Brasília. É pena que haja problemas de relacionamento num setor da sociedade que é chamado a formar as consciências para o diálogo, a aferição de valores e o discernimento da verdade.

Milhares de crianças e adolescentes participam da greve sem poder compreender porque os mestres não se entendem com os dirigentes de estabelecimentos escolares.

A questão não está tanto no fato dos alunos ficarem sem aulas. É óbvio que este aspecto tem seu peso. No entanto, o ponto mais lamentável, a meu ver, é que, na consciência dos jovens, se vulnera a confiança na eficácia do diálogo. Se os mestres não conseguem dialogar, que farão os discípulos?

Até que a escola se torne uma verdadeira comunidade, há um árduo caminho a percorrer. Temos que superar a mentalidade que faz do professor um mero assalariado e dos proprietários da escola particular, pessoas preocupadas apenas com a manutenção da instituição.

A escola é chamada a ser, pelo entrosamento de seus membros, a matriz privilegiada da nova sociedade. Mestres, dirigentes, alunos e pais aprenderão a realizar uma comunidade educativa no constante diálogo e colaboração entre gerações e membros com funções diversificadas.

Neste contexto, precisamos aceitar que os professores ganham pouco e sofreram um forte achatamento salarial. Assumem o trabalho de longas horas de aula para poder apenas sobreviver. São heróis os que, com salário reduzido, enfrentam salas repletas de alunos buliçosos e irrequietos. É preciso redescobrir a dignidade do magistério escolar. A consequência óbvia e coerente será a de reajustar a retribuição devida ao professor. Isto vale para escolas públicas e particulares.

Por outro lado, não se poderá exigir da instituição escolar a reposição salarial maior do que é capaz de conceder sem um reforço de incentivos e verbas por parte do governo. A manutenção da escola particular, que não cedeu à tentação do lucro e acredita no ideal da educação impõe hoje aos diretores apreensões constantes, devido à lenta asfixia provocada pelo desnível entre mensalidade e folha de pagamento.

O Ministro da Educação defendeu o aumento dos recursos. Estão já prometidas verbas maiores para o orçamento nacional. Sem dúvida, isto há de promover a revitalização de toda rede escolar, com especial atenção às instituições particulares do tipo comunitário. Só assim se salvaguardará o direito da família, mesmo pobre, de escolher a escola que deseja para seus filhos.

Na medida em que o diálogo se tornar constante entre professores e dirigentes, ao invés dos grupos lutarem por seus interesses de classe, embora justos, mas parciais, passaremos a somar esforços na promoção da comunidade educativa, na qual o aluno, desde criança, aprenderá a acreditar na construção da sociedade solidária e fraterna.

Pedimos a Deus que isto aconteça quanto antes.

É desgastante para a sociedade ter que recorrer ao jogo bruto das greves. Piquetes, resistências, recurso à polícia, tudo isso poderia ser evitado.

A constituinte vem aí, terá um artigo novo: "O direito à vida digna inclui o dever de sempre dialogar".

Solidariedade com o povo mexicano

28/09/1985

Haverá ainda pessoas com vida sob os escombros?

Cinquenta países e organizações internacionais atuam na operação de resgate e atendimento às vítimas de um dos maiores terremotos de que se tem notícias.

Toneladas de alimentos, roupas e remédios, milhões de dólares chegam ao México, numa demonstração de profunda solidariedade humana. O Brasil, desde o início, assegurou seu apoio e auxílio, enviando até destacamentos especializados para resgate e socorro dos sobreviventes.

Há uma semana o mundo vem acompanhando, atônito, a situação da capital do México. Esta nação amiga enfrenta o terrível drama de recolher das ruínas mais de cinco mil mortos e oito mil feridos. Os números não revelam ainda as verdadeiras consequências de um abalo sísmico que atingiu 8,1 graus de escala Richter, devastou trinta quilômetros quadrados da cidade, danificando mil prédios e deixando meio milhão de pessoas ao desabrigo. Isto nos faz lembrar dos terremotos, ainda recentes, que destruíram Manágua, em 1972, e causaram vinte mil mortos na Guatemala, em 1976.

Procuremos, de algum modo, imaginar o sofrimento do povo mexicano que, sem descanso, passa os dias e noites removendo escombros com guindastes, pás mecânicas e com as mãos para salvar vidas soterradas. A explosão de tubulações de gás provocaram incêndios. A cidade ficou sem abastecimento, sem luz e água. E paira ainda no horizonte a ameaça de outros abalos sísmicos.

Tudo isso nos faz refletir.

Emudecemos diante da potência de energia liberada pelo terremoto que abalou ou destruiu 35% dos prédios da maior cidade do continente e modificou em segundos, a vida inteira de um povo. Quem não se apavora ao ouvir o ronco da terra? O tremendo poder das forças da natureza, que causa terremotos e tufões, leva o homem a meditar sobre a pequenez e brevidade de sua vida. Alerta sobre a verdadeira condição da pessoa humana, que não tem morada permanente neste mundo, e faz encontrar respostas na certeza de que, feitos à imagem e semelhança de Deus, somos destinados à vida eterna que transcende todo sofrimento e aflição.

Situação dramática como a do México pode ser ocasião para a descoberta de verdadeiros valores. Percebemos então, que é necessário sair do egoísmo e do vazio da vida, abrir-se ao infortúnio do irmão e partilhar com ele o que somos e o que possuímos.

É preciso vencer a ganância e o apego aos bens materiais, superar o pecado e a desordem moral e resgatar o tempo pela confiança em Deus e solidariedade fraterna. É isso que fica.

As grandes catástrofes, mais do que os dias de fartura e bem-estar, são um convite à construção de um novo tipo de sociedade na qual cada um se realiza como pessoa, na medida em que aprende a amar e a assumir a vida do irmão.

É nesse mesmo espírito de partilha que cresce o anseio por profundas transformações sociais, em nosso Brasil. O compromisso com a vida digna dos irmãos nos obriga a acelerar a conveniente reforma agrária, o respeito às populações indígenas, promoção dos menores e o empenho por condições justas de trabalho e de salário.

O sofrimento do México exige a solidariedade de todos nós. Temos que ajudar. Unindo-se a outros apelos, a presidência da CNBB dirige-se aos bispos do Brasil para que promovam em todas as comunidades, amanhã ou no domingo seguinte, orações e coletas generosas em benefício do povo mexicano.

A partilha efetiva com os que padecem necessidade é sagrado dever para os que creem em Jesus Cristo.

Nossas preces e ofertas possam contribuir para a rápida reconstrução da capital do México e para o crescimento da solidariedade fraterna, que Deus conservará eternamente viva para além dos terremotos e tufões.

Educadores novos

05/10/1985

No auge da campanha política para prefeito de nossa cidade, os candidatos insistem em falar de segurança para responder a uma crescente preocupação do povo. Os assaltos continuam acontecendo. Nos bairros de periferia é rara a noite sem tiros. Aumentou o medo. A frota da polícia circula com mais frequência para garantir vigilância ostensiva.

Programas de rádio, desde cedo, difundem a notícia do crime e da repressão, contribuindo para que a cidade se encontre num clima de excessiva tensão e apavoramento.

Tornou-se frequente nos últimos meses culpar os meninos de rua; lançam sobre eles a responsabilidade de roubos e exigem para o saneamento da cidade que estes menores sejam, quanto antes, retirados das praças. Propõe-se até a criação de polícia especializada, Deprom, novo Departamento de Proteção do Menor.

Para onde irão estes menores? Os que têm família deveriam voltar para seus lares e os que não têm? Que alternativas oferece a sociedade?

Um amplo projeto deveria ser desenvolvido, muito mais complexo e exigente do que o mero esvaziamento das ruas. A criança e o jovem, respeitados na sua dignidade, têm direito a receber de todos nós condições objetivas de autorrealização.

O cerne da questão não está na presença de menores na rua, mas na razão pela qual isso acontece. A situação em que vive a maioria das crianças é a evidente consequência da injustiça social que castiga seus pais. A distribuição desigual de renda, baixos salários, a falta de trabalho digno obrigam nosso povo a duras e demasiadas privações. Isto repercute desde cedo na saúde e equilíbrio psíquico dos filhos. São forçados até a sair de casa para encontrar comida e espaço de liberdade. O fenômeno se agrava com a falta de coesão familiar, a atração de ganho fácil e o mau exemplo dos companheiros.

Milhares de menores perambulam pelas ruas de São Paulo, precisando de nosso apoio e interesse, num resgate da enorme dívida social contraída para com suas famílias.

Que fazer?

É necessário um esforço conjunto da sociedade para melhorar as condições de vida de milhões de brasileiro, à margem do progresso. Isto impõe, a médio prazo, a eficaz transformação da política nacional para que se abra a rápida multiplicação de empregos, reforma agrária, programas para moradia, alimentação, saúde e transporte. Esperamos que para isso coopere o pacto social.

Enquanto nos empenhamos por dias melhores, temos que investir na criança e gerar, com a participação da comunidade local, projetos que acelerem a promoção integral dos nossos menores.

O problema não é, em primeiro lugar, de segurança para nós e para a sociedade, mas de educação de nossas crianças. Temos que alcançar a desejada reforma educacional do País, que permita a todas as crianças estudarem e receberem um período diário maior de orientação dos mestres.

Procuremos multiplicar com apoio da comunidade os centros educacionais e Osem nas periferias, favelas e cortiços. O sistema preventivo, a exemplo de D. Bosco, é sempre o mais eficaz.

Para os menores nas ruas, requer-se a presença de educadores novos que saibam conversar com eles, amá-los, ganhar sua confiança e persuadi-los da conveniência de aplicarem a liberdade na descoberta do amor a Deus e ao próximo, na própria formação e iniciação ao trabalho.

A repressão compulsória pode desiludir e frustrar para sempre uma vida. A maior necessidade no momento está nestes educadores novos, capazes de ouvir, acolher, respeitar e promover as vidas sofridas de nossos menores.

Em alguns casos será indispensável o trabalho da polícia para cercear a violência e garantir os direitos de terceiros. Também ela seja educadora.

Não haverá sociedade justa sem educação para a justiça.

Investir no menor é um programa para o qual todos devem colaborar; família comunidade, município e o Estado.

Ontem, pela manhã, num bairro pobre celebrou-se a "Festa da Criança". Durante a noite, na favela, os tiros acordaram por várias vezes os moradores. Tatiane, menina de dez anos, bem cedinho, inocente e feliz, levando na mão uma flor, caminhava para o centro comunitário.

Depende de nós que as crianças continuem segurando flores em suas mãos. Não se diga que o maior problema são os menores. Somos nós.

Jovens – Ano Internacional

12/10/1985

Quatrocentos jovens estão reunidos em Campo Grande, Mato Grosso, participando do 1º Congresso do AEC. Provenientes da Capital e cidades vizinhas, refletem sobre a mensagem de João Paulo II à juventude. Presenciei a abertura do Encontro, no dia 11 de outubro. Faz-nos bem perceber o entusiasmo desta mocidade em meio às situações de crise em que vive nosso País. Olham para o futuro com esperança.

No início deste Ano Internacional, proclamado pela ONU, João Paulo II referiu-se à tentação para os jovens de fugir às suas responsabilidades e de se evadir no mundo ilusório do prazer e da violência, do álcool e da droga. Em fins de março, em nova mensagem oficial, o Santo Padre lembrou a perplexidade dos jovens diante das gerações que os precederam e que os leva a perguntar: Por que se gastam somas ingentes com armas? Por que tanta gente morre de fome? Por que tantas prisões, torturas e tormentos infligidos aos corpos e às consciências humanas? Que esperanças há de mudança? Que fazer para que o mundo não se transforme no cemitério da injustiça e da morte nuclear?

Distribuídos em grupos de reflexão, os jovens de Campo Grande trouxeram sua resposta a estas perguntas no anseio de construir um Brasil diferente, que dê exemplo de fraternidade autêntica e universal ente os homens, sem divisões nem discriminação.

Sente-se no coração destes jovens, apesar das enormes dificuldades e desilusões, a confiança em dias melhores. Há um consenso notável quanto à necessidade da justiça e da paz. Para estas centenas de rapazes e moças, a esperança tem por fundamento a fé em Deus, que ama e nunca abandona a humanidade. Deus é fiel ao seu amor de Pai. Coincidem os jovens em acreditar na pessoa humana e, em especial, na contribuição que a própria juventude deve trazer para o futuro da sociedade.

No entanto, para que os jovens possam realizar sua intenção de construir a paz social, precisam ouvir a palavra de João Paulo II, quando alerta sobre os valores que devem fundamentar a sociedade. Os anseios de paz podem se transformar em mera veleidade se os jovens não romperem com a triste herança do passado, em que o ódio e a violência sufocaram o amor e a reconciliação.

Não basta que os jovens se escandalizem com os arsenais gigantescos de armas. Não basta denunciar a injustiça que gera fome e o desemprego e a opressão política e espiritual que ainda hoje martiriza nações inteiras. A solução está, conforme ensina o Santo Padre, em dar prioridade aos valores éticos, às exigências da responsabilidade moral que devem presidir o relacionamento entre as pessoas, comunidade e nações.

Na história humana o que conta não é o mero desenrolar dos acontecimentos, por mais espetaculares que possam parecer. Importa, como afirma João Paulo II aos jovens, a história das consciências, das vitórias e das derrotas morais.

Assim, é preciso fugir da ilusão de que o homem possa ser feliz pela apropriação ilimitada de bens. Isto levará ao consumismo desenfreado e ao crescente distanciamento entre ricos e pobres, no plano pessoal e das nações. É necessário abrir um caminho novo, feito de colaboração e solidariedade, em que cada um se realiza procurando o bem de seus semelhantes. Isto vale, também, para o nível das nações. O Primeiro Mundo empenha-se em favorecer o desenvolvimento do Terceiro Mundo, e este ofereça às sociedades de afluência as lições de partilha, a beleza da frugalidade de vida, da arte e da convivência amiga.

É nesta perspectiva do primado dos valores éticos que aplaudimos, nesta semana, a assinatura presidencial tão esperada do Plano Nacional de Reforma Agrária, que firmou o princípio ético da justiça social para o homem do campo.

É, também, à luz das exigências éticas que deve ser julgada a questão tão debatida do controle da natalidade. Não vale para resolvê-la o critério egoísta do bem-estar. Para conceituar retamente o planejamento familiar, importa respeitar o valor moral da dignidade da pessoa humana.

Os jovens de Campo Grande continuam reunidos no Congresso, felizes e crescendo na esperança.

Neste sábado, vigília da festa de Nossa Senhora Aparecida, encontram-se as comunidades para rezar pelo Brasil.

Protegei, Senhor, nossos jovens. Sejam fortes na luta contra a ganância, a injustiça e a violência. Que a nova geração, quanto antes, tenha a alegria de partilhar, na fraternidade, os frutos da terra e do trabalho.

Jogos de azar

19/10/1985

A Comissão de Turismo e Esportes da Câmara promoveu nestes dias, em Brasília, amplo debate sobre os "prós e contras" dos jogos de azar. São mais de vinte os projetos em tramitação no Congresso para legalizar o jogo e reabrir cassinos.

Há quem insista na imediata abertura, alegando até a geração de grande número de empregos, a arrecadação para os cofres públicos, vantagens assistenciais e incremento do turismo.

No entanto, a nível de emprego há outros meios mais eficazes. Os impostos, que eventualmente fossem pagos ao Estado, ficam absorvidos em grande parte pelos custos de segurança e fiscalização. Quanto ao turismo, está provado pela experiência de outros países, que o jogo figura, pela ordem de importância, só depois de outras dez motivações para que alguém escolha um programa turístico. Numa recente pesquisa feita nos Estados Unidos, os jogos de azar apareciam em 19º lugar.

Os que se deixam atrair pelo jogo são, geralmente, os mesmos, afeitos também à vida noturna e que não se interessam por outros aspectos mais sadios do turismo.

Assim, a legalização dos cassinos não trará os benefícios pretendidos, mas, com certeza, provocará graves males não desejado.

O jogo de azar, pouco a pouco, desvirtua a consciência do povo, estimula o abandono do trabalho honesto e sacrificado, com a expectativa de enriquecimento fácil e repentino. Todos conhecemos a triste realidade dos que ao ganharem prêmios vultosos, lesaram o equilíbrio pessoal e a harmonia familiar.

O perigo da roleta é maior. Fortunas são alienadas numa noite. Lembro-me do caso de uma família que, pelo destino do pai, perdeu tudo, casa, bens e amizades. A miragem do lucro excessivo faz o jogo tornar-se vício que aprisiona, gera fortes emoções e provoca lances sempre maiores, na ânsia de reaver o dinheiro perdido. A história conserva o drama dos que frequentam cassinos. Não raro, tornam-se vítimas de depressões profundas da bebida e permissividade moral.

No momento de crise nacional, o esforço de todos deve convergir para decisões inteligentes e eficazes na promoção da qualidade da vida de nosso povo. É lamentável que existam na Câmara Federal tantos projetos de legalização do jogo.

É hora de construirmos uma sociedade mais justa e fraterna, fundamentada no trabalho honesto e produtivo, na solidariedade e colaboração entre todos. Somemos forças para a educação do povo e a urgente promoção do homem no campo. Bem diferente desta meta é dos que lutam por cassinos em que poucos ganhadores colocam sua esperança na sorte problemática do jogo. Temos que criar uma sociedade de partilha, em que cada um se alegre em buscar o bem de seus irmãos.

Deixemos, portanto, definitivamente de lado projetos que atraem a atenção do povo para o enriquecimento ilusório, distraindo-o das verdadeiras preocupações do atual momento histórico. Não se resolvem problemas sociais com soluções falaciosas.

Quanto ao turismo e esportes, devem ser desenvolvidos por razões óbvias e altamente válidas.

Os centros turísticos poderão fomentar o contato com a natureza, o convívio da amizade, a valorização do artesanato, da canção e música folclórica, da arte e demais formas de cultura.

Neste sentido, renova a confiança no patriotismo dos legisladores de nosso País.

No debate a respeito da legalização dos jogos de azar, torna-se evidente a conclusão. Voto contra. Vale mais a vida do povo.

Quinta Festa do Belém

26/10/1985

Ontem à noite, com visível alegria, dona Telge e seu grupo davam por terminada a longa empreitada de um ano de trabalho confeccionando bonecas para a 5ª Festa do Belém. Numa pequena garagem da Água Rasa, dezenas de voluntários costuraram, sem descanso, para criar as tão apreciadas bonecas do Belém. Com retalhos, paciência e arte, foram surgindo milhares de bonecas de todos os tipos. Belíssimas. Vão ser vendidas, a preço simbólico, para a felicidade da criançada.

Comestíveis, objetos de artesanato, pinturas e bordados, tudo a preço reduzido e feito com muito amor, estarão à disposição do povo da Zona Leste amanhã, domingo, dia 27 de outubro, nas duzentas barracas ao longo do relvado no Ceret, Clube dos Trabalhadores na Vila Formosa.

A "Festa do Belém" é uma iniciativa feliz que há cinco anos vem convocando paróquias, comunidades e escolas para uma ação conjunta em benefício dos menores. O trabalho de meses de preparação, sob a coordenação do "Centro Social Nossa Senhora do Bom Parto", é realizado pela dedicação de milhares de abnegados voluntários.

É um domingo de união e fraternidade para o congraçamento das comunidades da Zona Leste.

O mais importante, no entanto, é o trabalho de conscientização para servir ao menor empobrecido e abandonado, empenhando-se em transformar a situação injusta em que vivem.

Nestes últimos anos, criaram-se creches comunitárias, centros educacionais nos cortiços e áreas de pobreza, serviços a menores infratores e às vítimas de tóxicos. Multiplicaram-se os núcleos do "Projeto Criança", com a finalidade de lutar contra a mortalidade infantil. Grande parte da manutenção destas iniciativas é feita por convênios com o governo e doações da comunidade. A "Festa do Belém", no entanto, vem contribuindo também com uma importante e indispensável complementação de recursos.

Há ainda muito o que fazer em benefício dos menores de nossa cidade.

O principal é a mudança de nossa mentalidade egoísta. Impõe-se uma profunda transformação de critérios e atitudes para que sejamos mais solidários e fraternos.

A criança que vem ao mundo tem o direito de contar com a colaboração de todos nós para poder se realizar plenamente. O dever de promovermos os menores é ainda maior à luz da palavra de Jesus, que nos ensina o valor de uma criança, identificando-se com ela. Quem acolhe um desses pequeninos, com fome e enfermo, abandonado nas ruas, acolhe o próprio Cristo (Mc 9,37).

Frente aos milhões de menores empobrecidos e abandonados – sinal do quanto estamos ainda distantes do Reino de Deus – temos que assumir o compromisso de respeito fundamental à dignidade humana.

Dar prioridade à criança, promovê-la, envolvê-la de amor e carinho, é redescobrir o valor da pessoa, criada a imagem e semelhança de Deus e destinada a ser feliz. Dessa atitude nasce o empenho em induzir na sociedade a superação das injustiças e opressões pela construção de um mundo segundo o desígnio de Deus. Daí a importância da "Pastoral do Menor", que na Arquidiocese de São Paulo une sua voz à outras instituições e lança um veemente apelo às comunidades e pessoas de boa vontade para que se organizem e procurem se colocar a serviço dos menores que sofrem nas ruas, cortiços e favelas da nossa cidade, expostas à violência e ao crime.

Muita gente estará amanhã no Ceret. A entrada é gratuita. Todos estão convidados. Haverá artistas populares e conjuntos sertanejos, jogos e surpresas. O povo terá um dia de alegria.

Milhares de crianças levarão para casa as bonecas artísticas do Belém.

Vamos, nós também, acolher, em nossos braços, todas as crianças de nossas ruas, pobres e marginalizadas, imagens vivas do Menino de Belém. Esta será a verdadeira festa.

A revolução do livro e da pena

02/11/1985

Durante este ano de 1985 os bispos Católicos do Brasil têm uma audiência pessoal com o Santo Padre. É um dever e um direito que se renova a cada cinco anos. Formam-se grupos de bispos pertencentes à mesma região do Brasil. Isto permite ao Santo Padre dirigir sua palavra de pastor, tratando em comum a respeito de um tema de importância pastoral maior para a região considerada.

Há um mês, no encontro coletivo com 32 bispos do Nordeste do Brasil, João Paulo II referiu-se a massas humanas que sofrem o drama do subdesenvolvimento e da marginalização. De fome, de enfermidade, mortalidade infantil. Lembrou-se dos pobres nos alagados de Salvador. Deus não os quer rebaixados com uma vida infra-humana, mas revestidos da dignidade que lhes compete.

Com solicitude paterna e afeto por nosso povo, exortou os bispos a se empenharem na superação do analfabetismo e em promover a educação e a cultura.

A tese central do Papa é que não existe possibilidade de desenvolvimento, nem de autêntica libertação, sem que se elimine o analfabetismo. O processo de alfabetização deve levar à consciência da própria dignidade. Sem sujeição ideológica que asfixia a liberdade.

João Paulo II animou vivamente os bispos do Brasil a enfrentarem com coragem o desafio da alfabetização, unindo-se aos organismos governamentais e particulares. Chama ao serviço educativo: "Revolução do livro e da pena". É a revolução do amor que se faz de modo pacífico, construtivo, eficaz e libertador.

Nosso país bem merece escutar a palavra amiga de João Paulo II. O governo lançou o programa de "Educação para todos". Tem havido nos últimos anos notável mobilização de forças para vencer o analfabetismo. Faltou, no entanto, transmitir uma visão do homem e do mundo que favorecesse a consciência do próprio valor e tornasse a pessoa capaz de autopromover-se e de construir uma sociedade fraterna.

O atendimento escolar, apesar dos esforços despendidos, é ainda insuficiente. Faltam professores, salas de aula, material didático. A evasão escolar aumenta o número dos que não acedem à cultura. Em especial nas famílias de camponeses e de operários.

No dia "D" da educação, o Brasil discutiu em todos os níveis o tema "A escola que temos e a escola que queremos". O resultado desta ampla reflexão foi entregue ao presidente da República e ao ministro Marco Maciel, no dia 15 de outubro.

A AEC (Associação de Educação Católica) contribuiu com um documento que merece ser valorizado. Propõe a educação como prioridade política e econômica para o Brasil. Defende o direito de todos a uma educação de qualidade, ao menos no nível das oito séries do primeiro grau, incluindo o contínuo aperfeiçoamento e o salário justo dos educadores. Insiste no direito dos pais de escolherem para os filhos escolas que respondam a seus valores e concepção de vida, contado com recurso do Estado, para que o ensino possa ser gratuito, ao menos no primeiro grau.

É preciso superar a tentação do monopólio estatal. Assim, o repasse de recursos públicos que resultam de impostos pagos por todos os cidadãos deve reverter em benefício também das escolas confessionais para que possam libertar-se do elitismo econômico a que ficaram condicionadas. O direito ao ensino religioso, indispensável à realização da pessoa humana, será respeitado na nova Constituição.

Haja abertura para um processo contínuo de participação e estímulo em favor da educação popular.

O Santo Padre considera a ação educativa em benefício do irmão como fruto do compromisso de fé com o próprio Cristo, que um dia nos dirá: "Eu era analfabeto e você me ensinou a ler, a escrever e a contar".

É chegada a hora para que as forças vivas do País, incluindo a Igreja, somem seu potencial para erradicar definitivamente o analfabetismo.

Deus quer a dignidade de seus filhos.

Crianças brincando na praça

22/11/1985

No horizonte, a selva de pedra, com edifícios geometricamente enfileirados. Bem na frente, a criança afaga uma plantinha que brota do asfalto.

Assim é o cartaz da 5ª Semana Ecumênica do Menor, que está se realizando nestes dias em São Paulo. Inspira-se no texto do profeta Zacarias que anuncia com imagens vivas tempos novos: "Meninas e meninos encherão as praças das cidades e nelas brincarão. Isso que parece impossível aos olhos de tanta gente, não impossível a meus olhos, diz o Senhor Deus". A Semana Ecumênica focaliza o tema "A cidade e os Direitos da Criança"

Unidos para servir aos menores, encontra-se pela quinta vez consecutiva membros da Igreja Católica, Luterana, Metodista, Episcopal e outras Igrejas. Um secretariado permanente, do qual faz parte a Pastoral do Menor da Arquidiocese de São Paulo, preparou durante meses estes dias de amizade, intercâmbio de experiência e compromissos.

A cada ano, as crianças tomam maior parte nesse encontro. São crianças das ruas, cortiços, periferias e favelas, misturadas com seus educadores abnegados. Ontem, os menores falaram sobre seus desejos e a esperança que alimentam de uma cidade nova e diferente. Estão escandalizados com a situação de fome e injustiça. Não compreendem nem aceitam que tantas crianças não tenham onde dormir, vivam em quartinhos úmidos nos cortiços, apanhem em casa e nas instituições.

Os depoimentos destes menores comovem e questionam a todos.

Maria Célia, 10anos, de Itaquera, queixou-se assim: "Está cheio de pais que têm tempo para beber e não têm tempo para conversar com os filhos." Elias, 9 anos: "Não pode acontecer mais isso aí: as pessoas moram embaixo da ponte. Todas as crianças tem que ter uma casa para viver." Márcio, de Itaquera, 13 anos, insiste no direito de estudar sem ter que trabalhar desde pequeno. Um grupo de crianças do Itaim completou a lista: "A gente precisa de comida, tomar banho, carinho, roupa, boneca, bola e pente." "Queria que meu pai tivesse onde trabalhar". "Que minha mãe ficasse mais em casa". "Queria que acabasse a fome." "Que alguém gostasse de mim".

Andréia, 12 anos: "Na praça que vamos construir tem que ter balanço, muita alegria, amizade sem briga nem confusão. Josias, 10 anos, cujo nome lembra os profetas, redescobriu a mensagem de Zacarias: "Quero ver todas as crianças brincando na cidade, as meninas fazendo roda nas ruas e os meninos soltando pipa e correndo atrás da bola".

O recado destes menores é claro demais. Querem viver.

Nossa cidade de São Paulo ainda vai ouvir a voz de suas crianças, de Andréia e de Josias. As praças têm que estar cheias de meninos e meninas a brincar.

Jesus Cristo amou as crianças e mostrou-nos sua dignidade e valor. Todos somos chamados por Deus a desenvolver a vida de uma criança, ajudando-a a compreender o amor, o perdão, a alegria de ser irmão e de gastar tempo com os outros. Temos que continuar lutando para que os menores tenham o direito de nascer, crescer com saúde e ter educação adequada.

A Semana Ecumênica veio aprofundar nos educadores a consciência do próprio dever diante dos direitos das crianças, que falavam contando seus sofrimentos, temores, sonhos e esperanças.

O testemunho desses pequenos profetas de hoje foi ampliado pelo estudo sobre análise conjuntural, o problema do menor trabalhador e as árduas questões de planejamento urbano. Depois, vieram propostas metodológicas e linhas de atuação, plenários, debates, depoimentos de convidados especiais. Mas o que valeu mesmo foi a palavra da criançada, sonhando com a praça para brincar.

No amanhã das eleições municipais, para nós fica a pergunta: brincar em que praça? Aí estão os enormes conjuntos da Cohab, sem verde e áreas de lazer. Esquecem-se de construir praças com gangorras e toda sorte de brinquedos. Aí estão os cortiços e favelas com crianças franzinas e amedrontadas, que sonham com bolas e pipas.

A cidade de São Paulo tem hoje um rosto empobrecido, fruto de uma sociedade injusta. O peso do desemprego recai sobre as crianças sob a forma de fome, violência, desespero e falta de espaço. Os olhos das crianças revelam tudo isso. As comunidades têm a missão de continuar se organizando para que se transformem as estruturas sociais em favor da vida dos menores.

A análise dos direitos das crianças ficou bem sintetizada na grande faixa que dominava a sala de encontros: "A criança brincando na praça é sacramento vivo da cidade justa".

Bem-aventurados os poetas, os educadores e os pobres da terra, que sabem acolher a voz e a vez dos pequenos, anunciando o mundo novo.

Terra de irmãos

30/11/1985

Na primeira semana de dezembro comemora-se a Declaração Universal dos Direitos Humanos. Acaba de realizar-se, no dia 27 de novembro, em Brasília, ampla manifestação em favor da justiça no campo.

Os números, infelizmente, comprovam o aumento lamentável de violência. São 142 assassinatos de trabalhadores rurais, por causa de conflitos de terra, que permanecem impunes.

É notório o fato de que há proprietários de terras que armaram ainda mais seus jagunços, a ponto de organizarem verdadeiras milícias de pistoleiros, atuando com arbitrariedade e covardia. O pior é que a violência tem alvo. Dirige-se às lideranças dos lavradores e suas famílias. Despejos, casas e lavouras destruídas, ameaças e atrocidades. Não raro tudo acontece com a conivência e proteção por parte do poder político local, que deforma os fatos e acoberta os responsáveis.

Para que a paz possa se instaurar no campo é indispensável não só a rápida agilização dos dispositivos legais, devidamente aperfeiçoados, da reforma agrária, mas a correta administração do Poder Judiciário. É sabido o fato de que alguns, que se dizem proprietários, expulsam posseiros e defendem à mão armada as terras sem título, não passam de grileiros.

Assim, é urgente que as autoridades nas áreas de conflito promovam um rigoroso desarmamento, desfazendo as organizações paramilitares.

No ato público em Brasília, que reuniu a dias representantes da Contag, do Movimento dos Sem-Terra, de organizações sindicais e pastorais, com o apoio da OAB, o que se pretendia era afirmar com decisão o direito à vida.

Uma das áreas de maior intensidade dos conflitos agrários é, hoje, o Estado do Maranhão, onde se perpetram crimes contra lavradores, não só por parte de pistoleiros, mas até, infelizmente, por ações policiais comandadas pelo secretário de Segurança do Estado. Basta lembrar os fatos recentes de Aldeias e Pau Santo, na Diocese de Bacabal.

Nesta semana, cem soldados, tendo à frente o próprio secretário de Segurança ameaçavam com metralhadora os participantes da assembleia diocesana, levando dois jovens presos e matando o lavrador Manoel Monteiro da Cruz, aos 78 anos. Pela TV, o bispo de Bacabal foi difamado com calúnias e graves ofensas, como se tivesse instigado os lavradores à violência. Conheço muito bem este missionário sacrificado, benemérito, para compreender a falsidade das acusações.

Fatos semelhantes acontecem em Arame, Santa Luzia e Turiaçu.

Não é possível que isto suceda em plena fase de democratização do País.

Há medidas que são necessárias para evitar um acirramento dos ânimos e o espírito de vingança de quem procura fazer justiça por suas próprias mãos.

A violência é inaceitável, venha de onde vier. Enquanto se aguarda a justa ordenação das terras, é preciso que, diante da conivência do poder público estadual, haja apuração federal da violência no campo e repressão policial. Impeça-se o tráfico de armas e sejam quanto antes desativadas as milícias particulares.

Temos que pedir a Deus que nos ajude a realizar a conversão das pessoas e dos grupos, incentivando o diálogo, o respeito à vida do próximo, atitude de não violência e a coragem de fazermos as transformações para que haja a justa distribuição de bens e surja, enfim, uma terra de irmãos.

A Campanha da Fraternidade 1986 conclama a todos para uma ação em benefício da justiça no campo.

A terra, dom divino, tornou-se para muitos, lugar de sofrimento e morte.

O amor acabará vencendo.

Não podemos desistir de realizar o plano de Deus. Chegará o dia em que não só o Maranhão, mas todo o País, "terra de Deus", será enfim, "terra de irmãos."

Direitos Humanos

07/12/1985

São quarenta anos da Declaração Universal dos Direitos Humanos. Estes anos ficaram marcados por guerras, perseguição religiosa, antagonismos nacionalistas e opressão ideológica. A humanidade veio fazendo uma lenta e sofrida caminhada entre terríveis violações dos direitos fundamentais da pessoa e os esforços para resgatar e promover a dignidade da vida humana. Desfilam diante de nós cenas contrastantes de amor e ódio: campos de concentração, bombardeios, asfixia econômica de povos, genocídios, entremeados com atos de bravura, de vidas doadas por causa da justiça e da paz universal.

Através destes anos vem se formando em nosso país uma consciência mais esclarecida da dignidade do homem, de seus direitos e deveres. Ainda há poucos dias, na 5ª Semana Ecumênica do Menor, eram crianças que falavam, com desenvoltura, do direito de ter casa, alimento e de brincar.

Hoje, todos falaram dos próprios direitos. Lutamos por emprego, salários justos e reforma agrária. O povo se organiza e reivindica condições dignas de vida.

Nas últimas semanas muito se tem falado sobre menores infratores. Acaba de ser anunciada uma nova política para a

Febem, que terá a seu cargo o tratamento exclusivo de infratores, confiando-se aos municípios o cuidado dos carentes e abandonados. São esforços para acertar. Sem dúvida, o maior envolvimento por parte das comunidades locais para com os menores empobrecidos é um avanço. No entanto, é preciso a todo custo evitar que o tratamento do menor infrator, através da Febem como instituição exclusiva, não venha a resultar na estigmatização dos que aí forem internados. Pior ainda será o caso dos que por falhas leves serão reduzidos, desde cedo, à condição de infratores.

O importante para a Febem e para todos nós é a atitude básica frente ao menor, que deve ser respeitado e tratado como pessoa humana. Enquanto não reconhecermos, à luz de Deus, o valor e a dignidade do menor, para além de seus erros, continuaremos buscando fórmulas ineficazes e passando mais uma vez ao lado da vida. Isto implica em assumir a responsabilidade – e porque não dizer, a culpa – da sociedade que abandona e oprime o menor.

E por falta desta atitude fundamental que muitos ainda hoje, infelizmente, diante da criminalidade reagem defendendo-se do menor infrator, confinando-o e até tentando destruí-lo.

Estamos todos de acordo com a necessidade de impedir que o infrator agrida inocentes. Mas é inadmissível que façamos cair sobre crianças e jovens a ira da sociedade, quando ela mesma se omite gravemente em seus deveres para com a vida e a formação desses menores.

A violência está aí. Crianças chegam à Febem terrivelmente machucadas. São tratadas pela polícia na base de socos e pauladas. Vivem amedrontadas dentro da instituição. Sonham apenas em fugir. Aguardam por muito tempo a decisão judicial. A isto se soma o desrespeito com que os meios de comunicação social, a certos programas matutinos de rádio, reforçam a violência e incutem sistematicamente no povo sentimentos de ódio.

―――― Sociedade ――――

É por não aceitar a tortura e os maus tratos que padre Agostinho Duarte de Oliveira procurou atuar ao lado da atual presidenta da Febem, Maria Inês Bierrembach, na implantação de um método pedagógico que respeitasse os direitos humanos e alcançasse uma recuperação adequada do menor.

Padre Agostinho durante 25 anos vem atuando com dedicação incansável na defesa dos menores e dos injustiçados. O testemunho de sua vida é exemplo de serviço ao bem comum na recuperação de presos e infratores.

Não podemos aceitar a campanha infamante que alguns jornais e programas de rádio, recorrendo à calúnia e injúria, vêm movendo contra padre Agostinho. Acusam-no até de ter aconselhado a fuga de menores. É inacreditável.

O verdadeiro alvo destas acusações é a própria defesa dos direitos humanos e a transformação social que isto implica. Neste sentido, na tarde de ontem, reuniram-se para um ato de desagravo membros das comissões Teotônio Vilela, Justiça e Paz, Pastoral do Menor, OAB e outros. Sentimo-nos solidários com padre Agostinho e a causa que defende na superação do arbítrio e da violência, e em favor de uma pedagogia que respeite e promova a dignidade também dos pequenos.

Comemorar os Direitos Humanos é antes de tudo respeitá-los.

O presente de Natal

21/12/1985

A primeira lembrança que nos vem à mente é feita de brinquedos, bolas ou bonecas, de nossa vida de crianças. Passam pela imaginação todos os tipos de presépio, com anjos, ovelhas, estrelas e reis magos. Vem, depois, a propaganda na TV e nas vitrines, com promoções e ofertas especiais de vendas.

O Natal traz sempre muita poesia. Reúne-se a família. Trocam-se presentes e cartões. As crianças, mesmo as mais pobres, conseguem cantar e sonhar. Nestes dias há um pouco mais de alegria no coração.

Na paróquia São Rafael, na Mooca, o povo fazia fila para poder contemplar de perto a artística Gruta de Belém. Um jogo de espelho permite ver, em todas as direções paisagens com pastores, riachos e luzes.

A criançada do bairro não se cansa de olhar, feliz e deslumbrante, a obra de arte. Chamou-me a atenção uma menina com o irmãozinho no colo que apontava com o dedo para o centro do presépio. Mostrava a imagem do Menino Jesus e explicava ao menorzinho que Cristo, por amor, nascera pobre, sem casa, e teve por berço a manjedoura dos animais.

O gesto da menina serve para nós também. Neste Natal, temos que olhar para a Gruta de Belém, contemplar o Menino e aprender a lição que nos traz.

A luz da fé, a criança que nasce da Virgem Maria é Jesus Cristo, filho de Deus. Vem salvar a humanidade do pecado e da morte.

Quis passar pela experiência de nascer pobre e de ser uma criança perseguida. Suportou o sofrimento da injustiça e da cruz assegurando-nos assim que Deus conhece por dentro o drama da vida humana.

Nesta solidariedade para conosco, Cristo demonstra seu infinito amor pela humanidade. Fazendo-se um de nós, exceto no pecado. Ele nos revela de modo evidente o valor da natureza humana.

Que seria de nós, vivendo e morrendo nesta terra, se não tivéssemos a certeza de que Deus nos ama e vela por nós?

Celebrar a festa do Natal é acreditar neste amor de Deus, no seu perdão e na paz que nos oferece. É descobrir a dignidade de cada pessoa humana e empenhar-se para que as estruturas da sociedade respeitem e promovam esta dignidade.

Em preparação ao nascimento de Cristo, reúnem-se nas comunidades cristãs inúmeros grupos de oração, para a Novena do Natal.

Sabem que só a graça de Deus vence o pecado e o egoísmo, converte o coração e faz acolher o irmão.

Para além dos campos e luzes de Natal, temos que compreender as exigências mais profundas do nascimento de Cristo e penetrar onde a pessoa humana está sendo oprimida e desrespeitada para anunciar, às vítimas da violência, a mensagem da justiça e da fraternidade. Será verdade o Natal de Cristo hoje se fizermos esforços sinceros para superar os conflitos de terra, acelerar a justa reforma agrária, vencer ressentimentos e distâncias sociais, buscar solução para o problema do desemprego e para melhorar as condições de vida do nosso povo.

O presente de Natal que devemos pedir a Deus é, assim, a graça de construirmos um mundo diferente. Cada criança que nasce é imagem viva de Cristo. Como o acolhemos? Repete-se a história de Belém. Cristo continua sofrendo nos menores rejeitados, empobrecidos e injustiçados pela sociedade. Cristo criança está ainda sem casa, em cortiços e favelas e nos acampamentos dos sem-terra. Como nos tempos de Jesus, repete-se a covardia de Herodes, eliminam-se crianças inocentes antes mesmo de nascerem.

Pensemos também nas populações indígenas do Brasil, cujo direto à vida é cada vez mais violado.

Celebrar o Natal é comprometer-se com a mensagem de Cristo.

A criança da Mooca continua entrando na fila para ver o presépio artístico de São Rafael. Muitos passam e se distraem com as ovelhas e pastores. Talvez alguém ainda encontre por lá a menina com o irmãozinho no colo, apontando com o dedo para o Cristo que nasce.

Este gesto vale muito.

Agradeça-lhe, por favor, em meu nome também o presente de Natal.

A serviço do menor infrator

15/02/1986

Na tarde de ontem soubemos da morte violenta de três menores vítimas da repressão policial, após a fuga da Febem. Os corpos estão perfurados de balas. É lamentável que a sociedade tenha chegado a tal ponto de desatino pedagógico!

Como recuperar os menores infratores? O assunto é controvertido. Parece pretensioso apresentar sugestões. Vale, no entanto, a colaboração da boa vontade e da experiência de pessoas que dedicam toda sua vida aos menores de nossa cidade.

Nestas últimas semanas, em meio as discussões sobre a Febem e a recente rebelião interna na madrugada de quarta-feira, reuniram-se para refletir juntos educadores da Febem, da Pastoral do Menor e grupos de apoio. Três propostas, a meu ver, merecem especial atenção das autoridades e da sociedade. Podem, a curto prazo, melhorar o atendimento aos infratores e ajudar a diminuir a forte tensão nos pavilhões da Febem.

A primeira sugestão é jurídica. Quando o jovem é apreendido na rua ao cometer uma infração deveria ser levado imediatamente à Vara de Menores. No entanto, permanece na Unidade de Recepção por longos dias, aguardando o contato com o juiz, com perigo evidente de perversão e dano em sua posterior reeducação. Os pavilhões da Febem ficam lotados e cria-se um clima de insatisfação e violência. O menor torna-se detento antes mesmo de saber se o caso requer internação.

Há atualmente, em São Paulo, uma única sede para quatro varas especializadas para menores infratores, no bairro Vila Aricanduva. A proposta consiste em descentralizar o atendimento aos infratores, por exemplo, confiando-os à jurisdição dos mesmos juízes que tratam dos carentes, distribuídos em varas por fóruns regionais. O contato com o juiz seria mais rápido e adequado e permitiria distinguir, desde o início, os graus diferentes de infração. Para maior agilidade de serviço seria ainda conveniente que o período de atendimento judicial se estendesse por mais horas diárias num verdadeiro plantão da sociedade e do menor.

A segunda proposta é quanto aos lugares de internação. É preciso evitar a todo custo o número demasiado de menores no mesmo local. Todos entendemos a extrema dificuldade pedagógica de querer educar centenas de infratores num mesmo recinto. As novas unidades educativas poderiam ser construídas em módulos para aproximadamente vinte internos.

Outro ponto-chave é a reformulação da carga horária dos formadores que atuam na Febem em contato com o menor. O período de serviço não pode ser muito longo. Requer-se atenção e dedicação integral. Nem devem os que trabalham nesta sacrificada missão serem obrigados, por razões salariais, a recorrer a outros empregos.

Para os casos em que não fosse necessária a internação entraria em vigor o sistema de "liberdade assistida", com auxílio da própria comunidade local. Trata-se de confiar a educadores especializados o acompanhamento do menor no próprio domicílio e ambiente de vida. Além dos funcionários da Febem, há centenas de casais da cidade, reunidos em núcleos, que se consagram voluntariamente à educação dos infratores. Este é o mais antigo serviço da Pastoral do Menor que, embora modesto, tem um grande valor para o menor e a própria sociedade. Teríamos assim uma solução eficaz para a maioria dos casos, evitando que os menores degenerem pela convivência com infratores mais adiantados na experiência do crime. Em várias cidades do Brasil demonstra-se que o método é proveitoso para a recuperação total do menor.

A terceira proposta é a atitude pedagógica. Trata-se de entender que a agressão do menor à sociedade é um revide à agressão que a mesma sociedade e determinadas instituições exercem sobre o menor. Daí a necessidade de tratar os menores infratores dentro de um sistema educacional que a eles devolva a consciência da própria dignidade. Esta é a base para a recuperação do menor.

Exige-se assim uma tomada de posição radical em todo o método de trabalho da Febem e das entidades que com ela colaboram. Infelizmente presenciamos ainda a tentação fácil de ceder a um regime de maior violência policial, relegando a um segundo plano a atitude de valorização da pessoa humana.

A experiência de muitos anos de contato com o menor infrator, na Itália e no Brasil, levam-me à convicção de que a mais importante lição da violenta reação da Quarta-feira de Cinzas na Febem é a opção decidida por um método humanitário para com o menor, aquele mesmo método que gostaríamos que usassem conosco se estivéssemos na situação em que eles se encontram.

O desafio é muito árduo. Não podemos desanimar. A fórmula correta para se educar o infrator é sempre a mais difícil. É a mesma que Deus usa para conosco. É o amor.

Condomínio popular

22/02/1986

Onde mora nosso povo?

Tato é um menino de rua que guarda carros na praça. Numa tarde levou-me pela mão para ver sua casa. Entramos, cortiço adentro, até chegar ao miserável quartinho de sua família.

Em São Paulo, a cada dia, quatro milhões de habitantes enfrentam o drama de viver em cortiços e quintais. É uma situação penosa. Castiga demais nosso povo paciente e sacrificado. Habituamo-nos a falar de favelas quando queremos expressar a condição de pobreza e injustiça social. Mais grave é a situação dos que moram em cortiço. Para terem o direito de ocupar um só quarto, devem pagar o aluguel de Cr$ 300 a Cr$ 400 mil ao mês. A soma é muito alta para quem vive de subemprego ou ganha pouco. As famílias são obrigadas a se ajeitar em cômodos, às vezes sem janela, ou em porões úmidos e abafados. O pior mesmo é a falta de instalações sanitárias. Nas poucas disponíveis há mau cheiro e desmazelo. A isto se acrescenta a ausência de privacidade, agravada pelo vozerio contínuo, pelos aparelhos de som e pelo desassossego, não raro causado pelos efeitos da bebedeira e rixa entre vizinhos.

Este é o desafio que a Campanha da Fraternidade de 1986 nos convida, em nome de Deus, a perceber e a enfrentar.

Sociedade

O problema da moradia é complexo e vai sendo equacionado pelos planos habitacionais em suas múltiplas frentes: construção de casas populares, melhoria das favelas, com redes de água, esgoto e luz. Os órgãos estaduais e municipais têm trabalhado, mas fica muito por fazer, devido à imensa demanda de moradias em nossa cidade. Há um mês, no jardim Elba, na zona leste, as águas do rio derrubaram mais de vinte barracos. Até hoje, as famílias apinhadas no salão da comunidade, aguardam uma solução humanitária. Se somarmos um milhão de favelados aos quatro milhões que vivem em cortiço, no município de São Paulo, com dez milhões de habitantes, mais da metade da população carece de moradia condigna.

Como colaborar para resolver esse problema?

Em alguns bairros da cidade os moradores de cortiços têm se reunido para colocar em comum suas aflições e expectativas. Na semana passada, um grupo do Brás, durante dois dias parou para refletir e buscar soluções. É certo que a verdadeira resposta encontra-se na maior oferta de empregos com salário adequado. Isso depende de uma eficaz mudança estrutural que procure reduzir a assimetria social em nosso país.

No entanto, há propostas do grupo do Brás, surgidas da experiência cotidiana que, se forem aplicadas já, agora, podem a curto prazo favorecer milhares de pessoas que aguardam condições mais dignas de vida.

A primeira exigência é a organização das famílias e moradores de uma habitação coletiva para se associarem e procurarem em comum resolver seus problemas. Vem depois a tentativa de obter contrato direto de aluguel, entre os moradores e o proprietário do prédio, superando a figura do atravessador. Consideremos um casarão velho, cujo aluguel seria de Cr$ 2 milhões, subalugado a trinta famílias, a Cr$ 300 mil o cômodo, renderá bastante para o atravessador. Isto pode ser evitado por meio de um contrato justo e direto. As famílias poderão ainda redimensionar a área e chegar a um acordo amigável quanto ao número conveniente de moradores. Obtido o contrato, assegurar-se estabilidade aos usuários, que passam a ter de cuidar do prédio e até reformá-lo aos poucos. Poder-se-á, então, cadastrar na Prefeitura o conjunto e conseguir uma pequena subvenção para melhorar a construção, dotando-a de mais instalações sanitárias e calcular de modo adequado a taxa de água e luz. Crescendo a união entre os moradores, tornam-se capazes de partilhar serviços de manutenção, segurança e até cuidados das crianças, doentes e idosos.

O grupo do Brás chegou a se entusiasmar com o cortiço-novo. Batizou o projeto de "condomínio popular". O nome importa menos, o que interessa é experimentar.

Por que não tentar?

Nesta Campanha da Fraternidade começam já os primeiros passos do grupo do Brás, com o apoio da paróquia e de jovens estagiários de Direito da PUC.

Enquanto Tato continua tomando conta dos automóveis na praça e tantas famílias aguardam o direito e a alegria de terem casa própria, imaginemos o bem que acontecerá quando, com a colaboração de instituições governamentais e particulares, milhares de moradores de cortiços se organizarem e começarem a consertar telhados, janelas e assoalhos, construir sanitários, pintar paredes e conviver em harmonia. Isto, no entanto, não pode ser razão para atrasar mais soluções melhores. É preciso muita graça de Deus e fraternidade para tudo isso acontecer. Depende de todos nós.

Encontro com o Santo Padre

22/03/1986

Durante três dias, de 13 a 15 de março, reuniram-se em Roma, com o Santo Padre e cardeais das Congregações Romanas, 21 membros do episcopado brasileiro: a presidência da CNBB, cinco cardeais residentes no país e os representantes das catorze Regionais da Conferência. Pela primeira vez, o Santo Padre convoca membros do episcopado para uma revisão final sobre pontos principais da Visita "Ad Limina".

O Santo Padre, ao dirigir-se no dia seguinte aos peregrinos na Praça de São Pedro, resumiu o encontro afirmando que "foi uma experiência de intensa e familiar comunhão eclesial. Rezamos juntos. Reunidos procuramos escutar o Espírito Santo. Dialogamos sobre temas de vital importância para a Igreja no serviço à sociedade brasileira. Confio a N. S. Aparecida os frutos deste encontro".

Esta brilhante iniciativa da fé apostólica, acolhida e responsavelmente assumida pelos bispos brasileiros, permitiu elaborar uma síntese do longo e profícuo diálogo que mais de duzentos bispos brasileiros mantiveram durante meses com o sucessor de Pedro e seus colaboradores mais chegados. Foram dias de intercâmbio franco num clima de fé e de empenho para um serviço melhor ao povo por parte da Igreja. A presença amiga de João Paulo II, durante mais de dezoito horas de reuniões, contribuiu desde o início para criar um ambiente de união e entendimento fraterno.

Os bispos de nosso país levavam a Roma não apenas suas aspirações individuais, mas os problemas e as esperanças de suas comunidades, e procuraram receber do Pastor Comum luzes, orientações e estímulo para o cumprimento do seu ministério.

No momento em que o Brasil reconquista caminhos da democracia e enfrenta os graves desafios da terra, da moradia, do emprego, da desigualdade social é, sem dúvida, necessário que a Igreja assuma sua missão religiosa de promover radicalmente o homem para que se realize naquilo que lhe é mais profundo – sua relação com o Absoluto de Deus. A dignidade da pessoa humana, à luz da filiação divina, está na raiz das transformações sociais indispensáveis a uma sociedade brasileira mais justa.

O Santo Padre fez votos para que, "graças aos princípios evangélicos e aos ensinamentos do magistério da Igreja, as reformas sociais urgentes e necessárias se façam com justiça e caridade, com a desejada eficácia e sem violência". Lembra ainda o Papa que a violência, além de ser antievangélica, acaba gerando injustiças iguais às que combatia. Nesse contexto, referiu-se o Santo Padre à Teologia da Libertação que, purificada de elementos que poderiam adulterá-la, é "não só ortodoxa, mas necessária".

Na pauta, os assuntos mais importantes da vida interna da Igreja e de sua ação pastoral no Brasil. Foram analisados a situação e o sofrimento do povo, a catequese, as vocações e seminários no Brasil, o apostolado dos sacerdotes e religiosos, e especialmente a formação e atuação dos leigos. Aprofundou-se o ministério da Igreja e sua responsabilidade na solução dos problemas sociopolíticos do Brasil: a reforma agrária, o desemprego, a futura Constituição, os efeitos da dívida externa e as atuais medidas econômicas.

No relatório conclusivo, os bispos externaram sua gratidão ao sucessor de Pedro e plena adesão ao seu magistério, insistiram no compromisso de um crescimento cada vez maior na colegialidade e comunhão entre eles. Aos sacerdotes recomendaram um contínuo aprofundamento na fé de sua vida e ministério. Aos religiosos incentivaram ao vê-los na vida consagrada e serviço do povo, buscando melhor distribuição em favor das igrejas mais necessitadas. Animaram os leigos para que procurem realizar a própria identidade cristã no testemunho e atuação decisivos, hoje, para a construção de uma sociedade mais fraterna.

O encontro colocou em evidência o benefício do diálogo do episcopado brasileiro com o sucessor de Pedro, seus colaboradores e dos próprios bispos brasileiros entre si. Conseguiu seu intento. O diálogo é condição de vitalidade para a Igreja. "É um dar-receber que enriquece a todos". Diálogo não é só um método. É um modo de ser profundo de quem aprende com o próprio Cristo a estar aberto a todos os irmãos, procurando tenaz e pacientemente construir sempre mais a comunhão e a paz.

Ao Santo Padre cabe o mérito indiscutível de ter concedido ao Brasil a graça deste encontro que veio alegrar e aprofundar a união eclesial e dinamizar a Igreja do Brasil a cumprir para com o povo brasileiro sua missão evangelizadora.

Lições da Semana Santa

29/03/1986

Esta semana é santa. Durante esses dias as comunidades cristãs celebram com amor os mistérios da morte e ressurreição de Nosso Senhor Jesus Cristo.

O maior evento de nossa fé é a ação misericordiosa de Deus que vence o pecado e a morte através da doação de Cristo que entrega sua vida por nós. O filho de Deus, feito homem, revelou-nos a vontade do Pai de oferecer a todos, a salvação, reconciliando-nos com Ele e entre nós.

Nesses dias, reúnem-se as comunidades para louvar e agradecer a Deus o dom imenso da vida nova que Ele nos confere em Cristo.

São dias de apelo à conversão pessoal pela experiência do perdão de Deus. São dias em que se intensifica a união comunitária num empenho maior de fraternidade e de compromisso na construção de uma sociedade justa. É nesse contexto que se insere a Campanha da Fraternidade, que convoca os cristãos para compreender a assumir as exigências da fé na solução do problema da terra em nosso país.

Para todos nós, estes dias são a ocasião de renovarmos a confiança em Deus, a gratidão para com seus benefícios, a correção de nossas faltas na superação da ganância, da violência e na abertura aos irmãos pelo perdão, serviço e partilha.

Ao reavivarmos a fé na pessoa de Jesus Cristo e na força do seu amor que nos salva e dignifica somos chamados a realizar as lições que Ele nos transmite e que estão na raiz da vida nova que nos comunica.

A lição fundamental é a de amor e respeito pela pessoa humana, à luz do mandamento "amai-vos uns aos outros, como eu vos amo".

Temos o dever de zelar pela fama dos que são publicamente caluniados e que têm direito à defesa por parte de seus irmãos. Neles continua o sofrimento da paixão de Cristo injustamente acusado diante de Pilatos como agitador do povo (Lc 23,5). Jesus sofreu para vencer o mal, destruir o pecado em todas as suas formas. É, portanto, dever nosso rezar pelos que nos caluniam, mas, também, repudiar o erro dos que difamam seus irmãos e procurar restabelecer a verdade e a boa fama dos que são arbitrariamente acusados.

Dois amigos acabam de padecer nesses dias o sofrimento de serem gravemente difamados.

Conheço e admiro desde longa data, D. Aldo Mogiano, bispo de Boa Vista em Roraima. Foi feita contra ele denúncia na Câmara por dois deputados. Acusaram o bispo de ser "mentor de invasões de propriedades rurais, de incêndios e da destruição de cercas" e ainda, de promover o contrabando de ouro e tráfico de armamentos, gerando conflito entre índios e fazendeiros. Posso atestar, em nome dos que conhecem D. Aldo Mogiano, de sua probidade a toda prova. São falsas e absurdas as denúncias levantadas contra ele e seus missionários. Já foi encaminhado ao presidente da República o pedido de providências que o caso requer, uma vez que as acusações nascem da cobiça e ganância que o bispo procura reprimir em defesa dos índios.

Não menos grave são as calúnias sofridas pelo padre Agostinho, até há pouco assessor da presidência da Febem. Um deputado atentou na Assembleia Legislativa contra a fama do dedicado sacerdote, afirmando-o responsável de desencaminhar menores e facilitar-lhes a fuga. Estas acusações foram repetidas várias vezes durante o dia pelo rádio e noticiários de jovens. São completamente falsas e depõem contra quem os profere. O testemunho de vida dedicada de padre Agostinho é bem conhecido. Venho unir-me, em nome dos membros da Pastoral do Menor, ao desagravo que bem merece o abnegado sacerdote, cujas atitudes são exemplo de dignidade heroica a serviço da causa do menor.

Jesus deu a vida para nos libertar do pecado.

Que Ele nos conceda a graça de não repetirmos as injustiças da Sexta-feira Santa, acusando de novo inocentes que denunciam as nossas falhas, defendem os fracos e promovem a justiça.

A vida nova que Cristo nos traz pela sua ressurreição inclui a força para perdoarmos a quem nos ofende e calunia, mas também a esperança de ver a verdade, a justiça sempre mais respeitadas e promovidas por todos nós.

A Assembleia de Itaici

05/04/1986

Os bispos das áreas mais distantes do país já estão a caminho de Vila Kostka, em Itaici. Alguns devem enfrentar dias de viagem por rios e longas estradas. De 9 a 18 de abril lá estarão 377 participantes entre bispos (286), secretários regionais, assessores, representantes do clero, dos organismos anexos e convidados especiais (91).

Esta será a 24ª Assembleia Geral da CNBB. O tema central foi escolhido com meses de antecedência pelo Conselho Permanente de 25 membros: "Exigências Cristãs de uma Nova Ordem Constitucional". Trata-se de explicar, de modo claro e conciso, os pontos fundamentais para a reflexão e ação dos cristãos em vista do processo constituinte.

O texto inicial para estudo foi enviado, há meses, a todos os membros da Assembleia, para que pudessem suscitar a participação das comunidades e propor emendas. Todo conjunto destas sugestões está sendo organizado por uma comissão em ordem à redação de um texto que será entregue à análise dos bispos logo no início da reunião. Houve um grande interesse por parte das comunidades que tiveram a ocasião não só de apresentar sugestões ao texto, mas de multiplicar iniciativas de estudo e reflexão sobre a futura Carta Magna do país.

O tema é de capital importância. É direito e dever da Igreja contribuir para uma sociedade justa e fraterna, mais próxima ao plano de Deus. O que está em questão é a sociedade brasileira em que todos sejam respeitados em sua dignidade de filhos de Deus e nos direitos que daí decorrem.

A Igreja está consciente de que a atual situação, extremamente injusta, exige uma profunda transformação das instituições. Está ainda consciente de que nenhuma ideologia tem exigências sociais mais radicais do que as decorrentes da fé no Evangelho, na boa-nova da salvação. A convicção é de que as mudanças indispensáveis devem se realizar dentro dos espaços democráticos, rejeitando o recurso à violência, através de uma base constitucional que assegure os valores e princípios éticos necessários à convivência digna e pacífica.

A contribuição dos bispos não está na explicitação técnica dos ordenamentos políticos, sociais e econômicos, mas na afirmação dos valores éticos e suas implicações, a serem preservados e promovidos especialmente quanto à organização do poder a serviço do bem comum, os direitos relativos à vida, à liberdade, à família, à educação, ao trabalho, à propriedade e sua função social.

A 24ª Assembleia permitirá assim um tempo de oração e estudo, à luz da palavra de Deus, sob a forma de círculos e plenários em vista de um documento final que colabore eficazmente para o processo de elaboração da Carta Magna e sirva de critério para o eleitor se posicionar na eleição dos futuros membros constituintes.

A pauta completa dos trabalhos para os dez dias de reunião será aprovada na manhã do dia 9 de abril. Em programa estão assuntos de liturgia, de Pastoral da Juventude, de atuação missionária e também temas estatuários e jurídicos. Foram preparadas comunicações sobre a realidade brasileira, Sínodo Extraordinário dos Bispos, encontro do Santo Padre e Cúria Romana com bispos brasileiros em março passado e a Pastoral Indígena. Distribuir-se-à o novo documento da Fé Apostólica sobre "liberdade cristã e libertação".

Um dia inteiro será dedicado à espiritualidade no silêncio da oração sob a guia do cardeal Bernardino Gantin.

Para além da agenda formal a Assembleia de Itaici constitui-se como momento em que os bispos se encontram como irmãos para colocar em comum a própria fé, a colegialidade ministerial, ouvir os clamores e anseios do povo e renovarem, diante de Deus, o compromisso pastoral.

Em todo o país as comunidades eclesiais reúnem-se para acompanhar com suas preces este encontro. A oração dos enfermos das crianças e dos simples há de valer diante de Deus para que não faltem as luzes necessárias à Assembleia de Itaici.

Pela dignidade do trabalhador

26/04/1986

Cem anos de 1º de maio.

Ao homenagear o trabalhador do Brasil, pelo que é e não pelo que produz, estamos celebrando sua dignidade de pessoa humana.

A práxis cristã se identifica com a vivência do grande mandamento do amor, que reconhece e promove a dignidade de cada homem e mulher, criados à imagem de Deus.

Como realizar este mandamento frente aos problemas que angustiam nosso povo sofrido e trabalhador? Como construir a "civilização do amor" que reúne a herança ético-social do Evangelho? Como estabelecer a reta relação entre o mandamento supremo do amor e a ordem social?

Na sua mais recente mensagem aos bispos de nosso País, João Paulo II, a 9 de abril, propõe o desafio de nos empenharmos por uma sociedade brasileira baseada na fraternidade e na concórdia. Insiste na "ruptura da pretensa fatalidade dos sistemas que exacerbam o individualismo ou o coletivismo", mantendo modelos de injustiça social e asfixia das liberdades.

Esta meta audaciosa requer, sem dúvida, programas de ação que, a curto prazo, induzam mudanças das estruturas iníquas e efetiva promoção dos direitos básicos de milhões de brasileiros que, no campo e nas grandes cidades, vivem numa intolerável situação de miséria.

É preciso que, quanto antes, tenham acesso aos bens requeridos para uma vida digna.

Na origem destas transformações está a educação para uma cultura que respeite o valor do trabalho como expressão da dignidade da própria pessoa humana.

A doutrina social da Igreja sobre o trabalho acaba de receber atual e concisa formulação na instrução da Sé Apostólica de 22 de março a propósito da "Liberdade cristã e Libertação".

Lembramos alguns pontos na intenção de convidarmos o leitor a compulsar o texto na sua íntegra, descobrindo melhor os princípios, critérios e diretrizes de ação que o documento explicita sobre a cultura do trabalho.

A pessoa do trabalhador é o princípio, sujeito e fim da atividade laboriosa. Daí decorre a prioridade do trabalho sobre o capital. Segue-se ainda o direito a trabalhar e a receber salário adequado, implicando no efetivo empenho da sociedade em solucionar o problema do desemprego. Criar postos de trabalho é o investimento mais premente em ordem ao bem comum para os que detêm a decisão sobre o capital.

Trabalhadores e empregadores são chamados a unir seus esforços e a colaborar na criação de um sistema de relações de trabalho justas e de uma comunidade política que, de fato, faculte o desenvolvimento integral da pessoa humana. Haverá, então, uma profunda revolução pacífica.

Para isso é indispensável, portanto, educarmo-nos para a solidariedade. Devemos contribuir para o bem de nossos semelhantes e de toda a sociedade, superando as formas de individualismo.

Impõe-se, também, a necessidade de respeitar o espaço necessário de liberdade, com exclusão de todas as formas de coletivismo que restrinja, indebitamente, as iniciativas e responsabilidades das pessoas e comunidades intermediárias.

Quem afirma a solidariedade não só reivindica direitos, mas dispõe-se a cumprir deveres. É preciso começar pela solidariedade para com os empobrecidos e destes entre si. Vale o mesmo em todos os níveis e também para países ricos em relação aos pobres. É sob essa luz que deveriam ser revistas, com urgência, a dívida externa e as relações comerciais, impostas ao Terceiro mundo. Quando chegaremos à fase da história em que, em nível internacional, haverá colaboração do trabalho de todos para um mundo mais humano?

O advento dessa civilização do trabalho requer a utilização de meios de ação que promovam a dignidade do homem e sua educação para a liberdade. Assim, tem preferência a via do diálogo e do acordo. A erradicação das injustiças só pode ser coerente se for conforme às exigências da justiça. Exclui-se, portanto, o recuso sistemático à violência, como caminho de libertação e solidariedade social. Isto exige, igualmente, que se exclua por parte dos que têm posses, a violência contra os empobrecidos, conservando-os à margem do progresso. Essa situação é, não raro, agravada pela arbitrariedade policial e conivência dos poderes públicos que mantém privilégios injustificáveis e atrasam as reformas estruturais.

As desigualdades sociais iníquas, que pesam sobre os trabalhadores e sobre aqueles que nem sequer têm acesso ao trabalho, estão em aberta contradição com o Evangelho de Cristo e não podem deixar tranquila a consciência de nenhum cristão.

Tempo e terra

03/05/1986

Recente pesquisa, realizada pelo Instituto Gallup, no Estado de Mato Grosso do Sul, revela que 69% da população urbana são favoráveis à desapropriação de terra para assentamento de trabalhadores rurais.

Vai assim crescendo em nosso País a compreensão da necessidade de uma verdadeira reforma agrária. Não basta a distribuição mais equitativa da terra. Temos que garantir condições para que o solo seja efetivamente produtivo, capaz de propiciar ao homem do campo o bem-estar social de sua família, com atendimento de saúde e educação para os filhos.

No entanto, na questão fundiária o fator tempo não pode ser minimizado. Multiplicam-se os acampamentos dos "sem-terra" à espera de solução. Os colonos da Fazenda "An-Noni" acreditaram na promessa assinada em fevereiro marcando definição até o dia 29 de abril. É fundamental que não se perca a esperança de uma decisão dialogada e pacífica. Só ela contribuirá para a paz social. O Estatuto da Terra já previa solução de urgência nas áreas de conflito.

Temos que encontrar medidas adequadas para vencer o desafio do cansaço e do desânimo diante de uma espera desnecessária.

O tempo urge.

A assinatura do decreto instituindo sete planos regionais abre um novo período para a reforma agrária e dá-nos coragem para aguardar os outros planos regionais. Requer-se, no entanto, que desde já o Incra possa atuar com eficiência e rapidez, aproveitando a equipe já existente e implementado os planos elaborados durante meses, pelos técnicos do Mirad (Ministério da Reforma Agrária e Desenvolvimento). Parece-nos que não faltaram competência nem idealismo, mas disponibilidade de meios e maior apoio das autoridades estaduais.

O que de modo algum pode ser adiada é a ação contra a violência no campo. Aumentam as milícias paralelas que, com impunidade, ameaçam, caluniam, agridem e assassinam camponeses e suas famílias. Basta acompanhar os acontecimentos de Bacabal, Grajaú, Carolina e Conceição do Araguaia, para comprovar a verdade das apreensões. Fotografias da área mostram cenas de brutalidade e covardia.

"A terra de Deus" a que se refere a Campanha da Fraternidade deste ano precisa, quanto antes, tornar-se "terra de irmãos". A 24 de março o presidente José Sarney recebeu em audiência a diretoria do Conselho Nacional das Igrejas Cristãs. Entregaram-lhe um documento que nos deveria fazer a todos refletir. Por um lado, reconhece que foram abertos caminhos de esperança em nosso País, num esforço de conter com rigor a inflação. Mas lembram também, alguns pontos de apreensão indispensáveis para que as medidas econômicas surtam efeito.

Em primeiro lugar, é preciso, a curto prazo, criar uma nova mentalidade social. Construir uma sociedade mais justa e solidária depende da vontade sincera e decidida de propiciarmos mudanças estruturais e condições dignas de vida para os desfavorecidos do campo e das grandes cidades. Sem isto, pouco conseguiremos.

Quanto à instalação da reforma agrária temos que associar, no mesmo zelo, planos complexos e sistemáticos com o atendimento rápido e sem delongas aos casos urgentes dos acampados. Incluímos neste rol a situação aflitiva dos milhares de brasiguaios, que não recebem acolhida nos municípios de fronteira.

O terceiro ponto refere-se ao processo eleitoral para o Congresso Constituinte. Não é suficiente congelar preços; é preciso congelar ambições. Pertence ao governo descobrir a fórmula para evitar representações unilaterais de grupos econômicos poderosos em detrimento de representações dos segmentos populares.

A essas judiciosas apreensões acrescento uma prece: "Abrevia, Senhor, a longa noite e o tempo da espera para que milhões de brasileiros possam habitar nesta terra prometida".

Padre Josimo Moraes Tavares

17/05/1986

Mais uma vez a violência marca os conflitos de terra no "Bico do Papagaio".

Na paróquia de São Sebastião do Tocantins, reúne-se o povo em volta de D. Aluízio Pinho, para rezar a Deus no oitavo dia do falecimento do padre Josimo Moraes Tavares. Aí está o povo simples, que veio de longe, a pé ou de caminhão, para prestar sua homenagem ao sacerdote, amigo e companheiro, sempre solícito em partilhar das alegrias e sofrimentos de seus irmãos. Em todas as comunidades de nosso país, unem-se os fiéis em oração, pedindo a Deus justiça social para o homem do campo.

Padre Josimo vinha sendo ameaçado há anos. No dia 15 de abril, a lateral do Toyota em que viajava à noite foi crivada por cinco balas. Além deste terrível atentado sofreu ameaças, calúnias, prisão e chegou até a ser injustamente indiciado em processo.

No sábado passado, 10 de maio, foi covardemente assassinado com um tiro pelas costas, ao entrar na sede da Comissão Pastoral da Terra em Imperatriz. Cumpriu-se a profecia do próprio padre Josimo. Sabia que ia morrer por amor ao seu povo, em união com tantos lavradores, vítimas indefesas das injustiças no campo.

Mesmo sabendo dos riscos que corria manteve-se firme e corajoso servindo a todos, entregando a vida a exemplo de Jesus Cristo.

Padre Josimo repudiava a violência. Sua atuação serena buscava a verdade e a justiça. Procurou informar as autoridades a respeito do desespero dos lavradores no norte goiano, diante da impunidade dos jagunços assalariados pela ganância dos grileiros. Para isso viajou várias vezes a Goiânia e Brasília. Este sacerdote de 33 anos, nascido em Marabá, modesto e pobre, não estava preocupado com a própria vida. Martirizava-o a situação dos lavradores indefesos, agredidos, expulsos e assassinados.

Em 1985, na área de Tocantinópolis, mil famílias continuam sob ameaça de despejo. Duzentas já foram obrigadas a abandonar o lugar. Oito trabalhadores e duas crianças sofreram morte violenta.

Os fatos infelizmente se repetem e a OAB denuncia "uma estrutura de crime organizado, numa ação de características terroristas por parte de grupos insatisfeitos que, temendo perder privilégios, pretendem conservar o estado de injustiça social".

Que fazer? Não é mais possível continuar desrespeitando a vida humana em nosso país.

É preciso atuar ao mesmo tempo em vários níveis. Requer-se íntima colaboração entre o Poder Público Federal e o governo dos Estados. Temos que apoiar implantação imediata da justiça agrária que previna conflitos, agilize soluções e ponha freio à impunidade. Além disso, é necessária a criação de mecanismos que limitem a concentração fundiária e estenda a mais pessoas a propriedade rural. Urge, ainda, que a política agrícola e agrária criem condições efetivas para que o homem do campo permaneça na terra e possa cultivá-la.

Mais do que tudo é indispensável a mudança de mentalidade por parte de todos nós, para reconhecer o débito social do Brasil em relação aos trabalhadores rurais, aos boias-frias e aos sem-terra.

Permita-me insistir nas palavras finais da mensagem da CNBB: "Apelamos para o bom senso, o sentido humanitário e a sensibilidade social de todos os brasileiros, para que se desarmem os espíritos e as mãos, não se dificultem as reformas necessárias, e se criem condições para sua imediata realização em benefício do povo".

Temos que repudiar violências e arbitrariedades, venham de onde vier. Ninguém tem direito de fazer justiça por próprias mãos.

Na matriz de Tocantinópolis, diante do corpo do sacerdote mártir, havia dez bispos, setenta padres, religiosas, três mil membros de comunidades. Levantou-se para falar d. Raimunda, mulher do povo. Disse quem era padre Josimo: sua dedicação aos pobres, o sorriso constante, as mensagens de paz e esperança. pediu justiça, mas excluiu todo o espírito de vingança. Ali estava d. Olinda, viúva, mãe de Josimo, seu único filho. No auge da dor, forte na fé encontrou palavras de perdão. Pensando ainda hoje no testemunho desta mãe cristã, é difícil conter as lágrimas. Sobre o altar, estava a camisa ensanguentada do padre Josimo. Parecia com a do padre Ezequiel e com a de tantos trabalhadores vítimas de conflitos de terra. Padre Josimo, você que procurou sempre a paz, por favor, ajude-nos a alcançar para o Brasil um futuro de justiça e concórdia social.

Flores de vida

07/06/1986

Vi há dias uma criancinha de traços indígenas com flores na mão. Lembrei-me da fábula Irantxe. Os índios viviam dentro de uma grande pedra. Um deles, transformado em urubuzinho saiu pelo buraco, veio para fora e viu muita coisa bonita. Levou para dentro umas flores. Convenceu a todos de que o mundo lá fora era muito melhor. Os índios saíram, brigaram e muitos morreram. Eram flores de morte.

Ao aproximar-se a celebração do meio milênio do início da Evangelização da América Latina, o Papa João Paulo II lançou um desafio à Igreja para que procure assumir, em benefício dos povos indígenas, "uma Evangelização Nova". Nova em seu ardor, em seu método, em sua expressão. Hoje, há cerca de 40 milhões de irmãos pertencentes a grupos indígenas que esperam, em nosso Continente, a Evangelização nova.

Alguns enfrentam gravíssimas dificuldades, expulsão das terras, fome causada pela destruição das fontes de reservas alimentares, alto índice de mortalidade infantil e agressões, resultantes da ganância de uma sociedade consumista. Nos últimos 70 anos, foram aniquiladas mais de 80 nações indígenas no Brasil.

A Igreja, na sua atividade missionária, vem se empenhando no resgate cultural dos povos indígenas e para isso procura preparar agentes de pastoral que sejam capazes de conviver com os indígenas, aprendendo sua língua, comungando com seus costumes e colocando à disposição desses povos os valores do Evangelho, especialmente o serviço fraterno e a esperança cristã.

É à luz dessa fraternidade que devemos lutar pela vida das populações indígenas do Brasil. Às vésperas da eleição para a Constituinte temos que assumir o clamor dos povos indígenas por terra e por sua delimitação.

O direito à terra inclui a pronta demarcação que lhes assegure, não só o alimento, mas o espaço cultural. As invasões constantes, os garimpos, recentes projetos de mineração, representam uma ameaça à sobrevivência da população indígena. Para o índio, a terra é a base dos vínculos familiares e tribais, é o roteiro de sua história, o lugar dos mitos, festas e de sua relação com o próprio Deus. É por isso que ainda hoje as populações indígenas resistem tanto à expulsão de seus territórios.

Para nós, é tão fácil mudar de domicílio. Para os índios, deixar a própria terra significa perder a identidade cultural. Que nosso governo, quantos antes, efetive a demarcação das terras e consolide assim, pela posse pacífica do solo, o futuro dos povos indígenas no Brasil.

Outro ponto, a ser confirmado por lei, é o da autodeterminação. As populações indígenas têm direito a se organizarem. Vivem um profundo ideal comunitário, onde a solidariedade vence o individualismo e, ao mesmo tempo, salvaguarda espaços de liberdade. Faz muito mal aos índios o contato com nosso sistema de vida em que o consumismo e a ambição gera acumulação de bens e ação predatória sobre a natureza. Temos que aprender com os índios a frugalidade, a vida simples, o sentido humanizante do trabalho na terra, o respeito aos ritmos na natureza e ao equilíbrio da ecologia.

Nosso anseio de construir uma sociedade mais justa e fraterna deve captar nesta comunidade indígena solidária o segredo da convivência e da colaboração, e, por outro lado, levar-nos a assegurar aos povos indígenas o direito de continuar vivendo sua identidade, com cultura diferenciada, no seio de nosso país. Isso nos conduz a apoiar sempre mais o surgimento das organizações indígenas autênticas.

Diante dos arsenais de armas nucleares, dos atos terroristas, da brutalidade das sociedades opulentas veio-me de novo na imaginação a face da criancinha indígena de flores na mão. Que flores temos para oferecer às populações indígenas? Que o Evangelho nos auxilie a iluminar a nova Constituição para que assegure a estes nossos irmãos terra e autodeterminação. Flores de vida.

Para onde vai nossa juventude

28/06/1986

Na sua recente encíclica sobre o Espírito Santo, que vivifica a pessoa humana, o Santo Padre chama mais uma vez a atenção para a entrada do ano 2000.

Descreve à luz da teologia, a ação do Espírito Santo que tem poder de renovar o coração dos homens e de ajudar-nos nesta vida, a assumir a verdade, a justiça e o amor que Cristo nos revelou.

Como os jovens de hoje hão de enfrentar o novo milênio?

O Santo Padre discerne, no horizonte da história, o surgimento de muitos homens e mulheres capazes de encontrar sua realização plena no dom desinteressado de si mesmo aos outros. A mensagem de João Paulo II a este mundo dividido e cujo futuro está tão ameaçado pela violência e a vigorosa afirmação do amor que Cristo nos ensina e que o Espírito Divino torna presente em nós. A pessoa humana realiza sua dignidade quando, pelo dom de si mesma, supera o individualismo e entra em comunhão com Deus e com os homens, seus irmãos.

Eis a mensagem: "Educar para a gratuidade do amor, da entrega e da partilha a exemplo da vida de Cristo".

Renasce, assim, a esperança de paz, fruto do amor, capaz de vencer o mal, perdoando e fazendo o bem a quem nos ofende e oprime.

Na tarde de ontem, dois fatos, na cidade satélite de Ceilândia, vieram expressar e fortalecer esta mensagem do Papa.

Reuniram-se centenas de alunos, professores, membros de associações e comunidades, para concluir um mês inteiro de reflexão e aprofundamento sobre a Reforma Agrária e a justiça no campo. Foi uma experiência ampla, integrando estudo e vida, escola e aspirações do povo. Oitocentos trabalhos feitos pelos alunos – redações, quadros e jograis – provam o interesse da juventude pelo tema, indicam alto grau de consciência crítica e o compromisso de servir aos mais necessitados. Jovens assim começam a construir o ano 2000 que o Papa anuncia.

Foi neste ambiente de entusiasmo e esperança que um outro fato veio demonstrar a ação do Espírito Santo. Mais de quatrocentos posseiros do "Bico do Papagaio" encontravam-se em Brasília, diante da Câmara e do Palácio do Planalto, na expectativa de solução para milhares de famílias até hoje sem terra. Pacíficos e pacientes, firmes e sofredores, enfrentaram o frio da madrugada, aguardando obter a tão desejada terra, sem temer outras expulsões, nem padecer violência de jagunços e grileiros. Um grupo de treze posseiros compareceu à cidade de Ceilândia para falar aos mesmos jovens.

No ambiente de casas arrasadas, plantações destruídas, de homens ameaçados e maltratados, lutando para sobreviver, é difícil conservar a tranquilidade. Mas isto aconteceu. Um dos posseiros que tinha perdido a lavoura incendiada por jagunços, dirigiu-se aos grupos de Ceilândia com voz pausada: "Meus jovens companheiros ninguém quer a violência. Só queremos mostrar que unidos e sem fazer mal aos outros conseguiremos viver e trabalhar em paz".

Este posseiro humilde do "Bico do Papagaio" veio a Brasília em busca de terra e, naquela noite, quase sem perceber, estava semeando muita vida no coração da juventude de Ceilândia.

Estas palavras cheias de realismo e esperança vêm do Espírito Santo, que nos impele à justiça e à concórdia social. Para os jovens do Brasil a grande lição é a mudança de mentalidade. Sem isto, não haverá nem Reforma Agrária, nem fraternidade humana. O coração continuará fechado e triste.

Só o amor liberta para a alegria da comunhão e da partilha.

As resistências que ainda hoje se realizam contra a construção de uma sociedade mais solidária e fraterna hão de ceder diante da ação interior do Espírito Santo, que ensina aos jovens de Ceilândia pela boca do simples.

O problema não é só a Reforma Agrária, mas a renovação de valores e atitudes que possibilitem a justiça social.

Quem não ama pode ter quanta terra quiser, mas não terá a alegria que o Espírito de Deus concede aos que aprendem a amar e a partilhar a própria vida e os bens com os demais.

Exame

05/07/1986

O Santo Padre João Paulo II está na Colômbia, oferecendo ao povo irmão seus ensinamentos e a prova de afeto e solicitude que a todos dedica em nome de Cristo.

Quem de nós não se lembra, com saudades, da emoção que vivemos, em 1980, quando ouvíamos e exclamávamos a palavra deste incansável mensageiro da paz? Naqueles anos difíceis, veio o Santo Padre alimentar em nosso povo a fé em Deus e a esperança da concórdia social.

Deus tem iluminado o Papa João Paulo II. São valiosas as lições deste profeta empenhado em banir o ódio e a violência, ajudar na superação de ressentimentos e aproximar classes e nações.

Procuremos à luz de sua palavra fazer um Exame de Consciência. Entre tantos ensinamentos, igualmente importantes, sobre a vida, a família, o sentido do perdão, o repúdio à violência, o entendimento entre os povos, cada um de nós há de encontrar o tema de seu exame de consciência, diante de Deus e de seus irmãos.

Marcou-me, em especial, a recente e vigorosa exortação de 2 de junho sobre a Justiça Internacional, base para a convivência humana mais fraterna e pacífica. Referiu-se o Santo Padre à dívida externa que aflige a America Latina e outros países empobrecidos. Apontou para o profundo desequilíbrio entre nações desenvolvidas e ricas e as que vivem na pobreza, nos subdesenvolvimentos. Isto causa séria inquietação moral em relação à dignidade da pessoa humana e ao destino da humanidade, cada vez mais ameaçado pela marginalização e pelo desespero que pode levar a população a comportamentos que destruam a estrutura da sociedade.

Argui, a seguir, João Paulo II, com extraordinária lucidez: "Os povos pobres não podem pagar custos sociais intoleráveis". O projeto de Deus é de vida solidária e fraterna entre os homens.

O Exame de Consciência vale para os que asfixiam as nações de nosso continente. Juros exorbitantes, anteriormente não estipulados, penalizam o Brasil e outros países obrigando-nos a pagar somas absurdas, que deveriam ser aplicadas nos serviços básicos em benefício das classes desfavorecidas. Pior é o escândalo ético, se considerarmos que os efeitos da dívida externa atingem mais as populações carentes que nem sequer foram consultadas sobre a dívida contraída.

Os países ricos adotam medidas que solucionam seus problemas, mas que "tornam mais crítica a situação dos que não são prósperos". É grave, assim, a omissão diante do compromisso ético, que todos devem assumir, de respeitar e promover a vida dos demais. Não se justifica, portanto, recorrer à letra dos acordos e a medidas aparentemente legais, quando incluem insuportáveis consequências para a sobrevivência dos povos endividados.

Assim, o que preocupa o Santo Padre, e deveria a todos questionar, é a urgência em promover a justiça e a solidariedade internacionais que salvaguardem o futuro da humanidade.

No entanto, e Exame de Consciência vale também para nós. Afirma João Paulo II, na Colômbia, que não são apenas fatores externos que acarretam inconvenientes para os países em via de desenvolvimento, mas que há obstáculos internos, criados dentro da própria nação. É o caso da iníqua distribuição das riquezas, atividades econômicas ilícitas e a transferência maciça de capitais para o exterior. Isto provoca desigualdade sempre maior no interior das nações.

Pensemos no Brasil, na desproporção que há entre salários e na extrema dificuldade para os trabalhadores rurais terem acesso à propriedade da terra.

Deus nos dê a graça de fazermos, com lealdade, nosso Exame de Consciência.

Quantos sacrifícios são exigidos do povo simples! Cortiços abjetos, desnutrição, falta de atendimento médico e tantos outros sofrimentos. Em nome de que direito procuramos, com tão alto custo social, justificar a propriedade particular abusiva, os índices de produtividade que não revertem em benefício dos próprios trabalhadores, as exigências de bem-estar pessoal, quando milhões de irmãos padecem fome, desemprego e condições desumanas de vida?

Como justificar, diante de Deus, o inesperado projeto de urbanização do Rio Tietê em São Paulo, enquanto quatro milhões de habitantes na mesma cidade são obrigados a sobreviver em cortiços e favelas? Como explicar o dinheiro gasto em clamorosa propaganda política dos que amanhã pretendem dedicar-se ao povo carente?

Como salvar, diante de Deus, a atitude dos que, em vez de colaborarem para a aplicação da justa reforma agrária esquecidos da função social da propriedade particular, defendem, até pela violência, a acumulação desmedida de bens e terras?

Deus nos ilumine e ajude-nos a crescer no amor fraterno, para fazermos, com fruto, nosso Exame de Consciência.

A prioridade é educação

12/07/1986

Mais de quatro mil educadores reuniram-se nesta semana, no Estádio Médici, em Brasília. Vieram de todo Brasil para o 12º Congresso da Associação de Educação Católica. O tema central foi estudado, durante meses, nas escolas e núcleos regionais da AEC: "Educação, Participação e Sociedade".

Mas, na mesma segunda-feira em que se iniciava o importante Congresso, dois outros eventos vieram beneficiar a educação tão necessária de se tornar prioridade em nosso país.

O primeiro fato merecedor de aplauso foi o da assinatura do convênio, por parte do MEC, concedendo verbas federais a prefeitos e outras organizações que participam do programa "Educar" no Estado de São Paulo, na luta pela alfabetização de jovens e adultos. Para avaliar a urgência deste convênio, basta pensar que na capital do Estado mais evoluído do país há um milhão de analfabetos.

Outro evento que não pode passar despercebido é o lançamento do Profic, novo programa de formação integral da criança, assinado pelo governador de São Paulo. A Secretaria de Educação passa a coordenar todas as atividades destinadas ao atendimento de menores. Na intenção do Dr. José Pinotti a escola deverá se tornar a instituição onde as crianças poderão encontrar, além da instrução, um conjunto de medidas que as promovam integralmente, com especial atenção à formação infantil mais carente.

É a primeira vez que encontramos numa proposta estatal uma visão tão abrangente de educação, que revela coragem e decisão em enfrentar o maior problema de nosso país: o do atendimento eficaz à criança. Só temos a lamentar que um programa tão promissor para a população carente apareça nos meses finais do atual governo. Fica, no entanto, a esperança de que a consciência cívica não deixa de levar adiante uma política que privilegia a educação da criança.

A nova proposta soube respeitar a consulta não só a rede estatal de ensino, mas também a entidade particulares que se dedicam à educação visitando várias iniciativas que nos bolsões de pobreza, em cortiços e favelas, procuram oferecer soluções alternativas em benefício do menor carente.

É nessa perspectiva de contribuição de todas as forças vivas da sociedade na formação e promoção da criança e juventude que devemos saudar o 12º Congresso Nacional da AEC. Veio proporcionar, aos educadores católicos, encontro, troca de experiências, debate e compromisso sobre e educação na atual conjuntura, em vista de uma sociedade que possibilite a participação de todos, insistindo na promoção dos setores populares marginalizados.

A meta do Congresso está em contribuir para a construção de uma sociedade livre, solidária e fraterna, realizada através de uma profunda transformação na e pela educação. Uma sociedade solidária só poderá ser alcançada como fruto da participação no próprio processo pedagógico que valoriza a colaboração efetiva dos alunos, mestres e pais, unidos numa verdadeira experiência de comunidade educativa.

Uma sociedade fraterna requer muito mais. Nasce do reconhecimento e promoção da dignidade da pessoa humana, destinada a entrar em comunhão com o próprio Deus e com o próximo, no qual aprenda a valorizar sua dignidade. Só a mensagem de Jesus Cristo ensina o perdão necessário à reconciliação entre povos, classes e raças.

Uma educação que não atinge este fundamento da convivência humana não conseguirá vencer a divisão e injustiça do mundo em que vivemos.

A nova Constituição do país deverá não só garantir a exclusão de estatização da cultura e do comércio do ensino, mas colocar o Estado a serviço da sociedade livre e democrática, concedendo a todos o direito à educação, condições e meios para que isso se realize, orçamento adequado, salário profissional digno, aperfeiçoamento do professorado, participação responsável dentro da instituição.

Será preciso, sobretudo, reconhecer o direito de educar das comunidades e grupos, de organizar escolas próprias, a partir de seus valores e concepção de vida, assegurando, especialmente, a educação religiosa, nas mesmas condições em que propicia o acesso às escolas instituídas pelo Estado.

O Santo Padre afirmava ontem pela televisão que a "reforma agrária não pode fracassar porque é uma questão de injustiça social" a educação para a liberdade permitirá que sejamos capazes de nos abrirmos para as exigências da fraternidade, sem a qual nunca será possível a justiça social e a reforma agrária. A prioridade é educação.

O bombeiro de Jacareí

19/07/1986

Está ainda muito forte na lembrança o terrível desastre em Jacareí que envolveu 31 automóveis, 35 ônibus e 4 caminhões, na manhã de domingo passado. Os mais experimentados na Via Dutra afirmam que não se recordam de tragédia semelhante. Também eu passava rumo à Aparecida e pude constatar de perto a cena dramática.

A intensa neblina ocasionou várias colisões e um congestionamento com mais de dez quilômetros de extensão.

No Posto do Dragão, no Km 162, aglomerava-se o povo em volta de seis carros retorcidos e de cinco ônibus inteiramente destruídos pelo fogo. Impossível esquecer o silêncio e o olhar atônito daquela gente diante das ferragens ainda fumegantes. Em poucos minutos quatorze pessoas tinham morrido carbonizadas. Pouco a pouco, os feridos, calculados em 170 iam sendo conduzidos para os hospitais da cidade. Havia muitos carros avariados ao longo da estrada. Os passageiros que escaparam ilesos não conseguiam ainda compreender a amplidão do desastre.

Tudo isto leva-nos a refletir no risco de dirigir em alta velocidade, no perigo da neblina e na necessidade de uma adequada fiscalização rodoviária. Faz pensar na fragilidade da vida humana.

Faz sobretudo, rezar e colocar nas mãos de Deus tantos irmãos, vítimas do acidente, e o sofrimento das famílias enlutadas.

No meio de todas estas emoções, um gesto de coragem e solidariedade ficará para sempre impresso no coração. Os bombeiros tinham acudido com presteza ao local. Um deles, muito jovem, vendo o ônibus em chamas, lançou-se para dentro do veículo e com extremo perigo de vida, conseguiu salvar uma criança, segundos depois, o fogo em altas labaredas consumia o resto do ônibus. Não consegui saber o nome do herói. Dizem que durante horas continuou ali, trabalhando na recuperação dos feridos, até que extenuado, voltou com os demais para o quartel.

Que força misteriosa moveu este bombeiro tão jovem a expor sua vida por uma criança? Numa resposta rápida diríamos que "cumpriu o seu dever". O ideal de sua vocação, as preleções que recebeu, seu bom coração. Tudo somado convergiu para um gesto de bravura e rara dedicação ao próximo.

Para nós, fica a grande lição: aprender que o fundamento de toda convivência humana está no amor gratuito, na vontade sincera de respeitar e promover a vida do próximo.

O belo gesto do bombeiro retempera em nós a esperança de um mundo mais humano. Estará resolvido – como num passe de mágica – o problema da justiça social e da reforma agrária, quando aceitamos que a vida de uma criança vale o sacrifício de nossa própria vida.

Em vez de defendermos, com todas as forças, a acumulação desmedida de bens em uso próprio, quando é que vamos aprender a alegria da partilha e da aplicação destes recursos em benefício dos demais?

Neste semana, dois eventos vêm reforçar a esperança de vermos surgir esse novo tipo de relacionamento, marcado pelo dom de si ao próximo. Completa-se o primeiro aniversário da morte do padre Ezequiel Ramin, jovem missionário em Cacoal, MT, vítima de uma emboscada no dia 24 de julho de 1985, quando se empenhava por uma solução pacífica dos conflitos de terra. Realiza-se, ainda, em Trindade, Goiás, o 6º Encontro Intereclesial de Comunidades Eclesiais de Base.

De todas as partes do Brasil, 1.500 representantes vão colocar em comum as próprias reflexões e propostas sobre "o Povo de Deus em busca da Terra Prometida". Iluminados pelo Evangelho, não procuram apenas o solo, que falta aos sem-terra. É mais do isso. Buscam uma sociedade justa e solidária, livre e fraterna.

Esta é a contribuição que a Igreja é chamada a oferecer: formar as pessoas e as comunidades para o dom de si, a exemplo de Jesus Cristo e do jovem bombeiro de Jacareí.

Albertino, você não morreu em vão

16/08/1986

Albertino voltava a pé para casa em São Mateus, na sexta-feira de tarde. Aposentado, com nove filhos, a vida era muito árdua, obrigando-o a constantes trabalhos e privações.

Pela rua que dá acesso ao barraco, os carros correm sem controle. Aconteceu, Albertino foi brutalmente atropelado. Ninguém viu a chapa, nem o motorista voltou para ajudar o pobre homem ensanguentado. Levaram-no às presas para a rua Matteo Bei onde está o único hospital da área de São Mateus.

A notícia do desastre chegou a sua irmã Teresa que correu ao encontro de Albertino. Angustiada pediu para vê-lo. Não a deixaram entrar. Insistiu. Nada a fazer. A quem saía da sala de socorro, perguntava: "E meu irmão? Como está? Por favor!". Com frieza dura e implacável a resposta era: "Os médicos estão fazendo o que devem". Lá ficou Teresa, nervosa, esperando. E o tempo andava. Teresa, não se conteve mais e entrou porta adentro até encontrar o irmão deitado sobre a maca, sozinho, desfigurado, esvaindo-se em sangue. Suplicou, então, que alguém cuidasse dele.

Veio a decisão superior: "Deve ser transferido para Heliópolis. Aqui não há recursos para a gravidade do seu caso. Moça, a ambulância custa 800 cruzados".

Teresa estava sem dinheiro. Saíra de casa às pressas. Dirigiu-se à pessoa responsável dizendo: "Aceito pagar, mas por amor de Deus chamem logo a ambulância. Fiquem certos de que providenciarei o dinheiro em seguida".

A situação já tão aflitiva tornou-se verdadeira tortura. A enfermeira repetiu: "Custa 800 cruzados. A ambulância só vem com dinheiro na mão". Não consigo continuar a história tão desumana ela é. "Só com dinheiro". "Por amor de Deus". "Prometo que pago". "Custa 800 cruzados". Enquanto isso o filho fora correndo chamar os parentes. Chegaram. Conseguiram os cruzados. Mas as três horas preciosas para salvar a vida de Albertino tinham para sempre sido perdidas. A ambulância veio. O operário faleceu no percurso.

Meu Deus, não é possível que isto aconteça mais em nossa cidade! O caso infelizmente não é o único. Há dois anos, no mesmo lugar, nas mesmas condições de abandono, morreu o jovem padre missionário Antônio Meroth. Não tinha 20 mil cruzeiros para pagar a famosa ambulância. Meus irmãos, onde estamos! Na mesma tarde do desastre de Albertino, outras pessoas sem dinheiro ficaram desatendidas.

Cabe uma reflexão séria sobre tanta injustiça. A área de São Mateus e Sapopemba, com quase um milhão de habitantes, ainda está sem hospital. Há promessas. No momento o atendimento é venal e precário.

Impõe-se medidas urgentes por parte do município e do Estado. A omissão é criminosa. É preciso construir hospitais equipados para serviços dos mais pobres. Já agora deveria haver um certo número de ambulâncias ligando gratuitamente as áreas remotas da cidade aos hospitais especializados.

Todos contribuem para os serviços públicos. Por que os mais necessitados são os menos favorecidos?

O barraco de Albertino é pequenino, bem no fundo de um quintal. D. Rosa, viúva, com seus nove filhos mostrou o netinho doente e disse: "Não aceitaram nem o pequeno no hospital, porque a mãe não está no INPS". Um caso de urgência precisaria ser sempre atendido. Deus nos ensine que a saúde do povo vale mais do que todo o resto.

Albertino e tantos outros não podem ter morrido em vão.

Optar pelo menor

23/08/1986

É com alegria que constatamos o interesse crescente por parte de vários grupos da Igreja e da sociedade para procurarem em conjunto soluções eficazes à situação do menor em nosso país.

Partidos e candidatos tem-se referido à intenção de incluir o menor em seus programas prioritários. Recentes pesquisas feitas pela "Globo" colocou a questão do menor em 4º lugar entre as maiores preocupações do povo, sendo que em algumas grandes cidades como Rio, São Paulo e Belo Horizonte a pesquisa acusou índices maiores de preocupação.

Em boa hora o menor vai saindo do ostracismo em que fora obrigado a se manter para tornar-se, enfim, algo da solicitude da nova sociedade. Na esperança de que em breve seja possível ver reunidas, em volta da mesa, as pessoas de boa vontade que querem se dedicar ao menor, é importante percebermos alguns aspectos centrais da questão.

Em primeiro lugar, a conveniência de focalizarmos bem o que pretendemos, evitando referir-se ao menor como se fosse um problema. Se formos objetivos e leais, temos que constatar que o problema está em nós e na sociedade que criamos. Se há crianças abandonadas e carentes, é claro que isto se deve a nossa negligência e omissão.

Procuremos, portanto, evitar expressão do tipo "problema do menor" que estigmatiza ainda mais a criança e desloca indebitamente para ela aquilo que de nós depende. Quem gostaria de ser apontado a todo momento como um dos mais graves problemas do país?

É preferível uma terminologia positiva de acolhida, promoção e serviço à criança.

O esforço conjunto da sociedade, das igrejas e dos representantes do governo deveria, quanto antes, convergir para a elaboração dos direitos da criança, tendo especial atenção à situação do menor empobrecido, abandonado e infrator. Neste ponto é preciso ter coragem de inovar para que se estabeleçam as bases de uma atuação política eficiente em prol da criança, capaz de assegurar-lhe o direito de viver, de crescer com saúde, de receber educação, também religiosa, de ter adequado ambiente familiar. Uma prova de que ainda estamos longe de dar precedência à criança é a de que nas últimas semanas, quando faltou leite, não houve o cuidado de reservá-lo, em primeiro lugar, para as creches e às famílias com crianças pequenas.

Nesse esforço conjunto de darmos à criança o valor que merece, é indispensável a atitude de radical aceitação da vida humana, desde o primeiro momento de sua concepção.

Que sentido tem orientarmo-nos para a promoção da criança se aceitamos que em nosso país haja mais de três milhões de abortos provocados. Como é possível ouvir ainda hoje vozes que propugnam a violência do controle da natalidade? A base para uma política sadia de planejamento familiar deve respeitar a dignidade da pessoa humana e as exigências éticas que daí decorrem.

Sociedade

Continuemos colocando sempre mais em evidência a extrema necessidade de conjugarmos forças para uma solução definitiva em benefício do memor.

Saudamos com entusiasmo a pregação constante do Papa João Paulo II em benefício da vida e da paz, os esforços do Unicef no mundo inteiro, valorizando a criança como semente da paz. Vão-se preparando as comunidades eclesiais, em todo Brasil, para assumir a nova campanha da fraternidade cujo tema é "O menor".

De 3 a 5 de outubro, realizar-se-á em São Paulo mais uma Semana Ecumênica do Menor, buscando estabelecer os pontos centrais a respeito da criança na futura Constituinte.

Quando a sociedade inteira voltar seu interesse, gratuitamente, para acolher a vida pequena e indefesa da criança estaremos, aí sim, colocando fundamento de uma nova sociedade à luz de Deus. É preciso despertar em cada criança a consciência de que é amada.

Optar pelo menor empobrecido é optar pelo que a pessoa humana é e não pelo que tem ou pode nos dar.

É assim que Deus nos ama.

Educação, direito de todos

13/09/1986

Assim começa o art. 1º sobre educação do anteprojeto da Comissão de Estudos Constitucionais. O texto proposto revela um esforço louvável para explicitar o largo horizonte do objetivo da educação: "A Educação, direito de todos e dever do Estado, visa ao pleno desenvolvimento da pessoa e a formação do cidadão, para o aprimoramento da democracia, dos direitos humanos, da convivência solidária, a serviço de uma sociedade justa e livre".

O enunciado supera a tentação do mero aperfeiçoamento individual e abre-se para a construção solidária da sociedade.

Um dos direitos fundamentais da criança, e de toda pessoa humana, é o de ter condições de crescer, desenvolver suas potencialidades, descobrir o sentido profundo da vida, reconhecer-se amada por Deus e retribuir esse amor no serviço a seus semelhantes. Mas, este crescimento harmônico da pessoa não se faz sem a colaboração da sociedade.

A quem compete educar? A educação é um ato de amor que requer a contribuição permanente dos outros para que a pessoa seja capaz de reconhecer a própria dignidade, captar e assumir valores, habilitar-se ao trabalho, adquirir conhecimentos indispensáveis para compreender sempre mais a natureza e a história, relacionar-

-se com o próximo, numa atitude de serviço e colaboração com os demais.

O texto recorda que educar é dever do Estado. Sem dúvida. No entanto, o direito de todos a receber educação e instrução tem como correspondente primário o dever da família e da sociedade. Ao Estado, que compete? O Estado deve salvaguardar este direito de todos à educação, torná-lo possível através dos recursos necessários à organização escolar.

O ato de educar é direito e dever da própria sociedade. A atuação do Estado é subsidiária e deve ser exercida na medida em que é exigida pela mesma sociedade. O contrário poderia nos levar ao autoritarismo estatal, cuja expressão extrema é a escola única. Que pensar do jornal único, do monopólio dos canais de televisão e das estações de rádio?

Sabemos que o monopólio estatal abre caminho para o ensino marcado por ideologias, de direita ou de esquerda, conforme as forças políticas que assumem o governo. Quem não conhece as restrições impostas à escola no regime fascista ou comunista? A escola, neste caso, torna-se matriz ideológica da submissão da sociedade ao Estado autoritário.

É preciso respeitar a liberdade da sociedade, sem asfixias.

Estamos em tempo de Constituinte. A escola democrática necessita ter condições de educar para o desenvolvimento integral, no pleno respeito aos valores que corresponder às justas aspirações da pessoa humana. Exclui-se, assim, a dominação estatal e afirma-se o direito prioritário da família e dos grupos sociais de organizarem escolas que respeitem e promovam seus valores morais e religiosos.

A consequência é clara. A educação, que é direito de todos, implica o dever do Estado de assegurar os meios adequados para que as famílias e os grupos sociais possam oferecer a seus filhos a educação que anseiam em plena conformidade com os valores que defendem. Só assim haverá educação para a liberdade, indispensável a um mundo de concórdia e paz, sem submissão a decisões arbitrárias de grupos dominantes.

Para o Estado democrático o dever de educar se traduz na promoção de um sistema escolar que respeite, assegure e subsidie o direito de educar que compete à própria sociedade.

Violência gera violência

20/09/1986

As notícias sobre o motim de Presidente Venceslau causaram impacto e tristeza profunda. Não é admissível que seres humanos sejam massacrados tão covardemente. Anunciaram-se sindicâncias. Sejam urgentemente concluídas. É preciso empenho para sustar tanta explosão de ódio e requinte de maldade.

Creio que as pessoas de bom senso e zelo pela concórdia e paz social hão de reprovar o motim de presidiários. Concordamos no fato de que suas reivindicações sejam examinadas e o sistema carcerário inteiramente revisto e humanizado. Ninguém pode, no entanto, aceitar o tormento imposto a reféns inocentes, ameaçados pelo risco de possíveis excessos dos amotinados.

Temos, também, que aprovar o cumprimento do dever dos que têm a missão de zelar pela segurança e ordem dos presídios. Tiveram que expor suas vidas. Há gestos de heroísmos que revelam, sem dúvida, a dedicação de membros da Polícia Civil e Militar. Mas é impossível aceitar o rompante de brutalidade e covardia que se abateu sobre os presidiários. Conforme os jornais, alguns foram assassinados pelos companheiros de prisão. Outros foram barbaramente trucidados pelos guardas de presídio e membros de nossa polícia. As imagens mostram homens desarmados sendo abatidos a pauladas. Os próprios reféns ficaram traumatizados pelas cenas de horror que foram obrigados a presenciar.

Quando entenderemos que a violência não é a solução? Não resolve nada. Ela desperta instintos animalescos que fogem ao domínio da reta razão e geram atrocidades sem fim. Violência gera violência. Hoje, somos testemunhas de atos de terrorismo, assaltos, atentados, linchamentos. A solução é o esforço constante da sociedade para respeitar a dignidade de toda pessoa humana na certeza de que só o amor constrói.

O que mais tristeza causou foi o aplauso de alguns às cenas de brutalidade.

Há poucos dias foi absolvido quem violentamente matou o jovem Joílson de Jesus, no largo São Francisco. Falta de provas. Que isto não signifique apatia diante do desrespeito ao direito de viver.

Aplaudir o erro, inocentar a injustiça, manter a impunidade fazem retroceder a esperança de uma sociedade solidária.

Diante do motim e do massacre de Presidente Venceslau e de tantas outras brutalidades, temos que voltar o coração para Deus e pedir que nos perdoe a todos, aos que cometem a violência e aos que não sabemos superar a violência pela força do amor.

A hora e a vez da criança

11/10/1986

O povo precisa de esperança. Volta-se nosso olhar confiante para Deus na certeza de que com ele somos capazes de acreditar na promessa de eternidade feliz, de superar as dificuldades do tempo presente e de procurarmos, cada vez mais, construir a sociedade solidária e fraterna, na qual todos colaboram para que a ninguém faltem as condições de vida digna.

Neste sentido, são verdadeiramente importantes as medidas presidenciais anunciadas hoje à nação em benefício da criança.

A criança é portadora de vida nova. É semente de paz social. É aurora de esperança.

Optar pela criança frágil e impotente é reconhecer a dignidade da pessoa humana e descobrir o princípio que permite reorganizar os valores e a convivência humana. Optar pelo menor empobrecido significa subordinar a dimensão econômica à social e assegurar que as decisões políticas respeitem os princípios éticos e a dignidade da pessoa humana aberta à verdade, ao bem e à felicidade da comunhão com Deus.

O problema do País não são as muitas crianças pobres dos cortiços, favelas, periferias das cidades ou áreas rurais. O problema somos nós.

A situação dos menores carentes, abandonados e infratores, para ser devidamente resolvida, requer a transformação das próprias estruturas da atual sociedade. No momento em que houver união e estabilidade na família, trabalho e salário digno para os pais, haverá condições convenientes de moradia, alimentação, saúde e educação dos filhos.

No entanto, para realizarmos as transformações estruturais será preciso uma profunda conversão. Voltar-se para a criança é induzir na sociedade esta conversão interior e a mudança comportamental. Dar prioridade à criança nas metas do governo, no orçamento federal, estadual e municipal, coordenar e somar esforços e recursos interministeriais para um atendimento global à criança, convocar e promover a colaboração da inteira sociedade e das instituições não governamentais é iniciar o processo de reordenação de valores e transformação social.

Assim, respeitar o direito soberano de nascer, salvaguardar o direito dos pais de planejar a família, de acordo com os princípios éticos e religiosos, assegurar as condições indispensáveis para o crescimento e educação da criança é colocar os fundamentos de uma sociedade que reconhece o valor da vida.

A criança vale mais do que as armas, mais do que as custosas campanhas políticas, mais do que as duras exigências do capital interno e externo, mais do que o discutível direito de acordos internacionais que impõem ao povo dívidas asfixiantes.

A opção por 36 milhões de crianças empobrecidas em nosso Brasil exige o compromisso da sociedade e, essencialmente da futura Constituinte, de multiplicar as iniciativas em prol da defesa e promoção da vida; exige medidas eficazes para que seja implementada a reforma agrária, há um ano promulgada em benefício das crianças do campo, evitando o êxodo rural e a migração indiscriminada para as grandes cidades, a reforma do solo urbano em benefício das crianças de cortiços e favelas. Exige escolas alternativas, atendimento preventivo de saúde, hospitais, alimentação sadia, campos de esporte, parques onde as crianças possam brincar, iniciação conveniente ao trabalho, atenção especial a milhares de crianças deficientes, resgatando nossa omissão para com eles e a eliminação definitiva da violência contra os menores em nosso País.

Saudamos, portanto, as medidas hoje promulgadas pelo presidente José Sarney, bem como as iniciativas da UNICEF e de tantas beneméritas instituições com anseio de que contribuam para que, em breve, no Brasil, não haja mais crianças vítimas da fome, da doença e do abandono.

A Igreja há de colaborar com o lançamento em nível nacional e ecumênico da Campanha da Fraternidade – 1987– em prol do menor carente, abandonado e infrator.

Que as crianças possam nascer, que seus pais tenham acesso ao trabalho e justo salário, que tenham asseguradas as condições para oferecer a seus filhos teto, alimento e tudo que a eles é necessário.

Somemos esforços para acender uma luz na vida das crianças. Deus fará que elas se tornem a luz de nossas vidas, a semente de justiça e paz social, e a aurora de esperança para nosso povo.

A paz sempre mais

25/10/1986

Ontem cedo uma jovem telefonou-me do Rio de Janeiro oferecendo-se para trazer à celebração da Praça da Sé uma faixa de vinte metros de cumprimento com a palavra paz. Vem de trem com alguns companheiros carregando cem quilos de pano. Como seria bom que pudéssemos todos estar animados do mesmo anseio de anunciar a paz!

Amanhã muitos estarão diante da catedral rezando pela paz. Outros hão de acompanhar pelo rádio e pela televisão unindo suas preces na mesma intenção. No mundo inteiro serão milhões de pessoas; irmanadas pela fé e amizade, pedindo a Deus a superação das discórdias. Maravilhosa iniciativa de João Paulo II, pregador universal e incansável da paz!

A grande lição desta manifestação é a necessidade de prepararmos a paz com atitudes de confiança em Deus, abertura e compreensão entre os homens. Para que surja a paz é preciso buscar a conversão interior e acreditar que os conflitos podem ser vencidos não pela força das armas, mas pelo diálogo e pelo consenso.

Deus é o senhor da paz. Jesus desejava a todos a paz. Unindo nossa prece à das crianças inocentes, dos enfermos e dos simples, vamos pedir a Deus que nos conceda o grande dom da paz.

Em primeiro lugar precisamos da paz interior, reconciliando-nos com Deus no coração e acolhendo os irmãos, em nosso íntimo, pelo perdão. Sem amor não haverá concórdia entre os povos. A capacidade de reprovar o erro e de buscar a justiça deve levar sempre à atitude de perdão ao pecador. Temos que detestar e corrigir o mal, mas amar e libertar o irmão que pratica o erro.

Vem depois a paz das armas. É indispensável que aprendamos sempre mais a desarmar as mentes, dominar a cobiça e a ambição e banir para sempre o recurso à violência nas relações humanas. Para isso temos que ser humildes e rezar. Gandhi dizia: "o mundo está cansado de ódio". E quem perguntava a ele sobre a bomba atômica, respondeu que enfrentaria com um momento de oração. Seja essa também a nossa convicção de que, pelo recurso a Deus, conseguiremos desarmar o mundo.

Mas o caminho para esse ideal da nova sociedade é longo. Requer um exercício constante de confiança em Deus, vencimento do próprio egoísmo e aceitação dos outros.

É por isso que estamos todos convocados para celebrarmos a paz através de uma atitude filial de quem coloca em Deus sua esperança. Amanhã, quando a enorme faixa estiver aberta de par em par na frente da catedral, quando nos encontrarmos unidos como irmãos, membros de todas as comunidades religiosas, procuremos abrir o coração para acolher o outro. Faremos juntos crianças e adultos a prece atribuída a São Francisco, superando ofensas, discórdias e dúvidas: "Senhor, fazei de nós instrumentos de vossa paz e de vosso amor". A paz sempre mais.

Decepções e esperança

01/11/1986

Para todos a fase preparatória da nova Constituição deveria ser de amadurecimento político. No entanto, estes meses têm sido marcados por várias decepções.

O balanço do processo eleitoral acusa forte desproporção entre o peso das campanhas para governador e o empenho real pela Constituinte.

Ninguém discute o fato de que um governo honesto e capaz é indispensável para promover o bem comum. Não se trata, portanto, de desprestigiar a influência que é chamada a ter a atuação dos Executivos estaduais. Mas a insistência em privilegiar a campanha para governador, nos jornais, programas de rádio e TV, e pelas ruas, têm prejudicado, sem dúvida, o trabalho mais sério de convocar o povo para participar do processo constituinte.

Além disso, há aspectos negativos deste período de eleições que exigem uma análise severa.

A propaganda eleitoral em vez de focalizar as propostas para melhorar a vivência dos valores éticos e a qualidade de vida do povo, foi-se perdendo em apreciações sobre a pessoa dos candidatos.

E aqui tem havido intemperança nos autoelogios, nas promessas e até em distorcer a objetividade dos fatos. Pior. Multiplicaram-se os ataques pessoais entre candidatos. Devassas no passado político, comprometimentos dúbios, deslizes morais, tudo veio à tona de modo inexplicável. Houve calúnias, ofensa pessoal e agressões físicas. Quem é tão hábil em destruir a fama do próximo, será capaz de promover o bem comum?

A isto acrescentamos o mau exemplo do esbanjamento de recursos que entristece e escandaliza os mais pobres. De onde provêm o dinheiro destas campanhas tão desproporcionais à miséria do povo? Quem gasta tanto sem escrúpulos em proveito próprio, como será capaz de gerir os recursos públicos?

A militância política tem por objetivo o bem comum. Prevaleceu, no entanto, a luta pelo poder. Valeram mais as ambições e vantagens pessoais e os interesses de grupos.

Na sede de angariar votos, explora-se a utilização do pobre, faz-se alarde até da pena de morte o atropela-se o direito à vida do nascituro. Quanta decepção e quanto tempo perdido!

Esta era a grande oportunidade para uma ampla convocação de todos os seguimentos da sociedade para identificar necessidades, perceber falhas e omissões, discernir caminhos e soluções. Aqui, sim, haveria lugar para um fórum nacional permanente, na intenção de debater, de modo sereno e construtivo, problemas da saúde, educação, moradia e segurança e tantos outros.

O déficit maior do período eleitoral é externo à campanha. É déficit nas transformações estruturais em benefício das classes desfavorecidas. Agravou-se a morosidade ou o descaso em promover a reforma agrária. Crescem a angústia e o sofrimento de milhões de sem-terra. Estendem-se ainda as filas para gêneros de primeira necessidade. Se o contrato de aluguel ficou congelado os quartos de cortiços continuam subindo sem controle nem piedade para com os mais pobres.

Qual será o saldo final destes meses?

É preciso pagar a dívida social, ouvir o clamor e as aspirações do povo, voltar a atenção num mutirão nacional para as urgentes reformas estruturais, promovidas com o povo e em benefício deste mesmo povo.

Ainda é tempo de criar condições para a participação popular. O povo contribuirá com sua experiência e sabedoria para resolver os desafios que enfrenta cada dia. Este trabalho tem sido estimulado também pela Igreja, nas comunidades, escolas e grupos de reflexão. É preciso assegurar esta participação durante o processo constituinte e no período posterior. O envolvimento da sociedade é garantia do aprimoramento não só das normas jurídicas, mas das formas concretas de sua aplicação. É grande a esperança.

Deus seja louvado!

Lembremo-nos de que o louvor que a Deus agrada é o respeito e a promoção da vida dos que ele ama e assume como filhos.

Por que tanta maldade?

22/11/1986

Ontem, no início da madrugada, o rapaz chegou à Febem, trazido pela viatura da polícia. Franzino, cansado, emudecido pelo medo, mal conseguia fixar o olhar dos que coletavam os dados de identificação.

Era o mesmo jovem cujo espancamento fora transmitido na noite anterior pelo "Jornal Nacional" ao noticiar a ação da polícia na favela.

De muitos lados tinham vindo logo reclamações contra a violência: "foi chocante", "inadmissível".

Com efeito, as rápidas imagens da televisão focalizaram a incrível brutalidade com que alguns policiais agrediram menores numa ação repressiva na favela de Heliópolis.

Que aconteceu?

Segundo a versão divulgada, partiu da favela um tiro em direção ao carro da polícia. Era, portanto, bem justificada a imediata repressão.

No entanto, o que é realmente absurdo é o modo covarde de atuar, demonstrado pelos agentes. Uma vez rendido o provável agressor, ninguém tem direito de seviciá-lo, massacrá-lo com pancadas a ponto de desfigurar-lhe o rosto. E que dizem quando se trata de um menor?

Métodos brutais e violentos não podem mais ser empregados contra pessoas capturadas e incapazes de nova agressão. São estes procedimentos que geram o revide da violência.

Apenas avisado o Secretário de Segurança do Estado manifestou pela TV sua desaprovação, ordenou a abertura de inquérito e decidiu expulsar os que abusam da autoridade.

Estamos, sem dúvida, de acordo quanto ao fato de que não se pode permitir as criminalidades, com sua trajetória de assaltos à mão armada, atentados a inocentes e à segurança social. É óbvio que merecem apoio os policiais que assumem o risco da própria vida em defesa da sociedade.

Duas atitudes básicas, no entanto, são urgentes.

A primeira é o esforço conjunto para atingir a raiz estrutural de marginalidade e delinquência. A violência não se reduz apenas pela superação dos efeitos, mas pela erradicação de suas causas. Não é possível confinarmos em bolsões de miséria milhões de pessoas sem perceber como isto gera desequilíbrios psíquicos, traumas e reações violentas. Aqui fica um grande desafio para os novos governantes.

É de se esperar que os programas de segurança, anunciados durante a campanha política, levem principalmente à criação de níveis mais humanos de vida para as classes desfavorecidas.

A outra atitude indispensável é a mudança nos princípios e pedagogia de repressão ao crime. Violência provoca violência.

A defesa e promoção da justiça implicam, no entanto, o respeito à dignidade da pessoa humana. É preciso que o anseio de segurança não atropele as exigências fundamentais da convivência humana.

Aqui fica uma proposta aos comunicadores sociais. Não será possível reduzir sempre mais os filmes violentos, as cenas de ódio e brutalidade? Quem semeia ventos recolhe tempestades.

Há muito que fazer para vencermos a violência.

O rapazinho da favela escapou com vida, mas quem está disposto a ajudá-lo para que consiga acreditar de novo na fraternidade?

Linhas cruzadas

06/12/1986

Aconteceu como nas linhas telefônicas cruzadas. As mensagens se misturaram. No momento em que anunciavam as vantagens do novo plano econômico, a TV focalizou as imagens de João Câmara, RN, onde os abalos sísmicos provocaram o êxodo de grande parte da população. Alguns ficaram. Num casebre apareceu a mãe de vários filhos. Perguntaram a ela por que não ia embora também. "Não tenho condição", respondeu. De fato, sua miséria é tão dura que não lhe permite sequer sair. Se fica, tem que enfrentar o tremor de terra. Se quiser partir para longe, não tem meios. O jeito é sofrer. A pobreza dessa família permanece impressa na retina questionando a todos nós.

Isto faz pensar em outras situações que precisam de urgente solução neste período de restrições econômicas. Passada a euforia da campanha eleitoral, com seus gastos e ilusões, temos que voltar a atenção para a extrema necessidade em que se encontram enormes contingentes da população.

Aí vai o apelo ao governo federal, estadual e do município para que somem seus esforços e encontrem respostas eficazes para o bem do povo.

Não colocamos em dúvida que os planos cruzados pretendam trazer vantagens econômicas e sociais para os desfavorecidos. O importante é a promoção integral destes grupos. Ninguém quer cair no assistencialismo. Só que, por enquanto, temos que acionar todos os dispositivos para acelerar a ascensão das classes populares mais sofridas.

O primeiro empenho é na área da saúde. É doloroso constatar as condições precárias do sistema hospitalar. Reconheçamos, desde logo, que há dedicação de abnegados enfermeiros e médicos, que sacrificam suas vidas a serviço dos enfermos. Mas basta entrar em certos hospitais, cujos nomes omito por delicadeza, para percebermos a falta de higiene, a insuficiência de leitos, as longas filas no ambulatório. No sábado e domingo, o atendimento torna-se ainda mais difícil, como se doença grave e o perigo de vida pudessem esperar. E na periferia de São Paulo? A população adoece e morre sem ter acesso a médico nem hospitais.

Outro grupo, cuja causa precisa ser urgentemente promovida, é a dos moradores de cortiço. Para eles não houve congelamento. O aluguel dos míseros quartos supera de muito os recursos dos moradores. Vivem aflitos, entristecidos, obrigados a reduzir sempre mais os gastos com alimentação.

Cresce, também, o número dos que não conseguem pagar sequer uma vaga para dormir. Quem de noite percorre as praças, encontrará, mais do que antes, sofredores de rua, reunidos em pequenos grupos para se protegerem, enrolados em cobertas e papéis. Não conseguem dinheiro para alugar um refúgio onde ficar. Faltam-lhes, então, condições sanitárias e higiênicas. Que comem? Será que não é possível organizar nos bairros maiores, albergues noturnos para abrigar estes irmãos?

Entre os grupos mais prejudicados, encontram-se muitos aposentados. Durante anos, sustentaram o peso do trabalho na expectativa de uma previdência social digna. Hoje, os benefícios tornam-se cada vez mais insuficientes, reduzindo os aposentados, na fase final da vida, à condição de pobreza.

Acredito na inteligência, na técnica e boa intenção dos que conduzem o processo econômico nacional. Desejo colaborar para que dê certo.

Mas temos que agradecer a Deus quando a TV questiona nossa responsabilidade fraterna e, ao lado das vantagens promissoras dos novos planos econômicos, faz entrar, pelos olhos adentro, as cenas das vítimas miseráveis de João Câmara, fazendo-nos pensar em tantos outros irmãos, vítimas do grande abalo sísmico das injustiças sociais.

Visão ética

17/01/1987

A situação econômica deixou de ser preocupação apenas de técnicos, altamente preparados, para tornar-se tema constante de conversa do povo. A grande questão é a de saber qual o critério que há de nortear as decisões nacionais.

Pelo que a fala oficial do presidente Sarney e a recente reunião de governadores eleitos indicam, a dimensão social vai recuperando sua prioridade sobre a dimensão meramente econômica. Esta subordinação revela mais profundamente que há intenção de respeitar o critério ético na hierarquia de valores, que exige a precedência do social, como consequência óbvia da dignidade da pessoa humana. É o mesmo critério que rege a supremacia do trabalho sobre o capital, do assentamento de famílias na terra sobre o aumento indiscriminado do latifúndio.

Neste sentido, merece apoio a determinação ética do presidente em reiterar a opção preferencial pelos pobres, mesmo que para cumprir este compromisso seja necessário resistir às pretensões de outros setores da sociedade.

É preciso, no entanto, que as medidas políticas expressem adequadamente esta opção fundamental em favor da dignidade dos milhões de brasileiros empobrecidos, sob pena de ficar aos poucos enfraquecida a força da posição ética.

Ensinam os mais entendidos na matéria que entre as primeiras decisões será indispensável evitar mais ônus para os trabalhadores, extremamente sacrificados, e restabelecer, quanto antes, o poder aquisitivo do salário das classes de baixa renda. Nesta mesma perspectiva insere-se o empenho projetado pelo Ministério da Previdência Social de atualizar as aposentadorias de quatro milhões de brasileiros que estão hoje aquém do salário mínimo. Como pode um cidadão, após ter trabalhado durante os melhores anos de sua vida, sobreviver, ele e seus dependentes, com menos de um salário mínimo? É indispensável, na visão ética, a imediata reposição das aposentadorias, que a boa administração do ministério já tornou contabilmente viável.

Entre as conclusões da reunião dos governadores, inclui-se ainda a decisão de tabelar os juros e de agir, com energia e inteligência, na questão da dívida externa. O Papa João Paulo II vem chamando a atenção para as exigências da solidariedade universal que deve levar a rever, sob a luz ética, o complexo problema da injustiça que está na raiz da dívida externa.

Percebemos, assim, como o critério ético permite reordenar, aos poucos, o novelo emaranhado de nossa economia. É também a consciência do próprio dever que nos obriga a passar do discurso à práxis, das boas intenções à realização, superando pretensos direitos adquiridos e privilégios, e optando de modo irrevogável pela justiça social.

É, ainda, a mesma visão ética que nos ilumina na reflexão sobre dois fatos recentes. O primeiro, refere-se à campanha de proteção contra a Aids e tratamento dos que contraem este mal. Todo esforço será pouco. É questão humanitária. Mas já pensamos com seriedade no aspecto ético? Em vez de alguns publicitários lançarem cartazes grosseiros e inadmissíveis – diga-se, de passagem, que o Ministério da Saúde não aprova tal publicação – não é obviamente mais aceitável corrigir o mal pela raiz e promover a reeducação da própria consciência e o autocontrole que devolve à razão o domínio de si mesmo e afasta para longe o perigo de contágio?

Ouve-se falar, também, de que está sendo redigida uma cartilha que trata da regulação dos nascimentos. Esperamos que não se volte a insistir na tese inaceitável de que o problema social resolve-se difundindo e até induzindo o uso de métodos anticoncepcionais.

Pensemos, com sinceridade, no que aconteceria se todos seguissem um só princípio; o de respeitar o vínculo estável e eticamente válido entre o homem e a mulher como única matriz aceitável para o surgimento da vida?

Haveria tantas crianças abandonadas e desnutridas?

Várias vezes no Evangelho encontramos cegos que se aproximavam de Jesus pedindo ao Senhor que lhes restituísse a visão. Mais do que ver a luz do dia, precisamos pedir a Deus que nos ajude, nem que seja por milagre, a recuperar a plena visão ética.

Escola e diálogo

04/04/1987

Quando há greve, não há aula. Sabemos o problema que isto significa para os alunos e, principalmente quando menores, para seus pais e responsáveis. Reconhecemos, por outro lado, o direito de professores e auxiliares de ensino reivindicarem melhoria salarial e condições dignas de trabalho. Merecem reconsideração adequada de seu salário. Basta comparar o que ganha um professor com a retribuição de outros setores da sociedade.

É igualmente importante no caso das escolas particulares perceber que a direção dos estabelecimentos de ensino e as mantenedoras passam por uma enorme dificuldade, sem poder recorrer a empréstimos bancários por serem demais onerosos enquanto aguardam as orientações da política educacional. O mero repasse de custos às anuidades, neste momento de estreiteza econômica, nem sempre é suportável pelo alunado. Sem este repasse, como vir ao encontro das justas aspirações do professorado e à necessidade de manter a eficiência e autonomia das escolas particulares?

A educação no Brasil há de requerer reflexão maior por parte dos constituintes que precisam assegurar a qualidade do sistema escolar e a liberdade de escolha indispensável ao processo democrático. Uma escola única do Estado presta-se, como a história demonstra, à manipulação ideológica e política. Temos o direito de esperar que os recursos do povo sejam atribuídos a manter uma rede escolar de qualidade, bem como a promoção de escolas igualmente gratuitas que sejam adequadas aos valores religiosos, morais e culturais dos que as procuram.

Que medidas, no entanto, podem ser encaminhadas a curto prazo? A primeira é a da intensificação do diálogo. Está na raiz da convivência democrática. É preciso promovê-lo entre docentes, auxiliares de ensino, alunos e seus pais, responsáveis pela direção das entidades públicas e de livre escolha. Não é tão raro perceber desconfianças, apreensões e resistências que tolhem ou prejudicam este diálogo, acarretando estes ressentimentos e lesando o ideal de uma verdadeira comunidade educativa. Cada um deve aprender a procurar não só o benefício próprio ou do grupo, mas a promoção de todos. Assim, a melhoria salarial deve se compor com a qualidade de ensino e com a atuação dos que dirigem as escolas, zelando pelo aperfeiçoamento e continuidade da obra.

O segundo ponto é a necessidade de entender que a escola pública e a particular de livre escolha respondem a uma exigência da liberdade dos pais e alunos não só de terem a educação garantida, mas de verem respeitado o direito de que a educação se harmonize com os próprios valores culturais, religiosos e morais. É lamentável que ainda hoje não se tenha alcançado a obtenção de recursos públicos que são do povo, para a promoção igualitária dos dois tipos de escola. Isto requer que educação e saúde recebam proporção maior de verba no planejamento nacional. Requer, ainda, que a escola de livre escolha, decorrente do direito de ensinar que compete abdique de intenções lucrativas.

Enquanto aguardamos a descoberta de um sistema de justiça na distribuição dos recursos públicos e procurando, sempre, crescer na capacidade de diálogo e discernimento é urgente que se encontre uma solução para as escolas particulares.

    Esperamos que o Brasil, marcado por um anseio democrático crescente, crie condições para estabelecer o bom entendimento no interior da escola, num diálogo franco, leal e amigo entre educadores, alunos e seus responsáveis. O Poder Público, em nível nacional e estatal, não tarde a restabelecer a dignidade da docência pela melhoria de salários e condições de trabalho. Tenha, também, coragem de investir superando atrofias do passado, na liberdade de opção pelo sistema escolar mais adequado às próprias convicções. Pedimos a Deus que o sistema educacional brasileiro, promotor constante de diálogo e liberdade, seja a obra de arte da nova Constituição.

Direitos do menor

04/07/1987

Entre as muitas propostas populares de emendas ao projeto de Constituição circula pelas comunidades a que apresenta e defende os direitos do menor.

A possibilidade que o nosso povo hoje tem de manifestar suas expectativas é um ponto ganho na atual conjuntura que reflete o anseio de sempre mais participação. Aliás, esta é uma das marcas características do regime democrático, a de abrir espaço para formas novas de captar e valorizar as justas aspirações do povo. A Constituição, sem dúvida, deverá refletir através dos representantes eleitos, estas propostas que nasceram e cresceram no terreno fértil das bases populares.

Entre estas propostas, as mais procuradas para assinaturas, ao que parece, são as que tratam da própria participação popular, da reforma agrária, dos direitos dos trabalhadores. Acrescentam-se, agora, as proposições sobre os direitos do menor. Mereceria ser a prioridade política para o Brasil a de assegurar a promoção da vida de toda criança.

Há três pontos que são de extrema importância.

O primeiro é tudo o que diz respeito à família. O drama do menor começa quando perde sua raiz, sua identidade, sua referência e aconchego familiar. Por isso, é fundamental que a família tenha direito à proteção social, econômica e jurídica do Estado, assegurando-se que sejam atendidas as suas necessidades básicas de trabalho, moradia e alimentação. É urgente a política nacional de habitação voltada para as classes populares que consiga, a curto prazo, oferecer um lar a cada família. Sem a divisão equitativa da terra rural e urbana e sem casa, como poderá a criança ter um lar estável e conviver com seus pais, recebendo deles o amor e a atenção de que necessitam?

O segundo ponto é a promoção da educação e saúde, com especial atendimento às crianças portadoras de deficiências físicas sensoriais e mentais. Há infelizmente, no Brasil, 10% de menores com graves deficiências que só poderão se desenvolver com o auxílio organizado e eficaz da sociedade. O pior é que grande parte desta deficiência é causada por desnutrição nos primeiros anos. Desde a concepção o ser humano tem direito ao atendimento à saúde e logo que possível deverá receber a educação adequada, incluindo alimentação e material escolar, conforme os valores morais e religiosos dos pais e garantida pelos recursos públicos. Para que isto se torne realidade, será preciso que o orçamento da União, dos Estados e Municípios apliquem não menos de 20% na educação.

Em terceiro lugar, tornou-se obrigatório o repudio à violência contra a criança e o jovem. Há condutas na sociedade que agridem e assustam o menor. Infelizmente, permanece o trabalho precoce e forçado, a exploração do menor como mão de obra barata, a discriminação racial, o comércio da criança e a prostituição. Permanecem ainda o arbítrio da polícia, a ação impune dos justiceiros e o erro de querer incriminar o menor, em vez de reconhecer a responsabilidade da sociedade em prevenir e corrigir as falhas de conduta de quem, desde a infância, foi desamparado pela família e pela comunidade.

Sociedade

Todos somos chamados não só a assinar estas propostas, mas a colocá-las desde já em execução, para que mais de trinta milhões de menores empobrecidos possam reencontrar condições humanas de vida. Só assim serão capazes, ainda em tempo, de superar o ódio e o descaso, a exploração e o abandono e acreditar numa sociedade que ao acolher e promover a vida, revela a cada criança a dignidade que lhe compete como filho que é de Deus.

Falou-se nestes dias em recesso nos trabalhos da Constituinte. Não convém. Há uma expectativa do povo que cresce e que não pode ser frustrada. A normalização econômica e política do Brasil não pode dispensar os trabalhos da Constituinte, principalmente enquanto se tornam o ponto de convergência da participação e das esperanças populares e a garantia tão desejada dos direitos de milhões de menores.

Respeitar a vida humana

05/09/1987

O respeito à vida humana vem de Deus, é fundamental para a concórdia e paz social. Quem não sofre ao constatar como aumenta no meio do povo a violação do direito à vida, sob as formas mais variadas de atentados, sequestros, execuções sumárias, até através da organização e grupos de justiceiros.

Na raiz de todos estes crimes está o descaso e desrespeito à dignidade da pessoa humana, que passa a ser eliminada por razões levianas. Há, além disso, uma atitude de radical descrédito diante da ação judicial e do valor da reeducação. Não se crê na capacidade de o Poder Judiciário julgar com presteza e acerto, nem se acredita na eficácia dos processos pedagógicos para a recuperação dos infratores. Esta descrença é grave e pode aos poucos solapar e até destruir a confiança indispensável à convivência humana. Fazer justiça pelas próprias mãos é retroceder aos tempos bárbaros, atribuir-se um direito sobre a vida que não nos cabe é incorrer na forte probabilidade de cometer as maiores injustiças, fruto da paixão e da falta de condições para se julgar com verdade. O que é igualmente penoso são as consequências deletérias que daí se seguem para o comportamento cotidiano. Crescem sempre mais a violência, a brutalidade e a covardia.

Há três dias sucedeu o assassinato estarrecedor de seis jovens e crianças, em São Bernardo. Infelizmente fatos semelhantes se repetem, deixando já insensível uma larga parte da população. A morte de Pixote foi covarde. Na periferia há execuções sumárias, em que justiceiros assalariados pelo próprio bairro eliminam vítimas e permanecem impunes. A polícia, que deveria manter a ordem, resvala em abuso de autoridade e recorre à violência.

A consciência torna-se permissiva e larvada a ponto de considerar o aborto provocado como se fosse direito da própria mãe.

Para agravar o quadro, continuam a aparecer na televisão as cenas de roubos, assassinatos, desmandos morais e aplauso a pugilato que pode terminar em brutal e tolo atentado à vida.

As crianças de São Bernardo foram mortas a sangue frio, a tiro, pauladas e facada. Pixote teve o corpo perfurado por oito projéteis disparados a queima-roupa, de cima para baixo.

É tempo de ouvirmos o clamor de tanta injustiça e pedirmos a Deus que nos ensine de novo o valor e a dignidade da pessoa humana. Sem isto a violência provocará maiores desatinos.

Aos responsáveis pelo bem público urge zelar pela ordem social, coibir os justiceiros e assegurar o exercício da verdadeira justiça. Não podemos desistir de ver a Polícia preparar-se de modo adequado para o cumprimento de sua árdua missão, a fim de não cometer os mesmos abusos que deveriam coibir.

No entanto, cada um de nós também está implicado na construção de uma sociedade que promova o respeito à vida humana. Será que não somos culpados pela morte de Pixote e das crianças de São Bernardo?

A solução não está no sistema repressivo, mas em confiarmos no valor da educação.

Enquanto avança o trabalho da Constituinte é preciso apoiar que maiores recursos públicos sejam aplicados na educação.

Noticiaram nos jornais que novecentas pessoas acabam de participar em São Paulo do Encontro Estadual do Profic. Seja-nos permitido incentivar esse programa que modifica o conceito de escola, para que não seja mera instituição de ensino e procure promover a formação integral da criança e da juventude.

Os menores hão de aprender o respeito à vida, se dermos a eles a melhor educação de que somos capazes, o testemunho de estima, amor e respeito que merecem, como irmãos nossos e filhos de Deus.

Direito à verdade

07/11/1987

Na última semana os jornais deram conhecimento ao público de documentos contendo novas acusações a respeito da atuação da Igreja, especialmente, nas áreas indígenas. São doze pastas contendo estudos e memórias elaborados pela 3ª subchefia da Secretaria-Geral do Conselho de Segurança Nacional entregues à Comissão Parlamentar Mista de Inquérito que deve apurar a verdade das denúncias formuladas pelo jornal "O Estado de S. Paulo".

Com efeito, a ação missionária da Igreja em terras indígenas foi acusada de atentar contra a soberania e lesar interesses econômicos nacionais.

Desde então, pelos meios de que dispõe, o Conselho Indigenista Missionário e a CNBB têm respondido, denunciando a inconsistência das acusações que procuravam basear-se em documentos falsificados. Foi essa a oportunidade para reafirmar com vigor a reta intenção dos missionários e repudiar a gratuidade das críticas que, não por mera coincidência, surgiram por ocasião dos trabalhos constitucionais que devem regulamentar a exploração de minérios em áreas indígenas.

Esperamos que a Comissão Parlamentar possa, logo, levar a termo o exaustivo exame da questão.

Surgem, agora, os documentos enviados pelo Conselho de Segurança Nacional.

Permitam-me fazer algumas reflexões a respeito do conteúdo destes estudos.

1. O conceito de Estado que se depreende na leitura das propostas e medidas a serem efetivadas em relação à Igreja está em íntima consonância com a doutrina de Segurança Nacional, dando prioridades a objetivos que maximalizam o Estado e desprestigiam o cidadão. Isto conflita com o atual processo de crescente democratização nacional que procura, justamente, limitar a atuação do Estado, evitando eventuais abusos de autoridade.

2. Causa admiração a política indigenista defendida pelo documento. Não assegura de modo claro a identidade das populações indígenas, adotando o critério de integração, mediante o qual o índio que aceitar o processo de desenvolvimento acaba por perder o direito à cultura própria.

3. Recorre o texto, repetidas vezes, a agressões e ataques gratuitos contra a Igreja, procurando até forçar uma divisão entre Igreja progressista e Igreja tradicional. Propõe que se evite o diálogo com representante da CNBB, que se criem mecanismos de controle sobre as organizações religiosas com instauração de processos contra religiosos e missionários estrangeiros. Atribui à corrente progressista a pregação do confronto social e até mesmo de conscientização revolucionária. Estas afirmações são inaceitáveis e depõem contra a lealdade e o direito à verdade. Mais graves são as acusações pessoais contra bispos sem a menor prova. Chega o texto a aventar que o bispo de Boa Vista esteja incitando os índios à violência e contrabando e desviando-se de sua verdadeira missão.

4. A política de fronteiras merece especial análise. A Igreja nunca se opõe à defesa das fronteiras brasileiras. É evidente que

todo cidadão deve apoiar a fiscalização das fronteiras para evitar tráfico de tóxicos, contrabando e penetrações no território nacional. No entanto, o documento não reconhece o direito de ponderar com mais rigor a proposta de criação de uma faixa de 150 km ao longo do território nacional que acarretará para oitenta mil a perda das características das terras que lhe são próprias.

É lícito, portanto, alimentar a esperança de que o conjunto desses documentos seja, quanto antes, devidamente analisado para que não fiquem dúvidas quanto à fidelidade da ação pastoral da Igreja ao Evangelho, à ordem pública e à digna sobrevivência das populações indígenas.

Por que morrer tão cedo?

14/11/1987

Realiza-se em São Paulo a "7ª Semana Ecumênica do Menor". Mais de quinhentos participantes representam o trabalho que as Igrejas realizam em São Paulo e em quase todos os Estados. Com efeito, esta é uma das iniciativas que revelam o esforço ecumênico no atendimento aos menores carentes, abandonados e infratores por parte das Igrejas Luterana, Presbiteriana independente, Metodista e Católica.

O tema desse ano resume-se numa expressão forte e questionadora que provém dos próprios menores: "Nascemos para a vida. Por que morrer tão cedo?" A questão marca o impacto entre o anseio e o direito de viver e a ação destrutiva da sociedade, fruto de regimes, modelos e estruturas que conspiram violentamente contra a vida de milhões de menores.

O encontro caracteriza-se por uma longa preparação que converge nesses dias para a análise conjuntural, indispensável para detectar atores e relações de forças no drama angustiante do menor. O plenário procurará determinar estratégias e práticas que permitam uma ação mais rápida e eficaz em benefício das crianças e dos jovens empobrecidos de nosso país. A ninguém passa despercebido o fato de que a situação dos menores é o maior escândalo e desafio de nossas cidades. É também o sinal evidente da desordem social, cuja vítima indefesa é a criança carente e desamparada.

A avaliação dos atuais serviços públicos revela que carecemos até o momento de uma verdadeira política de atendimento ao menor.

A Febem não consegue realizar a missão que lhe foi confiada. Menores doentes, vítimas de violência, aguardam dias para serem tratados. O sistema está mais voltado para vigiar e punir do que para educar. A Febem torna-se antessala da penitenciária. Técnicos e monitores enfrentam sobrecarga de trabalho e horários desumanos. É preciso que, quanto antes, se desative o processo de internação dos atuais moldes e se proceda a criação e reforço de novos espaços de atendimento, voltados para o valor pedagógico do trabalho, o convívio em grupos menores e a ação corresponsável da comunidade. A greve dos funcionários poderá abrir as portas da Febem à Polícia Militar.

A política do menor requer definição e clareza. Não é possível que a Febem se vincule à Secretaria da Promoção Social e ao mesmo tempo esteja em ação a Secretaria do Menor. É preciso uma política única de metas, métodos e serviços. Parece-nos que a Febem poderia passar por uma profunda renovação se for confiada à Secretaria do Menor, que lhe é própria.

Não podemos deixar de denunciar, com veemência e tristeza, um fato recente. Quatro menores de quinze e dezesseis anos estão cativos na Casa de Custódia e Tratamento de Taubaté, desde o dia 14 de setembro, por solicitação da juíza de Direito de Menores da Comarca de Itapecerica da Serra, com anuência do juiz de Direito da Corregedoria de Presídios. A casa destina-se a adultos presumidamente perigosos. Isto é inadmissível, ilegal, contrário à Constituição, ao Código Penal, ao Código de Menores e ao bom senso. E o pior é que o pedido do *habeas-corpus* acaba de ser indeferido pelo Tribunal de Justiça. O caso requer imediata solução.

Apesar disso é preciso continuar alimentando a esperança. Deus ouve o clamor das crianças. E há de suscitar sempre mais forte o respeito à vida, o sentimento humanitário e o compromisso cristão. As crianças do Brasil nasceram para viver e não podem morrer tão cedo.

Em defesa da vida

21/11/1987

Realizou-se há dois dias em Porto Alegre um encontro em favor da vida no salão da Assembleia Estadual. Compareceram mais de quarentas entidades unidas pelo ideal comum de defender e promover a pessoa humana nas situações em que se encontra mais ameaçada.

O encontro se caracterizou pela palavra simples e contundente de várias mulheres representantes de movimentos populares: a mulher trabalhadora na roça, atuante em comunidade; a agente de pastoral negra, representante do movimento de saúde; as professoras de bairros pobres, todas irmanadas pelo anseio de respeitar e promover a vida. Impressionava o grau de consciência da própria responsabilidade que todas revelavam. Aliás, esta é uma das aquisições mais notáveis de nossos dias, perceber que uma parte cada vez maior de nosso povo procura se informar sobre a realidade e assumir o dever de participar na transformação da sociedade.

O primeiro ponto sobre o qual mais se insistiu foi o do direito de nascer, com rejeição forte ao aborto provocado, respondendo de modo claro às dificuldades que comumente se apresentam. A pessoa humana tem direito à vida desde o primeiro momento de sua concepção. A mãe não pode dispor da vida de seu filho.

A ninguém é permitido matar um inocente. Uma sociedade que aspira à liberdade não se constrói sobre a opressão que leva à morte de milhões de vidas indefesas.

Falou-se a seguir do compromisso da sociedade com os menores, abandonados, carentes e infratores. São vítimas de estruturas que concentram sempre mais o capital e desconhecem a partilha e a solidariedade. Defender a vida é assumir ao mesmo tempo o atendimento eficaz das crianças empobrecidas e a transformação das estruturas injustas. Era voz comum entre os participantes a necessidade de colaborarmos para a criação de condições dignas de vida sem as quais a maior parte da população consegue apenas sobreviver. Seguiu-se a enumeração das aspirações do povo que deveriam se constituir como prioridades dos programas do nível municipal ao federal. Casa, terra, trabalho e salário, educação e saúde, tudo isso deve ser equacionado com urgência para que o povo recupere a esperança e a alegria de viver.

Não podia faltar a defesa das populações indígenas e a expectativa de que a Constituinte consiga salvaguardar a vida e a cultura desses brasileiros ainda ameaçados pela cobiça de lucro fácil.

A noite de Porto Alegre demonstrou quanto é forte o anseio de viver. Muitos conspiram do lado da violência, da marginalização e da morte. A vida vale mais. Apesar de tantas dificuldades e obstáculos, na consciência do povo vai surgindo a aurora de uma nova esperança. Deus está do lado da vida.

Fidelidade ao povo

05/12/1987

Não passa despercebida a ninguém a dificuldade extrema em que vive a maioria do nosso povo. O problema da moradia é cada vez mais angustiante. Vem por isso em boa hora o anúncio de programa amplo de mutirão de casas populares. Quanto mais casa e quanto mais popular, melhor. Une-se a isso o aumento implacável do custo de vida que torna a comida escassa na mesa do pobre. Água, luz, remédios e transporte são desproporcionais ao bolso do operário. Que dizer então dos milhões de subempregados e dos que não têm trabalho? Nas praças cresce de noite o número dos sofredores sem teto e os acampamentos dos sem-terra continuam aguardando solução. Num bairro pobre de São Miguel, São Paulo, duas religiosas abriram uma casa para atendimento de deficientes auditivos. Em pouco tempo havia mais de 150 crianças com grave problema de surdez.

É diante desse quadro que atuam os constituintes. O povo acompanha há meses o lento processo de elaboração da nossa Carta Magna. Houve aquisições no atual texto da Comissão que representam reais avanços e que deveriam ser mantidos. Entre esses pontos sobressaem a repulsa a toda forma autoritária de governo, mediante a participação do povo no processo político, a rejeição de tortura, a função social da propriedade rural e urbana, os direitos dos trabalhadores, o reconhecimento do amplo direito de educar e a destinação de maior parcela de recursos à educação. Fica também assegurada a proteção à família, infância, maternidade, velhice e ao deficiente físico.

A fase final poderá recuperar outras expectativas populares como a salvaguarda do direito à vida desde a concepção, a promoção das populações indígenas e o novo estatuto da defensoria do povo.

Surge agora com a recente votação a possibilidade de substitutivos completos que, se aprovados pela maioria absoluta, terão rito sumário de tramitação. Isto poderá comprometer as conquistas já obtidas.

Assim, embora as questões regimentais sejam importantes, o que mais atenção deveria merecer é o critério de aceitação ou rejeição de eventuais emendas. É de se esperar que nossos constituintes tenham presente que o processo de representação democrática inclui não só o recurso ao voto da maioria para a tomada de decisões, mas o compromisso de captar e respeitar as justas reivindicações do povo. As exigências éticas de ordem política decorrem do reconhecimento da dignidade da pessoa humana à luz de Deus.

É preciso a todo custo evitar dois perigos. O primeiro é o de reduzir o plenário à metade e tornar a Constituição obra de um grupo amplo cuja unidade efêmera é feita de concessões recíprocas, mas sem clareza de princípios.

Isto contrasta com a consolidação do regime democrático que se propõe através do pluralismo do debate chegar ao maior consenso possível. O segundo é o risco de criar uma dissociação profunda entre os anseios populares e as opções políticas dos constituintes.

Nesse sentido a continuação dos trabalhos precisará garantir a mais larga liberdade nos debates e ter como critério não só os interesses de grupos, mas a busca dos melhores caminhos para promover os valores éticos e o bem-estar social do povo. Sem este critério poderá acontecer um retrocesso. Assim, diante de eventuais alterações do texto é lícito perguntar o que há de acontecer em relação à reforma agrária, ao direito dos trabalhadores, à preservação das terras indígenas contra a ganância das empresas mineradoras.

Há de prevalecer o interesse de grupos ou a busca sincera de condições mais dignas de trabalho e vida para a maioria de nossa população empobrecida?

É compreensível que certas discussões enfrentem temas contundentes, despertem emoção e tornem-se calorosas. O que não podemos entender é que se venha a perder o que é mais fundamental: a fidelidade ao povo.

Direito à moradia

09/01/1988

O povo enfrenta cada dia dificuldades maiores em relação à moradia. Ter casa própria não é sonho, é um direito. O aumento de aluguel continua castigando duramente a população. Um quarto de cortiço, de proporções mínimas, já supera a capacidade de pagamento de grande parte dos usuários. Quem não consegue o dinheiro do aluguel, é obrigado, brutalmente, a sair do cortiço, deixando algum pertence como garantia ou retribuição. Começa então o calvário de procurar com enorme sacrifício, outro cômodo ou de pedir guarida, por algum tempo, a parentes ou vizinhos. Nas favelas, a situação não é melhor, ameaçados pelos planos urbanísticos. Todos sabem o preço do cimento e a dificuldade que há em construir algum quarto na periferia.

É esta, portanto, uma questão vital para o bem-estar da nossa população mais humilde.

Não se pode negar à família o direito de ter uma casa. Faz parte do mínimo indispensável à estabilidade de convivência conjugal e à educação dos filhos. Hoje, graças a Deus, é maior a preocupação com a criança e o desejo de encontrarmos solução para os menores desamparados, que sobrevivem nas praças da cidade. Muitas dessas crianças são obrigadas a perambular pelas ruas, porque seus pais não têm condição de lhes oferecer abrigo.

Os movimentos populares denotam uma consciência crescente do direito básico à moradia. Aos poucos, foram se formando, em vários bairros da cidade, associações de favelados, de sem-teto. Estes grupos se articulam e estudam seus direitos e possibilidade de encontrar solução a curto prazo para a moradia. São organizações pacíficas, mas convencidas do dever fundamental de providenciarem um lar para cada família. Contam com assessoria, fruto de idealismo de jovens advogados. Em várias áreas já foi feito levantamento de terrenos onde poderão ser edificadas casas populares.

Na atual situação econômica é preciso que o governo, em seus vários níveis, venha em atendimento a esta justa expectativa do povo. Uma ação conjunta do Estado, município, de financiamentos da União, poderá em pouco tempo resolver este grave desafio.

As organizações populares fornecerão seus cadastramentos, elaborados por critérios de precedência na pobreza e condição de convivência. Este ponto é importante, porque se trata de criar a oportunidade de relacionamento entre famílias, de promover serviços comuns e organização comunitária, como atendimento às crianças, clubes de mães e conservação de lugares de uso público. A Prefeitura oferecerá as áreas de sua propriedade. O Estado garantirá o auxílio técnico e alguns serviços básicos. Verbas especiais do Ministério de Planejamento têm sido liberadas para construção de casas em mutirão, com bons resultados em alguns municípios. A comunidade local e grupos de voluntários, sem dúvida, hão de colaborar com a mão de obra. Alguns empresários, movidos por razões humanitárias e cristãs, dispõem-se a dar sua contribuição técnica, cerrando fileiras neste mutirão cívico.

Se multiplicarmos projetos assegurando a integração de recursos e esforços, para além de toda a ambição de prestígio político e vantagens econômicas, será possível oferecer ao povo a demonstração concreta da solidariedade e dar resposta a seus anseios, evitando, em tempo, o desespero e a tentação das invasões.

Com a mesma urgência será necessário ocupar-se dos que não têm família que carecem de abrigo para a noite. Nas grandes cidades é indispensável que os serviços sociais do governo e as entidades particulares entrem em colaboração para promover albergues que atendam ao grande contingente de homens e mulheres, alguns ainda jovens, que não conseguem pagar um quarto ou vaga de pensão.

Todos esperamos dias melhores e devemos contribuir para isso. Almejamos reformas estruturais corajosas que assegurem condições de trabalho e salário, dignas para todos. Enquanto isso não acontece, temos que apressar iniciativas que já agora respondam às necessidades imediatas do povo. Compreendemos, portanto, que após longa consulta às comunidades, a Arquidiocese de São Paulo tenha escolhido a moradia como prioridade de sua ação pastoral. Mãos à obra.

A fraternidade e o negro

12/02/1988

São 25 anos de Campanha da Fraternidade.

O objetivo é sempre o mesmo: aderir, na Sé, a Jesus Cristo e renovar o compromisso de viver em fraternidade. Este é o sinal mais autêntico do seguimento de Cristo: "Nisto saberão todos que sois meus discípulos, se vos amardes uns aos outros" (Jo. 13, 34).

Em 1988, o tema é "A fraternidade e o negro."

Jesus Cristo veio nos ensinar que Deus é nosso Pai. Para Deus, somos todos irmãos. Temos a mesma dignidade de filhos. Ele nos ama com o mesmo amor paterno.

E nós, como vivemos a fraternidade? A escolha do lema: "Ouvi o clamor deste povo", recorda que existem ainda desigualdades e preconceitos.

Nesta Campanha da Fraternidade, Deus quer não só que compreendamos melhor a dignidade de cada pessoa humana, mas que procuremos viver, em nossas atitudes, a igualdade entre todos, reconhecendo e assumindo, em especial, o valor e o merecimento dos brasileiros descendentes de raça negra. São os que mais trabalharam e sofreram para formar o nosso Brasil.

Temos todos que aprender a reler a história de nosso país, pedindo a Deus que nos perdoe as graves injustiças cometidas durante séculos.

Precisamos viver entre nós o perdão, a reconciliação e a justiça, cem anos depois da libertação legal do trabalho escravo no Brasil. À luz do Evangelho, temos que avaliar o drama de irmãos arrancados de sua família e de sua própria terra.

As comunidades estão convocadas para rezar e conhecer o valor, a coragem, as virtudes e a cultura dos muitos brasileiros que descendem de raça negra.

Na Quarta-feira de Cinzas, começa o tempo da Quaresma que prepara a celebração da Páscoa. É tempo de conversão e exige de cada um de nós a superação de ressentimentos e preconceitos, para vivermos a fraternidade que Jesus Cristo veio nos ensinar.

A Campanha da Fraternidade é convocação para vencermos distâncias e bloqueios, crescermos na estima e amor recíproco e nos comprometermos na construção de uma sociedade solidária, conforme a mensagem de Jesus Cristo.

Isso exige gestos concretos de busca conjunta de condições mais dignas de vida para os que ainda hoje, nos cortiços, favelas e acampamentos dos sem-terra, ficam à margem do desenvolvimento.

A Mãe e Senhora Aparecida que escolheu ser negra, como tantos brasileiros, abençoe este tempo, de conversão, estreite entre todos a verdadeira fraternidade.

Para Deus, somos todos irmãos.

Nem erva nem joio

19/02/1988

A nota da presidência da CNBB, de 30 de janeiro de 1988, insistia na urgência de grandes decisões para levar o país a recuperar o crédito nas instituições. Reafirmava-se, no entanto, a convicção de que é preciso e possível confiar, recorrendo a Deus, às reservas morais intactas no seio do povo e à atitude de conversão sincera.

O clima de corrupção aliado à impunidade, infelizmente, vem criando profunda decepção no povo que, com razão, espera, de seus representantes, o testemunho de honestidade. Ainda que o ponto central das justas expectativas populares sejam as metas sociais, é indispensável enfatizar a necessidade de se coibir a corrupção em todas suas formas.

Violência gera violência. Assim também, a impunidade que protege a corrupção deseduca o povo e corrompe o senso moral. É preciso, portanto, que haja gestos expressivos do governo para demonstrar a desaprovação desse clima e o compromisso com o bem comum.

Na intenção de contribuir para uma atuação prudente e eficaz, sugeriu-se a formação de uma comissão de alto nível composta de representantes dos organismos governamentais e outros membros da sociedade civil. Assim, sem diminuir em nada o mérito das instituições competentes procura-se valorizar também o critério de participação popular. Esta comissão poderia ser constituída por um representante do Ministério Público, um deputado e um senador escolhidos por seus pares, um membro da OAB e dois membros de outras entidades civis, indicados pelo Congresso. Esta comissão que poderá ser instituída por lei, responde, em parte, ao projeto de Defensoria do Povo, que consta nas emendas populares.

Há, no entanto, outro ponto da nota da CNBB que não pode ser preterido. É o da recuperação mais ampla dos padrões morais e éticos, sem os quais nenhuma Constituição terá forças para garantir ao Brasil o destino que ele merece.

Que pensar do Carnaval deste ano? Em muitos lugares do país houve não só esvaziamento do senso artístico e do caráter lúdico da festa popular, mas uma forte baixa do nível ético das apresentações. Mal se pode tolerar o desmando moral, fruto da permissividade de algumas pessoas, levadas pelo exibicionismo e pela perda de critérios. No entanto, é inadmissível a exploração que as TVs, revistas e jornais fizeram destas cenas. Para onde querem levar a juventude e a infância do Brasil? Tudo isto é a triste colheita de quilômetros de novelas e filmes que semearam a desordem moral e desfibraram aos poucos a consciência de nosso povo.

São necessários séculos para sedimentar o fértil húmus das florestas. O incêndio pode, dentro de minutos, incinerar tudo. As reservas morais do povo estão sendo destruídas pela falta de senso ético e pelo fogo da cobiça daqueles que detêm os meios de comunicação social. O povo simples do nosso Brasil contempla atônito as tristes cenas da vida real e da TV. Será que não cabe também, aqui, um alerta à sociedade e à urgente retificação dos critérios morais? Infelizmente, a erva daninha da corrupção e o joio da devassidão nascem na mesma terra de ganância e do pecado.

Quem perverte a ordem moral dentro de si anestesia a consciência e faz acontecer, sem escrúpulo, a desordem a seu redor.

Cesse a corrupção. Possa secar logo o joio. Renove-se a terra. O bem comum exige que sejam respeitados princípios e anseios dos que ainda guardam no próprio coração, intactos, o temor de Deus e as reservas morais que nele se fundamentam. É tempo de penitência e conversão. A Deus nada é impossível.

Estado de direito e metas sociais

12/03/1988

No momento em que o Brasil atravessa a fase tão complexa de sua vida política, quando se avolumam os efeitos do achatamento salarial e da inflação, acarretando sacrifícios sempre maiores para o povo, é preciso soluções rápidas e adequadas. É necessário potenciar o valor das instituições e reconhecer o poder constituinte soberano do Congresso Nacional, evitando qualquer solução que atente contra o estado de direito.

Neste contexto queremos valorizar o recente pronunciamento de um grande número de entidades da sociedade civil reforçando a soberania do poder constituinte.

O manifesto intitulado "Duas Palavras" reafirma que todos os poderes do Estado derivam e dependem do poder constituinte originário que pertence ao povo e, por via de consequência, aos seus representantes do Congresso Nacional.

Renovamos a confiança no debate livre, no direito de propor e votar leis que possam pautar o convívio dos brasileiros dentro da justiça e harmonia social que exclui o estado de arbítrio.

Enquanto aguardamos a promulgação da Lei Magna é indispensável restabelecer a esperança do povo, através da proposta de metas sociais, da integração de forças e do exercício constante do diálogo entre os vários segmentos da sociedade.

Precisamos intensificar e consolidar o diálogo entre a sociedade civil e seus representantes. A grande saída para o impasse nacional encontra-se na abertura de canais para a participação popular e a valorização de formas organizativas do povo. Como exemplo, lembramos a questão da política habitacional, dos serviços de saúde e educação. Quando representantes de associações e grupos de bairro se apresentam para dialogar com as instâncias governamentais é de suma importância que sejam ouvidos e acolhidos para a busca de soluções conjuntas que evitem, em tempo, a manifestação do descontentamento coletivo.

A prática do diálogo, nascida de estima e respeito recíproco, deverá pautar, sempre mais, o relacionamento entre os que vivem e trabalham nas empresas, fábricas, escolas e hospitais.

Aos órgãos de classe compete manter um contato frequente, superando o clima de tensão para encontrar soluções possíveis, a curto prazo, e descobrir respostas adequadas que envolvam a transformação das estruturas para que haja promoção efetiva da dignidade da pessoa humana.

No ambiente da comunidade educacional vale o mesmo princípio do diálogo construtivo. Muito desgaste poderá ser evitado quando se promove o debate franco, a apresentação de razões e o exercício diuturno da corresponsabilidade.

O anseio de chegar a uma sociedade solidária, que responda aos desígnios de Deus, deve nos levar à superação do individualismo e à capacidade de captarmos o ponto de vista do outro, seus valores e intenções. Só assim poderemos superar a lei do mais forte e descobrir as razões da minoria. É através da práxis caseira e habitual do diálogo que havemos de evitar guerras e regimes de opressão.

O Brasil vai reencontrar o seu caminho de paz social na medida em que souber conjugar o pleno respeito ao estado de direito com a promoção efetiva das metas sociais. Isto implica na renúncia a interesses de grupo e a tentação do regime de arbítrio, e inclui fidelidade plena às exigências do bem comum que fundamentam o regime democrático.

Compromisso com o índio

23/04/1988

Terminou, ontem, em Itaici, a 26ª Assembleia Geral da CNBB. Tranquila, fraterna, frutuosa. O documento central sobre a missão da Igreja recebeu 236 fotos sobre 243 participantes e servirá para a reflexão e aprofundamento nas comunidades.

Inspirados na Palavra de Deus e na Doutrina Social Cristã, redigiram os bispos mensagem reafirmando, por ocasião do próximo dia 1º de maio, o valor do trabalho e do trabalhador e os principais direitos que daí decorrem.

No Dia do Índio, estavam os bispos, em romaria, reunidos na Basílica de Aparecida para celebrar o Ano Mariano. Nesta ocasião, pedimos a Deus especial proteção para as populações indígenas de nosso país, convencidos de que este é o momento crucial para a sobrevivência de 200 mil índios.

Com efeito, o Congresso Nacional constituinte deverá, em breve, votar a questão dos direitos indígenas ameaçados por grupos econômicos interessados no minério e na extração madeireira.

Em 23 de setembro de 1987, foram promulgados dois decretos que alteram procedimentos na demarcação de terras indígenas, criando uma inaceitável distinção entre índios aculturados e não aculturados, reservando aos primeiros a organização em colônias, nas quais virão a perder, em ritmo acelerado, suas raízes culturais. Enquanto o texto elaborado pela Comissão de Ordem Social garantia aos índios condições dignas de sobrevivência, o projeto apresentado pelo deputado Bernardo Cabral faz concessões aos grupos econômicos.

As votações já realizadas melhoraram o texto contido no projeto da Constituição. É grande por isso a esperança de que o capítulo sobre os índios possa expressar a vontade decidida dos constituintes de assegurar condições de vida pacífica para as populações indígenas.

Compreende-se que a Igreja, em virtude da missão que lhe é confiada, tenha que assumir a defesa da causa indígena. Durante a assembleia, coube ao presidente do Cimi, Dom Erwin Krautler, fazer ampla exposição sobre a questão indígena e a responsabilidade que compete à Igreja nesse momento. Seu amplo e preciso relatório tratou da violência que os índios vêm sofrendo nestes últimos anos, da campanha difamatória contra os missionários e do perigo de uma legislação integracionista. Não há lembrança nos últimos anos, na circunspecta assembleia de Itaici, de um aplauso tão caloroso e prolongado como o que se seguiu à comovente exposição de Dom Erwin, vítima, na Amazônia, de um atentado no dia 16 de outubro de 1987. Nesta ocasião, perdeu a vida o jovem missionário padre Salvatore, que viajava ao lado de Dom Erwin.

Repudiamos as calúnias contra o Conselho Indigenista Missionário, movidas pelos meios de comunicação e grupos interessados nas explorações das áreas indígenas. Como justificaram que a Comissão Parlamentar de Inquérito, que devia ter apurado as acusações contra o Cimi, não tenha levado a termo seus trabalhos? Diante da evidência das conclusões favoráveis ao Cimi a que chegou o relator, preferiu-se provocar a extinção da Comissão, por descaso do seu presidente.

Nestes últimos meses, enquanto aguardamos o texto da Constituição, fatos graves marcaram o longo calvário do índio brasileiro. O índio pataxó Djalma foi seviciado e morto no município baiano de Pau Brasil. É o sétimo caso de assassinato impune nesta área. Que dizer da brutal chacina dos 14 índios tikuna, a menos de um mês? Como explicar a morte violenta do missionário jesuíta irmão Vicente Cañas, à beira do rio Juruena? Incompreensível é o afastamento dos missionários da missão Catrimani, em Roraima, sob a alegação de que assim seria mais fácil retirar os milhares de garimpeiros da área ianomâni.

Não é difícil entender que a expulsão dos missionários tem por intenção privar os índios de suas últimas defesas contra a ganância sem escrúpulo de grupos econômicos.

Em documento aprovado na assembleia, propõem os bispos, salvo o direito e dever do Brasil de defender suas fronteiras, a revisão do Projeto Calha Norte, que propugna a liberação de uma faixa de 150 km, sem atender as aspirações de 80 mil indígenas que vivem nesta área.

Celebrar o Dia do Índio é, antes de tudo, comprometer-se com a sua causa e assumir diante de Deus a responsabilidade política de garantir a sobrevivência, com dignidade, dos povos indígenas do nosso país.

1º de Maio

30/04/1988

Mensagem de esperança. É o que desejamos nesse dia a todos os trabalhadores, especialmente aos que enfrentam o peso e o cansaço de atividades árduas e não raro superiores às próprias forças. Pensemos nos que gastam a vida na limpeza da cidade, nos hospitais, nas construções civis. Os documentos pontifícios têm lançado intensa luz sobre a dignidade do trabalho. Basta relembrar a encíclica "Laborem Exercens" de João Paulo II e seu constante ensinamento, explicitado com novos enfoques éticos na encíclica que manifesta "A solicitude social da Igreja pelo desenvolvimento do homem e da sociedade".

Insiste o Santo Padre na vocação transcendente do ser humano. Numa visão otimista da história e do trabalho, lembra o valor perene das realizações humanas autênticas, resgatadas por Cristo e orientadas para a construção do Reino de Deus. No entanto, o desenvolvimento integral da pessoa alcança-se quando forem respeitadas e promovidas as exigências morais, culturais e espirituais. A abundância de recursos técnicos e o bem-estar material só têm sentido se orientados para a realização da dignidade da pessoa humana, na comunhão com o próprio Deus e na solidariedade com os demais.

Entendemos, assim, como são eticamente inaceitáveis as alternativas do capitalismo liberal e do coletivismo marxista. Cada um destes sistemas converge, a seu modo, para o mesmo impasse. Provocam a tensão frustrante de ter sempre mais e jogam a pessoa humana nas redes do consumismo insaciável. O mal não consiste no "ter" enquanto tal, mas no desrespeito ao primado da vocação transcendental do ser humano. Os bens materiais, o progresso da tecnologia e os produtos da indústria destinam-se a oferecer condições de "ser mais" para todas as pessoas humanas. Portanto, a ganância de "ter" de alguns não pode redundar em detrimento do "ser" de muitos outros.

À luz da Doutrina Social da Igreja temos que alimentar a esperança de que seja possível promover o desenvolvimento solidário dos povos, assegurando a todos a oportunidade de vida digna e, em especial, os benefícios proporcionados pela ciência e pela técnica.

Estamos ainda longe desse ideal. As condições de trabalho, não raro, atentam contra a segurança dos operários. Quantos são vítimas de acidentes e permanecem inválidos para o resto da vida? Ao cansaço do dia soma-se, nas grandes cidades, o desgaste de transporte. Ônibus e trens insuficientes, caros e apinhados, desafiam a resistência física e psíquica dos trabalhadores. A inflação continua corroendo o salário e exigindo medidas eficazes para restituir com rapidez seu valor aquisitivo. No entanto, apesar disso, conseguir um trabalho ainda é um privilégio. Aumentam os sem-terra, os desempregados e os que sobrevivem com biscates e atividades saltuárias.

No dia 1º de maio volta a expectativa de que os representantes do povo assegurem na Constituição os direitos dos trabalhadores. Em primeiro lugar, o próprio trabalho, que permita a todo o brasileiro promover a si mesmo, sua família e colaborar no desenvolvimento solidário. Precisamos salvaguardar a justiça nas relações do trabalho, o direito de organizar-se em sindicatos e associações, e o clima de diálogo franco e fraterno entre operários e empresários.

Nesse domingo, em todas as comunidades, o povo está convidado para orar e pedir a Deus a revalorização contínua do trabalho humano em nosso país que, no espírito da justiça e paz, devolva ao trabalhador a consciência e o exercício de sua dignidade.

Compromisso com a criança

21/05/1988

A 18 de maio o Santo Padre completou 68 anos.

Foi nesse dia que o povo paraguaio viveu a alegria de acolher João Paulo II no Santuário de Caacupê, dedicado à Virgem Maria, padroeira do país irmão.

A visita apostólica aos países do sul da América Latina revelou, mais uma vez, a notável vitalidade espiritual e a saúde física do sucessor de Pedro. Sua mensagem de amor e paz, lúcida, destemida, sem ambiguidade, consegue reacender a esperança, até nos ambientes marcados pelo desânimo. As populações sofridas: camponeses de Vilarrica e Encarnación, operários e mineiros da Bolívia, todos se sentem encorajados pela forte pregação de João Paulo II sobre o valor transcendente de toda pessoa e a consequente defesa dos direitos humanos.

Raras vezes foi tão intensa a contribuição do Papa para assegurar, à luz do Concílio Vaticano, o primado dos valores religiosos e, ao mesmo tempo, as exigências de promoção integral da pessoa humana.

Os discursos sociais são claros na defesa do direito dos lavradores a se organizarem e a terem acesso à terra. Insiste na reforma agrária como expressão de justiça social. Condena, sem medo, a corrupção, a violência e o abuso do poder. Prega sempre uma sociedade baseada na solidariedade e no amor, capaz de reconhecer e promover a dignidade dos pobres. Sua palavra e exemplo são constante apelo para voltarmos nosso olhar a Deus, superando uma visão materialista da existência humana, própria do coletivismo marxista e do individualismo liberal.

Em Nu-Guazu o povo paraguaio, sob chuva torrencial, permaneceu de pé, por mais de seis horas, para rezar com o Papa, demonstrando a sede de Deus e a força da fé. Espetáculo inesquecível.

A mensagem de João Paulo II reaviva a confiança em Deus, fortalece as convicções morais e exorta ao cumprimento dos preceitos da reta consciência e do Evangelho. É nesta perspectiva que entendemos a defesa do casamento e a firme condenação do aborto e das práticas contraceptivas.

Sirvam as palavras de João Paulo II para iluminar o trabalho da Constituinte que, nesta semana, tratará da Ordem Social e dos direitos da família, da criança, do adolescente e do idoso. É preciso recuperar, nos artigos da lei, a defesa da vida desde a concepção e a dignidade do casamento frente às propostas permissivas de dissolução do vínculo conjugal. Fica o apelo para que se retome a redação que assegura à criança e ao adolescente, com absoluta prioridade, os direitos fundamentais à saúde, à educação, à convivência familiar e ao desenvolvimento pleno de sua personalidade.

João Paulo II, em suas viagens apostólicas, sempre abençoa as crianças e a elas dedica especial atenção. É uma atitude simbólica. Nelas está o futuro. O melhor fruto, para nós, da ampla pregação deste incansável mensageiro da paz é uma lei adequada que conceda, no Brasil, absoluta prioridade à criança e ao adolescente, inaugurando um novo tipo de sociedade, decididamente comprometida com a dignidade da pessoa humana. Quem compreende o valor da vida de uma criança, impotente e indefesa, e a ela se dedica com amor gratuito, há de compreender e promover também, o valor de toda vida humana.

Em breve o Santo Padre virá ao Brasil.

Esperamos que nossa Lei Magna expresse, de modo claro e definitivo, o mesmo compromisso com a dignidade da criança, do pobre e do trabalhador de que João Paulo II nos dá exemplo.

PARTE III
Política

O sentido ético da política

O texto que segue é uma apresentação sumária de todo o estudo feito da compreensão política de Dom Luciano Mendes. Antes de tudo, ele pensava uma política guiada fundamentalmente pela ética no respeito à dignidade da pessoa humana. Apresentaremos sumariamente alguns aspectos da sua compreensão da vida, da educação, dos direitos e deveres da pessoa, da sociedade e da responsabilidade da política nacional e internacional. O compromisso ético da política, delineado nos escritos de Dom Luciano Mendes, ainda que não vividos integralmente, permanecem dignos de leitura em virtude das questões que nos colocam. Mais que uma teoria política, ele nos apresenta um modo evangélico de pensar politicamente.

A vida é um direito inviolável do ser humano, direito concedido por Deus. Ela inicia-se na fecundação do óvulo pelo espermatozoide. Esse ato evidencia o amor do casal. Do ato conjugal nasce a prole. Esse ato sexual está aberto à vida, e o ato procriativo precisa ser fruto da união conjugal. "Amor e vida caminham juntos" (ALMEIDA, Amor e vida, 14/03/1987). Cabe à Igreja e aos cristãos, a todos nós, a responsabilidade de cuidar da vida em todas as suas formas. A questão da procriação tem por chave de leitura o vínculo entre amor e vida.

Do ato procriativo vem o nascituro, que, apesar de ainda encontrar-se no ventre materno e dele depender, é outro ser. Possui dignidade e o direito de existir. O fato de o nascituro estar dentro de outro corpo, precisamente no ventre materno, não dá à mulher o direito de interromper o processo evolutivo do novo ser. Mesmo que haja fortes probabilidades de esse novo ser vir munido de deficiências. Mais que simplificar o problema da deficiência já na vida intrauterina, é preciso dar condições e apoio para que a mãe assuma tão árdua missão. O direito à vida revela-se na responsabilidade da vida familiar.

O planejamento familiar é direito e dever dos cônjuges, fundamentado na dignidade da vida humana. "No cerne da vida moral está a dignidade da pessoa humana e o respeito à Lei de Deus que fundamenta esta dignidade" (ALMEIDA, Planejamento familiar, 31/01/1987). Cabe ao casal, fundamentando-se nos princípios morais, éticos e religiosos, a decisão sobre a prole.

Nesse sentido, os métodos naturais de controle de natalidade diferenciam-se dos demais métodos do ponto de vista antropológico e moral, inserindo-se na linha da moralidade do comportamento. Os critérios para sua aferição encontram-se na linha ética e educacional. Por isso, toda evolução técnico-científica deve pautar-se no respeito e na promoção da dignidade humana, sujeitando-se os avanços biomédicos à razão e à ética. Acima da evolução tecnológica está a dignidade da pessoa humana.

Nos países que adotam políticas de controle de natalidade e aborto, vê-se por resultado o envelhecimento precoce da população e uma crise moral e ética. Por outro lado, a legalização ou descriminalização do aborto seria um genocídio preventivo, e os que defendem tal prática assumem a responsabilidade por tal. O crime praticado contra um nascituro, impossibilitado de se defender, é crime bárbaro e hediondo.

Se perdemos o discernimento e a fidelidade à lei de Deus e à hierarquia de valores numa questão tão importante como a do planejamento familiar, como poderemos cumprir as exigências éticas nos outros setores da vida humanas? (ALMEIDA, Planejamento familiar, 31/01/1987.)

Os valores morais e éticos precisam estar acima do bem-estar das nações. A busca do bem-estar social não pode ser solucionada com a violação da dignidade da pessoa humana. Essa seria a raiz do aborto. Portanto, é inaceitável a divulgação de qualquer método contraceptivo ou abortivo que atente contra a dignidade da pessoa humana, desde sua concepção.

Acima das falsas buscas por bem-estar social, o que se vê é uma grande pressão internacional, que busca a abertura de mais mercado para comercialização de contraceptivos. "Se fossem estas as verdadeiras motivações [bem-estar social], teríamos que coibir as falcatruas financeiras e enfrentar com garra e coragem a crise social" (ALMEIDA, Respeitar a Vida, 02/06/1984). O enfraquecimento da consciência ética e moral e sua difusão nunca são um bem.

Tem-se usado a questão do bem-estar social como pano de fundo para uma política de redução populacional. É preciso que se rejeite a política governamental que estimula a distribuição de contraceptivos e aconselha a aplicação do Dispositivo Intrauterino (DIU). Quem rejeita o aborto é obrigado a rejeitar o DIU, visto que ele é um dispositivo abortivo. As pílulas anticoncepcionais também são inaceitáveis, visto que impedem a abertura à vida. Assim como a produção e a utilização de material biológico para uso em pesquisas é inaceitável. Acima da evolução técnico-científica está a dignidade da pessoa humana. Todo processo evolutivo deve basear-se na ética e na moral.

A sociedade que, aceitando o aborto provocado, viola o direito fundamental à vida, como poderá, com firmeza e convicção, promover os demais direitos e garantias democráticas? (ALMEIDA, Dizer sim à vida humana, 18/05/1985.)

É preciso que se promova o bem integral da pessoa humana, defendendo o casamento como base familiar, fundamento da responsabilidade e beleza de gerar e acolher a vida. A solução para o planejamento familiar são os métodos naturais que levam os cônjuges a uma ação responsável e digna. Para uma boa convivência, é indispensável a dimensão moral e ética. Mais que reduzir nascimentos, é preciso que se criem condições dignas de vida para a pessoa humana.

Cabe à Igreja vigiar os atentados que se fazem contra os valores éticos e religiosos e que é fundamental à dignidade da pessoa humana e da família.

A Igreja está do lado da vida. A ela cabe o dever inalienável de vigiar solícita para que não se atente contra valores éticos e religiosos, sem os quais ficará destruída a dignidade da pessoa e da família. Cabe, também, à Igreja recordar aos legisladores a fidelidade a sua missão e convocar a todos para somar esforços a serviço da vida. A convocação está feita. (ALMEIDA, Respeitar a vida, 02/06/1984.)

Além de cuidar da vida, precisamos defender, promover e educar para direitos e deveres. Percebemos, em nosso mundo, as diversas crises que enfrentamos: crise de valores, crise na educação, crise no mercado de trabalho, que ocasionam muitas vezes um alto índice de desempregos. Este, não poucas vezes, ocasiona a falta de alimento, incentivando a sociedade à violência, para que se tenha o mínimo necessário à vida.

Tudo isso constitui um verdadeiro calvário em nossa sociedade. Por isso, não podemos mais nos contentar e ficar apenas de braços cruzados como quem se deixa levar pela vida.

Toda esta crise em que estamos se dá devido à falta de respeito à dignidade da pessoa humana, privando-a dos direitos básicos à sobrevivência: uma boa educação, qualidade de vida, direito ao trabalho e à terra. A base para uma ordem social passa por uma excelente qualidade educacional, que forme cidadãos que procurem o diálogo e a concórdia junto aos seus semelhantes. O primeiro desrespeito ao ser humano acontece quando lhe negamos o direito à educação, ocasionando, assim, um caos social.

> Quando todas as crianças terão escolas e mestres? Quando os educadores, salário e vida condigna? Não basta sonhar, nem cobrar direitos, é preciso também colaborar para que tudo isso aconteça. "Educação para Todos", significa a efetiva democratização do acesso à escola e, portanto, a contribuição da sociedade para que a nenhum aluno falte a educação. No entanto, ao direito que a criança tem de receber educação, corresponde o direito de ensinar a todos que podem e devem exercer esta missão. (ALMEIDA, Educação à vista, 29/06/1985.)

De quem é a culpa desse mal que se instala em nossa sociedade, isto é, a falta de compromisso com a educação? A culpa é de todos nós (cf. ALMEIDA, Criminalidade juvenil e recuperação, 15/09/1984). Pois quando impomos valores medíocres à sociedade, como valorizar a pessoa pelo que ela possui e não pelo que ela é, incutimos na cabeça de nossos jovens, como na dos demais, que, se não buscarmos esses "valores" supérfluos, não seremos reconhecidos na sociedade. E isto provoca em nossos jovens, e em uma parcela da população, o anseio de buscarem esse *status* de forma indevida, violando os seus direitos, como, de igual modo, os direitos das outras pessoas. Mas, na verdade, eles só são capazes dessa decisão porque antes foram violentados por nós, membros da sociedade, que lhes negamos os direitos, os princípios básicos à sobrevivência.

Entretanto, uma parcela dessa culpa, além de nossa, é cabível também ao nosso sistema governamental, uma vez que esta não disponibiliza os devidos investimentos na população. Preferem direcionar os investimentos para a guarda da nação, e não para a promoção do ser humano. De que adianta termos bons armamentos se boa parcela da população passa fome em um País de enorme produção alimentícia e de solo tão fértil? Ou se não temos militares bem preparados para o manuseio dos respectivos armamentos? Já está mais do que comprovado que a violência não gera a paz, e os nossos "defensores" utilizam as mesmas armas dos agressores para nos proteger.

A essas situações que vivenciou a população, e que ainda estamos vivenciando, Dom Luciano Mendes nos convoca a refletir sobre esses atos e a agir na promoção do homem e de sua dignidade, que é fruto de direitos, como também de deveres. É necessário que o povo se reanime para ir em busca de seus direitos e deveres, comprometendo-se sempre com o próximo. Precisamos não deixar apagar a chama da esperança que há no coração de cada ser humano, imagem e semelhança do próprio Deus, para que eles continuem sempre sonhando e acreditando em um mundo melhor, onde vigore a paz, o amor, a concórdia e o respeito a cada cidadão. Cultivando, assim, verdadeiros valores éticos, frutos da autêntica justiça. Valores decorrentes da participação popular e de uma legislação coerente com os direitos humanos.

Em primeiro lugar é preciso valorizar a emenda que trata da criação de formas e instrumentos de participação popular. Baseando-se nos bons resultados alcançados pretende-se agora que a iniciativa popular seja incorporada no processo comum da elaboração de leis, tanto no que se refere à legislação ordinária como às emendas para aperfeiçoar a ordem constitucional. Isto há de aumentar a atuação direta da sociedade nas decisões que lhe dizem respeito, criando um novo relacionamento entre sociedade e governo. Outro benefício será o de reconhecer a importância dos sindicatos, das associações profissionais e demais entidades instituídas para defender e promover os direitos e interesses coletivos. Este processo, agora em curso, poderá, também, facilitar a corresponsabilidade solidária do povo na preservação da natureza, na promoção da saúde pública e na salvaguarda dos bens de uso comum.

Em segundo lugar abre-se a necessidade de levar a sério a expectativa da população que vem aderindo às propostas de emenda à Constituição. Quem assina seu nome e fornece os dados pessoais espera que sua proposta seja devidamente considerada. É preciso não decepcionar os justos anseios populares de reforma agrária e urbana, política agrícola, direitos dos trabalhadores e outros mais. A Assembleia Constituinte, que deu importante demonstração de sensibilidade democrática votando a iniciativa popular procurará, agora, sem dúvida, valorizar as expressivas manifestações desta mesma vontade popular. (ALMEIDA, Participação popular, 25/07/1987.)

Tanto a participação popular quanto a legislação respeitosa dos direitos humanos são deveres do povo brasileiro. Esses dois aspectos constituem os traços principais da responsabilidade política nacional e internacional. Pois, diante de tantas questões e problemas, desilusões e divergências políticas, há quem anseie incondicionalmente pelo bem social de todos os povos. Nesse sentido, Dom Luciano Mendes não defende uma estagnação social, pelo contrário, acredita na dignidade do ser humano como aquele que é capaz de lutar para que sejam salvaguardados os seus direitos. Por isso, aponta para a pessoa humana. Que ela acredite na sua força e na sua capacidade de mobilização diante dos fatos sociais.

Expõe, ainda, a importância da participação popular no processo de elaboração da Constituinte através das propostas populares. Propostas vindas, em grande parte, do fortalecimento dos sindicatos e dos movimentos de representação popular, pois não há futuro para a sociedade democrática sem participação popular efetiva.

É direito do povo expressar sua opinião diante da sociedade desde que a mesma não fira a dignidade social. Não é admissível, ainda, a censura, mas é dever lutar pela formação da consciência moral da população. São necessários homens novos para tempos difíceis, pois só um povo que reconhece a própria dignidade e sabe respeitar o primado da verdadeira fraternidade tem força para renunciar à violência e à dominação e abrir-se à promoção conjunta e tenaz do bem comum.

Ele se mostra muito preocupado com a realidade social, enxerga à frente de seu tempo situações que vivemos hoje. Por princípio, acredita no ser humano. Não vê nossa política como algo totalmente perdido, acredita na ascensão política popular, onde haverá um aumento do senso crítico. Fazer com que o povo caminhe rumo à evolução é mais importante do que propriamente alcançar a meta. Antes de qualquer coisa, deve prevalecer a unidade de todo o povo brasileiro e que, dessa forma, haja mais força para implantar em nossa sociedade o que o povo realmente necessita: o diálogo e o compromisso efetivo para construir uma sociedade mais fraterna.

Nesse sentido, a religião e o nome de Deus diante do Estado só serão válidos se observados os direitos do homem. E, igualmente, que o trabalho e a dignidade humana prevaleçam sobre o capital. A necessidade de lutar pelos direitos do homem, especificamente o direito à terra, é compromisso de todos. Pois a terra é condição para o desenvolvimento da sociedade.

> Discute-se o Estatuto da Terra. Fala-se de justiça agrária e de novos direitos assegurados pela futura Constituinte. Talvez nos esqueçamos de que para superar o ciclo de ganância e da violência é preciso algo mais. É preciso o Evangelho. Entre os bens pessoais e a vida do irmão, prevalece a exigência do amor. O próximo passa em primeiro lugar. Só assim haverá felicidade entre os homens... Dinheiro e terra nunca farão feliz a ninguém. Feliz é quem faz os outros felizes. (ALMEIDA, Terra e amor, 22/06/1985.)

Junto ao direito à terra está o direito do povo à moradia. Vive-se em uma sociedade onde os menos favorecidos são obrigados a pagar aluguéis absurdos por habitações indignas. É direito fundamental da pessoa humana o acesso à moradia digna e, principalmente, à casa própria.

O direito à terra decorre do fato de ser a terra um dom de Deus para o ser humano. Por isso, a luta pela reforma agrária, para que a terra não fique nas mãos de poucos; a defesa dos direitos dos povos indígenas, para que a terra não permaneça sobre o controle dos grileiros; e o direito à moradia digna, para que a especulação imobiliária não se sobreponha aos direitos humanos, é um dever de todos. "A terra de Deus" precisa tornar-se "terra de irmãos".

Na perspectiva da reforma agrária, o empenho de nossas forças é indispensável. Mas não basta só a distribuição da terra. É necessário garantir condições para que o solo seja produtivo. Com isso, acredita-se que o homem do campo tenha dignidade para viver com a família. Por que tanta resistência à reforma agrária? Dom Luciano Mendes aponta como resposta "a ganância". A reforma agrária, como ele pensou, não é só questão política. Ela passa pela conversão dos corações. Nessa luta, muitas pessoas morreram vitimadas pela violência no campo. Por isso, superar o egoísmo e a violência aponta para os direitos humanos e para a vivência do Evangelho.

Ao lado da reforma agrária, a defesa da terra e da vida dos povos indígenas é um imperativo ético. A terra é o chão das tradições culturais e religiosas. Por isso, as autoridades precisam realizar a efetiva demarcação das terras indígenas e punir os agressores dessas populações. As terras indígenas são alvo de interesses ambiciosos das mineradoras que, para consegui-las, utilizam de meios desonestos, como as campanhas difamatórias movidas contra o Conselho Indigenista Missionário (CIMI). Contra toda ganância, a vida do índio vale muito mais do que todo o minério do Brasil (cf. ALMEIDA, Cimi e mineração, 15/08/1987). Ao lado do direito indígena à terra, há também a necessidade imperiosa da preservação ecológica. O potencial de riquezas naturais do Brasil deve ser aproveitado de modo racional. Sabendo que a solução da questão da terra, em todos os seus aspectos, passa necessariamente pela lição de Cristo, isto é, a atitude do verdadeiro e profundo amor ao semelhante.

Além de todas essas responsabilidades políticas nacionais, é necessário pensar o futuro em termos de política internacional. Urge cuidar para que os rumos tomados pela ciência não sejam de autodestruição do planeta. Basta ver os limites da ciência expostos no acidente e nas consequências de Chernobyl. Além disso, há a dimensão econômica internacional. Nesse sentido, a responsabilidade da Igreja está em empenhar-se na formulação do dever ético do perdão da dívida externa internacional. Necessita-se colocar o sistema econômico a serviço do homem e não o contrário.

Toda a política internacional deve favorecer uma constituição política justa em todos os países. Porém, através de pressões internacionais, "a Constituinte abriu espaço para um novo debate sobre pena de morte" (ALMEIDA, Pena de morte, 13/06/1987). Com isso, a política nacional sofre de uma miopia quanto à dignidade da pessoa humana. O mínimo que se pode fazer é apontar razões que demonstrem a inconveniência da pena de morte, quer no nível nacional, quer no internacional.

> A primeira é a capacidade que todos sempre temos de, com a graça de Deus, superar o mal, e de refazermos o caminho do bem. Ninguém é tão mau que não possa se converter. Nunca podemos desistir de ver o criminoso arrepender-se e regenerar-se. Que faríamos nós, diante de Deus, se não houvesse a possibilidade do perdão? A história de todos os dias demonstra como a colaboração dos demais e a força da graça divina podem transformar radicalmente nosso comportamento. Paulo, de perseguidor dos irmãos, tornou-se apóstolo e mártir da fé.
> A segunda verdade é a da corresponsabilidade de todos nós no procedimento dos demais. Quando alguém não vai bem, a culpa é nossa também, pois temos o dever fraterno de colaborar para a vida e recuperação dos outros. Maior ainda é esta obrigação para quem crê no Evangelho de Jesus Cristo. Quantas omissões da sociedade em relação à vida sofrida dos criminosos! (ALMEIDA, Pena de morte, 13/06/1987.)

À pena de morte e a todas as formas de violência contra a pessoa humana só se pode opor franca resistência. No âmbito internacional, "o *apartheid* é uma ignomínia. Não pode ser aceito pela consciência cristã e pela cultura de nossos tempos. Clama aos céus. Toda segregação entre irmãos, filhos do mesmo Pai, é pecado gravíssimo diante de Deus" (ALMEIDA, Para além do *apartheid*, 24/08/1985). A dignidade da pessoa humana não pode ser suprimida em nome de políticas injustas e gananciosas.

> É pena que a América Latina, onde vive a maior população de cristãos, não possa questionar o restante da humanidade a partir da própria vivência. Também nós temos, infelizmente, incoerências. Estamos longe de poder apelar para nosso exemplo, quando anunciamos o ideal da convivência solidária e pacífica frente ao *apartheid*. Nosso continente abriga injustiças graves demais para podermos falar com a autoridade do testemunho. (ALMEIDA, Para além do *apartheid*, 24/08/1985.)

O caminho para a superação de todas essas formas absurdas da política nacional, latino-americana e internacional passa necessariamente pela justiça e pelo amor entre os homens. Sem a conversão dos corações não há como esperar uma mudança que resgate a dignidade da pessoa. Na África, "após tanta ofensa e conflito a mera justiça não restitui a paz. Requer-se a força do amor e do perdão" (ALMEIDA, Para além do *apartheid*, 24/08/1985). Em nosso País, há igualmente situações que não nos permitem exigir menos que uma radical conversão social.

> Eis o roteiro para a sociedade. Grandeza para perdoar e empenho para não reincidir no erro. Isto vale para posseiros e fazendeiros. Só assim haverá clima para uma reforma agrária. Vale para oprimidos e torturadores. É também a fórmula para o *apartheid*. (ALMEIDA, Para além do *apartheid*, 24/08/1985.)

Todo o pensamento político de Dom Luciano Mendes aponta necessariamente para alguns princípios fundamentais: a) o valor irrenunciável da vida em todas as suas formas; b) a dignidade da pessoa humana; c) o respeito, o direito e o dever da pessoa para com toda a sociedade e da sociedade para com a pessoa humana. A partir desses princípios, decorre todo compromisso e respeito que se deve ter com a vida, isto é, o cuidado da vida, a educação para os direitos e deveres pessoais e sociais, o direito à terra, à moradia, à saúde, à educação, à participação popular, à política nacional e internacional. Antes de tudo, ele pensa uma política que seja ética e que se dirija, em primeiro lugar, ao compromisso com a pessoa.

> Em primeiro lugar, é preciso promover uma reta concepção do homem. Não podemos ceder à visão materialista, que focaliza só o valor econômico e manipula sem escrúpulos o homem. No cerne do autêntico humanismo, está a dignidade da pessoa humana, imagem de Deus, e o respeito aos seus direitos inalienáveis (ALMEIDA, Grande projeto, 27/07/1985).

Esperar e ter esperança

28/04/1984

1. A emenda não passou. É preciso esperar e ter esperança. Há muito valor escondido nos recentes acontecimentos de nosso País.

O povo simples cresceu em senso crítico e capacidade de discernir a verdade. Aprendeu muito a duras penas, entre caminhadas, jejuns e vigílias. A dignidade de um povo está mais ligada aos valores que procura do que aos resultados imediatos que alcança. É sempre assim. O trabalhador vale pelo seu esforço e trabalho e não pelo salário que consegue.

Nestes dias nosso povo descobriu melhor a densidade existencial de participar ativamente em sua própria história. Superando a apatia e medo, viveu a esperança de concretizar seus sonhos. Experimentou a alegria de ser sujeito de suas decisões. Viveu na solidariedade e fascínio das grandes aventuras. Faixas e festas encobriram algo mais profundo: o povo ficou mais unido, mais amigo e confiante no futuro.

2. A desilusão diante de um anseio não realizado não diminui o mérito de quem continua buscando o bem da Nação. É preciso agora ir além e transcender as primeiras expectativas, tendo mais

apreço ao processo de amadurecimento popular do que à satisfação de chegar já à meta.

Quem não está convencido de que os verdadeiros valores se interiorizam mais profundamente quando custa sacrifício e espera? O que está em jogo não é a euforia de uma eventual votação parlamentar, mas o amadurecimento de um povo que caminha na tranquilidade e na ordem e vai descobrindo a alegria de construir sua história, por si mesmo, e de contribuir para a solução de graves problemas que desafiam a humanidade. Pensemos na dissensão nuclear, no tráfico crescente de drogas, nas lutas fraticidas, nos terríveis genocídios e assassínios de nascituros. De onde virá a força moral para superar tais situações? Terá que surgir do lento e trabalhoso empenho de um povo que aprende cada dia o preço árduo da justiça e que sabe sacrificar-se por uma outra ordem social. Homens novos para tempos difíceis.

Só um povo que reconhece a própria dignidade e sabe respeitar o primado da verdadeira fraternidade tem força para renunciar à violência e à dominação e abri-se à promoção conjunta e tenaz do bem comum.

3. Mas por que é tão demorado o caminho para a convivência fraterna em nossa nação? Atrasamos sem razão as decisões urgentes em benefício dos empobrecidos. Enquanto isto aumenta o desemprego, a miséria e a fome numa nação que tem tudo para ser feliz e até exportar bem-estar para outros países. Falta-nos inteligência ou boa vontade?

Que dizer dos subterfúgios e dos casuísmos dos representantes do povo que um dia alteraram o quórum constitucional para legalizar o divórcio e depois alegam a força da Constituição para continuar impondo a nosso povo restrições no direito de eleger o presidente?

Há uma reflexão que cabe fazer. O Congresso, há anos, não teve escrúpulos, modificando o quórum parlamentar necessário para introduzir o divórcio no Brasil. Não estará agora realizando ele mesmo o divórcio entre os representantes da Nação e o povo a cuja vontade justa e manifesta deveria ser para sempre fiel?

4. Será que não é chegado o momento de reconhecermos falhas e pecados, omissões e injustiças e de voltarmos o coração para Deus, pedindo a Ele que nos dê perdão e luz? É nas grandes encruzilhadas da vida que mais sentimos necessidades de recorrer a quem entende do caminho. É preciso ter esperança em Deus. Só assim será possível o reto amadurecimento popular sem violência nem revanchismos. Só assim será possível alimentar a expectativa de que os representantes do povo sejam fiéis às exigências éticas de sua missão política. Só assim poderemos chegar a atitudes sinceras de diálogo, reconciliação e compromisso efetivo para construir uma sociedade mais fraterna, que assegure a todos as condições indispensáveis de uma vida digna de filhos de Deus.

É preciso ter muita esperança.

Respeitar a vida

02/06/1984

O Brasil não pode repetir os erros dos países que, favorecendo o controle de natalidade e autorizando o aborto no desrespeito do direito à vida, enfrentam hoje os graves problemas de uma crise moral e do envelhecimento precoce e irreversível de seus povos.

A CNBB divulgou nesta semana um importante pronunciamento em prol da família e em defesa da vida.

Alerta o documento para o permissivismo moral que turva sempre mais a consciência, alterando os costumes e lesando os valores básicos da pessoa e da sociedade.

Chama a atenção para três fatos novos que atentam contra a dignidade da vida e da família.

O primeiro refere-se à tramitação na área legislativa de projetos para legalizar ou despenalizar a prática do aborto. É inacreditável como a perversão do critério moral pode se ofuscar tanto que não queira perceber a gravidade e hodiondez do homicídio contra o nascituro indefeso. Reafirmam os bispos que o aborto provocado é crime contra a vida humana. Os que defendem sua legalização, felizmente rejeitada ontem na comissão da Câmara dos Deputados, devem se dar conta de que estão assumindo a responsabilidade por um genocídio preventivo.

Mostram, ainda, os bispos a violência cometida contra os pobres, pela insistência em promover, nas classes desfavorecidas, o controle da natalidade e a esterilização.

Este fato é agravado pelas pressões exercidas por organismos internacionais e do País que, à força, querem reduzir a natalidade. Abre-se, assim, o campo para a contracepção, a esterilização e o aborto provocado. A fabricação de anticoncepcionais é um dos comércios mais rentáveis do mundo, ao lado dos armamentos e dos tóxicos.

Nos últimos meses recrudescem as invectivas antinatalistas sob a capa de promoção do bem-estar social e melhoria da qualidade de vida. Se fossem estas as verdadeiras motivações, teríamos que coibir as falcatruas financeiras e enfrentar com garra e coragem a crise social.

O bem-estar da Nação não pode prescindir dos valores éticos. A história dos últimos decênios comprova, mais uma vez, que aborto e guerras, opressão e injustiças têm todos a mesma raiz, a violação da dignidade da pessoa humana. A solução justa para os problemas demográficos e a superação da crise brasileira devem necessariamente respeitar a lei divina que rege a vida.

O segundo fato focalizado são as consequências do "plano de assistência à saúde da mulher e da criança". Há que reconhecer a urgência em assegurar a saúde da futura mãe e de sua prole. No entanto, a insistência na divulgação de contraceptivos e, em especial, de dispositivos intrauterinos é eticamente inaceitável, mais ainda se considerando a natureza antinidatória do DIU.

A intenção de beneficiar a saúde do povo deveria se traduzir por projetos do tipo da Unicef, que privilegia a preservação da vida do nascituro e luta para atalhar a mortalidade infantil. Os métodos naturais de planejamento familiar precisariam ser mais estudados em nosso País, pois salvaguardam a saúde e respeitam os valores éticos do casal. Não basta a saúde, é preciso promover o bem integral da pessoa humana.

Finalmente, o pronunciamento dos bispos trata da recente emenda ao artigo 175 da Constituição que suprime o casamento como base da família. Telegramas enviados aos presidentes do Senado e da Câmara dos Deputados e aos líderes partidários repudiaram há um mês, com veemência, esta proposta.

Os três pontos do documento estão inter-relacionados. Quem regateia o dom de si e cede ao egoísmo, inventa, ao sabor do prazer, formas efêmeras de convivência entre o homem e a mulher que não resistem aos sacrifícios e embates da vida. Onde o casal não se firma no alicerce do amor uno e indissolúvel, como poderá assumir a responsabilidade e beleza de gerar e acolher a vida?

A nova ordem social nasce e vigora só onde houver respeito pleno às exigências da justiça e do amor que Deus imprime em nosso coração.

A Igreja está do lado da vida. A ela cabe o dever inalienável de vigiar solícita para que não se atente contra valores éticos e religiosos, sem os quais ficará destruída a dignidade da pessoa e da família. Cabe, também, à Igreja recordar aos legisladores a fidelidade a sua missão e convocar a todos para somar esforços a serviço da vida.

A convocação está feita.

A conquista do campo

16/06/1984

O Brasil entrou em campo no Mundialito de Vôlei e conquistou a vitória. Todo o povo exultou.

Logo depois, no mesmo canal, foi ao ar na madrugada de segunda-feira passada mais um debate sobre a questão fundiária e conflitos de terra. Apresentaram estatísticas dos resultados alcançados nos últimos anos pela ação governamental. Projetos de colonização. Desapropriação. Repartição de terras. Títulos concedidos.

O fato é que milhões de lavradores ainda não têm acesso estável à terra.

Vencemos o desafio do vôlei. Minutos depois a televisão constatava que estamos longe de conquistar a terra tantas vezes prometida.

Com efeito, permanece extremamente grave a situação dos que padecem por não terem terra e dela necessitam para trabalhar e morar. Milhares de lavradores ainda hoje continuam saindo da terra. Para onde vão? Em busca de trabalho emigram para outras áreas e até para países vizinhos.

Muitos, perdida a terra, tornam-se boias-frias. Outros acumulam-se nas periferias, favelas e cortiços. É um espetáculo triste e que não cessa de acontecer. Perdem-se vínculos sociais e culturais. A propriedade da terra, cada vez, fica mais concentrada nas mãos de poucos. Há toda sorte de conflitos, violências e mortes, no confronto entre fazendeiros e grileiros, posseiros e índios.

A justiça agrária é intrincada e lenta.

Os financiamentos bancários acabam por arruinar o trabalhador rural que, sem poder pagar e asfixiado pelas dívidas, vê-se obrigado a vender a própria terra e entra no ciclo da miséria progressiva.

A pior condição é mesmo a do boia-fria, sem carteira, sem local fixo de trabalho, sem escapatória, fica exposto à ganância dos que o exploram.

Um país como o nosso, pela extensão e fertilidade das terras, não precisa estar nesta situação. O povo começa a passar fome. Falando aos agricultores de Óaxaca, em sua viagem ao México em 1979, o Papa João Paulo II afirmava "responsáveis pelos povos, classes poderosas, que mantendes por vezes improdutivas as terras que escondem o pão que falta a tantas famílias, a consciência humana, a consciência dos povos, o clamor dos desvalidos e sobretudo a voz de Deus, a voz da Igreja vos repete comigo: Não é justo, não é humano, não é cristão continuar com certas situações claramente injustas".

Temos todos que refletir. Não é lícito ao homem gerir a terra de tal modo que os benefícios aproveitem só a alguns poucos, ficando os outros, a imensa maioria, excluídos.

Há quem estranhe quando membros da Igreja falam sobre a questão fundiária. Mas é missão própria da Igreja colaborar para estabelecer a comunidade humana segundo a lei divina (Constituição *Gaudium et Spes*, 42) e é seu dever pastoral proclamar as exigências fundamentais da justiça.

Deus dá a terra para sustento do homem. Não é vontade de Deus que o povo viva na miséria. Não se pode aceitar que objetivos econômicos lesem tão profundamente o atendimento às necessidades básicas da pessoa humana. O problema é ético. A organização social e a propriedade e uso da terra têm que estar a serviço do homem.

A questão fundiária terá solução verdadeira quando for mudada a mentalidade e estrutura em que funciona a nossa sociedade. O sistema político-econômico não pode estar organizado para beneficiar minorias com lucros descabidos e prejudicar tão duramente grande parte da população rural de nosso país.

É indispensável fortalecermos de novo a esperança. Há que percorrer a árdua caminhada em demanda de transformações da vida econômica, em favor do homem do campo. Nestes dias os agricultores sem terra esperam solução em Ivinhema e Vila São Pedro, no Mato Grosso do Sul. A população do Vale do Tocantins está ameaçada com a notícia de que o futuro reservatório do Tucuruí acha-se largamente contaminado com venenos de alta periculosidade. Os casos urgentes se multiplicam. Quando teremos vontade política de aplicar com eficácia o Estatuto da Terra, completado por novos dispositivos legais que promovam, sem violência e sem atraso, uma autêntica e justa reforma agrária? Não basta o acesso à terra, mas são necessárias condições favoráveis para o cultivo e escoamento do produto.

Neste trabalho patriótico temos todos que colaborar. É preciso para isso não só a atuação dos dirigentes do País, mas a participação dos próprios trabalhadores do campo, organizados em suas corporações e sindicatos. É nesta perspectiva de colaboração de todos os responsáveis e interessados pelo advento de uma sociedade mais fraterna que devemos entender o empenho da Igreja no Estado de São Paulo, quando, reunida em Itaici, de 4 a 7 de junho, aplicou-se a avaliar a situação dos trabalhadores e a assumir como prioridade a evangelização no mundo do trabalho urbano e rural com especial atenção aos boias-frias.

A Nação que já ganhou tantos troféus no campo do esporte, terá que jogar firme, com arte e garra, para conquistar para os brasileiros o próprio campo.

O desafio está aí!

O feijão da seca

28/07/1984

Mais de cinco anos de seca medem um período de privação e sofrimento sem precedentes para o Nordeste. A terra esturricada, os açudes vazios marcam ainda hoje o drama de milhões de brasileiros que perderam tudo, inclusive saúde e filhos.

A chuva deste ano veio despertar esperanças. Mas foi insuficiente. Há áreas que continuam assoladas pela seca.

Permanece o grande desafio do Nordeste. O problema não é apenas de água: é de justiça. A desigualdade é flagrante. Na época da carestia mais árdua houve pessoas que nem sentiram o flagelo e até se beneficiaram com a "indústria" da seca.

Temos que reparar, a curto prazo, a injustiça cometida para com esta região sacrificada de nosso país.

O nordestino foi obrigado a deixar sua terra, a migrar pelo Brasil afora por falta de distribuição equitativa dos recursos nacionais. Grande parte da população que permaneceu no solo árido leva na própria carne o estigma da desnutrição e doença. Centenas de milhares de crianças não conseguem sobreviver.

Esforços mais recentes do governo promoveram abertura de poços, sistemas de irrigação e construção de barragens. As frentes de trabalho que socorreram milhares de famílias deveriam, no entanto, ter sido mais aplicadas a obras comunitárias e assegurado salário justo aos trabalhadores.

No auge da seca, a televisão conseguiu angariar recursos especiais.

A solução por meio de decisões políticas terá que acionar medidas estruturais que atinjam a raiz do problema à luz da justiça social. É pouco, muito pouco ainda o que se tem feito até agora. O Brasil permanece em grave débito para com o Nordeste.

Além de outras iniciativas humanitárias temos que lembrar o projeto de interajuda que se vem realizando a partir do ano passado entre as comunidades católicas. Criou-se um processo simples e direto, relacionando as áreas flageladas pela seca com as demais regiões do País, utilizando a rede de dioceses. O plano, coordenado pela "Cáritas Nacional" e pela CNBB, foi ativado durante a Campanha da Fraternidade.

Este sistema de apoio garante o conhecimento recíproco entre as áreas relacionadas, suscitando uma série de iniciativas fraternas. Assim, as comunidades da Arquidiocese de São Paulo colaboram com Fortaleza, Itapipoca, Livramento do Brumado, Brejo e periferia de Maceió. Paranavaí com Caetité. Limeira com Quixadá. A lista continua assegurando o intercâmbio entre centenas de cidades. Quem mais se sensibiliza é sempre o povo simples. O pequeno ajuda o pequeno.

As dioceses intensificam o seu relacionamento. Promovem-se visitas de lado a lado. Incentivam-se os laços de amizade entre os membros das comunidades. A região da seca elabora projetos que são assumidos pela diocese irmã. Há de tudo. Construção de pequenos açudes, fornecimento de adubo e sementes, compra de filtros e remédios.

Política

O intercâmbio beneficia as duas partes. Não se trata apenas de auxílios materiais. As comunidades se conhecem melhor e as do Sul aprendem as virtudes do Nordeste brasileiro. O mais importante é a experiência de solidariedade.

O plano não é grandioso, mas vai se estendendo com rapidez e fazendo o bem a muitos povoados do Interior.

Embora os resultados sejam modestos, desperta-se a corresponsabilidade nacional para o problema da seca.

Não basta, porém, esperar a chegada da chuva. O desafio é maior. Mas, enquanto propostas e soluções mais eficazes se elaboram, progride a interajuda dos pequenos. Daqui a semanas será colhido o "feijão da seca" em Livramento da Bahia. Assim acontece em muitos outros lugares. Não é só o feijão que cresce, é a solidariedade também. Graças a Deus.

Criminalidade juvenil e recuperação

15/09/1984

Multiplicam-se, infelizmente, os casos de menores que roubam, assaltam, cometem até homicídios. Todos estamos contra esta onda de criminalidade juvenil. Procuramos, através de numerosas iniciativas nas favelas e cortiços, prevenir esta situação. A educação em todas as suas formas tenta impedir entre os filhos das famílias abastadas a difusão das drogas e do vício. Mas os casos estão aí.

Sabemos que a sociedade é ela mesma culpada.

Em relação às crianças carentes, foi-lhes negado o alimento, a educação elementar e o aconchego de um lar. Como culpar estes menores quando os privamos do indispensável a uma vida condigna? Nossa sociedade que deveria, pela educação, prevenir a criminalidade e ser capaz de reeducar o infrator carece, no entanto, de credibilidade e forças regeneradoras, pois continua potenciando a ânsia selvagem do ter, do prazer e do poder. A pessoa não é valorizada pelo que é, mas pelo que tem e pelo que aparece. Incutimos na juventude formas sempre novas de concorrência, competição e estruturas de aparência.

Enquanto a sociedade apregoar como valor prioritário a acumulação de bens e o consumismo, como poderá convencer de erro os menores que pretendem enriquecer rapidamente pelo roubo e pela violência?

Reconheçamos a precariedade de nossa condição pedagógica. Mas, mesmo assim, temos que agir, pois as crianças e os jovens precisam de nossa colaboração para vencerem o engodo e o determinismo da criminalidade.

Isto exigirá um duplo esforço, porque além da ação educativa em benefício do menor, a própria sociedade, para alcançar força de persuasão terá ela mesma, constantemente, que se regenerar.

Uma questão prévia diante da criminalidade juvenil é a da responsabilidade do menor infrator. A Funabem, na série de debates que vem organizando, promoveu, há quinze dias, uma ampla discussão a respeito da responsabilidade penal e pessoal do menor infrator, colocando em comum reflexões de juristas, psiquiatras e teólogos. Agradecemos a iniciativa.

Na resposta a este problema dois aspectos devem se integrar: a defesa da sociedade frente a atos que atentam contra a ordem e a segurança e o respeito à pessoa do infrator, que sempre é passível de recuperação e tem direito de ser julgado em função da situação subjetiva de sua consciência. É preciso harmonizar a expectativa da recuperação do menor e a adequada condenação de quem lesou o bem comum.

É neste empenho de recuperação eficaz do menor infrator que gostaríamos de insistir na atitude básica a este serviço.

Como auxiliar os menores infratores a reconstruírem sua vida, a repararem o mal feito e a colaborarem para o bem comum?

A resposta está numa atitude pedagógica que, através do amor gratuito, revele ao menor infrator a sua dignidade. O menor deve alcançar a autoafirmação de si mesmo, cujo fundamento é a descoberta do próprio valor.

O caminho para isso é a experiência do amor gratuito e desinteressado que demonstre ao menor sua dignidade e importância para nós. Eles têm que saber que são amados em si mesmos, simplesmente por serem quem são, capazes de amar e fazer o bem.

E como conseguir que estes jovens, de vida frustrada e sofredora, desiludidos pelas pressões e maquinando façanhas piores para o futuro, tenham experiências de amor gratuito? Como obter isso, quando faltou, desde cedo, o convívio do lar, o beijo e a dedicação dos pais?

Em nível mais profundo, a experiência radical é aquela em que se dá a descoberta de Deus, que ama como pai, perdoa gratuitamente a todos e não cessa de conduzir à felicidade. Esta descoberta da infinita gratuidade do seu amor é o princípio da regeneração da pessoa humana. A alegria de saber-se compreendido, amado e perdoado pelo próprio Deus torna o infrator capaz de abrir-se de modo novo à vida.

Na intenção de oferecer ao menor a experiência de um gesto concreto de amor gratuito de uma sociedade, em seu benefício surgiu um belo trabalho que merece ser divulgado para nele envolver mais pessoas de boa vontade.

Trata-se de um serviço voluntário por parte de casais que se oferecem para acompanhar o menor infrator que, após um período de reclusão na Febem, é colocado em liberdade. As estatísticas demonstravam que entre dez casos de jovens devolvidos à sociedade, pouco a pouco, a maior parte sucumbia à tentação do crime. Como romper a atração e o determinismo do roubo e da violência?

A experiência diuturna de centenas de casais veio provar que é possível recuperar o jovem infrator, através de gestos de amor gratuito de quem acolhe o menor como amigo e procura acompanhá-lo na sua realização pessoal. O casal voluntário não adota o menor, não dá a ele dinheiro. Sua atuação é na linha da amizade que orienta, aconselha, auxilia para obtenção de documentos, educação e trabalho. O principal empenho é o de reaproximar o jovem dos familiares para que seja, quanto possível, reintegrado no próprio lar. São longos meses de dedicação ao menor. Este serviço é denominado "liberdade assistida", conta com o reconhecimento do Juizado de Menores. É realizado com a participação técnica da Febem, por casais da Pastoral do Menor da Arquidiocese, numa vivência de verdadeiro ecumenismo com outras Igrejas. Formam núcleos nos principais bairros da cidade com reuniões periódicas para treinamento e revisão.

O importante no método é o gesto forte do amor gratuito ao menor. Após vários anos, a estatística se inverteu. Os menores que recebem este acompanhamento só raramente voltam ao crime.

Acreditamos neste caminho, que nasce da palavra e exemplo do próprio Cristo. Queremos prestar uma homenagem sincera às centenas de casais que em São Paulo se dedicam incansavelmente à recuperação do menor.

A solução é oferecer a cada pessoa condições para que descubra a alegria de ser amada e o dever divino de amar. Só assim poderá se regenerar e colabora para a construção de uma ordem social mais fraterna.

O descaso da sociedade e um sistema penal e pedagógico que não respeite o primado do amor continuarão recorrendo à repressão e à violência, reforçando entre os menores a helicoidal do crime.

A solução é o Amor.

Tríplice apelo

03/11/1984

Na semana passada, a CNBB lançou, pela sua Presidência, um tríplice apelo à Nação. Esta atitude é fruto da missão evangélica e da boa vontade de colaborar para o entendimento nacional num momento de crise que requer lucidez e amadurecimento ético. Com efeito, o amor a nosso povo exige que se evitem casuísmos e manipulações políticas, pressões, ameaças e aliciamentos. Está em questão o respeito e a dignidade nacionais.

Daí o tríplice apelo.

O primeiro, aos governantes, para que cumpram a lei, atendam a justas reivindicações do povo e realizem o projeto da plena democratização do País.

O segundo, ao Colégio Eleitoral, para que acerte na escolha tendo por critério o bem comum, deixando de lado vantagens pessoais e de grupos.

O terceiro, ao povo brasileiro, para que, repudiada toda violência, colabore na garantia e defesa da legalidade.

O Brasil do futuro está nas mãos da juventude. Não basta a promoção da legalidade num tempo de crise. Há atitudes profundas a serem alcançadas pela nova geração. O amadurecimento do processo democrático será feito na medida em que a juventude do Brasil se disponha a descobrir e realizar valores sem os quais os grandes anseios serão meras veleidades. Há dias, reuniram-se no bairro da Penha, cinco colégios estaduais e particulares. Foi um momento de meditação para mais de mil jovens.

A mensagem foi também um tríplice apelo.

O primeiro, diante do ódio e da violência, em demanda da compreensão, da concórdia e da paz, na convivência de um sadio pluralismo. O apelo é a reconciliação. O perdão gera o diálogo e o respeito mútuo. Refaz-se a confiança. Diante dos atos de gravíssima violência, como os assassinatos do padre Jerzy Popieluszko e de Indira Gandhi, que fazer?

Como interromper o processo brutal de revanchismo e vingança? Só quando a juventude aprender o dinamismo da reconciliação.

Para isso é indispensável o recurso a Deus. Ninguém perdoa sem se fazer humilde e pedir a Deus força para vencer o rancor e a vontade de desforra.

O segundo apelo, diante da tremenda desigualdade social. No mundo e no Brasil, a fome e a miséria flagelam milhões de seres humanos.

A desigualdade gritante, a brecha entre ricos e pobres cresce. Há poucos dias, na madrugada fria, deparei com um mendigo que roia um osso. A metros de distância gastavam-se em festas somas inaceitáveis. A fome da Etiópia e o esbanjamento dos luxuosos salões repetem-se pelo mundo afora e dentro do nosso país.

Qual é o apelo?

É em favor da atitude de partilha que nasce da fraternidade. A juventude precisa nos ensinar a repartir e superar, na raiz, as desigualdades. Isso vale para ricos e pobres.

É tão egoísta o rico que armazena sempre mais, quanto o pobre que, no cortiço, recolheu dos muitos companheiros o dinheiro para pagar a conta de luz e fugiu, deixando a todos no escuro e na amargura. Não há superação do egoísmo e gesto de partilha sem conversão do coração. Ninguém se converte sem a força de Deus.

O terceiro apelo, diante do desânimo que se apodera de largas faixas da população. A felicidade nesta vida parece inatingível e na outra não se acredita. Por que sonhar com paz e progresso, quando a realidade só traz desilusão?

O apelo é de esperança.

A superação do ódio e do egoísmo, pelo perdão e pela partilha, não é impossível.

Pequenos gestos, cheios de amor e sinceridade tornam feliz quem os faz e antecipam a alegria do amanhã, escondida na promessa de Deus. A esperança é como a rosa. Já agora, em botão, é tudo que vem depois.

Eis aí o tríplice apelo aos jovens do Brasil. Venham em socorro de nossa geração em crise. Ensinem-nos a perdoar, a partilhar e a ter esperança. Para os jovens e para nós vale, no entanto, um apelo final, o do recurso a Deus. Que Ele nos dê juízo!

Nem nós sairemos do impasse político de hoje, nem eles transformarão o mundo de amanhã, sem convertermos, uns e outros, o coração para Deus.

Só Ele faz renascer o amor no mundo louco em que vivemos. Nós, até com boa vontade, erramos. Chegou a uma creche um embrulho grande com presentes para o Natal. A decepção foi enorme. Os brinquedos de plásticos, na sua maior parte, eram centenas de canhões, tanques e carros de assalto. O jeito foi embrulhar tudo de novo.

Precisamos mesmo de Deus. Que Ele nos dê juízo!

Juninho, Jesuíno e Joílson

24/11/1984

Que tristeza tão grande a nossa diante do assassinato, a sangue frio, dos menores Juninho e Jesuíno! É mesmo inadmissível tanta covardia! Estamos perdendo o juízo. Como é possível matar menores por causa do furto de melancias? Isto nos faz pensar, à distância de um ano, em Joílson, morto a pontapés no largo de São Francisco. A história se repete. Durante estes meses, outros muitos menores foram assassinados. Não aprendemos a lição. Os culpados somos todos nós.

A sociedade, no circuito cruel de injustiça e miséria, marginaliza os menores, que, desamparados, resvalam até cair na tentação do furto e no desvario da violência. Diante da agressão do menor, sem dúvida reprovável, abate-se sobre ele a reação brutal de quem faz a pseudojustiça pelas próprias mãos. No caso de Osasco, o requinte de perversidade nos estarrece ainda mais.

Crescem assustadoramente os assaltos e a criminalidade juvenil. Cresce, também, o descaso e o egoísmo da sociedade sobre a sorte de tantos menores. Aonde vamos com tal violência e atrocidade? Não se respeita a Justiça. Se é errado que o menor agrida a sociedade, é também evidente que ninguém tem direito de constituir-se justiceiro de seu irmão. Pior ainda, quando o crime revela tamanha crueldade e dureza de coração.

Temos que parar para refletir sobre esta atitude perniciosa que se difunde na sociedade. Hoje, apela-se sem mais para o revide e a desforra. Nem falta quem tente justificar esta atitude, destruindo assim todo recurso ao direito e à ponderação do ato judicial. Já pensamos no caos a que esta postura pode levar? Jesuínos e Joílsons atestam com a vida a demência a que pode chegar a nossa cidade. Para depor a violência, é preciso redescobrir a dignidade da pessoa humana e construir, à sua luz, um novo tipo de sociedade. É toda uma reeducação que se requer.

Neste momento, a primeira atitude eficaz é a de profunda penitência diante de Deus. Reconheçamos nosso erro. Pecamos por omissão. Pecamos por violência.

A segunda atitude é a de levarmos adiante o trabalho pertinaz de transformação da sociedade, a começar dos gestos concretos a nosso alcance, em benefício da infância e dos necessitados, progredindo através de toda promoção que assegure condições humanas de vida à população. Isto exige superação do egoísmo que gera a ganância e a acumulação abusiva de bens, com o empobrecimento dos demais.

Não basta bater no peito. É preciso pedir a Deus força interior para mudarmos de vida.

Juninho fechou os olhos. Façamos uma prece sincera. Que seus olhos e os de Jesuíno, longe da maldade e violência deste mundo cruel, se abram felizes, Senhor, para contemplar a vossa face. Obrigado, Senhor.

"Ainda não" e "já agora"

01/12/1984

1984 vai acabando. Quanta coisa aconteceu! A sociedade está aí. Complicada e triste. Violenta e assustadora. Basta lembrar depressa tudo que se aninhou em nossa mente. Etiópia agonizando com fome. Os tiros. Indira Gradhi. Assassinato de Padre Jerzy na Polônia. Repressão que o Chile não merecia. Conflitos de terra cada vez mais violentos. Ontem, no Bico do Papagaio, prisão inaceitável do Padre Morais, Lourdes Gói e posseiros. Na cidade, Joílson, Juninho e Jesuíno, mortos antes de crescerem. Armas e guerras. Pecado. Tudo isso prova o "ainda não" do reino de Deus.

Mas há sinais de esperança.

Para os cristãos, começa o Advento. Vem Senhor Jesus.

Natal vem chegando com sua mensagem de vida. As comunidades, na novena de Natal, se reúnem todas as noites, para acolher a palavra de Deus, rezar com fé e colocar em comum o dia a dia e a vontade de servir. São milhares e milhares de famílias que nas próprias casas, em pequenos grupos, aprofundam a mensagem da Campanha da Fraternidade: "Pão para quem tem fome", num anseio de assumir, para além do ódio e da violência, os imperativos da solidariedade e partilha. Preparam-se para celebrar em julho, na cidade de Aparecida, o Congresso Eucarístico Nacional, que firmará um compromisso maior de fraternidade. Não haverá mais fome se ninguém comer sozinho o pão que possa ser repartido com os irmãos.

O "Ano da Juventude" é outro sinal de esperança. Além dos jovens que aguardam, em contagem regressiva, o "Rock in Rio", há muitos que vão despertando para ideais nobres. Encontram-se para refletir e libertar-se do determinismo consumista, repudiar a violência e lutar para a transformação da sociedade, mesmo sabendo que não será perfeita a nossa vida.

Enquanto isso, o caminho, rumo à democracia plena, abre-se cada vez mais em nosso país. Não sem sobressaltos, nem surpresa. Mas vai acontecendo. Graças a Deus, há ainda muita gente de juízo e bom senso.

Há, sobretudo, o povo brasileiro, com suas imensas reservas morais. É este povo simples que trabalha e sofre com coragem, que aperta o cinto e enfrenta a rotina da semana, sem perder a fé em Deus, nem a ternura com os filhos.

No coração do povo que se organiza e tem consciência da própria dignidade, está em questão uma nova humanidade, marcada pela justiça e fraternidade. Pela reconciliação e paz social.

Toda palavra e gesto de perdão e amizade é, já agora, semente verdadeira que leva dentro de si a vida que Deus destinou para seus filhos.

A semente está aí, dentro da terra, pequena e escondida. É, já agora, tudo que será depois. O cristão não espera só o futuro. Sabe o valor do presente. Crê na promessa que virá, mas vê, como a criança e o sábio, sem fruto nem folhas, a vida que cresce na semente.

É esse aí o nosso mundo. Mistura pecado com esperança. O pecado prova o "ainda não". A esperança cresce no "já agora".

Deus tarda, mas não falha.

Entre dores e alegrias, os homens vão ficando mais irmãos.
Um dia virá em que o "ainda não" perderá tudo para o "já agora".

Em defesa dos povos indígenas

12/01/1985

O direito à vida é fundamental e sagrado.

Celebrar o Natal de Jesus Cristo é comprometer-se a unir esforços em defesa e promoção da vida humana.

Surpreendeu-nos a assinatura do novo decreto presidencial que autoriza a mineração em áreas indígenas. Esta decisão atinge a posse da terra necessária à sobrevivência dos índios para os quais "a terra é vida".

1. No Brasil há aproximadamente 220 mil membros pertencentes a 180 povos indígenas. Eram cinco milhões quando o europeu chegou à terra brasileira. Infelizmente, nossa história está manchada de gravíssimos crimes contra os índios expulsos, escravizados e massacrados. Estes irmãos têm direito a viver e desenvolver seu patrimônio cultural.

2. A questão da terra é central para a sobrevivência dos indígenas. Não é apenas fonte de alimentação. É chão cultural, lugar de seus mitos e tradições. Daí que tirar-lhes a terra é destruir-lhes a vida.

3. Desde o período colonial a legislação brasileira garantiu aos indígenas a posse e o uso exclusivo de seu território. Mais de

trinta estatutos legais nos últimos dois séculos expressam o dever do governo ao reconhecimento dos direitos indígenas. Em 1973, ao art. 85 da Lei n. 6.001, assumiu a Nação o compromisso de demarcar até dezembro de 1978 todas as terras indígenas. Mas só 14% foram de fato demarcadas e homologadas. Em fevereiro de 1983, a assinatura do Decreto n. 83.112 retirou da Funai a competência para cumprir sua principal função de demarcar terras dos índios.

4. Nos últimos anos torna-se cada vez mais intensa a corrida aos minérios em territórios indígenas. O Decreto n. 88.985, assinado pelo presidente da República em novembro de 1983, abria as reservas de índios à exploração mineral. Foi sustada a regulamentação. Isto não impediu que garimpeiros e empresas provocassem violências. Em abril de 1984, quatrocentos líderes indígenas reuniram-se em Brasília e se manifestaram contra a política indigenista oficial.

5. O potencial de riquezas naturais do Brasil deve ser aproveitado de modo racional e em benefício de toda a Nação. É indispensável, no entanto, a preservação ecológica e a garantia da existência e desenvolvimento das populações autóctones. Só o projeto Carajás alterou a vida de trinta comunidades indígenas e são muitas as tribos hoje ameaçadas de extermínio ao longo do País.

6. A exploração indiscriminada do minério em áreas indígenas depreda a flora e a fauna, acarreta a desintegração sociocultural das comunidades. Eliminam-se lideranças tribais. Introduz-se a prática do alcoolismo. Degrada-se a mulher pela prostituição. Disseminam-se doenças altamente contagiosas. E a fome e a morte. Acirram-se os ânimos e cresce a violência. Dezenas de índios foram assassinados por brancos ou mortos em conflitos internos. Permanecem impunes os responsáveis pelos covardes assassinatos de Simão Bororó em 76, Ângelo Pankararé em 79, do líder guarani Marçal em 1983 e de muitos outros. Fazendeiros e jagunços continuam armados e agindo arbitrariamente.

7. A ocupação das terras indígenas por projetos indiscriminados de mineração constitui-se como violação dos direitos fundamentais das populações indígenas. É grave o fato de não terem sido consultadas as organizações dos índios e o próprio órgão governamental para a política indigenista.

8. A Igreja na sua missão de evangelizar deve se empenhar para que todos tenham vida digna de filhos de Deus. Daí seu compromisso com os pobres cujos direitos são mais violados: os índios, camponeses, boias-frias, menores abandonados, operários e desempregados. É justo pois que a Igreja se associe a outras vozes da Nação para que seja respeitada a identidade das etnias indígenas. Neste sentido, muito tem feito o Cimi – Conselho Indigenista Missionário.

Permanece viva e forte entre nós a palavra de João Paulo II aos índios em Manaus em 1980: "Confio aos poderes públicos, e outros responsáveis, os votos, que faço de todo coração em nome do Senhor, que a vocês, amados irmãos índios, cujos antepassados foram os primeiros habitantes desta terra, obtendo sobre ela um particular jus ao longo das gerações, seja reconhecido o direito de habitá-la na paz e na serenidade, sem temor de serem desalojados em benefício de outrem, seguros de um espaço vital que será base, não somente para sua sobrevivência, mas para preservação de sua identidade como grupo humano, como povo".

9. Fica o apelo e a esperança de que o presidente da República, fiel a seus ideais democráticos, à luz dos direitos mais fundamentais da pessoa humana, reconsidere e revogue o Decreto assinado a 9 de janeiro de 1985.

A bandeira é o povo

19/01/1985

No dia 15 de janeiro foi marcante a vibração popular em todo País.

Em Brasília, caía uma chuva torrencial.

Na praça dos Três Poderes, a imensa Bandeira Nacional estava sobre a relva. O povo foi-se acobertando sob o Pavilhão Nacional; levantou-o como se fosse uma gigantesca tenda, e assim, em procissão, subiu a rampa do Congresso, cantando e festejando a alegria cívica.

Símbolo forte. Identificam-se Bandeira e Povo. Na Bandeira Nacional que se move, rampa acima, é o Brasil todo que caminha.

Nascem novas esperanças para os mais pobres, apesar da situação de desemprego e carestia em que se encontram.

A palavra do presidente eleito veio reforçar expectativas e convocar a todos para o mutirão nacional.

Agora é preciso que procuremos responder às justas reivindicações.

A esperança do povo inclui que, num espaço razoavelmente breve, sejam tomadas decisões em prol dos menos favorecidos, através de medidas urgentes em benefício do emprego, do salário adequado, do acesso à terra, da habitação e das condições de atendimento básico à saúde e educação.

Os problemas são complexos.

Pensemos, por exemplo, na questão da terra com tudo que implica: respeito às populações indígenas, dificuldades demarcatórias e titulação das áreas, grilagem e jagunços, a violência dos conflitos, as exigências ecológicas, o preparo do terreno, a produção e escoamento do produto.

Mas as soluções, embora árduas, são possíveis e precisam ser encontradas, com objetividade e graças à colaboração de todos. Não acontecerão por mágica, nem por outorga, mas pela participação popular.

Há que criar canais para que o povo possa participar, sem manipulações, não só pela eleição dos representantes partidários, mas por formas novas de atuação. Este tipo de presença popular deveria também caracterizar o processo de elaboração da futura Constituição.

Tudo isso exige, além da alegria e euforia do dia 15 de janeiro, a indispensável conversão diante de erros do passado que causaram tantas injustiças sociais.

É hora de reconciliação, superando conflitos, distâncias e ressentimentos. É hora de somar esforços e de aceitar sacrifícios para que haja condições dignas de vida também para a população empobrecida de nosso país.

A democracia verdadeira é feita de respeito à pessoa humana, de liberdade, e de solidariedade fraterna.

Para que o Brasil acerte seu novo caminho há necessidade da convergência das metas econômicas com as exigências sociais e das ações políticas com os princípios éticos. Eis aí o programa que requer a colaboração de todos os brasileiros.

Por parte da Igreja, permanece seu compromisso com o Evangelho na promoção integral da pessoa humana, na sua vocação transcendente e também na constante solicitude pela transformação das estruturas sociais injustas.

Há meses, no dia de Nossa Senhora Aparecida, Padroeira do Brasil, elevaram-se em todo território nacional preces pela Pátria, acompanhadas de jejum e penitência. É preciso que continuemos recorrendo a Deus na oração, para que a Nação brasileira cumpra uma difícil missão histórica.

Temos que provar, no mundo conturbado de hoje, que é possível, sem recurso à violência, sem assaltos nem linchamentos, sem as covardes bordoadas de Guariba, construir, na justiça e na paz, uma sociedade mais solidária e fraterna.

Permanece viva na retina a imagem do povo unido e pacífico, caminhando sob a chuva, entre cantos e vivas, sob a imensa Bandeira Nacional.

Seja-nos lícito acreditar.

A criança e a Nova República

02/03/1985

No domingo, a TV registrou uma série de depoimentos a respeito de um notável filme científico sobre o aborto.

Causou estranheza a distorção dos critérios éticos manifestada por vários entrevistados. Como é possível negar ao nascituro o direito sagrado de viver?

Foi muito bom, portanto, ouvir do presidente eleito, Dr. Tancredo Neves, por ocasião de sua visita à CNBB, uma palavra clara de rejeição ao aborto e do compromisso com a vida da criança.

A criança do futuro.

No Brasil, a taxa de mortalidade infantil passa de 80 por mil nascimentos. México e Filipinas apresentam a taxa de 55 por mil, com índice semelhante ao nosso de crescimento natural. Em áreas de pobreza do Nordeste, a situação é dramática: morre uma criança entre cinco que nascem. Países menos desenvolvidos do que o Brasil já conseguiram atenuar estas cifras.

Em plena Campanha da Fraternidade, que nos faz refletir sobre a fome, constatamos que a desnutrição é uma das causas de tantas crianças não chegarem a viver mais do que alguns meses.

Que fazer?

Há pessoas de lucidez e firme vontade que estão se empenhando para enfrentar a gravíssima situação da criança em nosso país. Temos que reconhecer os esforços do governo Montoro quando lançou, há meses, o "Projeto do Menor", assumindo posição de liderança frente a outros Estados. O projeto convoca para uma ação conjunta e integrada em favor da criança, a Febem e as várias secretarias do governo. Já há realizações notáveis, por exemplo, no campo da merenda escolar. O Município de São Paulo merece especial menção, através de programas de Orientação Sócio-Educativa do Menor (Osem) com um per capita realista, fruto da visão do prefeito e da incansável dona Marta Godinho, secretária da Fabes. Cresceu de muito a colaboração do governo com comunidades e entidades particulares, utilizando, assim, o alto potencial de idealismo voluntário de que dispõem. Em nível nacional, a Funabem atua com seriedade. Esperamos que as verbas públicas destinem-se à criança, em primeiro lugar, e assegurem continuidade e expansão a estas e outras iniciativas.

Se o que se realiza é bom, há muito por fazer. São centenas de milhares de crianças que, nas favelas e cortiços, aguardam a vez de serem incluídas nestes projetos.

A Unicef, organização profundamente humanitária, que luta no mundo inteiro pela sobrevivência da criança, possui um programa de grande eficácia para debelar a mortalidade infantil. No Brasil, as experiências-piloto comprovam a validade do projeto da Unicef. O caso mais evidente é o de Florestópolis, no Paraná, onde a ação da comunidade, incentivada pelo arcebispo de Londrina, Dom Geraldo Agnelo, conseguiu, em pouco tempo, quase vencer a mortalidade infantil.

Na Arquidiocese de São Paulo, a Pastoral do Menor mantém, com êxito, três experiências-piloto. Seria preciso agora aplicar o processo ao Nordeste. O método, já conhecido em outras cidades, inclui as seguintes ações básicas: aleitamento materno, pesagem periódica, hidratação oral e vacinação da criança, reforço alimentar da mãe e espaçamento dos partos. Ver para crer. A verdade está aí. As crianças não morrem mais. Estão vivas e sadias. E, através do cuidado para a sobrevivência dos filhos, a comunidade se educa para reconhecer o valor da vida.

Se o método for implantado em todo País, poderemos em cinco anos reduzir à metade a mortalidade infantil.

Eis aí um programa para a Nova República.

Dr. Tancredo Neves, aludindo a seu futuro governo, afirmou o compromisso com a criança. Reforça-se, assim, a esperança de que se concretize uma verdadeira "campanha nacional pela sobrevivência da criança".

É uma bandeira que poderá reunir a todos, sem diferença de partidos ou facções.

O governo Tancredo traz em seus planos uma larga pauta de serviços a empreender. Sabemos que nem tudo é possível. Há longos caminhos a percorrer com a participação de todos os segmentos da sociedade. Deus permita que, na História Nacional, este período fique assinalado com as tão desejadas transformações estruturais e eficazes realizações em benefício do povo. Uma não poderá faltar. Ter conseguido maior sobrevivência para as crianças do Brasil.

Greve e bem comum

04/05/1985

A greve é um direito definitivamente reconhecido à luz da justiça social. Deriva da defesa e promoção do direito de trabalhar em condições humanas e dignas de vida.

A greve pode ser justificada quando o diálogo entre a parte empresarial e a trabalhadora não consegue chegar a conclusões que assegurem condições honestas para a realização do direito de trabalhar, como garantia contra acidentes, horários que não prejudiquem a saúde, direito à adequada estabilidade e à retribuição condigna para o operário e sua família.

Temos que aceitar que, hoje, ainda estamos em grave atraso em relação às condições – já não digo convenientes – mas sequer mínimas de vida para uma larga faixa de nosso povo. O déficit social dos últimos decênios é evidente. A inflação, o achatamento salarial, a falta de empregos lesaram, por demais, a qualidade de vida do trabalhador.

Constatamos no seio da população operária o sofrimento decorrente dos tremendos sacrifícios que lhe foram impostos e que, portanto, mesmo nesta fase de crise, não podem ser acrescidos.

Neste contexto de graves privações, compreende-se, por um lado, a urgência de melhores salários e, por outro, a necessidade de utilizar com prudência e cautela o direito de greve que paralisa ônibus, metrô e outros serviços públicos.

Isto obriga as partes em diálogo a considerarem a greve como um recurso extremo. Temos, assim, que a melhoria inadiável de salário e condições de vida para os trabalhadores não deve agravar o sacrifício da outra parte da população, donde há novecentos mil desempregados, só em nossa cidade, que não podem fazer greve.

Há ponderações que não podem faltar nem ao amadurecimento sindical, nem aos grupos empresariais. Deve haver um empenho sincero e eficaz da parte empresarial para repor progressivamente aos trabalhadores o valor aquisitivo de seu salário. Mas isto também requer dos sindicatos o compromisso da não violência e do respeito à liberdade e ao direito de trabalhar dos companheiros que assim optarem em sua consciência.

Ao governo pertence criar condições para que o diálogo seja constante e possa prevenir, em tempo, medidas extremas.

O Santo Padre João Paulo II, na sua encíclica sobre o trabalho humano, reconhece, com clareza, o direito de greve como legítimo, lembrando que há justos limites a serem respeitados. Assim, recorda que aos trabalhadores não podem ser aplicadas sanções penais pessoais por terem utilizado seu direito à greve. Por outro lado, mesmo que a greve seja um meio legítimo, deve se afirmar que continua sendo um recurso extremo, do qual "não se deve abusar nem dele usar para fazer o jogo da política".

As exigências do bem comum e da mesma dignidade do trabalho requerem que não se paralise a vida socioeconômica do País e que se garantam sempre os serviços essenciais à sobrevivência do povo.

Nesta hora precisamos da sabedoria e do esforço de todos para que, apesar dos momentos de crise e de consolidação da democracia, se construa o bem-estar e a paz social.

Mas há um ponto importante. Isto deve se realizar, não só através dos prolongados sacrifícios do povo sofredor, mas também das justas e esperadas medidas que assegurem que as classes, até hoje favorecidas, contribuam, em maior proporção, para esta meta comum.

Tudo isso é difícil. Cabe a todos, confiando em Deus, aceitarmos o desafio da verdadeira justiça social.

Acelerar a promoção social

11/05/1985

As greves e reivindicações de grupos e classes, para além de eventuais manipulações, traduzem uma justa aspiração por melhores condições de vida.

Na expectativa do povo há alguns pontos que são urgentes e que requerem especial atenção dos dirigentes do País e de todos nós.

Em primeiro lugar, a moradia. É um problema que angustia a maior parte da população de nossa cidade. Os que procuram reduzir o gasto de transporte suportam conviver em cortiços. São quatro milhões de paulistanos nesta situação. É duro morar assim. Casas velhas e úmidas, sem serviços sanitários adequados. A promiscuidade é forte. Os aluguéis são caros. Hoje, é raro encontrar um cômodo por menos de Cr$ 80 mil. Nos últimos dias, um grupo grande de moradores de cortiços na Mooca recorreu a medidas extremas, invadindo um prédio público para demonstrar a impossibilidade de continuar vivendo em condições tão precárias.

Os que optam por uma habitação mais familiar, lutam por um pedaço de terra na periferia ou se inscrevem nas listas da Cohab. Também aí a vida é árdua. Não só o transporte pesa muito no orçamento, mas a casa é mínima e falta ainda a estrutura de comércio para os gêneros indispensáveis, vendidos a preço excessivo. Além disso, a água e luz, apesar dos esforços para torná-las acessíveis ao povo, continuam demasiadamente custosas.

As crianças dos centros comunitários da periferia já se industriam no artesanato. Flores de plástico, caixinhas, entalhes. Mas o que mais gostam de fazer são casinhas de todo tipo. Têm o direito de sonhar. Entendamos o recado.

Outro ponto de extrema urgência é o tratamento de saúde. Há necessidade de assegurar à população pobre a consulta médica competente e vagas nos hospitais. Muitos quando recebem receita, não conseguem pagar o remédio.

A alimentação, no processo inflacionário, atingiu índices muito elevados. Na mesa do povo rareia o arroz e o feijão. Subiu o preço do óleo e do gás. Já não se pode mais dar leite às crianças.

Na expectativa do nosso povo está ainda o atendimento aos filhos. O operário, graças a Deus, ama seus filhos e luta para que não lhes falte o necessário. Nos últimos anos, uma série de programas está em curso. Hoje mais de setenta mil crianças da periferia e bairros pobres recebem acompanhamento e alimentação, na base de 5% do orçamento total do município de São Paulo. Mérito da atual Prefeitura, é indispensável que este serviço continue, cresça e seja o mais precioso legado para futuras administrações.

Medidas em promoção da moradia, saúde e alimentação devem convergir para algo mais radical: a multiplicação de empregos. Toda pessoa humana tem o direito a trabalhar e a sustentar sua família, de modo adequado, com o fruto de seu esforço.

Estamos, com interesse, seguindo as primeiras decisões do atual governo para levar adiante e desenvolver, em nível nacional, o programa anunciado pelo presidente Tancredo.

Em benefício de nosso povo é chegado o momento de concedermos total prioridade à melhoria de condições de vida para os segmentos mais sofridos da população. Para aqui devem concorrer a criatividade e eficiência dos homens de governo.

Apesar das evidentes dificuldades que estas iniciativas implicam, temos que tentar realizá-las. Nosso povo merece.

A construção de uma sociedade mais fraterna é fruto das aspirações, organização e luta pela justiça do próprio povo. Exige – é claro – a transformação das estruturas econômicas em benefício real da promoção social. Mas isto não se fará por milagre. Requer – no plano pessoal – o reconhecimento da dignidade do próximo e a partilha efetiva. Temos que afastar decididamente para longe a tentação das medidas violentas que só atrasam a concórdia social.

Deus converta o nosso coração e conceda a todos, quanto antes, captar as justas aspirações do povo e criar condições para sua merecida, e por demais adiada, ascensão social.

Violência urbana

01/06/1985

Terminou ontem o 1º Seminário sobre Violência Urbana na Assembleia Legislativa de Cuiabá, com a presença do Ministro da Justiça. Quem não se defronta hoje com o problema da segurança pessoal e domiciliar? A todo momento crescem assaltos e crimes. Surge até uma psicose em certas pessoas que se sentem constantemente ameaçadas. Não há dúvida de que a violência está aí nas ruas, tornando insuportável a vida nas grandes cidades.

Há quem apele logo para o reforço policial, acreditando que uma polícia mais numerosa e mais bem armada poderá resolver a questão. Estamos todos de acordo quanto à conveniência de uma razoável e eficiente ação da polícia, com especial função preventiva diante do crime. Faz parte da defesa do cidadão poder contar com este recurso. Melhor ainda seria se os integrantes da força pública tivessem todos preparo e atuassem com a devida proporção, evitando violência e arbitrariedades.

No entanto, não basta isto para vencer a violência urbana. Há países que contam com policiamento esmerado e continuam mergulhados na mais absurda criminalidade.

O cerne da questão está na educação do povo para a convivência fraterna. Enquanto cada um de nós desprezar e hostilizar seu semelhante, não haverá possibilidade de superar a violência. Na sua raiz, a violência constitui-se sempre como desrespeito e violação da dignidade da pessoa humana.

Os atos espetaculares de brutalidade e uso da força física são apenas expressão de um fato interior mais grave: a falta de apreço e valorização da pessoa, submetida aos interesses egoístas de quem perpetra a violência. É nesse sentido que classificamos como violenta a injustiça social que impõe à maior parte do povo, condições desumanas de vida, desrespeitando seus direitos mais fundamentais. É assim, também, que consideramos absurda e violenta a covarde agressão de torcedores do Liverpool contra os italianos da Juventus na final do campeonato de futebol europeu. Não se trata, somente, de repudiarmos o assalto vandálico do grupo de torcedores, mas de entendermos o inadmissível desrespeito à pessoa humana, que tudo isso implica. É por aí que necessitamos recomeçar.

E permanece o desafio e a tarefa gigantesca da educação popular.

Aqui temos todos que investir tempo e recursos.

É pelas crianças que devemos iniciar o trabalho. Primeiro, porque os menores estão mais expostos ao descaminho da violência e precisam ser, quanto antes, dela preservados. Depois, porque, num sentido mais profundo, ao voltarmos a atenção para os menores, estaremos criando um processo de conversão da sociedade inteira. Esta é uma das componentes mestras da transformação radical pela qual nossa geração deve passar. Na medida em que substituirmos os mecanismos de ambição e ganância, pelos de serviço e doação, estaremos reconhecendo a dignidade dos outros, para além do lucro e proveito pessoal. A dedicação à criança, como princípio dinâmico na sociedade é simbólica desta transformação de valores. Um país verdadeiramente interessado pela vida das crianças não poderá nunca, se for coerente, gerar estruturas de violência, guerra e morte.

Há um ponto urgente para a educação popular. Refere-se aos meios de comunicação social. Não é justo que filmes e programas de rádio e TV continuem apresentando, com tanta frequência, o crime e a brutalidade. Será possível educar para a justiça social uma nova geração que todos os dias reforça, no próprio consciente e inconsciente, a imagem e a impunidade da violência?

Para evitar que assaltos, crimes e chacinas como as de Bruxellas se repitam, não basta o nosso repúdio à violência. Fica uma longa experiência por fazer: a redescoberta do valor de toda pessoa humana. À luz de Deus, quanto vale uma criança?

Promover o homem do campo

15/06/1985

Diante da situação árdua e sofrida dos boias-frias, dos sem--terra, dos posseiros obrigados a migrar e dos pequenos lavradores abandonados à sua desventura, deveria ser unânime o compromisso fraterno e cristão de promover o homem do campo.

O anseio do trabalhador é de trabalhar a terra e dela retirar o sustento de sua família. É um direito fundamental que decorre da própria dignidade da pessoa humana à luz de Deus. O Santo Padre João Paulo II, há cinco anos em Recife, lembrava aos brasileiros: "A terra é dom de Deus" e "não é admissível que no desenvolvimento geral de uma sociedade fiquem excluídos do verdadeiro progresso homens e mulheres que vivem em zona rural e que têm necessidade da terra para alimentarem a família."

Num país como o nosso impõe-se a todos o dever de assegurar ao homem do campo condições convenientes de vida e trabalho, a começar pelo uso e posse da terra. O Brasil tem terra para todos. Regulamentar a questão fundiária, estabelecendo regime de posse e uso da terra é obrigação inadiável da atual República. É demasiada a concentração de terra não suficientemente cultivada e nas mãos de um número reduzido de proprietários. As estatísticas são de todos conhecidas: 1% dos proprietários possui mais de metade das áreas rurais do País.

Era, portanto, necessário que o governo federal colocasse entre suas prioridades o Plano Nacional de Reforma Agrária, dando assim os primeiros passos, embora modestos, em busca da efetiva promoção do homem do campo.

Tem sido duras as críticas de alguns setores contra o PNRA. Em vez de conflitos e defesa acirrada de interesses pessoais deveríamos todos contribuir para que não tarde mais o acesso efetivo à terra dos que nela anseiam trabalhar. É o momento de somar não só decisões governamentais, colaboração de técnicos e empresários, mas a experiência e participação dos próprios trabalhadores rurais.

A reforma agrária tem que responder as justas aspirações democráticas em demanda do Bem Comum. Enquanto as reações ao Plano Nacional se situarem ao nível da salvaguarda de interesses particulares estaremos adiando, não só a solução do problema fundiário, mas a oportunidade de colaborarmos juntos para que se realizem em nosso país as exigências da justiça e concórdia social. Passe logo esta primeira fase de resistências e apreensões para enfrentarmos com coragem e decisão o complexo processo que visa harmonizar, de modo objetivo, o direito de possuir a terra e de nela trabalhar, e o respeito à propriedade privada, incluindo a sua hipoteca social.

Para que tudo isso se verifique temos que atender a duas condições básicas. A primeira é a de superarmos a tentação dos conflitos ideológicos e de situar a questão fundiária no enfoque claro e definitivo da promoção do trabalhador rural. A ganância e defesa de interesses pessoais levam, não raro, os interlocutores a transpor a discussão para o plano ideológico e a se acusarem indevidamente, deixando de lado o cerne do problema que é a construção de uma sociedade mais solidária e fraterna. A solução da questão agrária no Brasil tem que ultrapassar as graves falhas dos regimes comunista e capitalista que lesam as garantias democráticas, asfixiando a liberdade e o direito conveniente à propriedade particular ou restringindo às exigências básicas da justiça social.

A segunda exigência é a de vencermos a tentação do recurso à violência. Isto vale para todos: fazendeiros, posseiros e sem-terra. Não é pela pressão armada que havemos de promover as garantias democráticas e os direitos da pessoa. É preciso assegurar o respeito às justas disposições legais e aos direitos de cada um. Compreendemos o clima de decepção e até de desespero que se apodera de milhares de famílias de lavradores, lutando, por anos, para sobreviver e trabalhar na terra. Isto, no entanto, não justifica a invasão de propriedades particulares que exacerba os ânimos, cria tensões, desperta violência e prejudica soluções adequadas e definitivas. Por outro lado, é igualmente inaceitável a atitude de alguns grandes proprietários que armam milícias particulares, atuam fora da lei, queimam casas, perseguem famílias, assassinam inocentes, lavradores e líderes sindicais e permanecem até hoje acobertados pela impunidade.

Ao invés de assestarmos as baterias contra as primeiras investidas governamentais e do recente Ministério da Reforma Agrária e Desenvolvimento cabe uma atitude diferente de união e busca conjunta de medidas justas e eficazes na promoção do homem do campo. A terra não pode ser lugar de conflito, mas de concórdia. A próxima Campanha da Fraternidade, na sequência dos pronunciamentos do episcopado nacional, enuncia um programa de reflexão e ação: "Terra de Deus, terra de irmãos". Na família de Deus todos temos o mesmo pai, todos devemos promover os outros como irmãos, procurando que os bens necessários à vida sejam partilhados e que cada um possa viver dignamente.

A atual reforma agrária só poderá acontecer com a colaboração de todos. O bloqueio e a reação que adiam a promoção do trabalhador rural são, no fundo, grave falta de senso patriótico e de solidariedade cristã.

Permanecem plenamente atuais as palavras de João Paulo II em Recife, falando, em especial, aos camponeses do Brasil: "É preciso uma legislação justa em matéria agrária para se poder dizer que temos uma sociedade que corresponde à vontade de Deus. É preciso que a legislação seja eficazmente atuada e sirva ao bem de todos os homens e não apenas a interesses de minorias. Mais do que a boa vontade será necessário uma sincera conversão do homem ao homem na sua plenitude e transcendência."

Sem conversão, na há reforma agrária, nem promoção de ninguém. Deus converta o nosso coração.

Terra e amor

22/06/1985

Na zona leste da cidade, entre São Mateus e Jardim Itápolis há uma comunidade dedicada a Santo Antônio, mais conhecida pelo nome do bairro de Tietezinho. Povo bom, modesto, unido. No domingo celebraram a festa do santo. A liturgia bem participada revelava a fé sincera do povo. Tudo terminou com a bênção e tradicional distribuição do pão de Santo Antônio.

A igrejinha estava cheia. Muita criança. Olhei para o pão, preocupado para que não faltasse a ninguém o seu pedaço. O povo foi passando em ordem. Impossível contar quantos eram. Quando se aproximou o último da fila, olhei para a mesa. Havia ainda um pão. Parecia até que tudo tinha sido contado. Na missa, as crianças tinham rezado do jeito que só elas sabem fazer: "Pai, que a gente ajude os outros para que nunca falte o pão para ninguém".

Hoje todo mundo discute sobre a reforma agrária. Lembremo-nos das primeiras comunidades cristãs onde o amor era mais forte e a partilha efetiva de bens tornava-se espontânea, generosa e caracterizava a nova sociedade fraterna.

Para resolver o problema da terra, só há uma solução eficaz. Por incrível que pareça, a resposta é uma só: a lição de Cristo, a atitude de verdadeiro e profundo amor ao semelhante.

Por que é tão difícil levar adiante uma justa distribuição de terra e do solo urbano? A causa está no egoísmo que se aninhou no coração do homem. Quem tem terra, não aceita partilhar. Quem não tem, pouco a pouco perde a esperança de uma solução pacífica. Radicalizam-se as posições. Explode a violência de ambos os lados. Num país cristão não pode ser assim. É inadmissível.

Não está em questão o direito de propriedade privada. Todos sabem que a propriedade é indispensável à adequada promoção da pessoa humana e do bem-estar social. Temos, também, que compreender melhor a verdade de que o direito de propriedade não é absoluto. Sobre ele pesa a "hipoteca social", isto é, a necessidade de compor o próprio direito com as justas exigências que os demais possuem de viver dignamente.

O que se requer é uma distribuição mais adequada da terra e dos bens necessários à vida. Por que é tão difícil de se compreender uma verdade tão evidente? A palavra de Deus e a história ensinam que a ganância pode fechar o coração. Existe uma cegueira progressiva do coração...

Por que tanta resistência à reforma agrária? A discussão sobre o modo e os aspectos técnicos é sempre válida. O que não se entende é que se continue impedindo por mais tempo o acesso racional e pacífico à terra, por parte de milhões de brasileiros.

Se a terra, a propriedade e o bem-estar são tão importantes para nós, por que não estendê-los aos outros?

As crianças do Tietezinho na fila olhavam para trás para que ninguém ficasse sem pão, na festa de Santo Antônio.

Discute-se o Estatuto da Terra. Fala-se de justiça agrária e de novos direitos assegurados pela futura Constituinte. Talvez nos esqueçamos de que para superar o ciclo de ganância e da violência é preciso algo mais. É preciso o Evangelho. Entre os bens pessoais e a vida do irmão, prevalece a exigência do amor. O próximo passa em primeiro lugar. Só assim haverá felicidade entre os homens... Dinheiro e terra nunca farão feliz a ninguém. Feliz é quem faz os outros felizes.

Jesus Cristo nos ensina o segredo de paz e verdadeiro bem-estar social: "Amai-vos uns aos outros". Em nosso país que nasceu e cresceu à luz do Evangelho, já é tempo de traduzir a fé na própria vida.

Terra e amor. Aprendamos a rezar e a partilhar com as crianças do Tietezinho na zona leste de São Paulo. Onde houver amor, não faltará terra para ninguém.

Educação à vista

29/06/1985

Crianças sem escola. Crianças na rua. Escolas insuficientes e em estado precário. Mestres sem salários condignos.

Aqui e ali, porém, acendem-se luzes de esperança no horizonte.

Conhecemos bem a situação deplorável em que se encontra o sistema escolar brasileiro. Milhões de crianças, na faixa de escolaridade entre sete e quatorze anos, não ingressaram no sistema de ensino. O número sobe a vários milhões se considerarmos os que se afastam da escola antes de terminar o primeiro ano de estudo. Na análise feita recentemente pelo atual ministério, constata-se ainda o baixo rendimento de ensino, afetado pela repetência, a carência alimentar e a falta de atendimento à saúde e o despreparo de professores.

Anchieta ao fundar a cidade de São Paulo, construiu a escola ao lado da igreja. O santo padre João Paulo II, peregrino incansável da paz – cujo dia hoje celebramos – tem sempre pregado a necessidade da educação para a promoção da pessoa humana.

O ministro da Educação acaba de lançar um plano alviçareiro para a criança brasileira: "Educação para Todos". O projeto convoca a participação da sociedade inteira. Acena-se a comissões municipais – ou distritais nos municípios maiores – a serem integradas por representantes das secretarias de Educação, associações docentes e discentes, sindicais, comunitárias e religiosas. Uma das finalidades do plano é promover a cooperação entre os setores mais comprometidos com a questão educacional.

Esperamos que a educação, principalmente da criança, justa aspiração do povo, seja enfim assumida como prioridade em nosso país. Isto implicará em medidas concretas na distribuição de recursos do Estado. Subsidiar a formação, não só técnica, mas ética dos cidadãos, é o melhor investimento para a transformação social do País.

Há, pois, que reorganizar o Brasil não só para educarmos os vinte milhões de analfabetos, mas para garantir ao povo condições efetivas de educação que o habilitem a discernir valores, retificar comportamentos e qualificar-se profissionalmente. Aqui percebemos a necessidade da formação moral e religiosa, sem a qual cairíamos no engodo do homem voltado apenas para a técnica e as metas econômicas.

Tudo isso não se fará – e o plano do ministério sublinha com ênfase esse aspecto – sem valorizar o magistério, através de seu constante aperfeiçoamento, salário conveniente e abrigo das oscilações do protecionismo político.

Educação à vista.

Apesar das dificuldades a enfrentar – podemos acreditar que algo de novo pode suceder também para o setor educativo do País.

Quando todas as crianças terão escolas e mestres? Quando os educadores, salário e vida condigna? Não basta sonhar, nem cobrar direitos, é preciso também colaborar para que tudo isso aconteça. "Educação para Todos" significa a efetiva democratização do acesso à escola e, portanto, a contribuição da sociedade para que a nenhum aluno falte a educação. No entanto, ao direito que a criança tem de receber educação, corresponde o direito de ensinar a todos que podem e devem exercer esta missão.

Não se confunda, portanto, educação aberta para todos com aquela que é exercida diretamente e só, pelas várias instâncias estatais. Há também a educação comunitária, devidamente habilitada e mais adequada à opção familiar. A este tipo de escola compete – por direito – contar com a subvenção estatal.

Pertence, com efeito, ao Estado zelar para que a educação seja ministrada a todos de modo gratuito, mas isto inclui que a nova Constituição salvaguarde o direito de ensinar, próprio à comunidade e às várias formas de organização popular.

O povo ama seus filhos e aspira formá-los transmitindo-lhes valores culturais, sociais e, sobretudo, religiosos, que julgam indispensáveis à construção de uma sociedade justa e fraterna.

Educação à vista. Tanto melhor.

Deus alimenta os famintos

13/07/1985

Há gente passando fome em nosso País. Não só nos bolsões de miséria das periferias ou nos cortiços, mas até nas repartições e fábricas da cidade.

A assistente social abriu por curiosidade a marmita de um operário colocada sobre o fogão. Ele estava ali, aguardando com os outros recebê-la de volta depois de aquecida. Em lugar da comida havia na marmita um pano úmido dobrado. Era assim que escondia a humilhação de não ter alimento. Nas horas frias da madrugada destes últimos dias encontrei pelas ruas homens que até aquele momento tinham apenas enganado a fome. Nas feiras de bairro é pouca a comida que o povo leva para casa na sacola.

Muita gente come só uma vez por dia.

A Campanha da Fraternidade-85 insiste com realismo na fome de nosso povo. É claro que a solução só virá quando houver trabalho e salário para todos. Mas, enquanto isso, é preciso agir com rapidez para que não aumente a fome e o povo consiga se alimentar.

Dentro das prioridades sociais para 1985 o presidente Sarney propôs a criação do Programa de Alimentação Popular, PAP, promovido pelo Ministério da Agricultura, através da Cobal. Esta iniciativa se soma à merenda escolar e ao Programa de Nutrição e Saúde.

Está assim lançado o novo programa cuja finalidade é de permitir ao povo mais carente das capitais que possa comprar a preço reduzido, alguns gêneros alimentícios básicos. A lista contém onze produtos: feijão, arroz, farinha de mandioca, açúcar, óleo, leite em pó, fubá, ovos, café, macarrão, carne ou pescado.

Deus queira que dê certo.

Além da inteligência e ação dos técnicos, o povo precisa se organizar para com sua participação assegurar o bom desempenho de qualquer programa. Onde há grupos de mães, centros comunitários, cozinhas populares, associações de desempregados, será muito mais fácil que a população tenha acesso efetivo às novas formas de comercialização dos produtos.

Esta iniciativa em benefício da alimentação popular será insuficiente se não for acompanhada de algo mais comprometedor: o acesso à terra por parte dos trabalhadores rurais.

Vendo a desnutrição que castiga particularmente as crianças, compreendemos a necessidade urgente de reordenar o uso e a posse da terra.

Fica um apelo veemente para que não se retarde mais a reforma agrária. Conveniente. Pacífica. Eficaz.

A violência das reações contra as primeiras medidas governamentais exigem um sério exame de consciência. Comprova-se que o problema não está na terra, que sobra em nosso País. Está na falta de fraternidade por parte dos que não querem conceder aos demais a participação nos benefícios necessários ao desenvolvimento da pessoa humana.

Que razão pode haver para negar ao próximo o direito de viver e trabalhar com dignidade?

Entende-se, então, que o 11º Congresso Eucarístico Nacional nos ensine a buscar algo mais do que a comida. Falta Deus no coração dos homens. Sem Deus somos egoístas. Cada um só pensa em si. Cresce o apego aos bens materiais, a ânsia de poder e de mandar.

Nossa Senhora, ao cantar o seu "Magnificat", mostra que os famintos terão pão quando Deus estiver presente no meio de seu povo.

Em Aparecida do Norte, vamos nestes dias em demanda do alimento que dá a vida. Vamos ao encontro do próprio Cristo, filho de Deus, para que nos fortifique e sejamos capazes de assumir as exigências de fraternidade.

Para evitar a violência dos conflitos agrários, o tom passional dos discursos, as resistências até armadas dos grupos enriquecidos e promover o desenvolvimento do homem do campo será necessário muito mais do que debates na TV e novas leis do País. Convençamo-nos de que a fome por falta de pão e a miséria dos sem-terra, dos boias-frias, dos sofredores de rua, dos migrantes desiludidos são fruto de um profundo desamor.

Por ocasião do Congresso Eucarístico em Aparecida reflitamos todos. A chave da justiça e paz social está na redescoberta do amor.

Um dia, na marmita do operário, haverá comida de verdade. Pão para quem tem fome. Amor para quem tem terra. Para todos nós, muita fome de Deus.

Grande projeto

27/07/1985

Nas recentes alocuções do santo padre João Paulo II, encontramos constante alusão ao que chama de "grande projeto humano". Explicitou mais seu pensamento ao dirigir-se, em maio passado aos membros da Câmara e do Senado na Bélgica e à Comunidade Econômica Europeia. Trata de princípios éticos que indicam o caminho para um humanismo pleno e a verdadeira paz, que corresponda ao desígnio de Deus sobre o mundo.

Na entrada do terceiro milênio de nossa história, é preciso assegurar a paz e recriar as condições de unidade na convivência entre os homens.

Insiste o Santo Padre na solidariedade universal inspirada pela justiça. Enumera elementos deste grande projeto em benefício da humanidade. Faz apelos aos povos, que cresceram muito em bens materiais, para que se unam no respeito ao homem, superem os conflitos gerados por ideologias desumanizantes, resistam à corrida armamentista que destrói energias preciosas em detrimento do dramático grito dos povos com fome. Para que isso aconteça, cabe incentivar o intercâmbio na busca de soluções pacíficas, negociadas na justiça. Recuperar a confiança no outro e vencer, pela abertura à fé, o desequilíbrio moral e espiritual do homem.

Ao Cristianismo pertence, neste momento da história, dizer a todos que a divisão e oposição entre os povos são superáveis, desde que o mundo procure realizar o desígnio de Deus e se inspire pelo amor, sem perder a esperança.

O projeto humanizante tem por base princípios éticos que a todos compete aplicar.

Em primeiro lugar, é preciso promover uma reta concepção do homem. Não podemos ceder à visão materialista, que focaliza só o valor econômico e manipula sem escrúpulos o homem. No cerne do autêntico humanismo, está a dignidade da pessoa humana, imagem de Deus, e o respeito aos seus direitos inalienáveis.

Entre estes direitos, emerge o respeito pela vida humana, em todas as fases do seu desenvolvimento, desde a concepção até a velhice. Há que salvaguardar a liberdade de espírito, concepções e crenças. Nossa geração tem que terminar com a tortura, internamentos absurdos e degradantes.

Vem-nos à mente o livro de horror, que acaba de ser publicado "Brasil nunca mais". 707 processos de presos políticos que tramitaram pelo Supremo Tribunal Militar nos últimos anos. Arbitrariedade e desrespeito à pessoa humana em nosso país.

Deus nos perdoe. Mas a tortura ainda não acabou. Nesta semana, no centro de São Paulo, um rapazinho de quinze anos, preso a esmo pela viatura do Deic, foi supliciado por engano. Submeteram-no ao pau de arara e a outras torturas. Onde estamos?

A dignidade humana urge que não se asfixie a consciência, a fé e a prática religiosa. Pensemos nos países cristãos, cuja liberdade há decênios é restringida no Leste europeu. A dignidade significa superar toda e qualquer discriminação racial. Implica, ainda, em recusar o terrorismo, venha de onde vier, que destrói de modo covarde vidas inocentes.

Acrescentamos que, para nós, a dignidade exclui a brutalidade do recurso à violência para silenciar vidas, que promovem a justiça social. Ontem, encontraram em Cacoal, Rondônia, o corpo do jovem missionário, padre Ezechiele Ramin, perfurado por quinze projéteis de vários calibres. A sociedade brasileira tem que fazer um processo exemplar para que a impunidade dos jagunços e seus mandantes não abafe mais uma vez a esperança dos que confiam no Direito.

Em conformidade com o projeto humanizante, saudamos as recentes propostas em nosso País para educação, previdência, saúde, reforma agrária e outras.

As palavras do Papa ficam ressoando em nosso íntimo, entrecortadas de repente pelo eco de fortes clamores: "Tortura no Brasil, nunca mais. Padre Ezechiele, assassinado assim, nunca mais." Misturam-se o sonho e o pesadelo. Fica o desafio e a esperança do grande projeto.

O trigo e a ganância da terra

03/08/1985

Estarrecidos acompanhamos, há uma semana, a notícia do covarde assassinato de padre Ezechiele Ramin, em Cacoal, Rondônia.

Mandantes e jagunços premeditaram a emboscada. Um número absurdo de balas desfigurou o corpo do sacerdote. O pior é que procuraram, dias depois, caluniar seu apostolado, acusando-o pelos jornais, de insuflar os lavradores à violência.

Porque tanta maldade? Padre Ezechiele, amado pelo povo, estava cumprindo seu dever, atendendo mais de trezentos posseiros em busca de assentamento na terra. Zelava pela solução, na base do direito e da paz. A quem interessava esta morte tão bárbara? Tudo faz pensar que estamos diante de pessoas que, sem títulos defensáveis, não tem outro argumento mais do que a própria ganância e a força.

O bispo de Ji-Paraná, D. Antônio Possamai, celebrou missa há dois dias, com a presença do povo de Cacoal, pelo descanso eterno do jovem missionário. Seu corpo foi levado para Pádua, na Itália, a pedido da mãe. Na igreja de Cacoal, ficou a camisa – toda ensanguentada – perfurada pelos tiros, sinal de uma vida entregue por amor ao povo.

Alguns suspeitos foram detidos e aguardam interrogatório. Esperamos que o processo será conduzido a termo. Para além da justiça dos homens, pedimos a Deus que converta também os corações dos responsáveis pelo crime.

Aprendemos com Jesus Cristo a não querer mal a ninguém, a buscar a concórdia e a paz. No entanto, para que isso aconteça, é preciso que a lei seja cumprida e a violência refreada. Quantas mortes impunes por conflito de terra! Roças e casas destruídas, famílias amedrontadas e expulsas por causa da ganância. Tudo isso requer um profundo exame de consciência da Nação inteira.

Por que tanta resistência à justa repartição do campo, que visa a criar condições honestas de vida e trabalho para muitos brasileiros?

Diante da morte do padre Ezechiele, temos que reconhecer quanto a mesquinhez e a cobiça podem depravar princípios e sentimentos da pessoa humana, a ponto de arquitetar armadilhas e barbaridades contra inocentes!

O problema fundiário em nosso país não é só questão de disposições ministeriais, pois embora justas e inadiáveis, nem sempre estão sendo compreendidas. Os meios de comunicação social continuarão a registrar reações contrárias, enquanto não houver acordo sobre a reta concepção da convivência humana e as exigências da fraternidade. A solução está na verdadeira solidariedade à luz do Evangelho.

Estamos longe da meta almejada. Os casos de arbitrariedades, frutos da ganância, se multiplicam. Em Barranco Vermelho, no Mato Grosso, prenderam na quarta-feira, o missionário jesuíta, padre Balduíno Loebens. Conheço-o muito bem. É homem de fé. Sacerdote sacrificado, vive a quinze anos em Juína com índios Rikbaktsa evangelizando-os, promovendo entre eles a harmonia e abrindo-os, pouco a pouco, ao contato com os colonos. Que aconteceu? Um antropólogo da Funai, a frente de quarenta homens armados, entrou na tribo a pretexto de que padre Balduíno insuflava os índios a invadir terras, levaram-no preso e incomunicável, a seiscentos quilômetros de distância, para a Secretaria de Segurança de Cuiabá.

Acabaram por soltar o padre, pois nada há contra ele. Quanto às terras, são historicamente pertencentes aos Rikbaktsa. Alguns jornais alardearam o fato querendo encontrar argumento para comprometer a ação missionária da Igreja. Em vão.

Fique bem claro que a Igreja defende o direito de propriedade, assim como sua hipoteca social. Quer a justiça, a concórdia e a paz. Rejeita a violência em todas suas formas. Vê no Plano Nacional de Reforma Agrária o início importante e inadiável de atendimento ao homem do campo em nosso país.

Estou certo de que padre Ezechiele e padre Balduíno perdoam, no céu e na terra, os que os ofenderam. Mas, há alguns meses de Nova Republica, quando vamos acreditando nas garantias democráticas, no respeito ao direito e à liberdade, já é tempo de terminarmos com a ganância e arbitrariedade. Nunca mais.

Como o grão de trigo da parábola de Jesus que morreu para dar fruto, a vida de padre Ezechiele seja semente de muito amor e partilha entre nós.

A vida é sagrada

10/08/1985

A vida não poder ser violentada.

Seu Atanásio é conhecido por todos na favela de Maria Cursi, no bairro de São Mateus. As comunidades da Zona Leste já se tinham habituado a ouvir a palavra deste líder pacífico e atuante. Pai de sete filhos dedicou sua vida a fazer o bem. Foi morto por dois tiros a oito dias na porta de sua casa.

Quem o matou? A brutalidade e a violência de nossa cidade. Atanásio pedira a um grupo de jovens viciados que deixassem de frequentar o local. Responderam com ameaças. Quando viram a polícia aparecer perseguindo um rapaz que assaltava um banco, os jovens pensaram que seu Atanásio é quem tinha chamado a Rádio Patrulha. Em represália, mataram-no.

Na igreja de São Mateus o povo se reuniu ontem para a missa de sétimo dia. Todos estavam muito tristes. O movimento de favelados tinha nesse homem probo e ordeiro um de seus mais dinâmicos organizadores.

A vida é sagrada. Todos temos que nos empenhar para que seja defendida e respeitada. Num sinal de esperança, ainda hoje no Jardim Sinhá, as crianças da favela, nas missas, continuam segurando flores na mão.

Mas o mundo é violento. Jagunços armados amedrontam posseiros, perpetram o crime e permanecem impunes. Lavradores organizam-se e resistem lutando por seus direitos. O conflito cresce. Proprietários de terra em vez de colaborarem, opõem-se às medidas inadiáveis do governo para assentar os colonos sem terra. Isso requer de todos nós uma atitude séria e profunda em favor da vida.

Não podemos ceder à tentação da violência.

Como vencer todo esse egoísmo e agressividade?

Cabe, antes de tudo uma reflexão. A violência não é a solução para nada. Nunca foi, nem será. A história está cansada de mostrar que da guerra, não nasce a concórdia e a paz.

Nosso compromisso é com a dignidade da pessoa humana, imagem do próprio Deus. Quem aceita isso como fundamento da vida social, compreenderá que, em decorrência, assume também o repúdio à violação de direitos e o respeito à vida que é sagrada.

É por isso que os que creem numa sociedade livre, justa e fraterna, não podem usar as armas que outros usam contra ela. Impossível construir a justiça injustamente. A questão é ética.

Jean-François Revel, visitando o nosso país a dias, teve a oportunidade de lembrar que "seria uma traição à democracia e à liberdade agir totalitariamente contra os totalitários, ainda que por motivos de legítima defesa, que são certos só na aparência. Os meios contaminam os fins".

É na mesma linha de pensamento que – ao querermos promover a justiça – temos que excluir o recurso à violência.

Como então vencê-la?

O caminho é o de convencer os violentos pela evidência de que o amor é maior que o ódio e a verdade há de suplantar o erro. Argumentos de força não convencem ninguém. Só oprimem e esmagam a consciência e acabam por aumentar sempre mais a violência.

Temos que insistir incansavelmente nesta tecla. A crise do mundo é de valores. A esperança de uma sociedade justa alimenta-se de gestos corajosos na superação da violência.

A sociedade violenta sacrifica e amedronta o povo. Leva a explosões de ódio. Lembremo-nos dos linchamentos. A violência acarreta o desespero diante dos caminhos racionais e abre estrada para o terrorismo e atos vandálicos, num desrespeito crescente à vida.

A barreira contra a sociedade violenta é a vida dos pacíficos, dos que rezam pelos que os oprimem e fazem sofrer.

Ontem à noite, na missa pelo Atanásio o ambiente era de sofrimento e ninguém escondia a emoção. Seu Atanásio era muito amado em São Mateus. No meio da celebração, uma senhora pediu a palavra e fez uma oração que é ensinamento para todos nós: "Rezemos pelo rapaz que atirou no Atanásio. Que Deus o perdoe e ele não faça mais isso!".

É assim que se vence a violência.

Para além do *apartheid*

24/08/1985

O *apartheid* é uma ignomínia. Não pode ser aceito pela consciência cristã e pela cultura de nossos tempos. Clama aos céus. Toda segregação entre irmãos, filhos do mesmo Pai, é pecado gravíssimo diante de Deus.

No horizonte de esperança divisamos a sociedade justa e fraterna, em que todos defendam e promovam a dignidade da pessoa humana. Sem isto não há futuro possível para a humanidade. É missão da Igreja anunciar aos quatro cantos do mundo, a mensagem da filiação e fraternidade universal que Cristo nos ensinou.

É pena que a América Latina, onde vive a maior população de cristãos, não possa questionar o restante da humanidade a partir da própria vivência. Também nós temos, infelizmente, incoerências. Estamos longe de poder apelar para nosso exemplo, quando anunciamos o ideal da convivência solidária e pacífica frente ao *apartheid*. Nosso continente abriga injustiças graves demais para podermos falar com a autoridade do testemunho.

No entanto, ninguém pode desanimar. A única saída para a humanidade é a heroica constância em busca de um relacionamento de maior justiça e amor entre os homens. Após tanta ofensa e conflito a mera justiça não restitui a paz. Requer-se a força do amor e do perdão.

É sob essa luz que o *apartheid* deve ser considerado. Tem havido muita humilhação de um lado e muita dureza de outro. Como obter o entendimento e a reconciliação? A natureza humana explode facilmente em revanchismo infrutífero. É uma tentação constante e doentia que não leva a nada. Só quando olharmos juntos para o futuro é que vamos discernir novos caminhos.

Já pensamos no ressentimento acumulado, na desconfiança recíproca, na vontade de dominar que pode a qualquer momento eclodir no coração humano? Deus nos livre e guarde deste caos!

A solução é outra. Um sofredor de rua, Pedro, irmão de todos nós, vinha se esforçando para encontrar trabalho, conservar um pouco de dinheiro e voltar para Recife. Maltrapilho e quase sempre calado, guardava um senso de dignidade e respeito, mesmo quando pedia algo para comer. Foi se recuperando. Há dois dias, um colega de Pedro apareceu muito bêbado, viu o amigo já mais arrumado, encheu-se de inveja e lançou-se às pauladas sobre Pedro, ferindo-o sem piedade.

Os gritos permitiram que outros interrompessem logo aquela cena de maldade. Pedro foi levado para o Pronto Socorro do Tatuapé, com o braço partido e a cabeça sagrando. O outro fugiu.

Já sabemos o que pode acontecer. Um novo confronto feito de vingança seria fatal. O jeito é conversar. Pedro dispõe-se a perdoar. Reconhece que o companheiro tenha bebido demais. Encontrei-me com o agressor. Estava arrependido. É a única solução. Perdoar. Mas é preciso que o colega não repita a maldade.

Eis o roteiro para a sociedade. Grandeza para perdoar e empenho para não reincidir no erro. Isto vale para posseiros e fazendeiros. Só assim haverá clima para uma reforma agrária. Vale para oprimidos e torturadores. É também a fórmula para o *apartheid*.

Cremos firmemente que a pregação da palavra de Deus é indispensável para o reencontro das classes, das raças e facções. Nós homens somos mesquinhos e vingativos. Só Deus nos dá grandeza e coragem para separarmos nossa mania de cobrar dos outros e revidar as ofensas.

Pedro nordestino estava com o braço engessado. Vai melhorando. Já perdoou e se reconciliou com o colega. Vamos unir nossas vidas no amor para que acabe logo o triste *apartheid*.

Joílson de Jesus

07/09/1985

Há um ano e oito meses, Joílson morreu por insuficiência respiratória, consequência de traumatismo na coluna cervical. O rapaz de dezesseis anos fugia depois de ter roubado uma correntinha. Foi bruscamente lançado ao solo, pressionado e espancado nas costas até a morte.

Na quarta-feira passada o juiz lavrou a sentença condenando o agressor a quatro anos de reclusão. Agora o advogado vai interpor recurso.

Acreditemos nos bons antecedentes do réu. No entanto, estamos marcados pela brutalidade do fato que a todos consternou. O julgamento insiste na forma violenta e exorbitante da agressão a Joílson. Ninguém pode fazer justiça pelas próprias mãos. É preciso, igualmente, reafirmar o repúdio a assaltos e toda delinquência juvenil, assim como aos excessos da repressão policial.

Tudo isso nos obriga a refletir sobre a situação de nossos menores. A cidade de São Paulo continua gerando graves injustiças sociais. Milhares de crianças e jovens estão relegados à condição de miséria, nas ruas, favelas e cortiços.

A quem aponte para solução simplista pela drástica redução de nascimentos. Não está o problema no aumento de população.

Nossa taxa de crescimento não é tão alta, nem faltam recursos para alimentar nosso povo.

A questão é o menosprezo diante da vida. A sociedade permite a acumulação absurda de bens, esbanja bilhões em luxo e gastos supérfluos e ignora a extrema carência de tantas crianças.

Menores abandonados, com fome e tentados a roubar para sobreviver, questionam a frieza de nosso egoísmo. Teremos de dar contas a Deus pelo desprezo com que tratamos a vida humana.

Enquanto não voltarmos a atenção para o valor da criança e de toda pessoa, continuaremos a gastar dinheiro demais em campanhas políticas e a perder tempo em espetáculos que embotam e desvirtuam a vitalidade do povo. Há muito que mudar.

Mas há sinais de esperança.

Pouco a pouco vão surgindo, em nossa cidade, grupos interessados em promover o bem da criança. Saudamos com alegria estes defensores da vida. São abnegados que se dedicam ao atendimento dos menores nas áreas de pobreza.

Os programas de governo abrem espaço para iniciativas diretas e conveniadas em prol da infância. Seria urgente que pudéssemos organizar um plano mais amplo – em nível nacional em favor da saúde, educação básica e lazer para todas as crianças.

Será que não é chegado o momento de unirmos esforços na luta contra a mortalidade infantil, na eliminação dos tóxicos e na promoção integral de nossos jovens?

A lembrança de Joílson desperta em nós sério compromisso para com os menores. Não queremos insistir na crítica contra quem o agrediu. É preciso perdoar.

A lição vai mais longe. A covardia da agressão contra Joílson deveria nos fazer pensar na cruel realidade de inocentes eliminados antes de nascer. A consciência do povo não pode ficar cega diante do crime dos que, pelo aborto provocado, agridem e destroem milhões de Joílsons que nem conseguem ver a luz do dia.

Se a Nação não for capaz de salvaguardar o direito fundamental à vida, como poderá acertar na elaboração de uma nova Constituição?

Que magistrado saberá julgar, em Justiça, a sociedade que permanece impune quando atenta contra a vida de seus filhos?

Somos réus da morte de muitos Joílsons.

Terra e vida dos povos indígenas

21/09/1985

Aguarda-se para segunda-feira próxima, em Brasília, a solução final do conflito entre índios e colonos do Toldo Chimbangue de Santa Catarina. Sofrem os kaingang, esperando a devolução de suas terras imemoriais. Sofrem também os colonos cujos títulos, mesmo antigos, conflitam com o artigo 198 da Constituição que assegura a posse exclusiva da terra à comunidade indígena.

Estamos diante de um problema complexo que desafia a argúcia jurídica e a prudência administrativa da União e do Estado. Um longo e penoso processo converge hoje para a alçada de três ministérios em diálogo com o governo de Santa Catarina. Enquanto isso, mais de seiscentos homens da polícia estadual, em plantão contínuo, procuram garantir a paz entre os dois grupos. É preciso, quanto antes superar as posições conflitantes pela vontade decidida de concórdia social. Valem mais as vidas. Aos colonos, cabe o direito de justa indenização e conveniente reassentamento. Aos kaingang, deve-se o reconhecimento da área imemorial que lhes compete por lei, indispensável à sua sobrevivência e desenvolvimento.

A culpa não é das partes atuais em questão, mas de graves omissões na política indigenista do Brasil.

Nós, os civilizados das grandes capitais, temos dificuldade em compreender o valor fundamental da relação entre o índio e a terra.

Para os povos indígenas, a terra é o chão das tradições culturais e religiosas. O índio está ligado aos locais de culto e ao sepulcro dos mortos. Nasce como sol e cresce com as árvores. Desde a água e o peixe do rio até as pedras e os atalhos pelo mato, tudo tem uma profunda repercussão em sua vida. Deixar a terra em que vive é perder sua raiz, o mapa de sua história e a segurança cultural.

É por isso que antropólogos e missionários procuram salvaguardar a permanência das populações indígenas em seu torrão natal. Há também uma dívida histórica a ser resgatada. Seus antepassados foram, por séculos, obrigados a ceder a terra e a vida aos invasores de tantas espécies que, por ganância, ocuparam o seu habitat. O Brasil assistiu impassível ao drama do cruel e lento genocídio a que foram submetidas tribos inteiras. De cinco milhões que eram, à chegada das naves de Portugal, restam hoje, duzentos mil membros dos povos indígenas, expostos à perda da cultura, às doenças e dissolução dos costumes.

Estes nossos irmãos são filhos de Deus e têm direito à vida condigna.

O Conselho Indigenista Missionário, Cimi, chama a atenção para as mais recentes ameaças ao índio.

A usina do Rio dos Peixes, ao norte de Mato Grosso, obriga os Kayabi a perderem seu solo sagrado. Os waimeri-atroari estão com o território cortado pela BR-174, de Manaus a Caracaraí, reduzidos à quarta parte da área e a um sexto de sua população.

Os Kayapó sentem-se coagidos pela entrada de milhares de garimpeiros ao sul do Pará.

Na Bahia, os remanescentes do grupo pataxó-hã-hãe aguardam em desespero a recuperação das terras sob a vigilância de milícias e jagunços. Onze mil yanomami em Roraima, apesar da promessa da criação do parque, encontram-se sob a alça da mira e cobiça de garimpeiros armados e empresas de mineração.

Inacreditável é a realidade dos rikbakts no Mato Grosso. Há poucas semanas os expulsaram da área do Japuíra contra o decreto que lhes assegura a permanência. A ação foi executada por quarenta membros da polícia aliados a jagunços financiados por fazendeiros. O missionário Balduíno Loebens foi arbitrariamente preso e levado amarrado para Cuiabá. Os índios, sem flechas, arcos e chumbeteiras já não podem caçar.

Mas grave é a situação dos apurinã em Lábria. A terra foi invadida. Assassinaram a esposa e o filho do cacique Agostinho que lutava pela legalização do solo. Seviciaram e mataram a religiosa irmã Cleuza Carolina missionária Filha do Amor Divino. Os crimes permanecem impunes. Uma questão é urgente: a correção dos desacertos da política indigenista nacional. Em dezoito anos a Funai teve quatorze presidentes. Duas atitudes se impõem: a efetiva demarcação das terras e a punição dos agressores das populações indígenas.

Há algo novo que a atual República tem que garantir, é a participação dos povos indígenas no seu destino e nas decisões que a ele se referem. Os índios não são menores, incapazes de autodeterminação. São povos com cultura própria e pleno direito, diante de Deus, de viverem com dignidade nesta terra que por primeiro lhes pertence.

Os votos do dia 15

09/11/1985

A campanha política continua cada vez mais intensa. Muito dinheiro tem sido consumido em "outdoors" coloridos, em comícios, propaganda em alto-falantes pelas ruas. Cartazes de todos os tamanhos foram espalhados pela cidade.

Tem aumentado, no entanto, o número de sofredores de rua, dos catadores de papel, ferragens, garrafas e toda espécie de objetos. De madrugada, às vezes, encontramos vários carrinhos disputando a mesma área numa luta pela sobrevivência.

É pena que num momento de crise, quando tantos irmãos sofredores conseguem apenas enganar a fome, não tenhamos descoberto métodos mais simples e econômicos de fazer propaganda política.

Daqui a dias, as grandes cidades do País estarão escolhendo seus prefeitos. Seja-nos permitido fazer algumas sugestões em benefício dos empobrecidos e marginalizados.

O ideal seria que as oportunidades de trabalho crescessem a ponto de atrair de novo muitos dos que nem acreditam mais na possibilidade de um emprego. Enquanto esperamos este dia, há duas necessidades de indiscutível urgência: comida e moradia. O alimento e a pensão fogem cada vez mais do alcance dos empobrecidos. Uma vaga malcheirosa em porão de casa velha custa mais do que Cr$ 150 mil. Nesses quartos, o barulho, a bebida, a falta de higiene impedem o descanso. Para muitos não resta mesmo senão a rua.

Assim, é nas praças e ruas que vivem, mendigam, vendem bugingangas e continuam catando papel velho. Com o passar dos meses, parece até que se habituam a esta vida sofrida, insegura e marginalizada. Passam de milhares as crianças que vivem desse jeito. Quem de nós não as encontra pela rua?

Esta situação pode e deve ser transformada.

Algumas iniciativas são de rápida implantação. Albergues e pensões populares à semelhança de algumas já existentes, se multiplicadas em vários bairros, já permitiriam o descanso, o alimento e a progressiva retomada do trabalho.

Para os que fossem refratários à reinserção na sociedade organizada e que preferissem ainda permanecer pelas ruas, é sempre possível oferecer refeição a preço simbólico.

No Panamá existem os "comedores públicos". Nestes lugares, pessoas, capazes de compreendê-los, procurariam pelo diálogo oferecer-lhes amizade, apoio e condições de superarem seu estado.

É este contato sincero, interessado no bem do próximo, que mais tem dado resultado para a recuperação progressiva dos sofredores. As longas horas de conversa conseguem abrir o coração, restabelecer a confiança e permitem até a volta ao trabalho. O segredo está em amá-los, em respeitar a situação concreta em que vivem, descobrindo seus méritos, a coragem teimosa de viver cada dia mais um dia na esperança de algum alimento ou biscate.

O trabalho realizado pelos Grupos de Alcoólatras Anônimos –AA– tem um inestimável valor. A dedicação dos que passaram pela mesma experiência e conseguiram libertar-se da bebida é o mais forte fator da recuperação para os que julgavam perdidos.

O problema da segurança pessoal e familiar, sem dúvida, é importante numa cidade como São Paulo. Há atos de violência e brutalidade inaceitável. No entanto, a grande solução para a convivência pacífica está em promover condições de vida mais dignas para as classes desfavorecidas.

Sem amor, sem diálogo fraterno, a reintegração social torna-se sempre mais difícil. Quem quiser trabalhar a serviço dos sofredores de rua deve respeitá-los, procurar compreendê-los, partilhar um pouco de sua vida e despertar, assim, neles a vontade de acreditar na solidariedade humana.

Nossos votos do dia 15 são para que, na lista das iniciativas a serem empreendidas pelos que vão ser eleitos, constem, em primeiro lugar, os sofredores de rua, catadores de papel, mulheres, crianças empobrecidas e abandonadas.

É isto que pedimos a Deus.

Agora, mãos à obra

16/11/1985

Por esta vez a campanha prometia ser o momento de reflexão para toda a cidade. Homens cultos, conhecedores da vida do povo, poderiam ter nos comunicado mais da sua experiência. Teríamos aprendido muito nos horários de televisão, se tivessem nos colocado mais a par dos programas e projetos para o bem de São Paulo. Foi pena. Teria sido um espaço valioso para a educação política, abrindo perspectivas para o envolvimento e participação do povo nos problemas da cidade.

Nossa família vai bem, quando todos se estimam, respeitam as diferenças e colaboram para o bem comum. Assim, em escala maior, deveria acontecer em nossa cidade: cada um empenhado em buscar o bem dos demais e todos participando com sugestões e o próprio trabalho.

Ontem o povo compareceu ordeiro e demonstrando que leva a sério a escolha do prefeito. Foi forte, durante a campanha, o interesse pela eleição. Ao prefeito e seus assessores caberá, agora, despertar e valorizar a participação popular. É preciso ouvir o povo, seus problemas, anseios e propostas. Aqui há algo de novo a ser feito.

Para ouvir o povo, será necessário que ele possa falar de modo organizado. É tempo de potenciar mais as administrações regionais, dividindo-as em setores e favorecendo a formação de conselhos que venham abrir lugar para um crescente amadurecimento na participação dos moradores da mesma área metropolitana. Acredito que estes conselhos deveriam se constituir a partir das forças vivas dos bairros, unindo seus membros para além da filiação partidária. Há várias formas possíveis. O importante é que o povo possa cooperar.

Fica o apelo e o desafio para o novo prefeito.

Nestes dias o povo falou e muito. Lembrou seus sofrimentos. Acreditou em promessas. Vibrou com propostas, agora está aguardando a vez de participar.

Um dos problemas que angustiam a zona leste é o da moradia. A população dos cortiços vive em condições de miséria. Urge uma nova política habitacional. O dia 11 de novembro marcou um avanço na promoção de casas populares, com a colocação dos três níveis de governo voltados, enfim, para um projeto que beneficie as faixas de menor poder aquisitivo. Vale como semente. Só que deve crescer muito para trazer alívio real à população paulistana. Por enquanto continua dramática a luta por um quartinho de aluguel.

Ouviu-se ainda a voz do povo falando de segurança pessoal e humanização da polícia, de carestia dos alimentos, atendimento nos postos de saúde, preço do transporte e educação para os filhos. Aqui, parece-me estar uma das maiores responsabilidades para o novo prefeito. Será a de dar seguimento à política do Dr. Mário Covas e dona Marta Godinho no desenvolvimento de creches e centros educacionais para crianças. Souberam confiar na comunidade e promover centenas de convênios com entidades particulares. A atual administração municipal será lembrada por esta iniciativa bem-sucedida.

Nesta madrugada, os catadores de papel fizeram a festa, amontoando tudo nos carrinhos.

Doze mil apuradores aceleram os resultados da eleição. Depois dos comícios e rivalidades, competições, camisetas e botões, fica o desafio para o novo prefeito e todos nós.

O sofrimento do desemprego que martiriza tantas famílias aguarda imediata solução. Em nome das crianças empobrecidas de São Paulo, uno-me a tantas vozes para solicitar já o aumento de menores atendidos. São aproximadamente cem mil. Para o próximo ano, é indispensável duplicar este número. Assim, em breve atingiremos todas as crianças de São Paulo. Fala-se tanto em humanizar nossa cidade, com prédios, praças e flores. Por favor, primeiro as crianças.

Para além dos ressentimentos e decepções, vamos agradecer a Deus a vibração democrática, a liberdade e a alegria de votar. Foi bom.

Agora, mãos à obra.

O prêmio e a herança de Dr. Alceu

14/12/1985

Na noite de quinta-feira, em ato solene no Rio de Janeiro, foi convidado o presidente José Sarney a assumir, a exemplo do que fizera Tancredo Neves, a presidência do Centro Alceu Amoroso Lima para a Liberdade.

Quem entrasse no salão contemplava diante de si, no fundo do palco, três enormes painéis de Dr. Alceu, ensinando, plastificando o pensamento com o gesto vivaz das mãos e caminhando, decidido, com o olhar para o alto, a sonhar e a alimentar a esperança, feliz como quem percebia a presença de Deus agindo na história. Era essa sua grande mensagem: Deus ama o homem e se compromete com sua felicidade. Para Alceu, o amor – embora devagar – vai vencendo o mal no coração dos homens. Fazia bem a todos fixar os olhos naquela imensa fotografia de Alceu, transmitindo vida, amor à liberdade e confiança no futuro.

Foi nesta atmosfera de amizade e esperança que se encontraram na sala, para além de partidos e idades, mulheres e homens, representantes do pensamento, da política, da arte e do compromisso com a vida do povo. Filhos, parentes, amigos de todas as horas, estavam ali unidos na grande família de Alceu. Revivia neles o espírito sereno, universal e fraterno do mestre.

Havia algo de diferente, uma espécie de trégua nos confrontos ideológicos e nas competições estéreis.

Havia – coisa rara – um ambiente de paz e de misteriosa confiança nos valores que nascem da justiça e da liberdade. Homenageando Alceu, sua fé tão firme e transparente, parecia até que Deus se fazia presente no meio de nós.

Sem necessidade de muito falar, a impressão era de que se renovava em todos o amor à verdade e à vontade de fazer feliz o próximo, que Alceu recebera nas longas horas de contemplação. Era como se estivéssemos juntos, rezando com ele e aprendendo com Deus o valor da pessoa humana e de sociedade fraterna.

Para celebrar a vida de Dr. Alceu por ocasião de seu aniversário, foram homenageados aqueles que mais se distinguiram na defesa e promoção da liberdade.

Moacir Félix de Oliveira ganhou o prêmio de poesia. Mereceu o governador de Brasília louvor pela superação no caso Mário Eugênio. Houve menção de honra ao Conselho de Condição Feminina em São Paulo e ao Conselho de Justiça, Segurança Pública e Direitos Humanos no Rio de Janeiro. Em nome do povo que representam, receberam estes prêmios o governador André Franco Montoro e o vice-governador Darcy Ribeiro.

O Centro Alceu quis, no entanto, atribuir o prêmio especial, pelo ato exemplar de dedicação e amor à justiça, a um jovem humilde sacerdote que, no dia 24 de julho de 1985, vítima de uma emboscada, crivado de balas, tombou nas estradas de Cacoal, na fronteira de Mato Grosso e Rondônia. O brutal assassinato de padre Ezequiel Ramin deu-se ao sair da fazenda de Catuva, em Aripuanã. O missionário acabava de visitar centenas de posseiros, associando-se a eles na promoção de seus direitos, mas exortando-os a buscar soluções, sem violência, no pleno respeito à justiça. Padre Ezequiel é exemplo de doação evangélica à causa da paz social em meio aos conflitos de terra.

Além de soma em dinheiro destinada, em nome de padre Ramin, aos posseiros de Cacoal, o Centro Alceu, pelas mãos do Dr. Sobral Pinto, ofereceu um símbolo que será enviado à veneranda mãe do sacerdote. Trata-se de um bronze artístico encravado em pequena base de mármore. Representa um elo quadrangular que não chega a se fechar. As partes terminais de um lado não se soldam. Resta uma fenda no bronze. Isto lembra que a justiça humana é imperfeita.

Assim também é hoje o caso de Cacoal. O processo-crime na comarca de Cuiabá está apenas começando. Em três meses, dos 350 posseiros que viviam na área até a morte de padre Ramin, nenhum se encontra mais no local. Foram espancados, expulsos e seus barracos destruídos.

Na noite de quinta-feira passada, compreendemos melhor o simbolismo da fenda no bronze destinado à mãe de padre Ramin. É para fechar a fenda, promovendo a justiça a que Alceu Amoroso Lima entregou sua vida. Na noite a ele consagrada cresceu a confiança.

Do presidente da República, ministros e governadores aos mais simples participantes, a todos, ficou como herança de Alceu o compromisso de fechar a fenda, de despertar a esperança, de fazer justiça plena aos posseiros de Cacoal e de todo Brasil.

Trânsito e liberdade de expressão

18/01/1986

Há dias, numa cidade do interior de São Paulo, um automóvel entrou com velocidade na contramão. Dezenas de metros à frente, um passante com rara amabilidade advertiu o motorista do engano. Este agradeceu e acertou logo a direção. O aviso era em benefício dos passageiros e dos demais usuários da rua.

Sem regras de trânsito e sem sinalização, sucedem graves acidentes. É claro que não bastam sinais. Requer-se, também, a constante educação do povo para que entenda a razão das regras e se disponha livremente a respeitá-las. Compreendemos, ainda, que a própria sociedade deve zelar para que todos cumpram as regras e, se alguém a elas desobedece, deve ser advertido em vista do bem próprio e comum. É por isso que se institui um corpo de servidores públicos com a missão de assegurar o reto funcionamento do trânsito.

Não há democracia, nem convivência social, sem harmonia entre a minha liberdade e a do próximo.

Tudo isso nos é por demais familiar e evidente.

Embora todo exemplo seja de algum modo deficiente, podemos, com facilidade, entender a aplicação.

Que pensar da total liberalização de espetáculos em teatros, cinemas e programas de televisão?

O ideal seria que o autor de novelas, enredos de filmes, ou anúncios comerciais, procedesse sempre de acordo com a verdade e os valores decorrentes da dignidade da pessoa humana. Pode, no entanto, acontecer que, embora usando com genialidade da expressão artística, atente contra a verdade, distorcendo fatos, lesando a fama das pessoas ou, até, desrespeitando os princípios éticos e as convicções religiosas dos demais. Pode, ainda, suceder que se pretenda difundir e divulgar a criação do autor pelos meios de comunicação social. Neste caso, a sociedade tem o direito e a obrigação de zelar pelo bem comum. Será que a liberdade de expressão e divulgação não tem, também ela, o limite natural da verdade e do acatamento aos fundamentos básicos da convivência humana?

Não é lícito ofender e caluniar ninguém, nem deturpar voluntariamente a fama do próximo. À sociedade compete o dever de salvaguardar o direito que cada um tem à própria reputação, convicções morais e religiosas.

Não seriam necessárias cercas, chaves e cadeados se todos respeitássemos a propriedade alheia. Havendo violação, cabe apelar para a sociedade. Sem isto a arbitrariedade da força ou da loucura viria a prejudicar gravemente o direito que os cidadãos têm à convivência pacífica.

No caso de programas de TV e filmes a serem exibidos com grande e acintosa publicidade gravemente ofensivos à verdade e aos princípios éticos, não pode a sociedade se omitir.

Uma censura meramente classificatória, que apenas adverte sobre eventuais desmandos é semelhante a um sistema de trânsito que só tivesse sinalizações, sem que ninguém se preocupasse com o cumprimento das regras.

Isto de nenhum modo significa que se aceite ou pretenda uma censura arbitrária e sem critérios. A emenda seria pior que o soneto. Mas, na sociedade, haverá sempre pessoas que merecem a confiança dos demais, pelo seu discernimento, bom senso, prudência e amor à liberdade.

O ponto principal da questão não está na censura eventual, embora necessária à convivência social. Voltemos ao exemplo do trânsito. O que mais importa não são os sinais, regras e guardas, mas o empenho dos cidadãos em dirigir corretamente o carro, cuidando da vida própria e de seus semelhantes. Assim, o importante é a formação para o amadurecimento ético e o exercício da liberdade no pleno respeito à verdade e a dignidade humana.

Toda a recente polêmica sobre censura de filmes e espetáculos, no fundo aponta para algo mais sério. Quando o sistema de defesa de valores é acionado, isso significa que esses valores estão sendo lesados na sociedade. Nem deixa de ser lamentável o fato de que a insistência pela liberalização de espetáculos, que divulgam a pornografia e a licenciosidade e atentam contra as convicções religiosas, não esteja ligada à temática filosófica da liberdade, mas a razões de maior lucro das produtoras distribuidoras.

Mas do que discutirmos sobre a conveniência de certos filmes, evidentemente inaceitáveis, torna-se urgente intensificarmos a formação da consciência e do caráter. Sem isto, não entenderemos nem a censura, nem a própria liberdade. O que está em questão é a construção da sociedade fraterna, cuja base é a dignidade da pessoa humana.

Caminhar juntos

25/01/1986

O Concílio Vaticano II, cujas riquezas ainda não aprofundamos bem, lembra-nos que a dignidade da pessoa humana está em ser criado à imagem e semelhança divinas. O homem é feito para sair de seu individualismo e entrar em comunhão de vida com o próprio Deus e seus irmãos. O egoísmo atrofia e bloqueia o que em nós há de mais fundamental: a abertura ao outro da capacidade de amar. Por outro lado, entendemos como as experiências de comunhão e participação promovem a alegria e a realização da pessoa humana.

Neste contexto captamos melhor a importância dos processos que geram a vida em comunidade e a colaboração interpessoal. A sociedade nova, fulcrada na justiça e no amor, vai sendo construída pelos gestos pequenos e despretensiosos de serviço ao próximo.

Alguns exemplos revelam a criatividade e fortaleza dos que aprendem a se unir e a caminhar juntos. Se o mundo parece, às vezes, condenado à divisão e ao isolacionismo, temos que saber, no entanto, descobrir a ação de Deus, despertando sempre mais a gratuidade do amor, a coesão da amizade e o devotamento aos demais. Nosso povo simples nos dá, todos os dias, lições preciosas de vida comunitária.

No Jardim Adutora da zona leste vem progredindo a iniciativa da cozinha comunitária. O bairro é de operários que lutam com evidentes dificuldades para manter suas famílias. Reúnem-se, então, grupos de mulheres para preparar em comum a refeição diária. Isto já acontece, com sucesso, em bairros pobres de Lima, no Peru. Distribuem os trabalhos em rodízio. Um pequeno grupo planeja o cardápio da semana, outro se responsabiliza pela compra dos mantimentos, outro, ainda, cozinha a comida. Tudo é feito com ordem, alegria e sabedoria popular.

Cada família leva sua porção e faz a refeição na própria casa para assegurar a intimidade do lar. Vale a pena acompanhar esta experiência. Aprendem sempre mais a se conhecerem, a cozinhar e a se organizar. O custo módico é dividido entre os membros do grupo. Nem deixa de haver especial consideração pelos mais pobres.

Outro exemplo é o já famoso "cinco a dois". Continua acontecendo no bairro vizinho de Santa Madalena. Unem-se sete famílias, sendo que duas enfrentam o problema do desemprego. As outras componentes do grupo assumem o encargo da compra em comum, que é dividida entre as sete famílias. Ao mesmo tempo em que assim se ajudam, todos procuram trabalhar para os que não tem. Quando o emprego é obtido, passados alguns meses, o grupo se reorganiza para atender a outros lares sem recursos.

É preciso acreditar no espírito criativo das formas associativas populares. Foi, pois, com justa admiração que presenciamos, na última quinta-feira, o lançamento, em Brasília, do programa de apoio às organizações de pequenos produtores rurais do Nordeste. Trata-se de um projeto inteligente e que merece aplausos, pois valoriza as cooperativas, os sindicatos e as modestas organizações de trabalhadores do campo, que sem isto não disporiam de meios suficientes para desenvolver o cultivo da terra. O que há de característico no programa é a confiança nas formas de organização comunitária entre os mais simples. Conforme o plano da Sudene, os próprios camponeses são chamados a se pronunciar sobre a concessão de recursos em cada caso particular. O repasse se dá de modo rápido e direto. O programa assinado pelo presidente Sarney é inovador. Parece, afinal, que estamos descobrindo o caminho. Seja logo agilizado o plano para que possa trazer novo ânimo aos trabalhadores sofridos do Nordeste.

Mais um fato. Funcionam na periferia e áreas pobres da cidade de São Paulo inúmeros centros educacionais. São, muitas vezes, fruto do lento caminhar da comunidade local que assumiu o atendimento e educação alternativa dos próprios menores. As pessoas do bairro conhecem o jeito das crianças e sabem manter ligação com suas famílias. É justo esperar que continuem promovendo os convênios com associações e grupos de bairro. Isto permite auxiliar de modo simples milhares de crianças e oferece ao povo a alegria de participar efetivamente na educação de seus filhos.

Temos mesmo é que caminhar juntos.

Um caso curioso vale como parábola. Há semanas, a monitora do Centro Sinhá levou um bando de crianças para andar de metrô. Uma festa. Entravam e saiam nas estações, dando-se as mãos para que ninguém se desgarrasse. Numa das paradas, uma criança que não era do grupo andou mais depressa, descuidou-se e caiu entre o vagão e a plataforma. Momento de susto. A monitora percebeu logo e puxou o menino para cima, salvando-o do perigo. Um dos menores, refeito do espanto, concluiu com ares de sabedoria:

"É isto que acontece quando a gente anda sozinho. Viu como é bom a gente estar na comunidade?"

Vale para nós também. Bom mesmo é caminharmos juntos.

Os companheiros de Pedro Nordestino

01/03/1986

Em volta do lago de São José do Belém como em tantas outras praças de São Paulo vivem vários sofredores de rua. Um deles era Pedro Nordestino. Através dos dissabores da vida, tornou-se aos poucos um mendigo. Nem jovem nem velho, tinha alguma instrução e bons sentimentos. Era casado. Nunca disse por que se separou da mulher e dos filhos. Quando o conheci, falava pouco e trazia na face a marca do sofrimento.

Um dia resolveu sair da miséria. Arranjou roupa decente e empregou-se num escritório. Um amigo pagou a hospedaria por um mês. Parecia que tudo ia dar certo. Andou limpo por um tempo. Depois, desanimou e voltou à triste vida de antes, perambulando pelo bairro e dormindo na praça.

Há meses Pedro, atacado a pauladas por um outro sofredor, ficou com o braço quase inutilizado. Refeito, passou a catar papel com ajuda de um companheiro. Numa dessas andanças, descuidou-se e foi atropelado por um carro. Com a perna engessada, apoiado num cabo de vassoura, permanecia parado ali na praça. Entregou-se à bebida. Na última terça-feira, Pedro passou a noite num galpão abandonado. Conversou ainda com um companheiro de infortúnio, acusando-se de dores de estômago. Pediu um copo de leite e faleceu ali mesmo. Neste ano, Pedro é o terceiro a morrer abandonado no Largo do Belém.

O número dos sofredores de rua é cada vez maior. São outros Pedros, perdidos pelas praças e terrenos baldios. Às vezes, à noite, unem-se entre eles e ajudam-se um pouco. Mas precisam do apoio da sociedade para sair da situação em que se encontram. Onde dormir e comer? Como obter roupa apresentável? Para os que estiveram na prisão é quase impossível conseguir trabalho.

Há grupos beneméritos, como a Organização do Auxílio Fraterno, que atuam na cidade, procurando fazer o bem aos sofredores de rua. Não conseguem, no entanto, vencer o enorme desafio do número crescente dos que o consumismo vai colocando à margem da vida.

O caso de Pedro Nordestino nos faz refletir diante de Deus em nosso compromisso com estes irmãos sofredores.

A Secretaria Estadual e Municipal do Bem-Estar Social poderá ajudar, criando alguns serviços mais urgentes de apoio.

Em alguns pontos da cidade é indispensável que haja albergues populares, simples e limpos, onde os pobres possam ser acolhidos, ouvidos, tomar banho e dormir. Organizações e comunidades de voluntários, com subsídios do governo, assumirão esta tarefa a exemplo de algumas iniciativas já existentes.

Outro serviço é o de dar comida a quem tem fome. Vale aqui toda força do Evangelho para nos motivar. Não será tão difícil assim, por meio de associações de amigos do bairro, comunidades e paróquias, oferecer a refeição básica aos carentes, estimulando-os, no entanto, a retornarem a vida de trabalho. As lojas do bairro poderiam se cotizar para manter este restaurante que garantiria alimento a preço simbólico de alguns cruzados.

Mais importante ainda é o auxílio para obter emprego e documentação. Pouco a pouco irão se tornando capazes de trabalhar e reencontrar, sempre que possível, o núcleo familiar. Restaria, é verdade, um grupo refratário a estes serviços de apoio, habituados à bebida e até ao tóxico. Para estes, serão necessários cuidados especiais por parte da comunidade.

Houve, há anos, uma iniciativa notável no Tatuapé. Reuniram-se lojistas, membros de comunidades e outros voluntários para, em conjunto, programar os serviços básicos à população local, começando pelos mais pobres. Valeu como experiência. Só que durou pouco. O jeito é fazer novas tentativas até acertarmos a fórmula.

A morte de Pedro Nordestino deve nos questionar mais seriamente. Fica o apelo à Secretaria de Promoção Social para que volte ainda mais atenção aos carentes, para que tenham quanto antes condições dignas de vida.

Pedro, pedimos perdão a Deus e a você por não termos feito o que devíamos. Aí, perto de Deus, ensina-nos a descobrir a fraternidade para com os amigos e companheiros que ficam nas praças e ruas da cidade.

Cruzeiros e cruzados

08/03/1986

As novas medidas econômicas surgiram como tratamento de choque. Mesmo assim nosso povo as acolheu com surpreendente tranquilidade e até alegria.

As crianças aprenderam logo a falar de cruzados em vez de cruzeiros. Nestes dias ouvimos expressões que, em sua concisão, revelam a anuência do povo: "agora sim a coisa vai". Este aval popular equivale a um plebiscito. O povo saiu às ruas para conferir os preços.

No fundo o que se manifesta é o anseio de frear a galopante infração. Os mais pobres são também os que mais sofriam os efeitos da constante majoração de preços.

Pode-se dizer que se faltou a consulta prévia ao povo, pela própria natureza do tratamento de choque, por outro lado, o enorme consenso popular veio confirmar a decisão presidencial. Não há dúvida de que as medidas correspondem às expectativas da maioria.

Há, no entanto, alguns aspectos que precisam ser considerados para o bom sucesso das medidas.

Afirmou-se a intenção de beneficiar os mais pobres. É, então, indispensável que se compense o sofrimento de eventuais detrimentos salariais não só com a estabilidade de preços, mas com investimentos para a promoção de condições mais dignas de vida para o povo: serviços de saúde, melhoria dos transportes e planos habitacionais, e rapidez no atendimento a calamidades. Vale como exemplo a situação dramática de quarenta famílias no jardim Elba, na zona leste, vítimas das enchentes, que depois de dois meses ainda aguardam uma área para nela construir seus barracos.

O combate à inflação requer a cooperação de todos. O processo iniciado não padece marcha a ré. Neste sentido é preciso assegurar a maior participação popular, graças a constante informação, consultas e aberturas de espaços para a atuação do povo. Surge, assim, a ocasião de se valorizar a contribuição das comunidades, sindicatos, cooperativas e demais corpos intermediários. O programa de apoio às organizações dos pequenos produtores rurais do Nordeste, lançado em janeiro, já reconhecia a importância dos projetos comunitários.

Há outro aspecto desta reforma econômica que vai sendo descoberta pelo povo: é a primazia do trabalho sobre o capital. Com efeito, este é, talvez, na linha dos princípios, um dos frutos mais positivos das atuais medidas. Constitui-se como semente de um novo tipo de sociedade mais solidária que pode corrigir na raiz as formas de capitalismo selvagem. As fortes restrições ao rendimento abusivo do capital tornam a multiplicação de empregos uma das melhores formas de investimento atual, com o consequente benefício social. É provável que assim se incentive o mercado interno, graças ao discernimento das reais demandas populares. Isto vale, em especial, para o desenvolvimento agrícola, que poderá ser dinamizado pelo programa pacífico e mais eficaz de reforma agrária. A este respeito deverá corresponder, também a agilização do Judiciário para que não haja bloqueio às desapropriações requeridas para o rápido assentamento dos sem-terra.

Política

O dinamismo da primazia do trabalho sobre o capital, esboçado de forma embrionária nas medidas de choque, ajudará a gerar, aos poucos, as linhas mestra da sociedade justa e fraterna que o Papa João Paulo II enuncia em sua Encíclica "Laborem Exercens".

Não faltam técnicos capazes em nosso Brasil. A prova são as medidas que estão aí. Tudo isto, porém, será muito difícil de se aplicar se não houver uma atitude interior de conversão, com renúncia à ganância e ao lucro desmedido. A tentação voltará sempre de buscar modalidades de corrupção e ganho fácil. Nos anos de inflação, quando os magros recursos do povo eram cada vez menores, houve grupos que aumentaram de modo desproporcional os lucros.

Um exame de consciência diante de Deus neste tempo de Quaresma e Campanha da Fraternidade ajudaria a todos.

Não podemos ser apenas espectadores nem mesmo fiscais de preços. Nossa contribuição cívica é maior. Trata-se de reencontrar e promover a verdadeira hierarquia de valores, subordinando as decisões políticas às exigências éticas e as metas econômicas à dimensão social.

O que está em questão não são cruzeiros nem cruzados. É a dignidade e o respeito à pessoa humana.

Por uma nova ordem constitucional

19/04/1986

Passaram depressa estes dez dias da 24ª Assembleia da CNBB. Para muitos dos 350 participantes a impressão era de que se voltava aos anos do seminário. Horários regidos ao som da sineta. Estudo e oração em comunidade. Alegria simples e fraterna. Mesma hora para levantar e entrar em fila no refeitório. Parecíamos reviver a disciplina de ouros tempos. A novidade, à noite, foi o binóculo, passando de mão em mão, para ver o cometa de Halley no céu sem poluição de Itaici.

O ambiente quase bucólico do imenso casarão nos prados de Indaiatuba foi cenário de uma Assembleia inesquecível para os bispos católicos do Brasil.

Primeiro por causa do assunto principal escolhido: A Nova Ordem Constitucional. Amplamente debatido, nas dioceses e comunidades, o texto passou por algumas milhares de emendas e chegou à Assembleia numa redação já bem aprimorada. Numa primeira fase distribuíram-se em vinte grupos de membros da Assembleia para estudar a missão da Igreja na atual conjuntura nacional. Tem ela o dever de contribuir com critérios e valores éticos que ajudem a iluminar o processo constituinte. A seguir, formaram-se quatro miniplenários para debate e aperfeiçoamento do texto referente à ordem social, política, econômica e cultural. No quarto grupo entrava ainda a ordem internacional. Foi uma experiência válida de intensa participação, numa tentativa de expressar com rigor os pontos necessários à construção de uma sociedade justa.

No horizonte constante de toda a Assembleia, nos círculos de estudo, sessão de oradores, redações e votação de textos, estava presente o nosso povo, seu sofrimento, anseios e esperança. Os 170 parágrafos que sintetizam a Declaração Pastoral de Itaici não são um documento terminado. Pelo contrário, constituem apenas um instrumento de trabalho para as comunidades que poderão aí encontrar um incentivo a participar mais na elaboração da nova Constituição. O documento aí está oferecendo a todos a quem possa servir. Explicita critérios inerentes à dignidade e direitos da pessoa humana. Ajudará aos cristãos a assumir, com decisão e audácia "uma prática social e política comprometida com a luta pela justiça e com a causa dos empobrecidos", sem pagar pedágio a posições ideológicas incompatíveis com a fé cristã.

O texto abre afirmando a intenção de avançarmos na direção de uma sociedade participativa, responsável e livre em suas condições de auto-organização e que supere todos os tipos de marginalização. "Todo ser humano é portador de uma dignidade inviolável e sujeito de direitos e deveres que o dignificam, em sua relação com Deus como filho, com os outros homens como irmão e com a natureza como senhor". É preciso que o reconhecimento formal dessa dignidade seja traduzido na promoção de condições concretas para realizar e reivindicar os direitos fundamentais de todos os homens e de todas as mulheres.

Os cristãos deverão, sem cessar, procurar promover mudanças profundas e construtivas que levam a uma sociedade segundo os desígnios de Deus.

A 24ª Assembleia foi notável ainda porque, além do tema principal, enfrentou uma larga pauta de assuntos pastorais e jurídicos de comunicações e depoimentos. Marcou-nos a todos a série de testemunhos sobre conflitos de terra no Maranhão, Goiás, Mato Grosso e Roraima. Nesse contexto sobressaiu a decisão de participar efetivamente na celebração do Ano Internacional da Paz, em união com a iniciativa do Santo Padre, que convoca todas as Igrejas e religiões para a cidade de Assis, no dia 27 de outubro deste ano. A exemplo de São Francisco, a paz nasce do amor e do perdão.

Ouvindo as notícias dos atentados terroristas do bombardeio na Líbia, sentimos na carne a angústia e o anseio de uma paz sem fronteiras, para além de ideologias contrastantes e ressentimentos. No Brasil esta paz não acontecerá sem uma repartição mais equitativa da terra.

Mais do que o cometa Halley, maravilhou-nos a visita do Cardeal Gantin. É africano o cardeal prefeito da Congregação para os Bispos. Alto e sereno falou-nos dos escravos no Brasil, que de volta para Benin levaram a fé da Terra de Santa Cruz. Agora, era ele que nos cativava com sua presença afável, inteligente e sempre disponível. Trouxe-nos um dom de inestimável valor: a mensagem do Santo Padre aos bispos e ao povo brasileiro. Lida na capela, a mensagem foi saldada de pé com aplausos e o canto do Aleluia. Inesquecível. Palavras de amizade, esperança e compromisso. O Santo Padre nos convida a desempenhar um papel importante e dedicado: romper a pretensa fatalidade dos sistemas, capitalismo desenfreado e coletivismo do Estado, para buscar uma sociedade baseada na fraternidade e na concórdia, na verdade e na caridade. Isto requer a árdua educação para a liberdade, a luz da salvação realizada por Jesus Cristo.

Esta Assembleia foi uma graça de Deus. Agora o dever de colocá-la em prática. Espero que uma graça assim tão grande volte mais vezes que o cometa Halley.

O reator de Chernobyl

10/05/1986

Acompanhamos atônitos a situação dos habitantes de Chernobyl e de seus arredores.

Que estará de fato acontecendo? Uma catástrofe que surpreende a todos nós e cujas consequências são imprevisíveis. As notícias são ainda incompletas, mas a apreensão é enorme.

Há corpos contaminados por irradiações. Há nações inteiras apavoradas com a nuvem radioativa. Teme-se o efeito do derretimento em cadeia. A agricultura foi gravemente atingida. A ciência humana percebe, mais uma vez, seus limites.

Já não temos só guerras e bombardeios. Agora, temos que nos perguntar: Que sucederá quando houver acidentes maiores em outros reatores? A humanidade vai então se conscientizando de que tem o triste poder de se autodestruir. Maneja forças que não consegue dominar. Ninguém pode prever o que acontecerá.

O incêndio do reator de Chernobyl é o pior desastre da história da indústria nuclear.

Será que isso não nos leva a refletir sobre o futuro da humanidade? Que tipo de convivência desejamos construir? Até hoje as nações se armam no afã não só de defender-se, mas de dominar as demais. A política da dissuasão pelo confronto do gigantesco poderio militar veio até hoje inebriando as grandes nações e destinando recursos absurdos para a indústria da guerra. Daí surgiu uma aceleração da corrida armamentista e a competição irreversível para deter a hegemonia sobre as demais. Lembremo-nos ainda do surto terrorista e das reações brutais que provoca. No fundo é o descrédito de uma ordem internacional baseada no diálogo.

Hoje, nossa geração deveria meditar na cena final do "Day After" e questionar-se se não é o caso de conter em tempo o processo destruidor das culturas e até do planeta. Ainda é tempo de frear a helicoidal da violência e da loucura.

Por incrível que pareça estamos em pleno Ano Internacional da Paz. Como contribuir para o efetivo advento da concórdia universal? A catástrofe de Chernobyl ajuda-nos misteriosamente a repensar o relacionamento humano.

A ciência dos grandes blocos não pode estar maciçamente a serviço da guerra e da desconfiança entre os povos.

Temos que reaprender a confiar uns nos outros.

Mais do que isso. É preciso que a pessoa humana se volte para Deus, Senhor da vida e da história, Pai dos homens que, para além do nosso egoísmo e loucura, dá-nos coragem para acreditar na força da justiça, na verdade do perdão e no sorriso das crianças. Sejamos humildes. Sem Deus continuaremos a nos desentender e a edificar novas torres de Babel.

Estamos convocados, não pelo medo, mas pela esperança a erguer os olhos ao Pai da Vida, rogando-lhe que desarme nossos corações, tire de nós o ódio e a vingança e abra-nos à solidariedade fraterna.

Os jornais e cartazes anunciam o dia das mães com mensagens de afeto e gratidão. Rosas. Presentes. O coração de mãe será sempre a prova de que a vida é possível. Vale mais do que o reator de Chernobyl. O amor é maior.

Promover a reforma agrária

24/05/1986

Tive ontem a oportunidade de participar de uma tarde de reflexão sobre a reforma agrária. Estavam presentes também membros da Confederação dos Trabalhadores na Agricultura, da Associação Brasileira de Reforma Agrária (Abra). A preocupação comum é a de promover a dignidade da pessoa humana, que inclui a realização da justiça social no campo. A reforma agrária funciona como um instrumento para alcançar esta meta. Temos que ajudar a tornar o Plano Nacional de Reforma Agrária (PNRA) cada vez mais adequado às legitimas aspirações da população rural.

No fim do dia os pontos convergentes foram reunidos num texto de duas páginas.

Contém o texto a vontade decidida de colaborar para a ascensão do homem do campo. Denuncia a ação organizada dos que resistem sistematicamente à reforma agrária no Brasil. Rejeita falsas acusações e calúnias contra os que se empenham em promover a justiça social. Mais forte é o repúdio à violência que maquina e executa líderes de comunidades e sindicatos. Apela para as autoridades federais e estaduais, insistindo que atuem com prontidão e vigor. Não podem se repetir nem permanecer impunes semelhantes crimes. Torna-se igualmente imperioso que o governo apure a veracidade das notícias sobre importação de armas e criação de milícias privadas.

A reflexão serviu para estabelecer uma distinção definida entre o fenômeno da grilagem ou ainda da "invasão", que, até pela violência, pretende apropriar-se estavelmente de propriedades alheias – o que deve ser repudiado –, e por outro lado outras formas de pressão democrática, como passeatas, acampamentos, ocupações transitórias e pacíficas, que procuram demostrar à sociedade a situação de extrema necessidade de grupos, na intenção de alcançar uma solução adequada e urgente por parte do poder público.

São quarenta acampamentos, doze mil famílias espalhadas por todo o Brasil. Só na área Annoni há 6.200 pessoas. Como aguentar durante tantos meses a vida num acampamento? Cresce o cansaço, fruto de espera prolongada, diminui a paciência com descrédito para com a capacidade de decisão das autoridades. O que mais entristece é a resistência pertinaz por parte de grupos que se organizam para impedir a reforma agrária. A solução destes casos urgentes teria um alto valor simbólico, demonstrando a sinceridade das intenções e realimentando a esperança de que, de modo pacífico, podemos construir uma sociedade mais solidária e fraterna. Fica aqui um apelo para que não se frustre a expectativa de milhares de acampados.

Por que tanta resistência à reforma agrária?

Pouco a pouco, aceita-se a intervenção para resolver conflitos sociais. Concorda-se também quanto à necessidade de combater a improdutividade da terra por uma adequada política tributária. Há, no entanto, quem resista a uma nova ordenação na distribuição da terra, arguindo a partir de critérios de produtividade das empresas rurais. Vale aqui considerar a importância axiológica do direito que a pessoa tem, à luz de Deus, de encontrar trabalho, de modo livre e digno, também pelo acesso à propriedade de terras e pela participação nas decisões que lhe dizem respeito. Estes valores que são vitais não ficam resolvidos pelo critério de mera produtividade das grandes empresas rurais. Aliás, os níveis de produtividade das grandes empresas rurais, para certas culturas, são inferiores aos das pequenas propriedades.

Finalmente. Insiste-se sobre o direito e a justiça agrária e sobre a necessidade de formas mais ágeis e imediatas de atuação por meio de um sistema judiciário federal para as questões de terra nas áreas de conflito.

Novos assassinatos nestes dias demonstram que a resistência à justiça social no campo está misturada de pecado.

A reforma agrária não é só questão política. Ela passa pela conversão dos corações.

Começar tudo de novo

31/05/1986

Nesses últimos dias sentimos mais a pequenez e a fraqueza diante das corajosas metas sociais que nos propomos atingir. A reforma agrária é uma destas metas. Desejamos, à luz do Evangelho, da dignidade da pessoa humana, a ascensão das classes desfavorecidas e melhores condições para os trabalhadores do campo.

Mas, na hora de realizarmos esses propósitos, o que acontece? Caímos numa rede de dificuldades. Já não conseguimos caminhar. Discordamos quanto ao concerto, práxis e tempo da reforma agrária. Uns temem perder sua propriedade. Outros colocam em questão a segurança nacional. Alguns, desacreditando da força do Direito, buscam cada vez mais o direito da força. Daí para a frente, perdemos o bom senso, o controle emocional e até a lucidez das metas e critérios. O irracional se apodera de nós. Apela-se, então, para a falsificação de títulos, corrupção, calúnias, expulsão de posseiros, queima de casas, formação de milícias, emboscadas e tiros que eliminam, num só ano, 222 vidas.

Assim não vai. É preciso começar tudo de novo.

Dona Olinda, mãe do padre Josimo, convidada para ir ao Rio de Janeiro, deixou o "Bico do Papagaio", passando algumas horas em Brasília. Tive a oportunidade de estar a seu lado. Ela não precisava falar. Bastava que me deixasse olhar para sua face sofrida, seus olhos tristes, mas cheios de amor. Lembrei-me das palavras de perdão que nos disse no dia seguinte ao assassinato de seu filho único. Naquele momento, olhando todos para ela, demo-nos as mãos e rezamos juntos, bem devagar, o Pai-Nosso. Em Tocantinópolis, seu exemplo fez que tantos conseguissem fortificar a vontade de realizar a justiça sem vingança e sem violência.

Vendo dona Olinda, pensei em outra Mãe, cujo exemplo e o olhar têm sempre muito a nos ensinar.

Neste mês de maio, muitas comunidades se reúnem, por todo esse Brasil, para meditar na palavra de Deus, aprofundar a fé, com o olhar voltado para a vida de Maria, Mãe de Jesus e nossa Mãe. Ela é, para o povo cristão, modelo de confiança em Deus. Com humildade, fortalecida pela graça, enfrentou os sofrimentos e sustentou na oração a comunidade dos discípulos de Cristo.

Enquanto, por um lado, crescem as perguntas sobre a viabilidade da reforma agrária, sobre as resistências de proprietários, sobre conchavos políticos, propostas de novos nomes, por outro lado, durante o mês de maio, no fim do dia, as famílias se encontram para rezar e aprender com Maria os ensinamentos de Jesus, o compromisso de amar, as exigências da justiça social, a coragem de partilhar e a esperança de vivermos como irmãos.

Em meio a propostas de justiça especializada, planos regionais, comissões agrárias, intervenções federais, atrasos e promessas, acampamentos, caminhadas, será que não há ainda lugar para que todos elevemos os olhos ao Pai e recomecemos tudo de novo?

Continuo convencido de que a justiça social no campo acontecerá no momento em que soubermos rezar a oração de Jesus, o Pai-Nosso. Vamos de novo, olhar para a humildade de Maria, Mãe do Brasil, e rezar de mãos dadas o Pai-Nosso. O que nossa fraqueza não tem conseguido, alcance o recurso a Deus.

Rezemos com as crianças e os simples para que a vontade do Pai seja feita na Terra.

Descongelar a liberdade

14/06/1986

Muita gente está com olhar voltado para o México, acompanhando lances e faltas, aplausos e vaias, e vibrando com a vitória. O Brasil passa à segunda fase na euforia de um jogo mais articulado e com real expectativa de bom desempenho. Não podemos, no entanto, apesar desta festa popular, nem por um momento, fechar o coração ao drama dos sem-terra, que perambulam pelas ruas e enfrentam os primeiros rigores do inverno.

A vitória em Guadalajara não abafa a angústia pela justiça social, nem faz nos esquecer a situação dramática das nações bálticas e de tantas outras, cuja liberdade foi congelada há quase meio século.

14 de junho recorda a vigília mais cruel para a história da Lituânia. Durante a noite e a madrugada seguinte, em 1941, o exército soviético abateu-se sobre esse povo pacífico, num massacre sem precedentes, que faz pensar nas atrocidades das incursões tártaras.

As casas foram invadidas, dezenas de milhares de cidadãos presos, sem o menor julgamento, e deportados para a Sibéria. Idêntico sofrimento atingiu a Letônia e a Estônia. Seguiram-se anos de martírio para as nações bálticas, cujo extermínio tinha sido decretado pelas forças de ocupação. Nesses 45 anos, a Lituânia perdeu 1.100.000 habitantes, vítimas do exílio, torturas, fome, trabalhos forçados e morte.

Como se isso não bastasse, esses países indefesos foram obrigados a receber em suas fronteiras migrantes de várias regiões da União Soviética, com a intenção de modificar a composição étnica e cultural dos povos de origem. As deportações e desaparecimentos dizimaram a elite intelectual e operária e acarretaram o lento genocídio destes povos amantes da liberdade, do amor e da paz. Está proibido o ensino religioso às crianças e jovens. Utilizam-se Igrejas para uso profano. A bela catedral de Vilnius foi transformada, contra os sentimentos religiosos da população, em galeria de arte e sala para concertos.

Para nós, que aprendemos a acreditar na democracia e mais ainda na libertação que Jesus Cristo nos concede, como explicar nossa omissão diante do sofrimento destes povos irmãos, oprimidos até hoje pela ocupação militar, com gravíssimas restrições à liberdade religiosa e política? É inacreditável que tantos anos tenham passado sem que nossa consciência despertasse para denunciar tão grande injustiça.

15 de junho é dia de luto, protesto e oração, luto, pelas atrocidades e violações de direito à vida. Protesto, contra o extermínio da pessoa humana e de inteiras nações. Oração, pela libertação da Lituânia e dos demais países que tanto anseiam por viver, na paz, a liberdade da própria fé cristã e a soberania de uma nação plenamente independente.

A Copa Mundial parece-nos afastar por uns dias das guerras e injustiças sociais. Hinos, nações e raças misturam-se nos campos de futebol. Tudo isso nos faz sonhar com um mundo diferente, fraterno e solidário.

Acabo de receber de presente um livrinho precioso de preces escritas na Sibéria por jovens lituanos em meio ao esquecimento, frio e ameaças. Ensinam que o sonho de um mundo fraterno se realizará, mais do que nos campos do México, quando todos formos, como os jovens lituanos, capazes de rezar a Deus pelos que nos oprimem e congelam a liberdade. O descongelamento vem do amor.

Dia Nacional da Constituinte

06/09/1986

O dia 7 de setembro lembra, às margens do Ipiranga, o início do período de autonomia política para o Brasil. Precisamos celebrar esta data na perspectiva do momento histórico, que neste ano estamos vivendo, da elaboração da nova Lei Magna.

A Igreja quer contribuir para que se valorize como prioritário o processo Constituinte. Está havendo uma polarização de interesses para a eleição dos futuros governadores, com sacrifício do próprio debate sobre a Constituição.

Ninguém nega a conveniência de que seja escolhida uma pessoa idônea para o governo do Estado. O último debate pela TV entre candidatos ao governo de São Paulo permitiu perceber a valorização ética desigual em relação a problemas graves como o direito de nascer e a pena de morte. Só um, a meu ver, respondeu com convicção e acerto. Quem não conhece o direito de nascer, dado pelo próprio Deus ao nascituro, como poderá, com coerência, zelar pela vida de milhões de cidadãos?

O critério na escolha do futuro governador não pode, no entanto, negar a um segundo plano a responsabilidade de eleger representantes que atendam as justas aspirações do povo e promovam os valores básicos e as exigências éticas da pessoa humana e do bem comum.

Neste sentido, em carta aberta às comunidades, os bispos reunidos há uma semana em Brasília, procuraram explicitar, mais uma vez, postulados fundamentais a serem respeitados e definidos à luz da verdadeira democracia e dos princípios do Evangelho. O reordenamento institucional do país oferece ocasião para que a sociedade seja mais conforme aos planos de Deus.

Os candidatos à Constituinte deveriam nos debates e encontros com as comunidades manifestar, com sinceridade, suas convicções diante das questões que são indispensáveis para a justiça e concórdia em nosso país.

Elencamos pontos lembrados pelos bispos e que não podem faltar no compromisso que os candidatos deveriam assumir com os eleitores que pretendem construir uma sociedade mais justa.

Na ordem social, é preciso garantir o respeito à dignidade e liberdade de toda a pessoa humana, a começar do direito à vida, desde o primeiro momento de concepção, zelando para que superem, quanto antes, as situações de pobreza absoluta.

Na ordem cultural, há o dever de criar condições para que todos tenha acesso à escola, assegurado o direito à educação religiosa conforme confissão dos pais e alunos.

Na ordem econômica, será impossível o verdadeiro desenvolvimento e justiça social, sem admitir a destinação universal dos bens da Terra, bem como a primazia da pessoa humana sobre o trabalho, e do trabalho sobre o capital, daí a necessidade de promover o acesso ao trabalho e justa remuneração, e de realizar a reforma agrária e do uso do solo urbano.

Finalmente, na ordem política, requer-se a vontade decidida de promover, os que até agora foram mantidos a margem da cidadania, oferecendo-lhes instrumentos efetivos de participação no próprio desenvolvimento integral e nas decisões do interesse coletivo.

Na medida em que os candidatos se tornarem independentes dos compromissos com grupos privilegiados e assumirem uma prática social e política voltada para a Justiça e bem do povo, estaremos celebrando de modo novo a soberania iniciada em 7 de setembro de 1822.

A Igreja, como instituição, não assume a propaganda de nomes determinados, nem tem partido. A ela compete, em virtude de sua missão religiosa, contribuir pelo anúncio dos valores humanos e cristãos para a formação da consciência cívica, insistindo na dimensão ética do processo Constituinte e no dever de todos de promoverem uma sociedade justa e democrática.

O dia seguinte

15/11/1986

Hoje, no dia das eleições, o movimento é intenso. Parece até festa. Vamos, enfim, depositar o voto na urna. Grande mesmo é a alegria de pipoqueiros e vendedores ambulantes. Haverá animação nos diretórios e centros de apoio. Os candidatos ficarão aguardando a notícia da sua eleição.

Foram excessivos os gastos com a campanha. Recorreu-se a toda sorte de propaganda. Infelizmente não faltaram ataques e ofensas. Mas, apesar de tudo, o dia 15 de novembro é expressão da democracia que se consolida em nosso país. Eleições livres e pacíficas são a grande prova de que progredimos muito nestes últimos anos.

E agora? Amanhã será o dia seguinte.

Aqui fica um pedido e uma esperança.

O pedido é simples: que as farpas e feridas sejam logo esquecidas. Haja perdão recíproco e completo. O espetáculo deprimente desta campanha exige exame de consciência e propósito firme de nunca mais descermos a níveis tão baixos de impulsividade, agressão e vitupérios. Por outro lado, é preciso que aconteça anistia, reconciliação e soma de esforços em vista de uma nova Constituição e de governos estaduais sem retaliação.

E eis a esperança: abrir espaço para um processo constituinte que envolva ao máximo a participação popular, não só para acolher as justas e inadiáveis aspirações do povo, mas para oferecer a todos condições de acompanhar o debate e compreender propostas e decisões.

Assim, os próximos meses poderão ser de notável valor para a formação política do povo. Aos meios de comunicação social caberá a tarefa de levar aos lares as diversas posições e seus argumentos. Assim poderão ser analisados os pontos nevrálgicos da vida nacional: saúde, educação, trabalho, terra e tantos outros!

A realização da democracia participativa é lenta e difícil, pois, tem que passar pela crescente atuação do povo, incluindo a contribuição das classes mais desfavorecidas.

É de se esperar, ainda, que sejam criadas formas adequadas de captação das propostas populares. Estaremos, deste modo, superando a época dos textos que, por serem elaborados à distância, permaneciam no desconhecimento e descaso do povo.

A dignidade da pessoa humana e o amadurecimento do processo democrático exigem esta participação consciente e responsável da sociedade inteira. Só assim poderemos evitar o risco de vermos defendidos interesses particulares e grupais com sacrifício, mais uma vez, do bem comum e da promoção dos mais necessitados.

Sábado das eleições passará depressa, jogando para o esquecimento comícios, promessas, passeatas com seus sonhos e ilusões.

Virá o dia seguinte.

No silêncio da madrugada, os catadores de papel, com euforia, agradecerão, muitas vezes, a todos os candidatos, o montão de papel que lhes deram de presente.

Para eleitos e eleitores, com o nascer do dia seguinte, ficará a responsabilidade de superarmos todo ressentimento e divisão, para tentarmos realizar juntos uma fase mais solidária, justa e fraterna para o Brasil.

É isto que pedimos, com confiança, a Deus.

Educação para todos

29/11/1986

O caminho para a democracia e a sociedade fraterna é árduo. Não é obra de um dia aprender a viver na liberdade e no respeito ao próximo. Só assim é que pode ser interpretado o excesso na ação popular e na repressão policial, como aconteceu anteontem em Brasília. Tudo isso nos faz insistir ainda mais na importância da educação e na promoção de nossas escolas.

Uma palavra de estímulo e apreço aos educadores. Por este Brasil afora, aí estão os heróis de nossas escolas dedicando-se dia e noite e recebendo salários, muitas vezes, insuficientes.

Quem vive de ideal sabe que a verdadeira retribuição está na alegria de fazer o bem. Mas é preciso o empenho de todos para elevar os salários dos mestres. Temos que zelar pela justa retribuição dos serviços, pelo aperfeiçoamento do professorado e pela participação crescente e responsável que devem ter nas entidades em que atuam, superando conflitos entre professorado e diretores de escola. A causa é comum.

Isto implica uma política esclarecida que atribua à educação recursos convenientes.

Neste momento, além do esforço para garantir salários dignos ao professorado, é preciso também refletir sobre a continuidade das escolas particulares. A existência da escola particular ajuda a compreender melhor não só o direito de receber educação, mas o direito de educar. É à sociedade que compete ser sujeito coletivo deste direito e de utilizar a mediação do Estado para colocá-lo em prática.

Todos têm o direito inalienável, não só à instrução, mas a uma educação escolar plena e de qualidade, incluindo, portanto, valores morais e religiosos. A sociedade deve garantir a concretização destes direitos, assegurando que as famílias, comunidades e grupos culturais possam optar por uma educação compatível com seus princípios e valores de vida. Isto significa que se o Estado deve oferecer uma rede competente de escolas, por outro lado é inadmissível o monopólio estatal do ensino por ser incompatível com a sociedade pluralista e democrática.

Ao defendermos o direito de educar por parte da comunidade, organizando escolas conforme seus valores e concepção de vida, torna-se também necessário excluir o mercantilismo do ensino que o subordina a fins meramente lucrativos e gera a discriminação de caráter econômico.

Segue-se daí uma conclusão de extrema importância para a sobrevivência das escolas que salvaguardam estes valores. O *slogan* "Recursos Públicos só para Escolas Estatais" é injusto. A arrecadação que a todos atinge deve também ser devolvida por uma educação que a todos se destina. Não se trata, portanto, de manter as escolas particulares por anuidades sempre mais elevadas que geram o elitismo. Não se trata de esmolar subvenções, mas de defender o novo sistema em que o Estado assegure recursos a todas as escolas que promovem com qualidade a educação de crianças e jovens de nosso país.

Pelo menos para o primeiro grau, o ensino deverá ser gratuito para todos os brasileiros, respeitados os valores morais e religiosos dos pais e alunos. O direito a esses recursos não pode implicar a perda de autonomia das escolas particulares, pois isto seria ainda forma velada de estatismo na educação.

Estamos às portas da Assembleia Constituinte. A novidade será a garantia para todos da educação escolar plena que forme o povo para a liberdade e participação, a prevalência da justiça nas relações sociais e a promoção dos valores culturais, morais e religiosos.

O melhor modo de aplicar cruzeiros e cruzados é investir na educação da nossa juventude.

A lição da greve

13/12/1986

No dia 10 de dezembro celebramos mais um aniversário dos direitos humanos. Muito se tem progredido na consciência da dignidade humana e nas exigências que daí decorrem para o respeito e a promoção da vida.

Hoje estamos convencidos de que entre os direitos fundamentais está o de ser sujeito no processo de transformação das estruturas sociais. Não basta que haja melhorias. É indispensável que cada um possa cooperar eficazmente na construção de uma sociedade mais justa. Se o que se pretende é o reconhecimento maior da dignidade humana, compreende-se que um dos elementos constitutivos da transformação social seja o próprio exercício de participação no processo.

O dia anterior à greve era de perplexidade. Como será? Haverá ou não trabalho? Afinal, vai adiantar alguma coisa? Para outros, era importante mobilizar o povo para manifestar, pacificamente, o descontentamento com o modo pelo qual foram tomadas as recentes medidas econômicas.

Um dos critérios para aferir a adesão à greve, é, sem dúvida, a paralisação do trabalho. No entanto, não é suficiente para constatar a amplidão do descontentamento. Muitos, não tiveram outra alternativa senão comparecer ao emprego. Havia ameaças de suspensão, demissão ou perda de vantagens salariais. Por outro lado, mesmo reconhecendo o direito à greve, nem todos estavam convencidos de que suspender o trabalho seja o melhor meio de expressar o protesto. Pois paira ainda na memória a lembrança dos excessos em manifestações populares passadas, seja por parte dos grevistas e piquetes, seja da parte dos que usaram da força de modo indevido. Ninguém, com bom senso, deseja facilitar a eclosão de violência ou desordem.

É preciso ir mais longe na análise do problema e refletir sobre um aspecto fundamental do descontentamento. Deixemos de lado, por um momento, a avaliação sobre o sucesso ou fracasso da convocação popular. A ninguém passou despercebido que uma das causas do protesto é de não ter havido a conveniente consulta e prévia notificação ao povo. Não se considerou, na devida proporção o direito que o povo tem de participar nas decisões que lhe dizem respeito.

Como proporcionar no futuro canais para expressão popular? O amadurecimento democrático requer criatividade para garantir formas de consulta, ou pelo menos, a conveniente motivação para que os sacrifícios para o bem comum possam ser assumidos de modo consciente e responsável.

Um dos meios a ser promovido é o diálogo sincero, franco e frequente, em todos os níveis de organização social: no interior das empresas, sindicatos e comunidades. É necessário, ao mesmo tempo, cuidado para que não haja tirania de grupos minoritários manipulando a coletividade com votações apressadas e induzidas que impõem aos demais as próprias decisões, sob a aparência de processo democrático.

A nação precisa recuperar confiança para trilhar um caminho pacífico, graças à certeza de que serão respeitados os direitos fundamentais da convivência solidária. Só assim poderá o povo ser convocado a cumprir deveres mesmo que custem privações cuja razão procurará entender e assumir.

Nestes dias, em nossas cidades, reúnem-se as famílias vizinhas para rezar e preparar o Natal. Jesus Cristo vem trazer a todos a mensagem de amor e valorização da pessoa humana. Natal, muito mais que a propaganda de presentes, tão a gosto da sociedade consumista, significa não só um convite para reconhecermos a dignidade de cada pessoa. Natal é também mensagem de esperança, assegurando-nos que Deus, presente na história, torna possível a conversão do coração, a superação das injustiças sociais e a construção de uma sociedade fraterna na qual não seja necessário organizar greves para cada um aprender a cumprir deveres e respeitar direitos do próximo.

Planejamento familiar

31/01/1987

De repente o assunto tornou-se tema de reunião de ministros e manchete de jornais. Que acontece?

Há dois problemas. Um é o da questão em si mesma, a saber, o direito e o dever do casal de planejar sua família, que deveria merecer uma atenção constante de todos nós. Outro é o porquê da precedência que se vem dando ao tema. É apresentado sob a motivação de interesse pelo bem-estar social das classes de baixa renda, mas não sem que se apele para algumas teses por demais conhecidas em favor da redução da natalidade. Basta comparar os depoimentos e as notícias divulgadas nesta última semana para percebermos que o enfoque reducionista da população continua lamentavelmente forte e explícito.

Distingamos, portanto, com precisão, entre o atendimento que deve ser dado sempre mais à população de baixa renda, e por outro lado o apelo às teses neomalthusianas. Não é sério se referir ao aumento de nossa população como empecilho ao desenvolvimento econômico do país quando se compara a densidade de população do Brasil com a do Japão. Temos chão para muito povo. Além disso, as estatísticas mais recentes mostram que no Brasil a taxa de crescimento populacional vem caindo sempre mais, atingindo índices indispensáveis ao equilíbrio socioeconômico e previdenciário do país.

Voltemos então à intenção de auxiliar a população de baixa renda para que a ela seja assegurada a informação, cuidados e serviços a que têm acesso as demais classes sociais. Em várias declarações de ministros há referências a esta intenção humanitária. No entanto, o enfoque não nos parece sempre adequado.

A verdadeira atenção à classe de baixa renda exige outras medidas mais urgentes e desejadas pelos empobrecidos do que as que agora se anunciam. Por exemplo, no setor saúde se requer não só a solicitude pela regulação dos nascimentos, mas um número maior de médicos conscienciosos e preparados, o fornecimento de remédios e a construção de hospitais. Como acreditar na seriedade do propósito quando, ainda recentemente, se noticiava que moças pobres, com menos de vinte anos, foram esterilizadas sem nem sequer terem sido consultadas sobre a vontade de um dia serem mães?

No documento de estudos do Ministério da Saúde sobre a questão do planejamento familiar, a posição é cauta no que se refere aos métodos. O ministro da Previdência fez declarações de muita prudência.

No entanto, conforme os jornais, anuncia-se a distribuição pelo governo de pílulas anticoncepcionais, e na cartilha impressa aconselha-se a aplicação do DIU. Se for esta a cartilha a ser distribuída deve ser rejeitada. O DIU, além das consequências prejudiciais ao organismo feminino, tem por efeito impedir a nidificação do óvulo já fecundado. Isto é, o DIU é abortivo. Portanto, a mesma convicção ética que nos leva a rejeitar convictamente o aborto provocado, obriga-nos a recusar o método DIU.

Quanto às pílulas anticoncepcionais, não só requerem acompanhamento médico por causarem efeitos colaterais nocivos à saúde, mas são eticamente inaceitáveis por impedirem, no ato sexual, a abertura à vida que lhe é natural. O mesmo se deve dizer de outros métodos artificiais contraceptivos.

Em relação à questão mais abrangente do planejamento familiar, percebe-se que é precária a visão ética por parte de muitos interlocutores. Confundem-se valores. Cresce a permissividade moral. Perde-se a capacidade de corretamente ajuizar atitudes e procedimentos. No cerne da vida moral, está a dignidade da pessoa humana e o respeito à Lei de Deus que fundamenta esta dignidade.

A união do casal, o exercício que lhes é próprio da vida sexual, a missão de transmitir a vida adquirem sentido à luz da dignidade da pessoa humana. Sem este referencial ético, como justificar as decisões?

A cartilha impressa coloca lamentavelmente em evidência a mentalidade de que a dedicação ao lar e a maternidade é um ônus para a mulher e que para ser feliz precisará achar tempo só para si mesma.

Perde-se o referencial do amor.

Pertence, sem dúvida, à responsabilidade dos cônjuges discernir e decidir sobre a prole que podem convenientemente gerar e educar. Esta decisão, no entanto, deve também ser coerente com os próprios princípios morais e religiosos.

É por isso que, se a paternidade responsável justifica o planejamento da prole, de nenhum modo, autoriza o uso de métodos que se opõem à reta consciência do casal. Compete ao médico, quando consultado, indicar processos e métodos que permitam, ao mesmo tempo, espaçamento dos nascimentos e a fidelidade aos ditames da consciência.

Compreende-se, portanto, as restrições que a consciência cristã tem diante da campanha governamental que apresenta, indiscriminadamente, métodos, avaliando-os somente sob o ponto de vista médico, sem o indispensável julgamento ético.

O que se requer é a promoção mais adequada das condições de vida do povo, em especial, sua educação. No entanto, a divulgação de cartilhas e campanhas de regulação de nascimentos, sem o devido respeito aos valores éticos, faz suspeitar que estejamos pagando pedágio nas ideologias inadmissíveis e há ingerências na vida nacional piores do que o pagamento da dívida externa.

Se perdermos o discernimento e a fidelidade à lei de Deus e à hierarquia de valores numa questão tão importante como a do planejamento familiar, como poderemos cumprir as exigências éticas nos outros setores da vida humana?

A dívida externa

07/02/1987

Passou, talvez, despercebido a alguns o importante documento sobre a dívida externa, publicado, a pedido do Papa João Paulo II pela Pontifícia Comissão Justiça e Paz, a 27 de janeiro de 1987.

O título é já elucidativo: "A serviço da comunidade humana: uma consideração ética da dívida internacional". A intenção prioritária está em ampliar, definir as responsabilidades dos principais atores no campo financeiro e monetário, responsáveis políticos e sociais, no complexo e grave problema da dívida internacional para que se coloquem "a serviço da comunidade humana, na justiça e na solidariedade".

O enfoque corresponde aos limites da competência da Igreja. Procura formular os princípios éticos, acima das considerações financeiras e econômicas, que devem superar egoísmos coletivos, interesses particulares e ordenar uma gestão eficaz da crise do endividamento, criando condições para estabelecer a justiça e a paz em nível internacional.

O Santo Padre João Paulo II tem, com insistência, chamado a atenção dos responsáveis internacionais para o aspecto ético da dívida que aflige países que se encontram à beira da falência na

América Latina e na África, por impossibilidade de assegurar o serviço de suas dívidas.

Seria desejável a leitura meditada deste texto que, embora permaneça na linha dos princípios, abre caminho para aplicações urgentes em benefício dos povos economicamente asfixiados.

Aproveitamos para salientar alguns aspectos:

1º O texto focaliza as causas que geraram o fenômeno da dívida e as agravantes mais recentes, mostrando a injustiça dos juros que cresceram de modo inesperado, tornando os países devedores progressivamente incapazes de saldar seu débito. Criou-se um círculo vicioso. Para pagar a dívida, são obrigados a transferir para o exterior recursos que deveriam estar disponíveis para o consumo e desenvolvimento interno. Crescem nestes países o desemprego, a recessão e o abaixamento do nível de vida. Isto faz com que as nações ricas se tornem sempre mais ricas a custo do crescente empobrecimento dos países já pobres. O texto é incisivo, declarando que "o serviço da dívida passa a exigir asfixia da economia do país" e "nenhum governo pode moralmente exigir de um povo privações incompatíveis com a dignidade das pessoas".

2º Diante disso, a Igreja sente o dever de contribuir, à luz do Evangelho, mostrando as exigências éticas que impõem soluções que respeitem a dignidade da pessoa humana. O princípio fundamental é o da solidariedade entre as nações que leva a ser corresponsável no diálogo, na busca de causas e soluções. Os países de mais recursos devem assumir encargos maiores e reconhecer, nos casos difíceis, até a impossibilidade dos países devedores em saldar seus débitos. Quem seria capaz de exigir do amigo gravemente enfermo o pagamento de uma dívida contraída em dias de saúde e bem-estar? Isto vale para as nações?

3º O texto analisa, também, a responsabilidade dos países devedores que devem rever a própria atitude de modo que se evitem as fraudes fiscais, a corrupção, as especulações monetárias, a fuga de capitais privados, assegurando que o uso do empréstimo seja orientado pela justiça social, a serviço do bem comum. Com que direito podemos criticar a injustiça da dívida externa, quando no seio do país endividado cometem-se graves injustiças sociais?

4º As estruturas econômicas e os mecanismos financeiros "estão a serviço do homem" e precisam ser transformados antes que o egoísmo privado e coletivo degenerem em conflitos insanáveis.

O documento termina afirmando a necessidade de reanimar a esperança dos povos que sofrem o dramático efeito das dívidas insuperáveis. Isto não se fará sem a cooperação dos países industrializados e dos organismos internacionais. É urgente que este apelo seja ouvido antes que seja tarde demais.

Métodos naturais

28/02/1987

No amplo debate que vem se desenvolvendo nas últimas semanas sobre planejamento familiar, cabe uma reflexão rigorosa sobre os métodos naturais. Alguns os apresentam como um tipo entre tantos outros de controlar ou regular os nascimentos e ponderam a respeito de sua eficácia, comparando a influência destes dados nas estatísticas de redução de natalidade. Outros, na base de informações insuficientes ou erroneamente transmitidas, excluem desde o início o interesse sobre sua eventual utilização. Talvez, a poucos transpareça o verdadeiro mérito destes métodos naturais, que se inserem na perspectiva de sua forte componente educativa, seja para o uso responsável da própria sexualidade, seja para um aprimoramento de comunhão conjugal através do diálogo, de respeito e amor mútuo e da colaboração corresponsável para o eventual surgimento da nova vida.

O critério, portanto, de aferição do valor dos métodos naturais encontra-se na linha ética e na educação das consciências, que inclui o discernimento de soluções adequadas às aspirações profundas da pessoa nas suas dimensões psicológicas e espirituais. Aqui, estamos bem distantes dos métodos artificiais que não se coadunam com o sentido fundamental do ato conjugal. Estes métodos, embora subjetivamente – no contexto de uma consciência perplexa –, sejam utilizados com o intuito de resolver situações imediatas, fogem em si mesmos à reta ordenação da vida sexual.

Quando o ensinamento da Igreja apresenta os métodos naturais quer chamar a atenção para soluções que levem os cônjuges a agir de maneira responsável e digna. O auxílio deste ensinamento está, entre outros méritos, em focalizar a sexualidade humana não como objeto, mas na perspectiva do amor conjugal e de sua abertura à transmissão da vida. Para que isso se alcance, é indispensável uma educação para o domínio de si mesmo que não significa apenas a capacidade de abster-se, mas de orientar a sexualidade e a expressão corporal do amor para a união mais profunda do casal e a continuidade da própria vida humana.

Os métodos naturais, hoje, progrediram muito, atingindo índices de eficácia universalmente reconhecidos. É preciso, no entanto, que se supere a publicidade superficial com que são às vezes apresentadas e que se aceite, como nos demais campos da aprendizagem, o tempo para a necessária informação e amadurecimento moral da pessoa.

É, por isso, que no atual debate sobre o planejamento familiar a Igreja, quando consultada, insiste em diferenciar de modo rigoroso os métodos naturais dos demais métodos rejeitados. Eles se diversificam sob o ponto de vista antropológico e moral. Não podem, portanto, sob pena de perder sua autonomia, ser apresentados em cartilhas como um tipo aceitável entre tantos outros métodos. No plano antropológico é bem distinta a pesquisa de métodos artificiais voltados para a contracepção, à esterilização e até o aborto. Os métodos naturais não devem ser divulgados como uma técnica a mais, meramente utilitarista.

Eles se inserem na linha da moralidade do comportamento.

Para onde queremos que caminhe o nosso povo?

Parece até que hoje o aspecto ético é considerado como obsoleto. Importam mais as questões técnicas, marcadas pela eficácia. No entanto, a dimensão moral é indispensável para a reta convivência entre os povos e a determinação da sociedade concorde e feliz. Sem a dimensão ética, continuaremos falando apenas de cuidados sanitários e de medidas eugênicas. As relações humanas passariam a ser controladas pelo egoísmo do mais forte ou pela tirania do prazer. Basta constatar o triste desvario de certos ambientes nestes dias de carnaval. Há muito mais do que isto em cada um de nós. Deus colocou no coração humano uma aspiração à verdade e ao bem, ao dom-de-si e devotamento ao próximo, e a promoção da justiça social.

O tempo da Quaresma nos faça rezar e refletir. Possam também nossas autoridades perceber em tempo que não se trata de reduzir nascimentos em nosso país, nem de atender apenas a saúde da mulher, mas de criarmos condições de vida sempre mais digna e solidária para a pessoa humana.

Aluguel

07/03/1987

O direito a uma digna moradia é, sem dúvida, dos anseios mais básicos de toda família e de todo ser humano. Em São Paulo, a realidade dos moradores de cortiços e dos que residem em casas pobres pagando aluguel, atinge mais da metade da população da cidade.

Todos sabemos como a atual situação do descongelamento, após os Planos Cruzados, vem causando graves desequilíbrios para a economia familiar, em especial quanto aos gastos de alimentação e aluguel. Os preços subiram da noite para o dia, de modo descontrolado, e impuseram mudanças de hábitos na mesa do pobre e até das famílias da classe média.

O mais sério é, no entanto, o problema da moradia para os que dependem de aluguel. É preciso reconhecer, em bem da verdade, que há casas alugadas a preço inferior ao justo e que isto vem acarretando para proprietários, apenas remediados, desajustes, às vezes fortes, na própria sustentação doméstica. Nestes casos, é claro, que ninguém vai se opor a que estes aluguéis sejam devidamente calculados dentro do que é de justiça.

O fato, porém, lamentável é o do aumento indiscriminado dos aluguéis, quando não há contrato, como acontece para os moradores de cortiço. Um quartinho miserável, sem janela, que custava duzentos cruzados, subiu nestes dias para dois mil, sem contar a taxa exorbitante de água e luz. Há casos de cubículos a mais de três mil cruzados. Ora, os salários dos moradores cresceram em proporção ínfima e não é, portanto, possível que consigam pagar os novos custos. Entrou, assim, o desespero na área de cortiços, afligindo de modo cruel e implacável a milhões de famílias.

Fato semelhante acontece em relação aos inquilinos de fundo de quintal. Um jovem que pagava quatrocentos cruzados pelo quarto foi avisado que no próximo mês deverá enfrentar o aluguel de quatro mil. Resultado: deve deixar a casa e não sabe para onde ir. O mais triste é a situação de pessoas idosas que habitavam no bairro há dezenas de anos e que de repente são obrigados a abandonar seu ninho cultural e afetivo e partir para a periferia da cidade.

Estamos no Ano Internacional da Moradia. Será que não é o momento de repensarmos o enorme sofrimento que se abate, já não digo sobre os sem-casa, mas sobre os que até agora tinham um teto, embora humilde, para abrigar a família? O apelo é para os que não percebem a aflição que causam a seus irmãos, impondo-lhes o gravíssimo incômodo de deixar suas casas em busca de desconhecidos. Fica aqui um apelo veemente à autoridades para que façam cumprir a lei e protejam da ganância, nestes dias já tão difíceis, a população que vive pagando aluguel.

Já pensamos na condição das crianças obrigadas a mudar de bairro, e a lutar por uma vaga em locais da periferia já tão desprovidos da estrutura escolar e de postos de saúde?

Na zona leste da cidade, percorrendo as comunidades, principalmente nas áreas de cortiço, percebo que são muitas as famílias que entram em desânimo, à espera de medidas eficazes por parte dos que têm a obrigação primária de zelar pelo bem comum.

Parece até que o congelamento do Plano Cruzado atingiu e endureceu o coração de muita gente insensível ao sofrimento do próximo.

É sempre tempo de acreditarmos na solidariedade humana.

A Quaresma que iniciamos nestes dias e a Campanha da Fraternidade são a grande oportunidade de conversão. Lembremo-nos de que o jejum que agrada a Deus é a justiça para com os irmãos.

Adoção e Constituinte

09/05/1987

Há poucos meses, quando atravessei a praça, de manhã, estava ali uma pobre menina, triste, de olhar perdido, sem se importar com os que passavam. No fim do dia, ainda permanecia no mesmo lugar, mais cansada e perdida.

Sua história? Kátia cedo ficou sem os pais. Foi adotada e, depois, de novo abandonada. Desde então, vagava pelas ruas, sem saber o que fazer. Naquela noite, uma religiosa, bem experimentada em tratar com crianças, veio conversar com a menina e, com jeito e amor, conseguiu ajudá-la.

Em Brasília, a Subcomissão para a Família e o Menor, preparando a Constituição, focalizou nesta semana os sistemas de adoção. Sua primeira tarefa será de evitar pela lei o lamentável tráfico e comércio de menores, levados, não raro, até para outros países, sem que ninguém mais saiba aonde estão. A comissão acolheu depoimento de pais e de responsáveis por instituições beneficentes. Tive ocasião de ouvir algumas destas ponderações e testemunhos, mas não me saía da imaginação a menina abandonada na praça.

Não é fácil adotar uma criança. A adoção é antes de tudo um ato de amor. O casal que assume a criança desamparada precisa se convencer de que está se comprometendo com ela, não só nos dias fáceis, mas nas horas de sofrimento e amargura.

A autoridade judicial, à qual cabe decidir sobre a adoção, deve discernir, com esmero, sobre as reais intenções de quem quer adotar um filho. Não se trata de salvar um casamento ameaçado por falta de prole, de superar frustrações ou garantir para si amparo no futuro. É necessário que haja uma verdadeira paternidade do coração, capaz de amar, amparar e educar o filho para a vida. A adoção dá certo quando a criança sente intuitivamente que está sendo reconhecida em sua dignidade, querida em si mesma, gerada por um amor de eleição, gratuito e definitivo.

Visitando uma casa, onde dezenas de crianças são atendidas, ouvi de um menino um pedido inesquecível: "Você quer me ajudar a encontrar quem me adote? Não precisa ser gente rica. Basta que gostem muito de mim". O mais importante é o amor.

Para assegurar este relacionamento profundo, convém que nos municípios haja um Instituto de Adoção que prepare as famílias para acolher a criança e acompanhá-las nos primeiros meses de modo a facilitar o entrosamento recíproco.

Quando não é possível encontrar logo uma família que adote um menor, convém que haja ambiente que mais se assemelhe a um lar. Existem, graças a Deus, belas iniciativas, bem-sucedidas, durante anos, na formação de menores. Há grupos de famílias que se unem, como na Fundação Helen Drexel, e assumem a manutenção e acompanhamento de várias casas, para oito a doze crianças. Cada uma é confiada a um casal que faz às vezes de pais supletivos. A fórmula é sempre o amor.

Tratando de adoção, perceberam os constituintes a raiz do problema. Crianças abandonadas, na maioria dos casos, resultam de famílias impossibilitadas de viver com dignidade. São filhos órfãos de pais vivos, obrigados a migrar e confinados depois nos bolsões de miséria.

A Lei Magna do Brasil terá que garantir à família condições de vida humana. Em primeiro lugar, trabalho com justa remuneração e moradia conveniente.

E a menina da praça? Kátia já aprendeu a trabalhar e estudar. Vai aos poucos superando os traumas pelos quais passou. Quantas outras crianças estão aguardando a vez de serem amadas? Deus inspire nosso povo a ser feliz fazendo muitas crianças felizes.

Escolas públicas

06/06/1987

A Constituinte vai avançando em seus trabalhos.

Um dos pontos polêmicos e que merece especial atenção da 8ª Comissão da Família, Educação, Cultura, Esportes, Ciências, Tecnologia e Comunicação, é, sem dúvida, o tema do aprimoramento do sistema educativo em nosso país.

Qual deve ser a educação a ser promovida pela nossa Constituição?

É aquela que se baseia nos ideais de uma democracia participativa e tem por finalidade o pleno e permanente desenvolvimento individual e social da pessoa humana. E aquela que assegura o exercício consciente e livre da cidadania, mediante uma reflexão crítica da realidade, a capacitação ao trabalho, e ação responsável a serviço da sociedade, apta a criar uma convivência solidária, comprometida com a realização da justiça e da paz. É esta a proposta que circula pelo Brasil, recolhendo milhares de assinaturas. Quem de nós não deseja uma educação plena e de qualidade?

A esta educação tem direito todo cidadão, sem discriminação de qualquer ordem.

É preciso, no entanto, para isso, garantir a liberdade no direito de educar. Deve, portanto, o Estado reconhecer o pluralismo que respeita a opção dos pais, mestres e alunos, por valores morais, culturais e religiosos, que são indispensáveis à formação da pessoa humana. A consequência destes princípios é a necessidade de afirmar, por lei, o direito de criar escolas que assegurem, dentro da livre opção, a coerência com aqueles valores fundamentais. Terá, assim, a nova Constituição que evitar, com vigor, e banir para longe o monopólio estatal do ensino, que poderia a qualquer momento, como a história demonstra, levar às ideologias de esquerda ou direita, com detrimento gravíssimo da liberdade de educação.

Aliás, a história recente confirma que nas épocas de repressão, enquanto as universidades estatais estavam proibidas de manifestar livremente seu pensamento, as escolas livres acolheram as lideranças democráticas, sofrendo por isso ameaças e pesadas consequências.

Propomos, portanto, que em nome do pluralismo cultural, haja, ao lado da escola administrada diretamente pelo Estado, fortalecimento da escola pública não estatal. Chama-se pública, também, porque aberta a todos, e necessária ao bem-estar social, que requer no regime democrático a promoção efetiva do direito de livremente educar.

Não basta, porém, para salvaguardar este direito, o recurso à escola particular o pagamento. Impõe-se a aplicação de recursos do Estado para as escolas de livre-iniciativa. Com efeito, sem o apoio técnico e financeiro dos poderes públicos, estas entidades educativas não poderão garantir a gratuidade de seus serviços de ensino e pesquisa. Tornar-se-ia, assim, elitista, excluindo os que não dispõem de meios para aceder à educação livre e coerente com os valores fundamentais dos pais e alunos. A escola livre não seria popular. Isto lesa o regime democrático.

Temos, portanto, que concluir para a vigência da democracia no Brasil, pela necessidade da escola pública, não estatal e gratuita, promovendo, com igualdade de direitos como as escolas de rede estatal, com consequente prestação de contas da gestão contábil.

Dentro do mesmo respeito à liberdade democrática, além do pleno direito de educar, deverá a nova Constituição reconhecer, nas escolas estatais, a obrigação de facultar aos alunos pelo ensino, o acesso aos valores religiosos, conforme a opção e confissão dos pais e alunos.

Sem liberdade, não há democracia. Sem educação fiel aos valores fundamentais da pessoa humana, não haverá liberdade.

Confio no trabalho da 8ª Comissão em defesa e promoção desta tão almejada liberdade dos filhos de Deus.

Pena de morte

13/06/1987

A Constituinte abriu espaço para um novo debate sobre pena de morte. É, também, mais uma oportunidade para refletirmos sobre a dignidade da vida humana e a luz que daí provém para a questão.

Os que propõem a pena de morte afirmam que é preciso castigar quem comete crimes gravíssimos, como o assassinato com requintes de maldade. Acrescentam a exigência de não expor a sociedade a futuros crimes, no caso do culpado vir a escapar da prisão. Insistem no fato de que a aplicação da pena de morte, ou pelo menos a sua previsão em lei, acarreta intimidação para o infrator e diminui a criminalidade. O argumento se fortalece, quando temos diante de nós cenas de violência e maldade contra inocentes e indefesos que causam indignação e revolta e nos levam a revidar e querer vingar com a morte os responsáveis pelo crime. Nem podemos nos esquecer dos hediondos genocídios e da covardia das torturas perpetradas a sangue frio. Tudo isto revela a brutalidade de que é capaz quem se deixa possuir pelo ódio e pelo desrespeito à vida do próximo. Estes argumentos contêm aspectos verdadeiros, mas que não justificam a pena de morte.

É hora de aprofundarmos mais o compromisso com a vida que nasce do reconhecimento da dignidade da pessoa humana à luz de Deus.

Há duas verdades que iluminam o debate e nos levam convictamente a rejeitar a pena de morte.

A primeira é a capacidade que todos sempre temos de, com a graça de Deus, superar o mal, e de refazermos o caminho do bem. Ninguém é tão mau que não possa se converter. Nunca podemos desistir de ver o criminoso arrepender-se e regenerar-se. Que faríamos nós, diante de Deus, se não houvesse a possibilidade do perdão? A história de todos os dias demonstra como a colaboração dos demais e a força da graça divina podem transformar radicalmente nosso comportamento. Paulo, de perseguidor dos irmãos, tornou-se apóstolo e mártir da fé.

A segunda verdade é a da corresponsabilidade de todos nós no procedimento dos demais. Quando alguém não vai bem, a culpa é nossa também, pois temos o dever fraterno de colaborar para a vida e recuperação dos outros. Maior ainda é esta obrigação para quem crê no Evangelho de Jesus Cristo. Quantas omissões da sociedade em relação à vida sofrida dos criminosos!

Há, além disso, considerações que ajudam a compreender melhor por que excluir a pena de morte. As nações que aplicaram esta pena não viram diminuir a incidência no crime. Pelo contrário, isto exacerbou a criminalidade, criando a convicção de que vale tudo para quem vai mesmo ser morto.

Cresce a tendência de fazer justiça pelas próprias mãos, com aumento de linchamentos, sem defesa e identificação do culpado. Ainda pior é a utilização arbitrária da Justiça nos regimes de opressão que se consideram donos da vida alheia e eliminam milhões de inocentes, com amparo ilusório das leis de exceção.

Como se isso não bastasse, temos o fato de que a administração da Justiça humana é precária. Basta ver como, apesar de louváveis esforços dos magistrados, há infelizmente lugar para falsas acusações e falhas processuais abrindo campo até para a condenação de inocentes. Aliás, quem não constata que a população carcerária brasileira é quase toda de baixa renda, o que significa a impunidade concedida a outras classes sociais.

É indispensável perceber a evolução histórica da valorização do direito à vida. Houve época em que os senhores de escravos e reis decidiam sobre a vida de servos e súditos. Infelizmente permanece, ainda hoje, o desrespeito à vida. Quantas mortes, por aborto, são praticadas contra inocentes? E que dizer dos que são responsáveis pela eliminação sumária de seus concidadãos pela fome e doença, por causa da ganância e egoísmo?

Nesse debate, a luz é sempre a mesma. É a que nos vem de Deus e ilumina a consciência reta para que reconheça a dignidade da pessoa humana e promova o cumprimento de seus deveres e defenda seus direitos. Em primeiro lugar, o direito à vida.

Povo, Constituinte e nações indígenas

20/06/1987

O processo constituinte em curso no Brasil oferece perspectivas avançadas para a organização das forças populares, por meio de processos populares novos desenvolvidos na prática da cidadania.

É fundamental, agora, como afirmação do exercício desta cidadania, que as comunidades organizadas promovam o instrumento de iniciativa popular, para garantir, por meio da manifestação direta do povo, a elaboração de um Texto Constitucional que seja a representação verdadeira de uma moderna democracia participativa.

Assim a sociedade deverá ganhar a condição de sujeito coletivo da transformação social, conquistando instrumento de exercício de uma democracia que lhe permita organizar e controlar a ação do Estado. O sentido que deve ter a nova Constituição é o de abrir espaço para que toda a sociedade possa identificar criticamente o que deve ser mudado, num processo de busca de justiça social, liberdade, igualdade de direitos e de oportunidades.

A atual campanha de mobilização pró-participação popular na Constituinte é reflexo concreto de que só a mobilização de toda a sociedade poderá evitar que sua participação se restrinja à mera eleição de deputados e senadores. Espera-se muito mais. O povo deve poder apresentar propostas aos parlamentares que contrabalancem a influência no poder econômico e influam na discussão do próprio conteúdo da Constituição.

Respondendo, em parte, a essa exigência de participação, os constituintes institucionalizaram um mecanismo muito importante, que é o da proposta popular de emenda ao projeto de Constituição.

Através desse mecanismo, propostas que tenham a assinatura de pelo menos trinta mil eleitores, endossadas por três entidades associativas, podem ser encaminhadas à Comissão de Sistematização, para a posterior apreciação pelo Plenário da Constituinte. Esta é, portanto, a oportunidade que o povo tem de submeter à discussão do Plenário aspectos novos que tenham sido relegados nas etapas anteriores.

Na Assembleia geral deste ano, a CNBB comprometeu-se com a mobilização em prol das propostas populares. Entre estas, encontra-se a apresentada pelo Cimi e que contempla os direitos das nações indígenas, repartindo conosco a cidadania brasileira.

O reconhecimento do caráter plurinacional do Estado não é novidade. A Constituição de vários países contém esta concepção, entendendo-se que ela não constitui nenhuma ameaça à soberania interna ou à integridade territorial do Estado. Trata-se, porém, de inverter a ótica dos direitos assinalados aos índios: ao invés de protegê-los visando a sua incorporação a uma sociedade majoritária, como se esse fosse o único ou melhor destino para as nações indígenas, cumpre garantir-lhes as condições para que possam permanecer diferentes, reconhecendo o direito das minorias e enriquecendo o painel das culturas e experiências humanas sob um único Estado.

A preservação da diferença é um clamor histórico das nações indígenas, e nasce da própria dignidade da pessoa humana.

Foi por isso que as nações autóctones sobreviveram a estes quase cinco séculos de opressão sistemática a que lhes foi imposta, à revelia das disposições legais, intencionalmente protetivas, que se revezaram através do tempo.

Somente uma inversão corajosa dos critérios que determinam o sentido das relações entre os índios e não índios poderá, de fato, marcar o início de relações pacíficas com as nações indígenas. A dívida que contraímos com os índios é, pois, de natureza moral. Sozinhos, os índios não terão condições de garantir que a futura Constituição se propõe a resgatá-la. O compromisso deve ser, portanto, de todos nós. A mobilização popular em torno das propostas de emenda sobre os direitos das nações indígenas adquire também uma dimensão penitencial e profética. Penitencial por constituir dívida com os índios, reconhecendo sua dignidade plena de pessoas humanas e filhos de Deus; profética porque lança os fundamentos de novos tempos, pela ampliação do conceito de democracia, à luz da solidariedade humana, conforme os ensinamentos evangélicos.

Mais que uma democracia social e econômica, reivindica-se a democracia étnica, que garante o direito à diferença entre as nações, supera a opressão e discriminação das populações indígenas, e faz parte do patrimônio que devemos legar às futuras gerações, no anseio de construirmos no Brasil a sociedade justa e fraterna que corresponde ao projeto de Deus.

Propostas populares

11/07/1987

Os dias vão passando e cresce o número dos que assinam as propostas populares de emenda ao projeto da Constituição. Nas próximas semanas estas listas serão reunidas e apresentadas aos constituintes em Brasília.

Sinto o dever de sublinhar o valor de dois conjuntos de propostas patrocinadas pela CNBB em comum com outras entidades, e que têm merecido especial atenção em todo território nacional.

O primeiro conjunto trata dos direitos do homem e da mulher quanto à liberdade religiosa. O artigo inicial afirma que a Constituição da República Federativa do Brasil dever ser promulgada sob a invocação do nome de Deus. O documento elaborado pela CNBB em 1986 lembrava, no entanto, que o nome de Deus só seria glorificado na medida em que todo o Texto Constitucional promover e tutelar os direitos fundamentais da pessoa humana, imagem e semelhança de Deus vivo (n. 169). O nome de Deus presidirá, então, não apenas a um texto escrito, mas a organização concreta da sociedade brasileira e a vida do povo.

É dentro da coerência com os direitos fundamentais da pessoa humana que entendemos a proposta do 2º artigo sobre a liberdade religiosa que "garante a todos o direito à livre opção de concepções religiosas, filosóficas ou políticas", incluindo o direito de difundi-las, desde que respeitem a liberdade dos demais. Desta afirmação deriva o direito de educar os filhos de acordo com os princípios éticos coerentes com a própria fé. Daí se segue também que a Constituição deverá resguardar o direito do ensino religioso conforme a convicção religiosa do aluno e de seus responsáveis, bem como a liberdade de assistência religiosa às Forças Armadas e nos estabelecimentos de internação coletiva, garantindo o respeito à opção de cada um.

Requer-se ainda, como corolário da liberdade religiosa, a inclusão do direito e dever dos grupos religiosos de exercerem função crítica na sociedade, com relação à conduta de outros grupos, instituições ou do próprio poder público quando desrespeitem as convicções religiosas ou os valores éticos nelas fundados. Sem este respeito explícito aos valores éticos e religiosos poderá haver restrições ou omissões futuras por parte do Estado que acabarão por minorar o próprio fundamento da ordem moral e jurídica do país.

O outro conjunto de proposições focaliza as normas relativas à ordem econômica, que respondem à constante aspiração do nosso povo. O primeiro artigo, propugnando a prioridade do trabalho sobre o Capital, afirma o direito e o dever de acesso ao trabalho, com justa remuneração, como contribuição de cada brasileiro para o bem comum. Este item vem a propósito, no momento em que são flagrantes as injustiças quanto aos salários que não conseguem prover às necessidades básicas da família do trabalhador. Hoje o aluguel consome a maior parte da retribuição do operário. A atual desobediência ao congelamento proposto pelo governo desrespeita o povo e causa enorme decepção.

Urge um empenho para elevar já o salário básico do trabalhador que permita atender às exigências de vida condigna e que evite, ao mesmo tempo, desníveis excessivos de remuneração acarretando sempre maior desigualdade e tensão social.

Finalmente a emenda popular propõe, com clareza, que "ao direito de propriedade do imóvel rural corresponde uma obrigação social". É este principio que está na raiz de uma verdadeira reforma agrária. Inútil pensar em justiça social no Brasil sem garantir ao trabalhador o acesso à posse e uso da terra rural e urbana.

No processo Constituinte todos devemos colaborar para que se incorporem à Lei Magna brasileira os pontos indispensáveis ao bem-estar do corpo social. Resta agora esperar, com confiança, que os constituintes em cumprimento de seu mandato, acolham com fidelidade as proposições que expressam pelas assinaturas a participação ativa do próprio povo.

Participação popular

25/07/1987

O anseio de participação decorre da própria dignidade da pessoa humana. No atual processo constituinte há um fato que caracteriza um avanço de democratização: é a inclusão da iniciativa popular no regimento interno da Assembleia Nacional. O povo tem a oportunidade de contribuir para a elaboração do Texto Constitucional através de emendas subscritas por trinta mil assinaturas.

Há quem diga que este instrumento completamente novo, em nossa vida legislativa, seja um dos eventos mais importantes dos últimos cinquenta anos de nossa história. Com efeito, o próprio povo pode assim tornar-se mais diretamente sujeito de suas próprias realizações. Isto permite que o sistema de representação seja corajosamente complementado pela atuação corresponsável de toda a sociedade.

Neste último mês vieram se intensificando as coletas de assinaturas em torno de mais de trinta e cinco conjuntos de propostas contendo emendas populares. Nesta última semana multiplicam-se os atos públicos para entrega das assinaturas a deputados e representantes escolhidos para encaminhar as milhares de folhas a Brasília.

Houve exemplo de dedicação por parte da juventude e de outros voluntários que, em praça pública, nas entradas do metrô, nas portas das igrejas apresentavam ao povo as listas para serem conhecidas e assinadas.

É difícil prever, no momento, o número total de assinaturas recolhidas. No entanto, algumas propostas já atingem centenas de milhares de adesões. Algumas cidades revelaram especial interesse no processo de participação popular, como Limeira e São José dos Campos entre outras.

Cabe aqui uma reflexão em dois sentidos.

Em primeiro lugar é preciso valorizar a emenda que trata da criação de formas e instrumentos de participação popular. Baseando-se nos bons resultados alcançados pretende-se agora que a iniciativa popular seja incorporada no processo comum da elaboração de leis, tanto no que se refere à legislação ordinária, como às emendas para aperfeiçoar a ordem constitucional. Isto há de aumentar a atuação direta da sociedade nas decisões que lhe dizem respeito, criando um novo relacionamento entre sociedade e governo. Outro benefício será o de reconhecer a importância dos sindicatos das associações profissionais e demais entidades instituídas para defender e promover os direitos e interesses coletivos. Este processo, agora em curso, poderá, também, facilitar a corresponsabilidade solidária do povo na preservação da natureza, na promoção da saúde pública e na salvaguarda dos bens de uso comum.

Em segundo lugar abre-se a necessidade de levar a sério a expectativa da população que vem aderindo às propostas de emenda à Constituição. Quem assina seu nome e fornece os dados pessoais espera que sua proposta seja devidamente considerada. É preciso não decepcionar os justos anseios populares de reforma agrária e urbana, política agrícola, direitos dos trabalhadores e outros mais.

A Assembleia Constituinte, que deu importante demonstração de sensibilidade democrática votando a iniciativa popular procurará, agora, sem dúvida, valorizar as expressivas manifestações desta mesma vontade popular.

Pedimos a Deus que, neste tempo de decepções e sacrifícios para o povo, aprendamos a apoiar as iniciativas que favorecem a confiança e a esperança do próprio povo no processo democrático e na construção de uma sociedade mais participativa e fraterna.

Propostas chegam a Brasília

01/08/1987

A partir desta semana estão chegando a Brasília as propostas assinadas pelo povo. São cada vez mais numerosos os conjuntos de artigos apresentados como emendas ao Texto Constitucional. Na tarde do dia 29 de julho aconteceu uma cena insólita no saguão da Assembleia Constituinte. Era a data marcada para a entrega de quatro conjuntos de propostas, totalizando 1.761.519 assinaturas, sobre o direito à vida, dignidade da família, educação, liberdade religiosa e ordem econômica. Estas propostas referem-se aos textos patrocinados pela CNBB, associações educativas e promocionais: AEC, Abesc, Cáritas e MEB. As que se referem ao direito do menor serão apresentadas em data especial. Quanto às demais está estabelecido o dia 5 de agosto para a participação popular e 12 para os outros conjuntos de propostas.

Há dois aspectos que caracterizaram o ato de entrega. Sobressaiu em primeiro lugar o volume das pilhas de papel assinado, colocadas em ordem e arte no enorme adro da Assembleia Nacional. Causava até admiração ver aquele tapete de papel cobrindo as lajes de mármore. Além disso, notava-se um ar festivo por parte dos que traziam a preciosa carga contendo algumas das justas aspirações do povo.

O presidente da Assembleia, deputado Ulysses Guimarães, acompanhado pelas lideranças políticas veio receber a comitiva e manifestou sua satisfação ao constatar que a iniciativa popular alcançava resposta tão significativa.

Alguém se expressou com humor: "Vai ser preciso construir logo um anexo para guardar todo o papel que está chegando". É bom que chegue mesmo muito papel carregado de assinaturas. Isto significa que ainda há confiança na Assembleia Constituinte. É de se esperar, também, que os representantes partidários concedam grande atenção a todas as formas de participação popular. Esta atitude poderá se tornar um sinal de alento e reforço no processo democrático.

Nas comunidades cristãs o trabalho continua sob a forma de estudo e aprofundamento dos temas centrais da Constituinte. Mas há uma outra atividade que não pode faltar. É hora de rezar pelo Brasil. Não basta que a lei se aprimore. É preciso que nos tornemos capazes de enfrentar a desigualdade social, a ganância dos que, sem escrúpulos, acumulam terra e capital, insensíveis à miséria e à fome dos seus irmãos. É necessário que superemos a violência no campo e na cidade. Consideremos os assaltos, conflitos de terra, motins e repressões. Tudo isso requer algo mais do que uma nova Constituição. Temos que reaprender a respeitar e amar o próximo. O recurso a Deus pela oração em família e nas comunidades deve agora se intensificar para criar condições de um clima de verdadeira concórdia social.

Nossa Senhora Aparecida, Padroeira do Brasil, abençoe o processo constituinte, a participação popular e alcance para todos a conversão do coração e apresse os dias da justiça e fraternidade em nosso Brasil.

Apelo das Igrejas pela democracia

08/08/1987

No dia de ontem, sexta-feira, em Brasília, dirigentes de Igrejas cristãs lançaram aos governantes e à nação um apelo por um compromisso coletivo pela democracia.

É notável o fato de que, por fidelidade ao Evangelho, as Igrejas Luteranas, Metodista, Episcopal no Brasil, Presbiteriana Unida Reformada e Católica, reunidas em seu conselho nacional, o Conic, e no órgão ecumênico Cese, tenham pela pessoa de seus dirigentes se associado na redação de um texto comum para melhor servir à causa da paz. A competência dos pastores de Igreja não está em propor medidas técnicas concretas, mas em despertar as consciências diante de Deus, na busca solidária de soluções para os problemas que o Brasil enfrenta.

O texto ocupa quatro páginas. Trata, em primeiro lugar, de retratar a situação real do país, marcada por uma estrutura econômica desequilibrada e perversa, que abala a credibilidade do governo como instituição e se agrava com as tensões sociais e política crescentes. O grande problema é o atraso acumulado no atendimento às necessidades sociais.

Examina, a seguir, as perspectivas que se apresentam. Um retrocesso político seria fatal. A deteriorização do processo democrático só viria acelerar convulsões sociais incontroláveis, abrindo espaço para a tentação da violência na luta pelo poder. A história recente da América Latina mostra, para quem queira se valer da experiência de outros países, que não é por este caminho que devemos enveredar. Que outra alternativa escolher?

O apelo das Igrejas responde propondo a busca de soluções que engajem de modo coeso o conjunto da sociedade brasileira. Os esforços só do governo não bastariam. É toda a população que deve somar esforços. Todos estão convocados. Temos que acreditar nas reservas morais de nosso povo, na força construtiva de sua organização, dos sindicatos, associações profissionais, Igrejas e demais entidades voltadas para valorizar a participação popular.

Especial referência é feita a dois grupos, dos quais depende, em grande parte, a eficácia desse apelo. O primeiro é dos que detém concentração de terra e de capital: precisam dispor-se a uma atitude fraterna e solidária, decidindo-se a partilhar com os demais os recursos que possuem. Em segundo lugar é, no entanto, aos dirigentes políticos que cabe a maior responsabilidade. Devem superar interesses pessoais ou partidários para em conjunto procurarem responder às exigências da justiça social. O que fazer?

De imediato, é preciso apoiar a Constituição e, ao mesmo tempo, enfrentar a inflação, o desemprego, os baixos salários, a falta de moradia, os problemas de saúde e alimentar que afligem o nosso povo. Os partidos devem ser capazes de um engajamento coletivo para agilizar a reforma agrária, suprimir o regime de exceção mantido pela LSN, assegurar a participação direta do povo no aperfeiçoamento constitucional, nas decisões de interesse coletivo e na legitimação do poder por eleições, logo após a promulgação da Constituição, nos termos por ela estabelecidos.

Ainda, sem perder tempo, será preciso através de múltiplos entendimentos, renegociar a dívida externa, à luz dos princípios éticos, e criar novas formas de financiamento para a dívida interna. Igualmente urgente é equacionar um plano emergencial para moradia, emprego e controle de preços com a colaboração do governo, trabalhadores, empresários e consumidores.

A curto prazo será necessário formular e implementar um novo modelo de desenvolvimento nacional que promova com prioridade as classes sociais.

Os pastores estão conscientes de que assumem sua missão ao interpretar as justas aspirações do povo. Colocam a confiança em Deus. Acreditam na solidariedade humana e cristã para romper preconceitos, vencer individualmente e construir uma sociedade fraterna em nosso país. O texto merece ser lido na íntegra e meditado, não só pelas comunidades de Igreja, mas por todas as pessoas que desejam a justiça e a paz social.

Este apelo, fruto da fé em Deus e ao amor à pátria, não pode ficar sem a nossa resposta.

Cimi e mineração

15/08/1987

Nestes últimos dias "O Estado de S. Paulo veio publicando cinco artigos a respeito do Conselho Indígena Missionário – Cimi – em sua atuação entre os índios". É compreensível que em relação à questão indígena possa alguém ter posição diferente do Cimi. No entanto, não se pode acreditar que se deforme deliberadamente a verdade, inventando declarações de missionários e difundindo uma leitura gravemente tendenciosa dos fatos. Basta pensar na alusão fantástica de que o Cimi estaria comprando cem máquinas para explorar minérios ou colaborando com entidades estrangeiras em projetos contrários à soberania e unidade nacional. Isto é completamente falso.

Estes artigos lançaram na opinião pública uma série de inverdades, procurando colocar em questão o trabalho e zelo dos missionários a ponto até de acusar o Conselho Mundial das Igrejas de ingerir-se na política indígena do país.

É preciso, em primeiro lugar, por questão de justiça, denunciar a falsidade destas afirmações. Como explicar semelhante campanha difamatória?

Pelo teor dos artigos e pela insistente alusão a empresas mineradoras, entende-se que se trata, mais uma vez, da ambição destas empresas em explorar o minério em terras indígenas. A posição do Cimi exclui a concessão indiscriminada de licença e concorda com o projeto da Constituição que prevê, no artigo 427, casos especiais em que, como privilégio da União, seria possível, em vista do bem comum, desenvolver lavra em território dos índios.

Por que fora dos casos excepcionais é necessário nesses territórios coibir a exploração de minério? A resposta é clara, pois a entrada de empresas de mineração acarreta aos poucos o extermínio das populações indígenas. Compreende-se, portanto, a decisão humanitária do ministro Aureliano Chaves de não conceder novas licenças para explorar em terras indígenas. Deve-se aplaudir esta opção pela vida dos índios.

Neste contexto de reconhecimento da dignidade das populações indígenas, veio sendo elaborado o novo projeto da Constituição. Muitos constituintes assumiram por convicção uma atitude de notável respeito à causa dos índios, procurando assegurar os direitos à terra e o desenvolvimento da própria cultura. O texto do deputado Bernardo Cabral acolhe e propõe as normas que garantem estes direitos e restringe a casos excepcionais a possibilidade de explorar minérios em terras indígenas.

É lamentável que, justamente quando o Brasil se dispõe de algum modo a resgatar a dívida histórica para com os índios, haja pessoas que não têm escrúpulos, mesmo à custa da verdade, de explorar a mineração que depreda o meio ambiente e elimina a vida dos índios. O deputado Lysâneas Maciel, referindo-se aos esforços do Cimi, quanto a salvaguarda do solo indígena, em seu pronunciamento na Câmera há dois dias, situou bem os problemas diante dos atuais ataques que a entidade vem sofrendo.

Qual o proveito, pergunta, que terão o Conselho Mundial de Igrejas e o Conselho Indigenista Missionário se o solo indígena for preservado? Se não o for, quem lucrará? Entende-se a força contundente dessas respostas. É preciso em toda essa questão exercitar o bom senso e o espírito crítico para descobrirmos onde está a verdade dos fatos e a retidão das intenções, rejeitando com vigor todo o recurso à difamação.

Aguardamos, com esperança, o voto dos constituintes em favor das populações indígenas e pedimos a Deus que as empresas de exploração descubram que a vida do índio vale muito mais do que todo o minério do Brasil.

Direito dos índios

22/08/1987

Há dois anos a Fundação Pedroso Horta promoveu numa sala especial da Assembleia Nacional um amplo debate sobre mineração em terras indígenas.

Senadores, deputados, convidados conhecedores da matéria, por mais de quatro horas procuraram esclarecer e aprofundar os direitos dos índios e as expectativas de exploração de recursos minerais na Amazônia legal. Houve momentos em que a discussão tornou-se calorosa e veemente. Alguns pontos, no entanto, ficaram a meu ver definitivamente estabelecidos.

1. O Conselho Indigenista Missionário e demais entidades que se dedicam a promover as populações indígenas sempre defenderam, como é óbvio, a unidade e soberania do território nacional. Quando se afirma a existência de nações indígenas, o que se pretende é estabelecer o direito dos índios de manter e desenvolver a própria cultura, usos, costumes e tradições, integrando o mesmo e único Brasil. Ninguém é mais brasileiro do que o índio de quem é esta terra que sempre habitou.

2. As populações indígenas têm o direito não só à sobrevivência, mas ao seu adequado crescimento. Isto não é possível sem o direito à terra. É nela que encontram moradia, trabalho, alimento, o

chão de sua cultura, ritos religiosos e tradições e a linha de coesão da própria história tribal.

3. A exploração de minério deve, portanto, respeitar o direito dos índios à sua terra. É nesse sentido que a Constituinte precisará fixar normas rigorosas que impeçam a mineração indiscriminada e assegurem a salvaguarda da sobrevivência do patrimônio cultural dos índios. Empresas mineradoras que visam ao lucro não são capazes de preservar e promover a vida dos índios. Nos casos de exploração de minérios que se demonstrem indispensáveis ao bem comum seja o direito de mineração privilégio da União. Esta é a posição do Cimi e entidades congêneres.

4. Diante de Deus e da consciência reta o critério ético leva-nos a reconhecer a prioridade da vida dos índios sobre qualquer pretensão das empresas mineradoras. É preciso coibir a ambição dos que por razão de lucro procuram ocupar as terras indígenas. Se estas restrições valem para empresas nacionais particulares, com muito maior razão elas hão de se aplicar às empresas multinacionais. As riquezas do subsolo brasileiro deverão se destinar, em primeiro lugar, a financiar o desenvolvimento do índio, a ascensão das classes desfavorecidas e as metas sociais do país e não o enriquecimento de grupos mineradores.

5. A ação difamatória dirigida nestas semanas contra o Cimi surgiu por parte dos que pretendiam influenciar a Assembleia Constituinte para permitir a exploração indiscriminada de minérios em terras indígenas com vantagens econômicas em favor de empresas mineradoras. Para esses grupos era preciso quanto antes silenciar o Cimi. Daí nasceu a acusação ignóbil de que a entidade impedia a mineração sob a capa de defender os direitos indígenas. Estaria, assim, o Cimi favorecendo empresas multinacionais que atuam em outros países e às quais interessa que o Brasil não explore os próprios recursos minerais. Tudo é fruto de malévola fantasia.

6. Para aparentar força probatória nas acusações foram forjadas peças fraudulentas. Com base nos textos falsos pretendia-se prejudicar o Cimi e reduzir, assim, sua capacidade de apoio às emendas populares em defesa do índio. Durante o debate foi largamente identificada a falsidade destes pseudodocumentos. Isto justifica quanto antes uma Comissão Parlamentar de Inquérito para, em benefício da verdade, apurar os fatos e responsabilidades.

Alegremo-nos com os depoimentos competentes de muitos membros da Assembleia Constituinte em defesa das minorias indígenas. Fazem crescer a esperança de que a Lei Magna do Brasil há de coibir a ganância de grupos nacionais e estrangeiros e salvaguardar com vigor os direitos dos índios.

Missão do Líbano

23/01/1988

Na história, o Líbano se apresenta como terra da coexistência solidária entre as mais variadas religiões e culturas.

Dezessete comunidades e grupos diferentes conseguiram descobrir a arte de viver juntos durante centenas de anos.

Quem no Brasil desconhece a simpatia do povo libanês? Do norte ao sul, os imigrantes deste país irmão e amigo trouxeram para a sociedade brasileira a marca do sentimento religioso profundo do amor ao trabalho e da hospitalidade que os caracterizam.

A maior parte dos que deixaram sua pátria nos decênios passados, lembram-se de um Líbano de fartura e de paz.

Há treze anos, no entanto, o Líbano tornou-se cenário de lutas fratricidas. Ainda nos impressionam as notícias televisionadas de terríveis explosões de destruição da suntuosa Beirute. Grupos habituados a conviver como irmãos, pegaram em armas e dispararam, com extrema brutalidade, uns sobre os outros.

Percorrendo nestes dias as ruas da capital, é até difícil imaginar todo o aspecto primitivo desta cidade famosa pela sua harmonia e beleza.

Embora a tenacidade do povo libanês venha se esforçando por reconstruir os prédios, permanecem os escombros de edifícios metralhados e semidestruídos pelos canhões.

O Líbano no passado deu ao mundo o melhor exemplo de compreensão e entendimento entre drusos, cristãos, muçulmanos sunitas e xiitas e outros grupos. Havia respeito e estima recíproca.

A luta se abateu sobre eles induzida de fora do país, mantida até hoje sob forma de dura ocupação e martirizando este povo amante de vida e paz.

No olhar triste das crianças percebe-se todo o drama de suas famílias. As marcas dos conflitos que aparecem nos edifícios, infelizmente indicam cicatrizes no coração do próprio povo libanês.

É urgente reconstruir o país pela reconciliação entre os grupos, por medidas econômicas e por um programa social adequados. A inflação esvaziou o poder aquisitivo do salário. São centenas de milhares as vítimas de guerra e os desalojados, sem falar dos que imigram para longe da pátria.

Entrando em Bikfaya para visitar os inválidos no hospital de Beit-Chabab, era intenso o nevoeiro que impedia a visão da estrada e do panorama. O Líbano hoje parece também envolvido pelo nevoeiro. É preciso que possa logo nascer o sol da liberdade. Para além da névoa, voltarão então a se manifestar o respeito e a fraternidade entre cristãos, drusos e muçulmanos que caracteriza o povo libanês.

No entanto, para que isso aconteça é indispensável romper o isolamento a que o relegaram as grandes potências. Israel, que domina o sul, e a Síria, que ocupou dois terços do Líbano, terão que refazer as fronteiras anteriores.

Os adeptos de doutrinas radicais e até fanáticas, provenientes das regiões iranianas, precisarão respeitar os ideais pacíficos desta terra acolhedora.

Política

Esperamos que a atuação eficiente da ONU assegure, quanto antes, a plena recuperação da autonomia política do Líbano, o desarmamento e a volta à tranquilidade.

Aprendi nesta viagem de solidariedade em nome dos católicos do Brasil, a convite do patriarca maronita Nasrallah Sfeir, a compreender e amar ainda mais este povo cheio de coragem e esperança. Todo o sofrimento destes anos preparou o Líbano para cumprir uma singular missão: ensinar de novo a humanidade divina que é possível a convivência fraterna entre raças, culturas e confissões religiosas.

Pedimos a Deus que o Líbano seja para todos o sinal eficaz da paz tão desejada, cumprindo sua missão histórica.

Roteiro para a paz

05/02/1988

Há poucas semanas João Paulo II dirigiu ao Corpo Diplomático, acreditado junto à Santa Sé, valioso documento sobre as condições da paz.

Enumera os graves conflitos que dilaceram populações e países inteiros. Trata, assim, do Iraque, do Irã e do Afeganistão, apelando para ajuda da comunidade internacional. Insiste em propostas definidas para a paz na América Central. Lembra, depois, o Próximo Oriente onde os palestinos sofrem perseguição e o Líbano que, em grave crise econômica, aguarda recuperar sua soberania e integridade. Refere-se, ainda, aos conflitos internos e sangrentos em Angola, Moçambique, Etiópia e Sri Lanka.

Diante desse quadro de violência, reafirma o Santo Padre sua profunda convicção de que é possível chegar à verdadeira paz. Antes de qualquer outro ponto é preciso vontade de pôr termo à corrida armamentista e realizar o desarmamento efetivo. Isto vale, em especial, aos engenhos nucleares. Elogia o acordo recente entre os dois blocos mais fortes em poderio atômico. Não basta a doutrina da dissuasão baseada no mútuo temor. Torna-se necessário compreender que o equilíbrio das relações internacionais passa pelo desarmamento total e exige o aprendizado da convivência fraterna, fundada na justiça. Esta convivência só poderá ser conseguida através de outras condições que todos devem ajudar a obter.

A primeira é a renovação das convicções morais e espirituais. A humanidade não pode mais viver à mercê da violência do mais forte que despreza a justiça e a ordem querida por Deus.

Em segundo lugar, requer-se o respeito ao direito dos povos e nações de disporem sobre si mesmos. Tutelas e ocupações territoriais atentam contra esse direito.

O terceiro ponto é a superação das desigualdades econômicas e sociais e do grave problema da fome. Mais de 60 países estão em situação crítica face ao desenvolvimento. As nações prósperas devem favorecer a libertação racional das dívidas externas daqueles países e contribuir para que superem o imobilismo social, que estruturas oligárquicas procuram perpetuar.

Em quarto lugar, recordo o Papa, a necessidade de um clima de paz social no interior de cada país. Celebra-se nesse ano o quadragésimo aniversário da Declaração dos Direitos do Homem. A pessoa é fundamento e fim da ordem social e deve poder se realizar na liberdade e verdade. Entre os direitos, enfatiza o pontífice o respeito absoluto à vida humana, desde a concepção, e o direito à liberdade de consciência.

O desígnio de Deus é desígnio de paz. Quem crê em Deus tem obrigação maior de tornar-se artífice da paz, vencendo discriminações e preconceitos, superando tensões e criando um clima de verdadeira confiança e cooperação.

O documento pontifício de 9 de janeiro precisa ser meditado na íntegra. Apresenta com maestria os pontos que marcam o roteiro da humanidade para a verdadeira paz. Resta agora, percorrer o caminho.

É à luz desses ensinamentos sobre a dignidade e transcendência da pessoa humana que gostaríamos de ver progredir e chegar a termo o trabalho da nova Constituição brasileira.

Em tempo. Utilizo esse espaço para um esclarecimento. Na última terça-feira fui recebido em audiência pelo presidente da República. O encontro foi cordial, como também foram os precedentes que tive oportunidade de ter com o presidente José Sarney. Nesses dois dias, alguns jornais descreveram particularidades dessa audiência. Tenho a declarar que o temário da conversa foi divulgado por escrito após a audiência. Em nenhum momento concedi entrevista a jornais sobre particularidades da conversa. O que os jornais publicaram a respeito corre por conta exclusiva dos autores da notícia.

A paixão dos índios Tikuna

02/04/1988

É muita dor para os índios tikuna. Sofreram um hediondo massacre no dia 28 de março. Na área de São Leopoldo, próxima à cidade de Benjamin Constant, na Amazônia, um grupo grande de índios foi cruelmente assassinado: homens, mulheres e até crianças. Dezessete feridos encontram-se no hospital de Tabatinga.

Que aconteceu? Estavam os índios em paz, voltando de seu trabalho, quando foram cercados por 20 mercenários a serviço de um influente madeireiro. Os índios encontravam-se desarmados e em nenhum momento agrediram os posseiros. Ouviram-se, a seguir, os disparos das metralhadoras. Foi terrível. É difícil saber, com exatidão, quantas são as vítimas desse ato covarde. Dos corpos lançados às águas apenas quatro foram resgatados. Os demais continuam desaparecidos. A autópsia revela que foram metralhados pelas costas. Não há lembrança de fato tão grave como este nos últimos anos! Nem as crianças foram poupadas dessa terrível chacina. A área indígena de São Leopoldo, no Alto Solimões, foi reconhecida, por decreto-lei, em 1986 e demarcada no ano passado. A Funai assegurou as indenizações previstas aos poucos posseiros que viviam na terra. Parece que a explicação da violência contra os tikuna partiu da irritação dos descontentes decididos a castigar os índios antes de deixar a área.

Pertence, agora aos órgãos competentes apurar os fatos. Contudo, há quem diga que, na área, havia interesses de traficantes de cocaína. Estariam os assassinos sob efeito da droga? A maldade do ataque aos índios nos deixa perplexos.

A morte de Jesus Cristo inocente continua na Paixão dos índios tikuna. Foram sacrificados por causa da ganância. Quantos índios, até hoje, têm sido vítimas inocentes da cobiça dos civilizados!

Estamos nesses dias da Semana Santa celebrando a Paixão de Cristo, seu amor por nós, a vitória sobre o pecado e sobre a morte, a verdade de sua ressurreição. Celebrar a Páscoa é assumir, com a graça de Deus, o compromisso de justiça e fraternidade que anunciam a vida nova que Jesus nos conquistou.

Diante da morte dos índios tikuna, à luz do Evangelho, que compromisso devemos assumir? O capitão da tribo, por telefone, pedia que tanta violência não ficasse impune. Recorre às autoridades para que o caso seja devidamente apurado. Seu apelo é maior. Anseia por solidariedade para que os índios brasileiros não sejam exterminados. Está sendo votada a nova Constituição. É preciso que nossos representantes possam ouvir o clamor das populações indígenas. É necessário que assegurem, de modo definitivo, o direito dos índios à vida e à terra, afastando o perigo das empresas madeireiras ou de mineração.

Na manhã seguinte à brutal agressão saíram da mata crianças tikuna traumatizadas e pedindo socorro. Temos que abrir os braços para essas crianças. A ação conjunta da Funai, da Polícia Federal, dos missionários e de todos nós deve convergir para a defesa e promoção das populações indígenas.

A Paixão dos índios tikuna compromete o Brasil.

Que a Páscoa de Jesus seja garantia de esperança e vida feliz para todas as populações indígenas.

Reforma agrária

07/05/1988

A realização da justiça social requer uma conveniente reforma agrária e a reforma do uso do solo urbano. Os bens materiais têm destinação universal. E a propriedade particular só se justifica como garantia da liberdade, do bem-estar pessoal, familiar e social.

Nesses dias está sendo tratada na Assembleia Nacional Constituinte a ordem econômica e, em especial, a questão da terra. Quem não percebe a importância para o bem comum de um sistema de justa apropriação e uso da terra? É indispensável que a lei brasileira propicie uma política agrária e agrícola adequada que dê ao homem do campo condição para permanecer na terra e cultivá-la. Só assim será possível prevenir conflitos e agilizar sua solução.

O cerne da questão encontra-se na função social da propriedade privada. Lembramos o constante ensinamento da Igreja e as recentes afirmações do Papa João Paulo II a respeito da hipoteca social que pesa sobre toda a propriedade particular. Essa doutrina tem sido insistentemente reafirmada pela Igreja Católica, através dos pronunciamentos do Episcopado e pelas Igrejas Evangélicas do Brasil.

Com efeito, não basta assegurar a produtividade da terra, mas é imprescindível garantir sua função social, pela preservação da natureza e pela promoção dos direitos dos trabalhadores a condições dignas de vida.

Cabe aos poderes públicos decretar a desapropriação de bens, terra e propriedades, sempre que a justiça social exigir. A nova Constituição não pode frustrar as justas expectativas dos sem-terra e dos que acreditam em soluções pacíficas para o grave problema agrário. O mesmo vale para a política relativa ao uso do solo urbano que deve possibilitar o acesso à moradia a todos os cidadãos, reprimindo a especulação imobiliária.

Temos que continuar alimentando a esperança de que, os constituintes fiéis às exigências da consciência cristã e dos justos anseios populares, solidários na promoção da justiça, consigam expressar, de modo definitivo, na Constituição brasileira, os critérios que salvaguardem a função social da propriedade privada.

É hora de rezar para que a serenidade e a concórdia dos constituintes promulgue a nova lei áurea para a digna alforria dos sem-terra.

Função social da terra

14/05/1988

O Papa João Paulo II, em sua viagem pelos países da América Latina, tem insistido no dever dos cristãos de evangelizar a sociedade em que vivem, oferecendo a todos os valores que só Jesus Cristo pode comunicar. Sua presença em nosso continente é motivo de alegria. Sua mensagem evangélica renova as comunidades na esperança e leva a todos uma palavra de concórdia e paz social.

Diante da desigualdade econômica e das injustiças que sofrem as populações mais pobres, com vigor tem o Santo Padre recordado os princípios da Doutrina Social Cristã e suas consequências para a vida política e econômica das nações.

No Brasil prosseguem os trabalhos da Constituinte. Nesse contexto a palavra de João Paulo II vem esclarecer o debate da reforma agrária, quando reafirma que "sobre a propriedade privada grava uma hipoteca social, quer dizer, nela é reconhecida como qualidade intrínseca uma função social, fundada e justificada pelo princípio da destinação universal dos bens" (Encíclica de 30/12/87, n. 42).

A votação de 11 de maio colocou em evidência a função social da propriedade rural. O que está em questão é a melhora de condições de vida para os sem-terra e trabalhadores rurais e suas famílias. Nosso governo tem acentuado em seu discurso a primazia do social.

É preciso acreditar na vontade política de salvaguardar e promover o direito do homem do campo a uma vida digna. Isto exige a possibilidade de trabalhar sem a qual não se realiza a dignidade da pessoa humana.

Mas onde encontrar esse trabalho?

Aceitamos a previsão dos que afirmam, a exemplo de outros países mais adiantados, que a população rural tenderá a diminuir ainda mais com o desenvolvimento da tecnologia avançada. No entanto, hoje, no Brasil, a criação de empregos que requer menos investimento é a que se dá por um programa do assentamento na terra pela reforma agrária, sustentada por uma indispensável política agrícola. Por isso, "a reforma agrária não pode fracassar."

Na atual situação, a vontade política dos governantes já tem caminhos abertos para acelerar o processo de assentamento dos sem-terra e melhorar a organização agrícola em benefício dos pequenos produtores. Pode o governo servir-se das terras devolutas de sua propriedade. Pode, ainda, por interesse social, desapropriar as terras capazes de produzir e que permanecem improdutivas. Pode privilegiar em seus programas o apoio financeiro e tecnológico às populações assentadas.

Como explicar então que, até hoje, milhares de brasileiros acampados e sem-terra permaneçam frustrados em seu anseio de trabalharem na terra?

A futura Constituição, no art. 218, afirma, felizmente, que o imóvel rural deve cumprir sua função social. O art. 220 é claro ao estabelecer quais os requisitos que a propriedade deverá satisfazer para cumprir a função social. No entanto, há problemas que requerem urgente definição. Quando é que a propriedade rural deve por lei ser considerada produtiva? Que significa o aproveitamento racional e adequado da terra? A lei ordinária deverá fixar a forma e as condições para se cumprir a função social. Se esta lei tardar a ser promulgada, como poderá se realizar o projeto de reforma agrária?

O Estatuto da Terra era mais corajoso, mas não foi suficientemente utilizado. Os novos artigos não podem significar retrocesso diante do sagrado dever de promovermos o bem comum e a função social da propriedade privada.

O assentamento imediato do maior número possível de sem--terra será o sinal de que, apesar das dificuldades em acertarmos as melhores formas jurídicas, é verdadeiro o compromisso social e político com a população rural desfavorecida.

Os obstáculos ao desenvolvimento integral que se estende a todos os homens não são apenas de ordem econômica, nem jurídica. Dependem, conforme João Paulo II, "de atitudes mais profundas." A promoção dos desfavorecidos e a reforma agrária não se farão sem o despertar da consciência religiosa dos homens e povos. Só a conversão interior fará perceber a hipoteca social da propriedade privada.

Sumário

Prefácio 9

Apresentação 13

Parte I – Religião

Deus é Bom! 16

A Campanha da Fraternidade – 1984 24

Feliz Páscoa 27

Assembleia fraterna de Itaici 30

"A praça da Fé" 33

Jejum e oração pelo Brasil 36

Teologia e libertação 39

Televisão e Jejum 42

Festa do Belém 45

Tempo de conversão 49

Presente de Natal 52

Auto de Natal 55

A Igreja e o Brasil de amanhã 58

O sino da posse	61
Deus é nossa esperança	65
Nas mãos de Deus	68
A força da Oração	71
Assembleia de Itaici	74
Lições de vida	77
O amor ainda vive	80
A paz do Ano Novo	83
Paz sem fronteiras	86
A Campanha da Fraternidade – 1986	89
Terra de Deus – Terra de irmãos	93
Trindade e Cacoal	96
A oração do Santo Padre pelo Brasil	99
Dia do Pai	102
A paz de Deus	105
O encontro ecumênico do menor	108
Rezar pela paz	111
Padre Maurizio	114
"Ação de Natal"	116
O berço de Natal	119
As chaves da paz	121
Bem servir ao povo	124
O desafio da aids	127
Campanha da Fraternidade	130
Amor e vida	133

Crianças sabem o que querem 136

Bem-estar social do menor 139

Semana Santa 142

Anunciamos a Ressurreição 145

25ª Assembleia da CNBB 148

O direito à vida 151

Mutirão de solidariedade 153

Honra ao mérito 156

Não perder a esperança 159

A dignidade dos empobrecidos 161

Religiosidade na URSS 164

Sínodo dos Bispos sobre os Leigos 167

Vocação e missão dos leigos 170

Para onde vai o Sínodo 173

O futuro do Sínodo 176

Servir à nação 178

Natal de verdade 181

Última semana 183

Os caminhos para a Paz 186

A peregrina da Paz 189

A paz é fruto da solidariedade 192

S.O.S. permanece 195

Palavra de gratidão 198

CNBB reúne-se em Itaici 200

A família, a criança e o idoso 203

Parte II – Sociedade

Preocupações sociais de Dom Luciano 208
Nova ordem social 225
Projeto criança 228
Menores de rua 231
Sociedade mais justa 234
O rosto da criança pobre 237
São os menores que alegram nossa vida 241
Jardim Sinhá 244
A medalha olímpica 247
Medalha mexicana 250
Esperança de dias melhores 253
Crianças tristes de São Paulo 255
Jogo de azar 259
Pela dignidade nacional 262
Programa do menor 265
Sofredores da rua 268
Sal e fermento 271
Em favor dos enfermos 274
A paz do Ano-Jovem 277
Mais forte que a violência 280
Pão para quem tem fome 283
A fome que mata a fome 287
Semana Santa ao vivo 290
Dizer sim à vida humana 293

Gestos de solidariedade 296
A "campólio" e a saúde das crianças 300
Congresso Eucarístico Nacional 303
Jovens em Aparecida 306
Valores morais 309
A greve e a escola 312
Solidariedade com o povo mexicano 315
Educadores novos 318
Jovens – Ano Internacional 321
Jogos de azar 324
Quinta Festa do Belém 327
A revolução do livro e da pena 330
Crianças brincando na praça 333
Terra de irmãos 336
Direitos Humanos 339
O presente de Natal 342
A serviço do menor infrator 345
Condomínio popular 348
Encontro com o Santo Padre 351
Lições da Semana Santa 354
A Assembleia de Itaici 357
Pela dignidade do trabalhador 360
Tempo e terra 363
Padre Josimo Moraes Tavares 366
Flores de vida 369

Para onde vai nossa juventude	372
Exame	375
A prioridade é educação	378
O bombeiro de Jacareí	381
Albertino, você não morreu em vão	384
Optar pelo menor	387
Educação, direito de todos	390
Violência gera violência	393
A hora e a vez da criança	395
A paz sempre mais	398
Decepções e esperança	400
Por que tanta maldade?	403
Linhas cruzadas	406
Visão ética	409
Escola e diálogo	412
Direitos do menor	415
Respeitar a vida humana	418
Direito à verdade	421
Por que morrer tão cedo?	424
Em defesa da vida	427
Fidelidade ao povo	429
Direito à moradia	432
A fraternidade e o negro	435
Nem erva nem joio	437
Estado de direito e metas sociais	440

Compromisso com o índio 443

1º de Maio 446

Compromisso com a criança 449

PARTE III – POLÍTICA

O sentido ético da política 454

Esperar e ter esperança 467

Respeitar a vida 470

A conquista do campo 473

O feijão da seca 477

Criminalidade juvenil e recuperação 480

Tríplice apelo 484

Juninho, Jesuíno e Joílson 487

"Ainda não" e "já agora" 489

Em defesa dos povos indígenas 492

A bandeira é o povo 495

A criança e a Nova República 498

Greve e bem comum 501

Acelerar a promoção social 504

Violência urbana 507

Promover o homem do campo 510

Terra e amor 514

Educação à vista 517

Deus alimenta os famintos 520

Grande projeto 523

O trigo e a ganância da terra 526
A vida é sagrada 529
Para além do *apartheid* 532
Joílson de Jesus 535
Terra e vida dos povos indígenas 538
Os votos do dia 15 541
Agora, mãos à obra 544
O prêmio e a herança de Dr. Alceu 547
Trânsito e liberdade de expressão 550
Caminhar juntos 553
Os companheiros de Pedro Nordestino 556
Cruzeiros e cruzados 559
Por uma nova ordem constitucional 562
O reator de Chernobyl 566
Promover a reforma agrária 568
Começar tudo de novo 571
Descongelar a liberdade 574
Dia Nacional da Constituinte 577
O dia seguinte 580
Educação para todos 583
A lição da greve 586
Planejamento familiar 589
A dívida externa 593
Métodos naturais 596
Aluguel 599

Adoção e Constituinte 602
Escolas públicas 605
Pena de morte 608
Povo, Constituinte e nações indígenas 611
Propostas populares 614
Participação popular 617
Propostas chegam a Brasília 620
Apelo das Igrejas pela democracia 622
Cimi e mineração 625
Direito dos índios 628
Missão do Líbano 631
Roteiro para a paz 634
A paixão dos índios Tikuna 637
Reforma agrária 639
Função social da terra 641

Impresso na gráfica da
Pia Sociedade Filhas de São Paulo
Via Raposo Tavares, km 19,145
05577-300 - São Paulo, SP - Brasil - 2013